政教分離の基礎理論
——人権としての政教分離——

後 藤 光 男

成 文 堂

はしがき

　本書は国家と宗教の分離、いわゆる政教分離の問題を扱うものである。本書は四部から構成されている。第1部では、日本国憲法の規定する信教の自由・政教分離の歴史的意義、宗教的自由の保障内容を、第2部では、「人権としての政教分離」という観点から、政教分離と信教の自由の関係、政教分離の法的性格、政教分離訴訟と違憲審査基準の問題を検討した。第3部では政教分離における公法上の脱法行為を検討して国家権力の欺瞞性を明らかにしようとした。第4部では政教分離に関する重要問題、例えば、政教分離と象徴天皇制の問題、良心的兵役拒否（戦争拒否）の問題、イスラーム教徒の公立学校におけるスカーフ着用問題、エホバの証人の公立学校における剣道授業拒否事件等を検討した。本書では、憲法における国家と宗教の分離について、その歴史的意義から規範内容、さらに現代的問題をできるだけわかりやすく解明して、読者の皆様に提示し関心をもっていただくことを試みたものである。

　なお、本書のテーマは国家と宗教の分離に関する諸問題の分析検討であるが、必要最小限の範囲で信教の自由についても言及した。もっぱら政教分離に関心がある方は「第2部の憲法における政教分離の意義」から読み始めていただければと思います。あるいは、関心がある章をお読みいただいても構いません。それぞれの章で完結した論文として構成されています（そのため各章において、論旨の必要上、学説・判例・違憲審査基準（目的効果基準）・憲法条文について何度も重複して論述している部分が多々あります。通読されると煩わしいと感じられるかもわかりませんが、お許しいただければ幸いです）。

　私が同志社大学法学部に入学した当時（1967年）、アメリカ合衆国は選抜徴兵法を改正してベトナム戦争に介入し、徴兵される若者の宗教的・良心的理由による良心的兵役拒否が大きな社会問題となっていた。このこととの関連で、良心的兵役拒否の問題は日本国憲法ではどのように考えられるのか、と同時に、その源流であるアメリカの宗教的自由の保障に関心をもつこととなった。大学3年次

（1969年）、恩師・田畑忍先生のゼミナール（憲法演習）に入れていただき、先生の平和思想に大きな感化を受けた。ちなみに、先生は若き日、草津中学（滋賀県）の学生時代に日本における最初の良心的兵役拒否者といわれる矢部喜好の教会の会員であった（鈴木範久編『最初の良心的兵役拒否―矢部喜好平和論集―』[教文館・45頁]）。先生は『日本の平和思想』（ミネルヴァ書房）を著し、「良心的戦争反対の先駆者としての矢部喜好」という項目の中で次のように述懐されている。「中学時代から大学時代にかけて、内村鑑三や大西祝のものを読み、そうして矢部の教会に属していたのだが、不敏にして、先生がかくのごとき平和主義の人であることについて全く無知であったことを告白しなければならない。しかし、不知不識の裡に偉大なる感化を受けていたのにちがいない」（121頁）。私が、良心的反戦論・平和思想・宗教的自由に関心をもつようになったのは田畑先生の影響が大きいにちがいないと思う。

　大学を卒業して、早稲田大学大学院に入学し（1971年）、恩師・有倉遼吉先生のご指導を仰ぐこととなった。1967年に恵庭判決が札幌地裁で下されたが、その後、自衛隊の違憲・合憲をめぐって、憲法訴訟のあり方ともかかわり大きな憲法論争となっていた。宮沢俊義先生と有倉遼吉先生との間で交わされた、いわゆる宮沢・有倉論争といわれるものである。こうしたことも機縁となり、平和と人権の関係、良心的反戦論、宗教的自由の問題を研究の主題とするようになった。大学院では（1971年当時）、英米公法研究演習を高柳信一先生（東京大学社会科学研究所教授）、奥平康弘先生（東京大学社会科学研究所助教授）、下山瑛二先生（東京都立大学法学部教授）、久保田きぬ子先生（成蹊大学法学部教授）がそれぞれ担当されていた。

　私は研究テーマから高柳信一先生と久保田きぬ子先生の公法研究を履修した。高柳先生の演習は、Paul A. Freund, Arthur E. Sutherland, Mark DeWolfe Howe, Ernest J. Brown 編『Constitutional Law Cases and Problems』の憲法判例を読んで議論することであり、履修した年度は宗教的自由に関する重要判例の検討が行なわれた。エバーソン事件 Everson v. Board of Education（1947）、シェンプ事件 School District of Abington v. Schempp（1963）、シーガー事件 United States v. Seeger（1965）等を読み、率直な意見交換を行うという演習であった。ここでは先生から政教分離の法的性格、政教分離と人権の関係をどのように理解するのかを学ばせていただいた。本書では、第1部の政教分離の意義づ

け、第2部の政教分離を人権として再把握するという課題に反映されている。久保田先生は個別の研究テーマにしたがって指導されるというものであった。アメリカの良心的兵役拒否についての資料収集、研究方法等の指導を受けた。第4部の良心的兵役拒否の問題に反映されている。第3部の公法上の脱法行為と政教分離というテーマは有倉遼吉先生と大須賀明先生の「公法上の脱法行為」という発想から示唆を受け、政教分離に応用したものである。ここにおいては先にも述べたごとく国家権力の欺瞞性を明らかにし得たかと思う。

　また、1985年、長崎県立国際経済大学（行政法、法学・憲法担当）に赴任した年に、戸波江二先生が「政教分離原則の法的性格」芦部信喜先生還暦記念論集『憲法訴訟と人権の理論』（有斐閣）を発表された。この論文は政教分離の法的性格を分析する最高水準のものであるが、その論文の中で、参考文献として私の論文も挙げていただいた。このことが私のその後の政教分離研究の大きな励みとなった。また、本書の執筆に際しては、藤井俊夫先生の「信教の自由」『憲法と人権Ⅱ』（成文堂、2008年）を頻繁に参照させていただいた。信教の自由・政教分離の理論的整理、規範分析においては本書の影響を強くうけている。

　本書はこうした諸先生の学恩を反映するものであるが、また現代の論文も参照して政教分離について解明することを目ざしたものである。研究を始めた当初は、信教の自由と政教分離に関するテーマを論文として発表していたが、その後、外国人の人権問題にテーマをシフトさせた（『共生社会の参政権―地球市民として生きる―』［成文堂、1999年］、『永住市民の人権―地球市民としての責任―』［成文堂、2016年］）。しかし、政教分離の問題は年来、関心を持ち続けてきたテーマであり、2002年から2017年まで、司法試験受験生向け月刊誌『受験新報』（法学書院）の憲法演習問題の出題と解説を15年間ほど担当させていただいたが、その際は、折に触れ、信教の自由と政教分離の問題を扱わせていただいた。その際の論点については本書でも反映させていただいた（のちに、小林武先生との共著『ロースクール演習憲法』［法学書院、2011年］を公刊）。

　以上が本書成り立ちの経緯であるが、政教分離の解明にどの程度成功しているかは読者の判断にゆだねる以外にない。憲法の政教分離の意義について少しでも関心をもっていただくことができれば望外の幸せである。

はしがき

　本書の公刊をお認めいただいた阿部成一成文堂社長には厚く御礼を申し上げます。また、編集部の篠崎雄彦氏には、今回も行き届いたご配慮とご助言をいただきました。ご厚志にこころよりのお礼と感謝を申し上げます。なお、原稿を見ていただいた東京外国語大学の山本英嗣講師、早稲田大学大学院博士後期課程の竹嶋千穂さん（学術修士）には、本書を少しでも読みやすくするために多くの時間を使っていただき、適切なご指摘をいただきました。こころよりお礼を申し上げたいと思います。

　2018年4月

後 藤　光 男

目　　次

はしがき

第 1 部　信教の自由・政教分離の歴史的意義と保障内容

序　章　信教の自由の歴史的意義 ………………………………… 3
1　はじめに―信教の自由の歴史― ……………………………… 4
2　明治国家と信教の自由 ……………………………………… 5
（1）ある社会思想史家の回想　5

（2）明治維新の舞台裏　7

（3）明治国家の信教の自由と政教分離　10
3　靖国神社の沿革と性格 ……………………………………… 14
4　国家神道の歴史と戦後 ……………………………………… 17

第 1 章　信教の自由の保障内容 ……………………………… 23
1　信教の自由の保障 ………………………………………… 23
2　憲法における宗教の定義 ………………………………… 24
3　宗教的行為の自由と市民法秩序 ………………………… 26
4　法律・条例による信教の自由の制約の例 ………………… 28
（1）無差別大量殺人を行った団体の規制法（オウム対策法）　28

（2）破壊活動防止法　34

（3）宗教法人法　36

（4）奈良県文化観光税条例・京都市古都保存協力税条例　39
5　信教の自由に基づく刑事免責が主張される例 ………………… 50
（1）牧会権事件　51

（2）線香護摩事件　52
6　行政の行為等を違法とするために信教の自由が主張される例……52
（1）キリスト教徒日曜日授業事件　52

（2）エホバの証人剣道実技拒否事件　54

vi　目　次

　　7　自由権規約との関係 ……………………………………………………… 56

［補論1］　宗教上の輸血拒否—子どもの人権との関係で—

　　1　はじめに ……………………………………………………………………… 57

　　2　エホバの証人と輸血拒否・国旗敬礼拒否 ………………………… 59

　　（1）日本における輸血拒否の事例　59

　　（2）日本における輸血拒否の判例　60

　　（3）エホバの証人の国旗敬礼拒否　63

　　3　宗教上の輸血拒否と子どもの人権 ………………………………… 64

　　（1）患者の自己決定権　64

　　（2）子どもの権利と親権　67

　　（3）子どもの人権享有主体性　68

　　（4）裁判所の関与　69

　　4　結　び ……………………………………………………………………… 70

［補論2］　日曜日授業と信教の自由—キリスト教徒日曜日訴訟—

　　1　事　実 ……………………………………………………………………… 71

　　2　判　旨 ……………………………………………………………………… 73

　　（1）本件欠席記載の処分性について　73

　　（2）本件欠席記載の違法性について　73

　　（3）子どもらの授業を受ける権利の侵害について　76

　　3　研　究 ……………………………………………………………………… 76

　　（1）問題の所在　76

　　（2）信教の自由を制約する国家行為の違憲審査基準　79

　　（3）公教育の宗教的中立性の原則　82

　　4　むすび　84

［補論3］　宗教上の人格権

　　1　はじめに ……………………………………………………………………… 85

　　2　個人の信教の自由と団体の信教の自由 ………………………… 85

　　3　「宗教上の人格権」について …………………………………………… 87

　　4　法準則の体系化 …………………………………………………………… 90

目　次　*vii*

第2章　政教分離 ………………………………………………………… 93

　1　政教分離の意義 ……………………………………………………… 93

　2　政教分離の規範内容 ……………………………………………… 97

　　（1）政教分離の保障　97

　　　　（ア）宗教団体に対する特権付与の禁止

　　　　（イ）宗教団体の「政治上の権力」行使の禁止

　　　　（ウ）国及びその機関の宗教活動の禁止

　　　　（エ）宗教団体に対する公金支出・公財産利用供与の禁止

　　（2）日本における政教分離の判例　99

　　　　（ア）津地鎮祭訴訟

　　　　（イ）殉職自衛官合祀拒否訴訟

　　　　（ウ）大阪地蔵像訴訟

　　　　（エ）箕面（みのお）忠魂碑・慰霊祭・補助金訴訟

　　　　（オ）岩手県靖国神社公式参拝要請決議訴訟および靖国神社玉ぐし料支出訴訟

　　　　（カ）愛媛玉串料訴訟

　　　　（キ）主基斎田「抜穂の儀」参列訴訟

　　　　（ク）鹿児島県知事大嘗祭参列訴訟

　　　　（ケ）内閣総理大臣靖国神社参拝訴訟

　　　　（コ）神奈川県知事「即位の礼・大嘗祭」訴訟（即位礼正殿の儀参列訴訟）

　　　　（サ）砂川政教分離（空知太神社）訴訟

　　　　（シ）白山比咩（ひめ）神社訴訟

　3　政教分離と違憲審査基準―目的効果論について― …………… 110

第2部　憲法における政教分離の意義

第3章　政教分離の法的性格 …………………………………………… 117

　1　はじめに ……………………………………………………………… 117

　2　政教分離の意義 ……………………………………………………… 118

　3　政教分離の目的 ……………………………………………………… 122

　4　政教分離の法的性格 ………………………………………………… 124

　　（1）制度的保障として把握する説　124

　　（2）目的と手段の関係として把握する説　131

　　（3）人権として把握する説　132

　5　おわりに ……………………………………………………………… 135

viii　目　次

第4章　政教分離と信教の自由の関係 ……………………………… 137

1　序　説 …………………………………………………………… 137

2　信教の自由と政教分離をめぐる理論 ……………………… 138

（1）政教分離を制度的保障論で把握する説　139

（2）自由と分離の関係を目的と手段の関係で把握する説　141

（3）政教分離を信教の自由と統一的に把握する説（人権として把握する説）　143

3　信教の自由と政教分離の再把握 …………………………… 146

（1）カッツ（W. G. Katz）の見解　147

（2）プェファ（L. Pfeffer）の見解　149

（3）アメリカ連邦最高裁判所の立場　153

4　むすび …………………………………………………………… 158

第5章　政教分離訴訟と違憲審査基準 …………………………… 161

1　国家の宗教的中立性と非宗教性 …………………………… 161

（1）はじめに　161

（2）津地鎮祭最高裁判決の多数意見と少数意見　162

（3）目的・効果基準の適用　166

　　（ア）靖国神社への公式参拝

　　（イ）靖国神社への玉串料等の支出（愛媛玉串料訴訟）

　　（ウ）殉職自衛官の護国神社への合祀申請

　　（エ）箕面忠魂碑・慰霊祭・補助金訴訟

　　（オ）大阪地蔵像訴訟

　　（カ）主基斎田「抜穂の儀」参列訴訟

　　（キ）即位の礼・大嘗祭訴訟

2　政教分離と違憲審査基準—最高裁の立場— ……………… 190

（1）砂川政教分離（空知太神社）訴訟最高裁判決　190

（2）白山比咩（しらやまひめ）神社訴訟最高裁判決　195

3　政教分離と目的効果基準の問題点—判例を読み直す— ……… 198

第3部　政教分離と公法上の脱法行為

第6章　政教分離の脱法行為(1)——公法上の脱法行為論—— …… 205

1　序 ………………………………………………………………… 205

目　次　ix

　　2　脱法行為論　……………………………………………………… 206
　　3　行政による政教分離の脱法行為　…………………………… 211
　　　（1）　津地鎮祭事件と「閣僚の靖国神社参拝問題」　211
　　　（2）　殉職自衛官合祀事件と国（自衛隊）の脱法行為　215
　　4　むすび　………………………………………………………… 221

第7章　政教分離の脱法行為(2)──自治体の違憲決議──　……… 223
　　1　はじめに　……………………………………………………… 223
　　2　靖国神社公式参拝運動の背景　……………………………… 223
　　3　靖国神社公式参拝要請決議について　……………………… 226
　　4　地方議会決議の範囲と限界　………………………………… 229
　　5　憲法尊重擁護義務との関係　………………………………… 233
　　6　まとめ　………………………………………………………… 235

第8章　政教分離の脱法行為(3)
　　　　──殉職自衛官合祀拒否訴訟──　………………………… 237
　　1　はじめに　……………………………………………………… 237
　　2　最高裁判決の理論構造　……………………………………… 237
　　3　国（自衛隊）による脱法行為　……………………………… 247
　　4　国（自衛隊）と隊友会の共生関係　………………………… 248
　　5　まとめ　………………………………………………………… 249

第4部　政教分離の重要問題

第9章　政教分離と象徴天皇制──納税者訴訟から考える──　…… 253
　　1　問題の所在─大阪「即位の礼・大嘗祭」違憲訴訟の提起　… 253
　　2　納税者訴訟の意義　…………………………………………… 257
　　3　政教分離と靖国訴訟　………………………………………… 260
　　4　政教分離と天皇訴訟　………………………………………… 262
　　　（1）　大分県「抜穂の儀」違憲訴訟　262
　　　（2）　鹿児島県「大嘗祭」違憲訴訟　267

x　目　次

　　（3）東京都「即位の礼・大嘗祭」違憲訴訟　270

　　（4）神奈川県「即位の礼・大嘗祭」違憲訴訟　272

　5　結　語 …………………………………………………………… 273

第10章　政教分離と良心的兵役拒否 ……………………………… 277

　1　問題の所在 ……………………………………………………… 277

　2　良心的兵役拒否の生成と展開 ……………………………… 279

　　（1）CO（Conscientious Objection）の今日的定義　279

　　（2）CO（Conscientious Objection）免除法制史の背景　280

　3　宗教の自由と兵役拒否 ……………………………………… 282

　　（1）一般的兵役拒否とシーガー判決　282

　　（2）選択的兵役拒否と修正1条の宗教条項　284

　　（3）政治的兵役拒否　288

　4　選択的兵役拒否と憲法上の根拠 ………………………… 289

　5　結　語 …………………………………………………………… 292

第11章　政教分離と信教の自由の相克
　　──「エホバの証人」剣道授業拒否事件と「イスラーム教」
　　スカーフ事件をめぐって── ……………………………… 295

　1　問題の所在 ……………………………………………………… 295

　2　信教の自由と政教分離の関係 ……………………………… 298

　3　信教の自由と政教分離の相克 ……………………………… 299

　　（1）「エホバの証人」剣道授業拒否事件　299

　　（2）「イムラーム教」スカーフ事件　299

本書で参考にした初出文献一覧 …………………………………… 309

参考文献一覧 …………………………………………………………… 311

第 1 部

信教の自由・政教分離の歴史的意義と保障内容

序　章　信教の自由の歴史的意義

1　はじめに―信教の自由の歴史―
2　明治国家と信教の自由
　（1）ある社会思想史家の回想
　（2）明治維新の舞台裏
　（3）明治国家の信教の自由と政教分離
3　靖国神社の沿革と性格
4　国家神道の歴史と戦後

日本国憲法は第20条と第89条で信教の自由と政教分離を保障する。

　第20条　①信教の自由は、何人に対してもこれを保障する。いかなる宗教団体も、国から特権を受け、又は政治上の権力を行使してはならない。
　②　何人も、宗教上の行為、祝典、儀式又は行事に参加することを強制されない。
　③　国及びその機関は、宗教教育その他いかなる宗教的活動もしてはならない。

第89条　公金その他の公の財産は、宗教上の組織若しくは団体の使用、便益若しくは維持のため、又は公の支配に属しない慈善、教育若しくは博愛の事業に対し、これを支出し、又はその利用に供してはならない。

ちなみに英文日本国憲法は次のようになっている。

　Article 20. Freedom of religion is guaranteed to all. No religious organization shall receive any privileges from the State, nor exercise any political authority.

　No person shall be compelled to take part in any religious act, celebration, rite or practice.

The State and its organs shall refrain from religious education or any other religious activity.

Article 89. No public money or other property shall be expended or appropriated for the use, benefit or maintenance of any religious institution or association, or for any charitable, educational or benevolent enterprises not under the control of public authority.

本書では、先ず、この憲法規定の歴史的意義と規範内容を確認することから始めたい。

1　はじめに——信教の自由の歴史——

欧米においては、信教の自由の確立は人間の精神的自由の確立に向けての先駆をなした。

信教の自由の保障の背景には、「例えば中世におけるローマ法皇庁による異端の弾圧とか宗教改革後の新教徒と旧教徒の対立などヨーロッパ史上の数多くの歴史的経験が存在しているのであり、そこで、欧米における精神的自由の確立は、まず、この信仰の自由の獲得への衝動から発している」といえる[1]。この中世ヨーロッパの貴重な経験に学び、精神的自由への自覚をもつに至った。かくして近代諸憲法は、ほぼ例外なく、信教の自由を保障した。しかし、その保障方式は一様ではなく、それぞれの国の歴史的条件によって異なっている。これについては、①国教制度を存置しつつ、国教以外の他の宗教にも広汎な宗教的寛容を認め、結果的・実質的に、宗教の自由を保障する型（イギリス、スペインなど）、②国家と教会がそれぞれの固有の領域事項では独自に処理し、競合事項については政教条約（konkordat, concordat）を締結し、これにもとづいて処理する型（ドイツ、イタリアなど）、③国家と宗教を完全に分離し、相互に干渉しないことを主義とする型（アメリカ合衆国、フランス、日本）などの方式があるとされる。

日本においては、徳川時代において、仏教（神仏混淆）は準国教的地位を保障されており、その他の宗教とりわけキリスト教は弾圧された。仏教各宗の寺院は

1　藤井俊夫『憲法と人権Ⅱ』（成文堂、2008年）11頁。

幕府より寺領を与えられ、その代償として檀家制度を通して人民を監視する役割を果たした。しかし、こうした封建制を桎梏と感じてこれを廃棄するに至る[2]。

2　明治国家と信教の自由

（1）ある社会思想史家の回想

　明治憲法の下における信教の自由・天皇制はどのようなものであったのであろうか。ある一人の社会思想史家の回想を聞いてみよう。比較文化論、社会思想史専攻の沖浦和光（おきうら・かずてる、1927年大阪生まれ—2015年死去、桃山学院大学名誉教授）は、戦前の信教の自由・天皇体験について次のように語っている[3]。

　中学3年生で太平洋戦争に遭遇した私たちは、産湯の時から天皇制ファシズムの教育体系で育てられた世代であった。物心ついた頃には、もはや反戦平和運動や革命運動の余燼（よじん）すらどこにもなく、それらに関連した書物は禁書としてすべて姿を消していた。反国家・反天皇の側からの思想的なインパクトを受けるどのような機会もなかったのである。

　私たち少年の前に、天皇はまさに《現人神》（あらひとがみ）として顕現していた。天皇はわが日本を創生したアマテラスオオミカミの子孫であり、国土を鎮護し、五穀豊穣を祈り、民族を守護する生き神様であった。

　現人神としての神格こそ天皇主権の根源であり、それゆえに万世一系の天皇をいただく日本は神国であり「神州不滅」である。天皇は国家の元首であり国軍を統（す）べる大元帥であるが、その権限はすべてその神格から発する。

　その法的根拠とされたのが、明治の欽定憲法である。その前文は、次のような古代の天皇の宣命（せんみょう）を模した文で始まる。

　　「皇朕レ謹ミ畏ミ皇祖皇宗ノ神璽ニ詰ケ白サク皇朕レ天上無窮ノ宏謨ニ循ヒ惟神ノ宝祚ヲ承継シ…」。

　この呪文のような前文をうけて、

2　高柳信一＝大浜啓吉「［信教の自由］憲法20条」有倉遼吉・小林孝輔編『基本法コンメンタール［第3版］憲法』（日本評論社、1986年）81頁。

3　沖浦和光『天皇の国・賤民の国―両極のタブー』（河出書房新社、2007年）80頁以下。

6　序　章　信教の自由の歴史的意義

「大日本帝国ハ万世一系ノ天皇之ヲ統治ス」(第 1 条)、
「天皇ハ神聖ニシテ侵スヘカラス」(第 3 条)、さらに、
「天皇ハ国ノ元首ニシテ統治権ヲ総攬シ…」(第 4 条)、
「天皇ハ陸海軍ヲ統帥ス」(第 11 条)と続く。

　このように天皇は、皇祖神の神慮による宝祚(＝天皇位)の継承者として《聖》と《俗》の全領域にわたる全能者として国民の前に立ち現われていたのであった[4]。
　この《現人神》に対する批判は、「神聖ニシテ侵スヘカラス」という憲法条項によって禁止されていた。明治政府の最初の刑法構想では、古代律令の「謀反」「謀大逆」「謀叛」を法的根源とした天皇・天皇制に対する反逆罪は一たんは姿を消していたが、1880年の旧刑法で復活し、1907年の改正法では「大逆罪」「不敬罪」(第73〜76条)として明記されるに至った。
　宗教の領域においても同断であった。祭政一致を掲げる政府の神道国教化政策によって、廃仏毀釈が断行された。仏教各派は、〈仏法〉は〈王法〉に隷属することを表明してはじめてその布教を認められた。明治維新の解禁後、反体制派の思想的拠点となりつつあったキリスト教に対しても、しだいに統制が強められ、最後には天皇教のもとに屈した。
　かくして、伊勢神宮を頂点とする天皇教神道は、国家宗教としての地位を着々と固めていった。私(沖浦和光)の小学校時代には、マツリの日は、御真影のもとでの教育勅語の奉読のあと、全学年で氏神へ詣でた。各学年の遠足は国幣官社参詣、修学旅行は伊勢神宮参拝が義務づけられていた(下線は引用者。以下同様)。私はキリスト教系の中学校(桃山中学)へ通っていたが、修身の時間は、「長幼の序」から始まって、イエ・クニに至る、忠孝を軸とした「礼儀と秩序」の強調に終始した。万事国定のテキスト通りであって、キリスト教の信や愛については聞いたことがなかった[5]。
　しかし一言断っておかねばならないのは、私たちが天皇制ファシズムの思想から自発的に抜け出す条件はどこにもなかったにせよ、丸ごと擒(とりこ)になっていたわけではなかった。世界史にもあまり例を見ぬ、虚偽意識としてのイデオロギーの巨大な構築物であった天皇制思想は、精神の根底からすべての人間の心をつかんでいたわけではなかった。

4　沖浦和光・前掲81頁。
5　沖浦和光・前掲82-83頁。

所々に空席があるままに9月1日に学校が再開されたが、あの日の明るさをどう説明すればよいのだろうか。私たちにとって、天皇は、日本国家は、そしてあの戦争は、一体何であったのか。所詮デッチ上げの絵空事にすぎなかった《日本神国》思想は、敗戦とともに轟音を立てて瓦解していった[6]。

（2）明治維新の舞台裏

そこで、この沖浦和光の分析手法を借りて、明治国家の信教の自由を理解するに必要な範囲で、明治維新の舞台裏を見て、明治国家の設計図を素描しておこう。

1868年の明治維新から、2018年の今日まで150年が経過することとなった。沖浦は、この過程を世界史でも類を見ぬ世紀の大実験の連続であったととらえる。その中でも最たるものが、明治維新の有司専制グループ（政府内の薩長藩閥政治）による神聖天皇劇の復権いわゆる〈王政復古〉であり、それに続く天皇制ナショナリズムの構築と、その軍隊による帝国主義的アジア侵略であったという。

明治維新は、基本的には近世幕藩体制を廃し、新しい資本主義的な社会関係の確立を目ざした近代化革命であった[7]。しからば、〈なぜ、新政府の権力を握った国権派が、本来ならば封建的遺制として廃止されるべき王制の再生強化を意図したのであろうか〉。

フランス革命に典型的に見られるように、王制は近代革命にさいしてはその障害物として打倒の対象となるべきものであった。しかし、逆に、天皇制を国家秩序のカナメとして残したにとどまらず、強大な政治的、軍事的権力と財産を与えた。それどころか、アマテラスオオミカミ以来の神聖な皇統を継ぐ万世一系の王として、国民統合の価値的シンボルの中軸に据えた。

新しい社会形成にさいして、もっとも重要な課題は、国民統合の理念をどのように設定するか、いかなる国家目標を掲げるか、またそれに向かってどのように大衆を馴致してゆくか、これこそが、新政府権力・国権派のかかえていた最大の難問であった。

6　沖浦和光・前掲84頁。
7　沖浦和光・前掲183頁。

8 序 章 信教の自由の歴史的意義

　民権派の主張するような、近代市民社会の編成原理である社会契約論的な民主主義思想を持ち込むことは、国権派の支配体制を維持するためにはとうてい認められないことであった。

　そこで選択されたのが、国家神道を再確立し、政教一致の天皇制によって国民教化を強行していくコースである。1868年に〈王政復古の大号令〉、神祇官・太政官制を復活し、古神道の姿に復元すべく〈神仏分離の令〉を発した。

　新帝即位後、この神道国教政策はさらに強化される。近代社格制度のもとに行政による神社の掌握が徹底すると、〈宗門人別帳〉にかわって、〈神社氏子制度〉による近代的戸籍の編成をもくろんだ。1872年（明治5年）には神祇省を廃止して教部省を設け、「敬神愛国」「天理人道」「皇上奉戴・朝旨遵守」の三か条の教憲を国民教化の原則として提示した。このようにして、天皇を家長とし臣民を赤子とする〈家〉の原理に、文明開化という衣装を着せ、それを統治体系の基軸におこうと考えた[8]。

　水戸学を中心とした尊皇論は、『記』『紀』神話を歴史的事実として認め、万世一系の天皇制をいただく日本の国体を「万邦無比」のものとしてその優越性を説き、皇祖神アマテラス以来の血統を保持した天皇こそ、この豊葦原中国（とよあしはらのなかつくに）を統（す）べるべき君主であると主張した。開国維新の過程で、攘夷論はその影響力を失ったが、尊皇論は生き残った。〈王政復古〉という形で明治新国家が誕生すると、尊皇論がたくみに換骨奪胎されて新国家の中枢理念としてよみがえった[9]。

　明治天皇（1852-1912年）は15歳で即位したが、外に向かっては日清戦役・日露戦役・韓国併合と帝国主義的膨張をなしとげ、内にあっては日の神アマテラスオオミカミの皇統をひく、“聖なる王”として国民統合のシンボルとなり、王個人の英雄的カリスマ性と、「神武創業以来」の皇統という神話的カリスマ性をドッキングさせて、晩年には大帝と呼ばれるようになった。

　しかし、この世襲的カリスマ性を持続していくためには、いろいろな道具立て、パフォーマンスが必要である。すなわち、天孫降臨神話の創出、それを裏付

8　沖浦和光・前掲186頁。
9　沖浦和光・前掲187頁。

けるための神秘的儀礼、カリスマを象徴するシンボル〈三種の神器〉、さまざまな禁忌（タブー）、こうしたもので麗々しく王権の実体を粉飾していかねばならない。

そのようなカリスマ性を継承するためには、死んだ旧帝から即位する新帝への〈天皇霊〉の転移がもっとも重要な儀式となる。具体的には、モノモノしい儀礼のもとで、タカミクラに鎮座して人民に新たに皇統を継いだ天皇であることを宣言する。代替わりごとにこういう儀式を行わないと、民衆の前に顕示されるべきカリスマ性はしだいに失墜してしまう。戦前の「登極令」でいえば、践祚の儀、即位の礼、大嘗祭、改元──以上の四つである。なかでも天孫降臨神話に出てくる真床覆衾（まとこおうふすま）によって、新帝への天皇霊の転移がたしかめられる秘儀である大嘗祭が、もっとも重要な皇位継承儀礼となる[10]。

ところで、この一大〈天皇劇〉の製作者は、一体誰であったのか。この大芝居のプロデューサーは「有司専制」と呼ばれた薩長藩閥を中心に、明治新政府の実権を掌握した一にぎりのグループであった。憲法制定前後からの総監督が伊藤博文（1841-1909年）であった。本当の演出者は、伊藤の総指揮下で動いた井上毅（いのうえ・こわし）であり[11]、1881年、「明治14年の政変」では大活躍し、憲法制定にさいして立案起草のリーダーであった。そして、「大日本帝国ハ万世一系ノ天皇之ヲ統治ス」（第1条）、「天皇ハ神聖ニシテ侵スヘカラス」（第3条）といった近代民主主義に逆行する憲法を、民権派を封じ込めて抜き打ち的に制定した（『大日本帝国憲法』、『皇室典範』の実質的な起草者は井上毅、その国民的啓蒙版ともういうべき『教育勅語』も、元田永孚（もとだながざね）と井上の合作であるが、主導したのは井上であった）[12]。

10　沖浦和光・前掲190頁。

11　片山杜秀は、「天皇は、伊藤博文や井上毅によって考えつかれた近代日本の宮廷政治の仕方をよく教え込まれていました」と述べている（片山杜秀＝島薗進『近代天皇論──「神聖」か、「象徴」か』〔集英社新書、2017年〕39頁）。

12　沖浦和光・前掲191頁、奥平康弘はその著『「萬世一系」の研究（上）──「皇室典範的なるもの」への視座』（岩波現代文庫、2017年）の中で、井上は、卓越した比較法制史的な知見の持ち主であった。その井上は、西洋流の君主国が──かれの得意の知見に属するフランスが典型のように──民主主義・共和主義に拠る変革の契機を内在しているのを、鋭敏に感じ取っていた。かれにとっては、日本の近代化が、市民革命を招くような方向で舵取りされることは絶対に避けねばならない。そのかれがこの点の切り札として差し出したのが、「しらす」論であり、「祖宗ノ大憲」であったと解するのは、かなり理に叶っている、と私には思われると述べている（39-40頁）。

沖浦和光は明治維新の舞台裏を次のようにまとめている。王政復古と文明開化という両面作戦を巧みに主導したのは伊藤博文・井上毅のラインであった[13]。明治維新の当初は、現人神を上にいだく国家の統治形態と、急速な近代化をはかろうとする国家政策の内容とは、相容れないほど矛盾していたが、そのことは新政府首脳もよく承知していた。その真の狙いは、天皇の神威を借りて、当然に噴き出てくるであろう反政府運動を未然に叩き潰し新路線を強行するところにあった[14]。「帝国憲法」と「皇室典範」の制定（1889年）によって〈王政復古〉の大号令が目ざしたものがようやく実現した。その間、約22年が経過し、自由民権運動をはじめとしたさまざまの反政府運動があった。しかし、1880年に公布した刑法ではじめて「不敬罪」を法文化し、天皇の神権についての批判を禁じたのが大きい決め手になった[15]。

（3）明治国家の信教の自由と政教分離

それでは明治国家における信教の自由と政教分離の関係はどのようなものであったのか。この歴史的考察については、津地鎮祭事件控訴審判決が手際よく整理し、また、最高裁判決の反対意見（藤林益三、吉田豊、団藤重光、服部高顕、環昌一裁判官）がそれを再度確認しているので、トレースして歴史的経緯を明らかにしておきたい[16]。

国家と宗教とが結びつくときは、国家が宗教の介入を受け又は宗教に介入する事態を生じ、ひいては、それと相容れない宗教が抑圧され信教の自由が侵害されるに至るおそれが極めて強い。このことは日本における明治維新以降の歴史に照

13　松下圭一『ロック「市民政府論」を読む』（岩波現代文庫、2014年）41-42頁参照。ここにおいて松下圭一は次のことを指摘している。明治政府は、伊藤博文、井上毅を中心に、官治型後進国のドイツ語圏系の理論を計画的に導入し、先進国英仏米系の理論を排除していく。この経過は、山室信一の『法制官僚の時代』（木鐸社、1984年）であきらかにされている。井上毅は「ゲルマン」理論は天皇支配にふさわしく「主権帰一の論」を主張しているためとして、当時の私立学校での英仏米系先進型法学理論を排除した。

14　沖浦和光・前掲193頁。

15　沖浦和光・前掲196頁。

16　国家と神社との関係について、戊辰戦争（1868年）から太平洋戦争まで、4つの明確な時期を通して発展してきたとする分析を行っているデイヴィッド・M・オブライエン『政教分離の憲法政治学』大越康夫補著・訳（晃洋書房、1999年）36頁以下も参照。

らして明らかなところである。

すなわち、明治元年（1868年）、新政府は、祭政一致を布告し[17]、神祇官を再興し、全国の神社・神職を新政府の直接支配下に組み入れる神道国教化の構想を明示したうえ、一連のいわゆる神仏判然令をもって神仏分離を命じ、神道を純化・独立させ、仏教に打撃を与え、他方、キリスト教に対しては、幕府の方針をほとんどそのまま受け継ぎ、これを禁圧した。

明治3年（1870年）、大教宣布の詔によって神ながらの道が宣布され[18]、同5年（1872年）、教部省は、教導職に対し3条の教則（「第1条　敬神愛国ノ旨ヲ体スヘキ事　第2条　天理人道ヲ明ニスヘキ事　第3条　皇上ヲ奉斎シ朝旨ヲ遵守セシムヘキ事」）を達し、天皇崇拝と神社信仰を主軸とする宗教的政治思想の基本を示し、これにより、国民を教化しようとした。

また、明治4年（1871年）、政府は、神社は国家の祭祀であり一人一家の私有にすべきではないとし（太政官布告第234号）、さらに、「官社以下定額及神官職員規則等」（太政官布告第235号）により、伊勢神宮を別として、神社を官社（官幣社、国幣社）・諸社（府社、藩社、県社、郷社）に分ける社格制度を定め、中央集権的に神社を再構成し、神社には公法人の地位を、神職には官公吏の地位を与えて他の宗教には認めない特権的地位を認めた。

明治8年（1875年）、政府は、神社各宗合同の布教を差し止め各自布教するよう達し、神社各宗に信仰の自由を容認する旨を口達しながら、明治15年（1882年）、神官の教導職の兼補を廃し葬儀に関与しないものとする旨の達（内務省達乙第7号、丁第1号）を発し、神社神道を祭祀に専念させることによって宗教でないとする建前をとり、これを事実上国教化する国家神道体制を固めた。そして仏教その他の宗教は神道の下に従属することで公認又は黙認の宗教として活動が許された。

明治22年（1889年）、明治憲法が発布され、その28条は信教の自由を保障していたものの、その保障は「安寧秩序ヲ妨ケス及臣民タルノ義務ニ背カサル限ニ於テ」という制限を伴っていた。そればかりでなく、法制上は国教が存在せず各宗

17　「祭政一致」により、政治の中心には祭祀をつかさどる天皇がおり、その祭祀を通して下々にも天皇崇敬がゆきわたり国民が統合されるということをめざしていた（片山＝島薗・前掲28頁）。

18　1870年1月3日の「大教宣布の詔」では、天皇に神聖な地位を与え、「惟神（かんながら）の道」、すなわち神道が、「億兆同心」、国民が一体となる、つまりは国教化する国家方針が示された（片山＝島薗・前掲28頁）。

教間の平等が認められていたにもかかわらず、上述のようにすでにその時まで
に、事実上神社神道を国教的取扱いにした国家神道の体制が確立しており、神社
を崇奉敬載すべきは国民の義務であるとされていたために、極めて不完全なもの
であることを免れなかった。翌明治23年（1890年）には教育勅語が発布されて[19]、
国家神道の教典的役割を担うことになった。

　さらに、明治39年法律第24号「官国幣社経費ニ関スル法律」により、官国幣社
の経費を国庫の負担とすることが、また、同年勅令第96号「府県社以下神社ノ神
饌幣帛料供進ニ関スル件」により、府県社以下の神社の神饌幣帛料を地方公共団
体の負担とすることが定められ、ここに神社は国又は地方公共団体と財政的にも
完全に結びつくに至り、名実とも国家の祭祀となった。

　以後、昭和20年（1945年）の敗戦に至るまで、神社は国教的地位を保持し、旧
憲法の信教の自由に関する規定は空文化された。その間に制定された治安維持
法、宗教団体法、警察犯処罰令等の下で、大本教、ひとのみち教団（現在の PL 教
団）、創価教育学会（現在の創価学会）、法華宗、日本キリスト教団、ホーリネス教
派などは、安寧秩序を紊し臣民たるの義務に背き、国家神道の体制に反するとい
うことで厳しい取締、禁圧を受け、各宗教は神社を中心とする国体観念に従属せ
しめられた。そして戦時中、神社参拝を通じて信仰を強制し、憲法で保障する信
教の自由は極度に侵害され、国家神道がいわゆる軍国主義の精神的基盤になって
いたことは一般に顕著な事実である。

　第2次大戦中、イギリスの哲学者バートランド・ラッセルは、ジョン・ロック
の政治哲学に言及する中で、次のように指摘していた。「確かに日本において
は、フィルマーの言説ときわめて類似した説が今なおいだかれており、それはす
べての教授や学校教師によって教えられねばならないとされている。ミカド
（帝）はその祖先を太陽女神［天照大神のこと］にまでたどることができるので
あって、ミカドはその女神の後裔だという。他の日本人もまたその女神の子孫で
あるが、女神家系の王家に属している。したがってミカドは神であり、彼に対す
るあらゆる抵抗は冒瀆であるという。この理論は、主として1868年［明治元年の

19　「教育勅語」が発布されたあとは、学校での行事や集会を通じて天皇崇敬を促す神聖な文書とし
　て国民自身の思想や生活に強く組み込まれていく（片山＝島薗・前掲32頁）。

こと）に創案されたのだが、現在の日本においては、世界が創造されていらい、伝承によって連綿と伝えられてきたのだと称されている。同様の理論をヨーロッパに押しつけようとする試み—フィルマーの『家父長論』はその試みの一部であった—は、失敗に帰した。……スチュアート王朝期のイングランドは、この段階を通り過ごしてしまったのだが、近代日本はまだそれを通過しきっていないのである」[20]。

　連合国軍最高司令官総司令部（GHQ）が国家を神社から分離させる第一歩は、1945年（昭和20年）10月4日の「政治的、社会的及宗教的自由ニ対スル制限除去」に関する自由の指令の公布であった。
　続けて、1945年12月15日、連合国軍最高司令官総司令部は、国家神道を解体することをねらったいわゆる神道指令、「国家神道、神社神道ニ対スル政府ノ保証、支援、保全、監督並ニ弘布ノ廃止ニ関スル件」と題する覚書を発した[21]。

　　　本指令ノ目的ハ宗教ヲ国家ヨリ分離スルニアル、マタ宗教ヲ政治的目的ニ誤用スルコトヲ防止シ、正確ニ同ジ機会ト保護ヲ与ヘラレル権利ヲ有スルアラユル宗教、信仰、信条ヲ、正確ニ同ジ法的根拠ノ上ニ立タシメルニアル。本指令ハ啻ニ神道ニ対シテノミナラズ、アラユル宗教、信仰、宗派、信条乃至哲学ノ信奉者ニ対シテモ、政府ト特殊ノ関係ヲ持ツコトヲ禁ジ、マタ軍国主義的乃至過激ナル国家主義的「イデオロギー」ノ宣伝、弘布ヲ禁ズルモノデアル。

　この覚書によって、国家と神社神道の完全な分離が命ぜられて、神社神道は一宗教となり他の一切の宗教と同じ法的基礎のうえに立つこと、そのために、神道を含むあらゆる宗教を国家から分離すること、神社神道に対する国家、官公吏の特別な保護監督の停止、公の財政援助の停止、宗教団体法の廃止、神宮皇学館の閉鎖、国定教科書からの神道的要素の除去、公的資格における公務員の神社参拝の禁止等の具体的措置が明示された。ここに国家神道の廃止を主眼とする徹底的な政教分離、信教の自由保障への道が開かれたのである。

20　『バートランド・ラッセル著作集Ⅲ西洋哲学史』市井三郎訳（みすず書房、1959年）337-338頁、及び、松下・前掲7-8頁参照。
21　神道指令と憲法の政教分離との関係については、佐々木弘通「憲法70年と政教分離原則」法学教室2017年5月号（440号）28頁以下参照。

14 　序　章　信教の自由の歴史的意義

　この神道指令は、西欧諸国に行われている国家と教会の分離（separation of church and state）ではなく、国家と宗教の分離（separation of religion and state）という徹底したものであった。すなわち、覚書第2項（a9には、「本指令ノ目的ハ、宗教ヲ国家ヨリ分離シ、（The purpose of this direction is to separate religion from the state.)」とあり、これによって、日本政府は、神道のみならず一切の宗教に関連する「一切ノ儀式、式典、行事、信仰、神話、伝説、哲理……」（all rites, practices, ceremonies, observances, beliefs, teachings, mythology, legends, philosophy, ……）を禁止すべきことが命じられたのである。

　神道指令につづいて制定された日本国憲法は、明治憲法時代の苦い経験および深刻な反省から、信教の自由保障について、周到な規定をおいている。「信教の自由は、何人に対してもこれを保障する」（20条1項前段）、「何人も、宗教上の行為、祝典、儀式又は行事に参加することを強制されない」（20条2項）と定めて、信教の自由を保障し、反面から、同条1項後段、同条3項および89条によって、国家と宗教の分離をはかり、よって信教の自由の十全な保障を期している。

　●信教（の自由）と宗教（の自由）という言葉
　連合国軍総司令部の1945年12月15日「神道指令」、直後の1946年1月1日の天皇の「人間宣言」、こうした宗教的自由確立の動きを受けて、日本国憲法は徹底した信教の自由の保障規定をおいた。なお、「信教の自由とは宗教の自由のことであり、明治憲法が信教の自由という表現を使っていたのを用語法上は踏襲したものである」[22]といわれる。

3　靖国神社の沿革と性格

　それでは靖国神社はどのようにして生まれたのか。靖国神社の沿革と性格について、裁判所は次のように認定している[23]。

22　高橋和之『立憲主義と日本国憲法第3版』（有斐閣、2013年）174頁。
23　内閣総理大臣の靖国神社公式参拝に関する損害賠償請求（大阪訴訟）控訴審判決・大阪高判平成4年7月30日判例時報1434号44頁以下参照、島薗進は、「天皇の軍隊」をつくる宗教的な仕掛けの最たるものが「靖国神社」であると述べている（片山＝島薗・前掲73頁）。

3 靖国神社の沿革と性格 *15*

1 靖国神社の起源は、戊辰戦争のいわゆる官軍側戦死者の招魂慰霊のため、天皇の命により、1869年（明治2年）に創建された東京招魂社にさかのぼる[24]。

東京招魂社は、1879年（明治12年）に、靖国神社に改称され、別格招魂社に列せられたところ、「靖国」の名は、中国の史書「春秋」に由来するものであって、「安国」「護国」と同義であり、国のために戦死した者の勲功を讃え、皇国の安泰を祈願することを意味し、また、「別格官幣社」は、「臣民」を祭神とする神社のために創案された最高の社格である。

靖国神社は、当初は、内務・陸軍・海軍各省の共同管轄下にあったが、1887年（明治20年）以降は、神職の任免等の人事権も含めて、陸・海軍省の管轄下（一般の神社は内務省の管轄であった）におかれ、両省で、戦没者を審査して、天皇に上奏し、その裁可を経て、右戦没者を祭神として合祀していた。靖国神社の神体は、東京招魂社以来の神鏡と神剣であるが、その祭神は、当初より、天皇及び政府の側に立って戦った戦没者等の国事殉難者であって、戦争の都度、その数が増加するため、祭神名簿（霊璽簿）に氏名を記載して、これを副霊璽（副神体）としている。

2 靖国神社は、「戊辰戦役」「佐賀の乱」「西南の役」「日清戦役」「日露戦役」「第一次世界大戦」「満州事変」「支那事変」「太平洋戦争」等の事変、戦役を経て、その祭神も増加したが、日露戦争以後は、祭神を「英霊」と呼称することが一般化した。

また、靖国神社は、その合祀祭には、天皇の親拝を仰ぎ、境内には、国内唯一の公開軍事博物館である「遊就館」を設ける等、第二次大戦の終了まで、祭政一致の国策の下で、国家神道の中心的施設として、とりわけ、戦前の皇国史観教育とも相俟って、いわゆる軍国主義の精神的基盤として、国家の手により、維持管理されてきた。

3 靖国神社は、神道指令の発せられる直前の1945年（昭和20年）11月に、第二次大戦での未合祀戦没者を一括して招魂する臨時大招魂祭を行い、その後、一般の宗教法人となって以後も、従来どおり「軍人軍属」「準軍属、その他」を合

---

24 靖国神社ができるまでの基本的な歴史の整理については片山＝島薗・前掲74頁以下も参照。

16 序　章　信教の自由の歴史的意義

祀対象者と定め（靖国神社合祀基準）、以後37回にわたる合祀祭を行って、右の末
合祀戦没者を、順次祭神に加えた。

　その結果、合祀数は、第二次大戦の戦没者213万余柱を中心に総計246万余柱
（昭和60年7月現在）に上っている。

　横田耕一が述べているが、そもそも靖国神社は、以上の沿革からいって、明治
以降に天皇の名で戦われた「聖戦」の戦没者を英霊として合祀し、天皇を中心と
した国民がその英霊を讃え、慰める神社であり、天皇の存在と不可分の神社で
あったということができる[25]。

　4　第二次大戦後、1945年（昭和20年）12月に出された神道指令によって、国
家神道の廃止を中核とする政教分離の政策がとられるに至り、1946年（昭和21年）
2月には、神祇院官制をはじめ、神社関係全法令が廃止され、国家神道は制度上
も消滅した。これに伴い、靖国神社は、宗教法人令に基づく宗教法人と見做さ
れ、直ちに東京都知事にその旨の届け出をしたことによって、民間の宗教法人と
なり、制度上は、従来の公的性格の一切を払拭した。

　また、1951年（昭和26年）2月、新たに宗教法人法が施行されたのに伴い、靖
国神社は、東京都知事の認証を受けて、1952年（昭和27年）8月、神社本庁に加
盟しない単立の宗教法人を設立して公告したが、「靖国神社社憲」や、「靖国神社
規則」では、前身の東京招魂社や戦前の靖国神社との同一性、継承性を謳い、別
格官幣社当時の目的も継承している。

　そして、境内には、鳥居、神門、拝殿、本殿等、神社特有の礼拝施設を有し、
神職として、宮司、権宮司、禰宜、権禰宜、主典、宮掌等を置き、春秋例大祭
（毎年4月と10月）、合祀祭（毎年秋）を、重要な祭典として執り行い、他に、みた
ま祭（毎年7月）、月次祭（毎月）、慰霊祭（随時）等の祭典を、いずれも神道形式
で行っている。

　5　靖国神社の祭典は、神饌、幣帛（へいはく）の供進、祝詞の奏上、玉串奉
奠（たまぐしほうてん）、拝礼の各方式に従って行われるが、神饌幣帛料の供進

───────────

25　横田耕一『憲法と天皇制』（岩波書店、1990年）136頁。

は、「官幣諸社官祭祭式」（明治6年）に則り、神官が神前に供え、玉串奉奠は、「神社祭式」（明治8年）あるいは「靖国神社祭式」（大正3年）に則り、参拝者が神前に供えるもので、いずれも神道儀式の中心であり、また拝礼も、修祓、昇殿、玉串奉奠、二拝二拍手一拝の順で行うのが正式拝礼の方式である。

6　なお、「靖国神社社憲」（昭和27年制定）の前文には、「本神社は明治天皇の思召に基き、嘉永6年以降国事に殉ぜられたる人々を奉斎し、永くその祭祀を斎行して、その『みたま』を奉慰し、その御名を万代に顕彰するため、明治2年6月29日創立せられた神社である」とあり、同社憲2条には、「本神社は、御創立の精神に基き、祭祀を執行し、祭神の神徳を弘め、その理想を祭神の遺族崇敬者及び一般に宣揚普及し、（中略）以て安国の実現に寄与するを以て根幹の目的とする」と定め、また、同時に制定された「靖国神社規則」にも、「本法人は、明治天皇の宣らせ給うた『安国』の聖旨に基き、国事に殉ぜられた人びとを奉斎し、神道の祭祀を行ない、その神徳をひろめ、本神社を信奉する祭神の遺族その他の崇敬者を教化育成する（中略）ことを目的とする」と明記している。

終戦後、GHQによって政教分離の精神が新憲法に盛り込まれることとなり国家神道が否定され、新たに制定された宗教法人法によって靖国神社はかつての特別の存在から一宗教法人へと変更された。

1975（昭和50）年以降は、靖国そのものが国際的な関心事に変貌していく。きっかけは、1978（昭和53）年にA級戦犯ら14名を靖国神社が合祀していた事実が明らかにされたことによる。昭和天皇は、靖国神社に参拝したのが1975（昭和50）年11月21日であり、それ以降は参拝していない[26]。A級戦犯の合祀が公になったということは、靖国神社への参拝が立場によっては政治問題、はたまた外交問題になることを意味する。

4　国家神道の歴史と戦後

一般には、国家神道は、1945年にGHQが発した「神道指令」によって解体さ

26　保阪正康『日本人の「戦争観」を問う』（山川出版社、2016年）88頁。

18　序　章　信教の自由の歴史的意義

れたと言われている。「神道指令」によって、公的組織だった神社が民間組織になった。その結果、公的に国体や皇道を教導する仕掛けはなくなった。こうした通説に対して、島薗進は、「私は異を唱えています。その理由を説明しましょう」と次のようにいう[27]。

　1　「神道指令」は略称で、正式には「国家神道、神社神道ニ対スル政府ノ保証、支援、保全、監督並ニ弘布ノ廃止ニ関スル件」である。これはアメリカ的に考えると、国家と特定宗教を分離する、ということになる。それを日本にあてはめて、神社神道を国家から切り離すことが主眼とされた。しかし、国家神道は神社神道だけに還元できない。〈それでは国家神道と神社神道はどのような関係にあるのであろうか〉。

　2　日本各地にはさまざまな神社があり、それぞれ多彩な信仰を培ってきた。地域を超えた組織的なつながりは仏教教団が媒介になった。聖護院や三宝院（醍醐寺）が本山となる修験道に代表されるような、神仏習合の宗教組織である。つまり、「神社神道」と呼べるような統一的な宗教組織は、明治維新以前には存在しなかった。かろうじて京都の朝廷を中心とする神社ネットワークはあったけれども、その範囲も影響力も大きくはなかった。
　それが明治になると、皇室祭祀と連携して全国さまざまな神社が組織化され、はじめて神社神道と呼び得るような大規模な組織が形成された。これが国家神道の重要な構成要素となっていく。しかし神社神道は国家神道の重要な要素ではあるけれども、神社神道＝国家神道ではない。私自身（島薗進）は、国家神道は皇室祭祀[28]、神社神道、国体論という三つの要素に注目してその歴史を見ていくべきだという理解をしている。

27　片山杜秀＝島薗進『近代天皇論―「神聖」か、「象徴」か』（集英社新書、2017年）の対論・178頁以下183頁まで参照、及び、詳しくは、島薗進『国家神道と日本人』（岩波新書、2010年）参照。
28　もっとも、戦前にあった13の皇室祭祀のうち11は明治期につくられたものである。つまり新しいフィクションとして創造した「上からのナショナリズム」であると島薗は指摘する（片山＝島薗・前掲208頁）。「国体」論とは、「日本が天照大神から続く神の子孫であり、万世一系の系譜を持つ天皇の下に途切れることなく続いてきた、世界にもほかに例を見ない素晴らしい国である」という考え方である（片山＝島薗・前掲16頁参照）。

3 ところが、GHQ による「国家神道」の定義には、皇室祭祀がすっぽり抜けている。結局これは、西欧流の教団中心の宗教観から国家神道を判断したことがひとつの要因である。それから神聖な天皇の宗教的な力をどう制御するのか、よくわからなかったという要因もある。終戦後、天皇の「人間宣言」は行われたものの、解体されたのは国家と神社神道の結合で、国家神道の主要な構成要素である皇室祭祀のおおかたは維持された。

皇室祭祀は皇居内の宮中三殿で行われる。宮中三殿とは、賢所（かしこどころ、皇祖天照大神を奉祀し神鏡を神体とする場所）、皇霊殿（神武天皇以来の歴代天皇・追尊天皇、歴代皇后・皇妃・皇親を祀る場所）、神殿（天神地祇八百万神を祭神とする場所）からなるが、これらはすべて宗教的施設である。

横田耕一は、これはたとえてみれば県営住宅に住む個人の部屋にある仏壇のようなものであり、宮中三殿を国有財産とみることは、政教分離原則からして無理であるという[29]。

前述『近代天皇論―「神聖」か、「象徴」か』（集英社新書、2017年）の片山杜秀と島薗進の対論の中で、ただ、〈皇室祭祀じたいは、天皇家のプライベートな行為であって、公的な位置づけはないのではないか？〉という片山杜秀の問いに答えて、島薗進は次のように述べている。

憲法学的建前ではそういうことであろう。しかし現実的にはどうか。天皇は1年に何十回も、天皇家全体としては1年に100回以上の儀礼を行うことになっている。元旦には四方拝、3日には元始祭というのがある。そのほかに多くの行事をしている[30]。そういう天皇の神道行事があり、天皇は天照大神、伊勢神宮と不可分の神聖な存在であり、だからこそ全国民が尊ぶべきだという観念が、明治維新以後、広められ定着した。

このことを考えれば、戦後になって皇室祭祀が建前上、プライベートな行為ということになっても、公的な意義や影響力は少なからず残っている。実際、天皇の代替わりの際には、剣璽等承継の儀や賢所大前の儀がある。天皇の公的な行為に三種の神器が関わっているわけである。その三種の神器は「天壌無窮の神勅」

---

29 横田耕一『憲法と天皇制』（岩波新書、1990年）139-140頁。
30 具体的には、横田耕一・前掲書141頁以下。

20 序　章　信教の自由の歴史的意義

と共に天照大神からニニギノミコトに授けられ、万世一系の天皇の神聖な地位を表すものとして尊ばれてきたものである[31]。

　4　神社神道は、民間の宗教団体でありながら、国家と天皇を結びつけようとする政治宗教団体の側面をもつ「神社本庁」として発展し、天皇と伊勢神宮や靖国神社の関係を強めようとしてきている。1969年には神道政治連盟（神政連）もできている。日本会議も、神政連や神社本庁とは強いつながりを持っている。

　たとえばジョン・ブリーンという歴史学者が『神都物語　伊勢神宮の近現代史』（吉川弘文館、2015年）で指摘していることであるが、GHQによる占領終了後の早い時期から、「神宮の真姿顕現運動」が起こる。伊勢神宮と皇室は密接な関係がある。そして、天皇は国民の象徴であるから、伊勢神宮は国家機関として重要な意味を持っている、そのことをはっきりさせようという運動である。そして、この「神宮の真姿」という言葉は、戦争中、より正確には2・26事件のときから使われてきた「国体の真姿」から来ている言葉であるとブリーンは言っている。

　これは、戦後のGHQが、国家神道の廃止と政教分離を命じた「神道指令」をひっくり返すための運動であったが、その後も、紀元節復興運動や、元号法制化運動が続いた。

　今、安倍首相がやろうとしていることも、その路線の上に乗ったものである。彼は、2013年の伊勢の式年遷宮の際に、「遷御の儀」というクライマックスの式に8名の閣僚を引き連れて参列している。国家的な行為であり、政教分離に違反している疑いが濃い。そうすることで伊勢神宮の国家的な地位を強化しようとしているわけである。これは神聖国家をめざすもので、国民主権や基本的人権、とりわけ良心の自由、思想信条の自由、信教の自由を脅かしかねないものである。

31　斉藤小百合は、「この皇室祭祀こそが人々の日常生活にも浸潤しながら『天皇はアマテラスオオミカミを祖先とする神の末裔』というイデオロギーを維持・増幅させた装置だったのではないか。ここにこそ国家神道解体の『本丸』があったのではないか」と述べる（「宗教の『公共性』を考え直す」『憲法の尊厳―奥平憲法学の継承と展開』（日本評論社、2017年）280頁）。さらに、天皇の「私事の領域における宗教の自由であれば、保障しなければならないということにはなる。しかし、『私事』として振り分け、私人としての『信仰の自由』として保障されたのだとすると、では次に、その『信仰』とは、そしてその信仰上の行為とは、一個人として、自らの意志で選択した宗教であるのか、という問いが湧き上がってくる」のであるという（斉藤・同281頁）。

4 国家神道の歴史と戦後　*21*

　以上と関連して、デイヴィッド・M・オブライエンは、復活するナショナリズムや靖国神社国家護持と天皇制の象徴主義を回復しようとする動きを次のように指摘した[32]。

　1959年、政府は皇太子成婚を国家行事として、伝統的神道儀式で執り行った。その後、自民党右派は神道の国家護持をますます推進した。政府は1963年8月15日、日本の第2次世界大戦降伏の記念日に戦没者慰霊祭を主催した。1967年2月11日に戦前の紀元節が建国記念日として復活した。1968年、政府は明治百年祭を主催した。「その祝典は象徴的に、憲法の国民主権の宣言と古い天皇主権の伝統の間の結びつきを回復させた」。

　1973年の伊勢神宮の式年遷宮後、天皇（裕仁）の三女が短期間、その臨時祭主を務めた。翌1974年、天皇（裕仁）は伊勢に参拝し、戦後廃止していた剣璽動座を復活し、三種の神器のうちの2つ（剣と玉）が伊勢に運ばれた。自民党指導部や右翼団体は憲法が定める政教分離に対する攻勢をいっそう強めた。1969年およびその後何回か、自民党は靖国神社国営化法案を国会に提出し、宗教の非国教化に挑戦した。

　1976年11月には天皇（裕仁）の在位50周年の式典が、1968年の明治百年以上に大規模に華々しく演出された。1977年、文部省は君が代を国歌と定めた。1979年、国会は天皇の在位期間によって年号を数える元号法を制定した。このように、自民党政府は一歩一歩、国家神道の戦前の象徴主義の復活を追求した。そして、1985年8月15日には戦後初めて首相が靖国神社を「公式」に参拝した。

●千鳥ヶ淵戦没者墓苑とは

　千鳥ヶ淵戦没者墓苑が完成したのは1959（昭和34）年である[33]。もともと日中戦争以降の戦没者で遺族が見つからず、引き取り手のない遺骨が厚生省内に保管されていたが、戦後も戦場に残された膨大な数の日本兵や軍属らの遺骨がそのまま

32　オブライエン・注16前掲書71頁、奥平康弘は、『憲法裁判の可能性』（岩波書店、1995年）という著書の中で、前掲のオブライエンの著作に言及し（79頁）、「私はたまたま、箕面忠魂碑裁判を扱った、アメリカ憲法・政治研究者の著作を、草稿段階で読む機会があった。日本研究者でない者の日本研究であって、大変興味をひく労作であり、その公刊を待つ。David M. O'Brien with Yasuo Ohkoshi, To Dream of Dreams: Freedom Litigation in Japan（Draft）.」と述べていた。

33　保阪・前掲93-95頁参照。

22 　序　章　信教の自由の歴史的意義

になっていた。

　日本が国として、そうした遺骨を収集できるようになったのは講和条約で国際
社会に再び復帰して以降のことである。多くの遺骨は身元不明で、これらの遺骨
を安置する施設を国が責任をもってつくる必要が出てきた。こうして設立された
のが千鳥ヶ淵の国立墓苑で、各戦友会や厚生省の遺骨収集事業によって、この墓
苑に安置された遺骨はおよそ36万柱とされている。

　この墓苑と靖国神社の違いは、千鳥ヶ淵戦没者墓苑は遺族が見つからず、引き
取り手のない戦没者の遺骨を納めるための施設であり、靖国神社は戦没者を祭神
として祀るところということになる。ここで忘れてならないことは、「靖国神社
は単に戦没者を顕彰する場所ではなく、あくまでも『天皇のために』命を落とし
た人たちを英霊として祀る神社なのだ」という点である[34]。

　靖国神社は宗教法人であるが、千鳥ヶ淵墓苑は宗教法人ではなく、厚生労働省
が所管している。従って、追悼に訪れる人は、どのような宗教の形式で行っても
よい。仏教式でも、神道式でも、キリスト教式でもかまわない。憲法20条の政教
分離原則により、国としてかかわれるのはあくまでも収集した無名戦没者の遺骨
を安置する施設（墓苑）を千鳥ヶ淵に建立することまでで、慰霊や追悼の方法は
訪問者の自由にまかせるという形になった。

　以上、ある社会思想史家の分析や裁判所の認定、あるいは宗教学者と政治学者
の認識の共感する部分を借りて引用し、本書の導入とした。次章から、憲法にお
ける信教の自由・政教分離の分析に入ることとしたい。

34　保阪・前掲書99頁。

第1章　信教の自由の保障内容

1　信教の自由の保障
2　憲法における宗教の定義
3　宗教的行為の自由と市民法秩序
4　法律・条例による信教の自由の制約の例
　（1）無差別大量殺人を行った団体の規制法（オウム対策法）
　（2）破壊活動防止法
　（3）宗教法人法
　（4）奈良県文化観光税条例・京都市古都保存協力税条例
5　信教の自由に基づく刑事免責が主張される例
　（1）牧会権事件
　（2）線香護摩事件
6　行政の行為等を違法とするために信教の自由が主張される例
　（1）キリスト教徒日曜日授業事件
　（2）エホバの証人剣道実技拒否事件
7　自由権規約との関係

1　信教の自由の保障

　信教の自由は次の4つに分けて考察することができる。

　第1に、宗教的信仰の自由を意味する。宗教的信仰の自由とは、特定の宗教を信じる自由、沈黙する自由、宗教を信じない自由が含まれる。

　第2に、宗教上の行為の自由を意味する。礼拝、祈祷、祝典、儀式、行事など、宗教上の儀式を行い、これに参加する自由、あるいはまた、それらを行わず、参加を強制されない自由を含む。

　第3に、宗教上の集会・結社の自由を意味する。信仰を同じくする者が、宗教活動のために集合し、教会・教団など宗教上の団体を結成する自由をいう。

　第4に、宗教を布教する自由を意味する。自己の信じる宗教を宣伝し、信者を獲得する自由、他の宗教を批判し、改宗をすすめる自由も含まれる。

24　第1章　信教の自由の保障内容

●憲法20条2項―その位置づけをめぐって―

　憲法20条の信教の自由と政教分離の関係をどのように理解すべきであろうか。多くの憲法テキストでは、20条1項前段と2項は信教の自由の保障規定であり、20条1項後段と20条3項が政教分離の保障規定であると理解している。

　それでは20条2項「何人も、宗教上の行為、祝典、儀式又は行事に参加することを強制されない」という規定は信教の自由のみに関わる規定なのか。そうではなく、信教の自由と政教分離を共に保障する規定なのか。この点、田畑忍は次のような理解をしている。「第20条1項前段が、信教の自由について規定し、この自由の保障のために、同項後段、第2項及び第3項が、政教分離の原則と、それに関連した規定を設ける」。「また第2項は、信教の自由と政教分離主義の原則に立脚して、国民たるものは何人も宗教上の行為（参拝・礼拝・念仏・祈禱等）、宗教上の祝典、宗教上の儀式または宗教上の行為等への参加を、国家により、また宗教団体によって強制されない権利を保障する。すなわち、第1項前段に定められている信教の自由中の、宗教行為の自由の保障の強化をしているのである」[1]。卓見であるといえる。近年、これと同じような理解をしているのが駒村圭吾である。20条2項は、宗教上の各種行為・行事等への参加強制を広く禁止し、1項の信教の自由を別の角度から裏書しているが、これらの定めは、憲法上の権利の保障ないし制限としての側面を有するだけでなく、国家と宗教の関係性に対する客観的な行為規範としても機能している[2]。このように20条2項を複合的な性格の権利であると理解するのが正当であると考える。

2　憲法における宗教の定義

　それでは、憲法でいう宗教をどのように定義すべきか。津地鎮祭事件名古屋高裁判決は、次のように述べている。憲法でいう宗教とは、「超自然的、超人間的本質（すなわち絶対者、造物主、至高の存在等なかんずく神、仏、霊等）の存在を確信し、畏敬崇拝する心情と行為をいい、個人的宗教たると、集団的宗教たると、はたまた、発生的に自然的宗教たると、創唱的宗教たるを問わず、すべてこれを包

1　田畑忍『憲法学講義』（憲法研究所出版会、1964年）172頁。
2　駒村圭吾「第20条［信教の自由］」長谷部恭男編『注釈日本国憲法（2）』（有斐閣、2017年）317頁。

含する」（名古屋高判昭和46・5・14行裁例集22巻5号680頁）[3]。

20条1項前段および2項の「宗教の自由」条項に言う「宗教」は、津地鎮祭事件二審判決のいうような、広い意味に解すべきであるのに対し、20条3項の政教分離条項に言う「宗教」は、それよりも限定された狭い意味、たとえば、「何らかの固有の教義体系を備えた組織的背景をもつもの」の意に解するのが妥当であろう、と芦部信喜はいう[4]。もっとも一元的に解すべきだという説も有力であると芦部はいう。それでは二元的に解するのと一元的に解するのではどのような違いがでてくるのであろうか。この点の説明が十分に行われているわけではない。

この宗教の定義について、高柳信一＝大浜啓吉は次のように述べる[5]。憲法20条で自由を保障される「宗教」の観念をすべての場合について一律画一的に定義することは困難であり、また、そのことは正しくない。宗教の自由の消極的側面が主張される場合、すなわち、一般国民の負う国法上の義務（陪審義務、麻薬不保持・不施用義務等）を、特に宗教実践の自由を理由に免れうる場合については、真の信仰に伴う宗教的実践かどうかは厳格に解されるべきであり、客観的にみて宗教としての実質をそなえない心情的理由による当該義務免除の主張は容認されるべきでないであろう。

これに反して、宗教の自由の積極的側面が主張される場合においては、「宗教」の範囲は広く解されるべきである。すなわち、淫祀邪教であり、真の宗教でないという理由により、これを警察的に取り締まることは許されないであろう。宗教の自由を保障する近代民主国家においては、「法は異端を知らない」のである。

つぎに、政教分離の原則により、国が設置ないし行使できない「宗教」の範囲は、政教分離原則の趣旨・目的の見地から決定されるべきである。日本の場合、宗教が国家による国民のイデオロギー的支配の道具にならないことが根本的に必要であり、明治憲法下の歴史的教訓を忘れて、神社神道は「一般の宗教におけるがごとく安心立命を折るとか、あるいは絶対的なものへの帰依もしくは信仰というものではなく、日本も国柄と離れることのできない一種独特の制度」であるか

---

3 これは広義説と呼ばれる。松井茂記は「信教の自由保障の趣旨からは、『宗教』の意味は広く理解されるべきであり、その人がそれを宗教だと理解していれば、それは宗教だと考えるべきであろう」（『日本国憲法［第3版］』（有斐閣、2007年）430頁）という。これは最広義説と呼ばれる。

4 芦部信喜（高橋和之補訂）『憲法［第6版］』（岩波書店、2015年）156頁。

5 高柳信一＝大浜啓吉「［信教の自由］憲法20条」有倉遼吉・小林孝輔編『基本法コンメンタール［第3版］憲法』（日本評論社、1986年）86頁。

ら、憲法にいう宗教ではなく、政教分離の対象にならないとする見解[6]はとることができない、のである[7]。

今日では、「宗教」の定義を、信教の自由の場合と政教分離原則の場合とで異なったものとして理解し、前者の「宗教」は広く解釈すべきであるが、後者の「宗教」は、「何らかの固有の教義体系を備えた組織的背景をもつもの」[8]とより狭く解する見解が有力であるとされている[9]。

この有力説については、阪口正二郎がその理論的説明をしている。二元的に把握する理由は、信教の自由と政教分離の性格に起因する。信教の自由の侵害が問題となるのは、国家が宗教一般、あるいは特定の宗教について、それを信じるか、あるいは信じないように強制する場合である。一方、政教分離が問題となる場合には、強制は必要条件ではない。政教分離はその意味で空間や制度全体を規律する原理であり、それだけ「劇薬」である。政教分離にまで「宗教」を信教の自由の「宗教」と同様に広く解釈すると、「劇薬」ぶりをいかんなく発揮し、国家のあらゆる制度や政策が攻撃される危険性がある[10]。

3　宗教的行為の自由と市民法秩序

宗教上の行為の自由は、内面的信仰とは異なり、外部的な行為となる場合、国際人権規約（自由権規約）18条の定めるように、「公共の安全、公の秩序、公衆の健康若しくは道徳又は他の者の基本的な権利及び自由を保護するために必要な」（同3項）制約に服することになる。しかし、安全・秩序・道徳という一般原則から安易に規制が許されるわけではない。それは、必要不可欠な目的を達成するた

6　憲法調査会『憲法運用の実際』（日本評論社版）133頁。

7　松井茂記は「確かに神道は、キリスト教などと異なり、自然崇拝的であり、1人の超人間的な存在への信仰に支えられてはおらず、聖書のような教義を体系化した教典も存在しないため、欧米の古典的な意味での宗教とは違っている。しかし、それにもかかわらず神道はやはり宗教であり、しかも日本国憲法が制定されたその歴史的文脈からいっても、憲法が神道非宗教論を否定していることは明らかであろう」という（『日本国憲法［第3版］』（有斐閣、2007年）430頁）。

8　これは佐藤幸治の見解であるが、分離原則の「宗教」を広く解し、また、分離原則をあまり機械的に厳格に貫くと、常識に反する非現実的な結果を招いたり（例えば、広島、長崎の原爆平和祈念式典さえ違憲となりかねない）、かえって個人の信教の自由を尊重することにならない結果になったりするという（佐藤幸治『日本国憲法論』（成文堂、2011年）233頁）。

9　中村睦男「精神的自由権」野中俊彦ほか著『憲法I［第5版］』（有斐閣、2012年）319頁。

10　阪口正二郎「政教分離」杉原泰雄編『新版体系憲法事典』（青林書院、2008年）483頁。

めの最小限度の手段でなければならない。宗教法人法が、「個人、集団又は団体」の宗教上の行為の自由を制限するものと解釈してはならないとしつつ（1条2項）、「法令に違反して、著しく公共の福祉を害すると明らかに認められる行為をした」り、「宗教団体の目的を著しく逸脱した行為をした」宗教法人は、裁判所によって解散を命ぜられることがある旨定めているのも（81条1項）、その趣旨に解すべきである[11]。

　こうした宗教的自由が保障されているが、それが宗教的行為となる場合には、市民法秩序との関係で問題が生じる。日本における宗教の自由の法的紛争については、次のように整理することが可能であろう[12]。

　（1）　宗教の自由に対する憲法訴訟の古典的発現形態は、宗教問題に関して国家権力の発動—なかんずく立法形態における—が行われ、それが人々の狭義の宗教的自由を侵害するかどうかが問題になる。例えば、特定の宗旨の信奉者の政治的・民事的権利を制限するとか、特定の形態における布教活動を制限しないしは許可にかからせるとか等々の法令が制定され、それらの憲法適合性が攻撃される等である。次に、日本国憲法下で人々の宗教的自由の対国家権力関係における被侵害の有無が問題になったのは、（2）　宗教者の宗教者として行った特定の行為が、一般刑法犯罪の構成要件を形式的に充足するに至った場合、憲法の宗教的自由（特殊具体的には宗教実践の自由）の保障が優先するか、あるいは行為者は一般市民としての一般刑法上の罪責を免れないかといった問題をめぐってである。さらに、（3）　宗教的自由をめぐる重要問題は、政教分離にかかわる局面においてである。ここにおいては、宗教的自由侵害の古典的態様における場合とは異なり、国家・公共団体の権力的侵害的行為ではなくて、その授益的給付的行為の適否が問われる。なお、（4）　私人相互間における信教の自由の保障問題も重要課題である。

　今日まで，次のような判例がある。こうした判例の整理の視点については種々の観点からの整理が考えられるが、以上を踏まえて、ここでは藤井俊夫の分類手法に従って整理をしておく。

　精神的自由の保障とは、人々の信仰・表現活動について国家が規制・干渉を加

11　芦部信喜（高橋和之補訂）『憲法［第6版］』（岩波書店、2015年）157頁。
12　高柳信一「宗教の自由—神に対する義務と国家に対する義務の衝突—」有倉遼吉教授還暦記念『体系・憲法判例研究Ⅱ』（日本評論社、1974年）113頁以下。

28　第1章　信教の自由の保障内容

えることが憲法によって禁じられているということである。ところで、このような信教の自由にも限界がないかどうかが問題となる。「より具体的には、一定の宗教活動を類型的に禁止・処罰することができるか、また、特定の宗教活動が犯罪に該当するような場合でも免責されるか否か等が問題となる」[13]。それでは信教の自由の制約のあり方をどのように考えるべきであろうか。公共の福祉の維持という名目の下に国家が法律にもとづいて人々の信仰・表現活動などを規制・処罰し、しかも、なお、それらの活動が憲法上保障された自由の範囲内のものではないかと思われる場合が生ずることになる。この場合の主張としては、①問題の立法そのものの合憲性を攻撃すること、②刑事免責論の中に人権保障の趣旨を読み込み、当該行為は憲法上保障された自由にあたるから、かりに刑罰法規の構成要件に該当しても、違法性が阻却され無罪であると主張すること、この二通りが考えられる。なお、このほかに、③学校における退学処分など行政の裁量権の行使などを違法とするために信教の自由が主張される場合がある[14]。この観点から、以下、信教の自由の制約の例をみる。

4　法律・条例による信教の自由の制約の例

（1）無差別大量殺人を行った団体の規制法（オウム対策法）

　宗教団体の活動を直接の規制対象にするものではないが、実際上はそれが意図されたのではないかといわれている法律として、「無差別大量殺人を行った団体の規制に関する法律」（別名、オウム対策法とよばれる。以下、「団体規制法」と略す）がある。宗教法人オウム真理教が解散された後も、宗教団体オウム真理教ないし後継団体は存続していた。そこで、1999（平成11）年12月3日に団体規制法が成立し、同月7日公布、同月27日から施行された[15]。

　　無差別大量殺人行為を行った団体の規制に関する法律（抜粋）
　　（目的）
　　　　第 1 条　この法律は、団体の活動として役職員（代表者、主幹者その他いかなる名

13　藤井俊夫『憲法と人権Ⅱ』（成文堂、2008年）12頁。
14　藤井俊夫・前掲13頁。
15　法律の概要については松本裕・ジュリスト1174号48頁参照。

称であるかを問わず当該団体の事務に従事する者をいう。以下同じ）又は構成員が、例えばサリンを使用するなどして、無差別大量殺人行為を行った団体につき、その活動状況を明らかにし又は当該行為の再発を防止するために必要な規制措置を定め、もって国民の生活の平穏を含む公共の安全の確保に寄与することを目的とする。

（定義）

第 4 条　この法律において「無差別大量殺人行為」とは、破壊活動防止法（昭和27 年法律 240 号）第 4 条第 1 項第 2 号ヘに掲げる暴力主義的破壊活動であって、不特定かつ多数の者を殺害し、又はその実行に着手してこれを遂げないもの（この法律の施行の日から起算して 10 年以前にその行為が終わったものを除く。）をいう。

2　この法律において「団体」とは、特定の共同目的を達成するための多数人の継続的結合又はその連合体をいう。ただし、ある団体の支部、分会その他の下部組織も、この要件に該当する場合には、これに対して、この法律による規制を行うことができるものとする。

（観察処分）

第 5 条　公安審査委員会は、その団体の役職員又は構成員が当該団体の活動として無差別大量殺人行為を行った団体が、次の各号に掲げる事項のいずれかに該当し、その活動状況を継続して明らかにする必要があると認められる場合には、当該団体に対し、3 年を超えない期間を定めて、公安調査庁長官の観察に付する処分を行うことができる。

　一　当該無差別大量殺人行為の首謀者が当該団体の活動に影響力を有していること。

　二　当該無差別大量殺人行為に関与した者の全部又は一部が当該団体の役職員又は構成員であること。

　三　当該無差別大量殺人行為が行われた時に当該団体の役員（団体の意思決定に関与し得る者であって、当該団体の事務に従事するものをいう。以下同じ。）であった者の全部又は一部が当該団体の役員であること。

　四　当該団体が殺人を明示的に又は暗示的に勧める綱領を保持していること。

　五　前各号に掲げるもののほか、当該団体に当該無差別大量殺人行為に及ぶ危険性があると認めるに足りる事実があること。

（再発防止処分）

第 8 条　公安審査委員会は、その団体の役職員又は構成員が当該団体の活動として無差別大量殺人行為を行った団体が、第 5 条第 1 項各号のいずれかに該当する場合であって、次の各号のいずれかに該当するときは、当該団体に対し、6 月を超えない期間を定めて、次項各号に掲げる処分の全部又は一部を行うことができる。同条第 1項又は第 4 項の処分を受けている団体について、同条第 2 項若しくは第 3 項の規定による報告がされず、若しくは虚偽の報告がされた場合、又は前条第 2 項の規定による立入検査が拒まれ、妨げられ、若しくは忌避された場合であって、当該団体の無差別大量殺人行為に及ぶ危険性の程度を把握することが困難であると認められるときも、同様とする。

30　第1章　信教の自由の保障内容

一　当該団体の役職員又は構成員が、団体の活動として、人を殺害し若しくは殺害しようとしているとき、人の身体を傷害し若しくは傷害しようとしているとき又は暴行を加え若しくは加えようとしているとき。

二　当該団体の役職員又は構成員が、団体の活動として、人を略取し若しくは略取しようとしているとき又は人を誘拐し若しくは誘拐しようとしているとき。

三　当該団体の役職員又は構成員が、団体の活動として、人を監禁し又は監禁しようとしているとき。

四　当該団体の役職員又は構成員が、団体の活動として、爆発物、毒性物質若しくはこれらの原材料若しくは鉄砲若しくはその部品を保有し若しくは保有しようとしているとき又はこれらの製造に用いられる設備を保有し若しくは保有しようとしているとき。

五　当該団体の役職員又は構成員が、団体の活動として、当該団体に加入することを強要し若しくは強要しようとしているとき又は当該団体からの脱退を妨害し若しくは妨害しようとしているとき。

六　当該団体の役職員又は構成員が、団体の活動として、殺人を明示的に又は暗示的に勧める綱領に従って役職員又は構成員に対する指導を行い又は行おうとしているとき。

七　当該団体の役職員又は構成員が、団体の活動として、構成員の総数又は土地、建物、設備その他資産を急激に増加させ又は増加させようとしているとき。

八　前各号に掲げるもののほか、当該団体の無差別大量殺人行為に及ぶ危険性の増大を防止する必要があるとき。

2　前項の規定により行うことができる処分は、次に掲げるものとする。

一　いかなる名義をもってするかを問わず、土地又は建物を新たに取得し又は借り受けることを、地域を特定して、又は特定しないで禁止すること。

二　当該団体が所有し又は管理する特定の土地又は建物（専ら居住の用に供しているものを除く。）の全部又は一部の使用を禁止すること。

三　当該無差別大量殺人行為に関与した者又は当該無差別大量殺人行為が行われた時に当該団体の役員であった者（以下「当該無差別大量殺人行為の関与者等」という）に、当該団体の活動の用に供されている土地又は建物において、当該団体の活動の全部又は一部に参加させ又は従事させることを禁止すること。

四　当該団体に加入することを強要し、若しくは勧誘し、又は当該団体からの脱退を妨害することを禁止すること。

五　金品その他の財産上の利益の贈与を受けることを禁止し、又は制限すること。

　この団体規制法が施行された1999（平成11）年12月27日、公安調査庁長官は公安審査委員会に対し、宗教団体・アレフにつき、団体規制法5条1項に規定する公安調査庁長官の観察に付する処分を請求した。宗教団体・アレフとは、麻原彰

晃（本名・松本智津夫）を教祖・創始者とするオウム真理教の教義を広め、これを実現することを目的とし、同人が主宰し、同人及び同教義に従う者によって構成される団体である

公安審査委員会は、2000（平成12）年1月28日、宗教団体・アレフを公安調査庁長官の観察に付する処分及び団体規制法5条3項6号に基づく事項に関する決定（本件決定）を行い、これを同年2月1日の官報に公示した。

そこで、宗教団体・アレフが、本法及び公安審査委員会が本法に基づいて行った観察処分はいずれも違憲であり、また、本件処分は本法で定められた観察処分に必要な要件を欠く違法なものであると主張して、その取消を求めて出訴した[16]。

東京地裁は2001（平成13）年6月13日、請求を棄却する以下のような判決を下した（東京地判平成13年6月13日判例時報1755号3頁）。

1　本法の合憲性

イ　信教の自由は、個人の私生活の自由の宗教的な側面も含めて、それが純粋に内心の領域に属する限りにおいて、制約を許されないものであるが、宗教団体又はその構成員が、外部的な行為を行い、それが他人の権利又は自由を侵害し、公共の利益を害する場合においては、当該宗教団体又はその構成員に対する規制が、信教の自由に対する内在的制約として許されない場合があると考えられる。

ロ　もっとも、右の制限は、その目的及び規制手段については様々な態様のものが想定し得るものであるところ、当該制限が必要かつ合理的なものとして是認されるかどうかは、その制限が必要とされる程度と、制限される自由の内容及び性質、これに加えられる具体的制限の態様及び程度等を較量して決せられるべきものである。そして、仮に、当該規制の手段が、当該団体及び当該団体に属する信者の宗教上の行為を法的に直接制約する効果を伴わないものであったとしても、信教の自由に事実上の支障を生じさせることがあるとするならば、憲法の保障する精神的自由の一つとしての信教の自由の

16　池田実「無差別大量殺人行為を行った団体の規制に関する法律に定める観察処分の合憲性」ジュリスト臨時増刊2002年6月10日号『平成13年度重要判例解説』（有斐閣）18頁。

32　第1章　信教の自由の保障内容

重要性にかんがみ、憲法がそのような規制を許容するものであるかどうかを慎重に吟味しなければならない。

　ハ　無差別大量殺人行為は、それが実行された場合には重大な結果をもたらし、社会全体に著しい悪影響を及ぼすものであるが、その準備は、秘密裡に行われ、しかも迅速に実行に移されることもあるから、準備行為が開始された段階でこれを発見し対策を講じなければ、犯行を確実に防止することは困難である。したがって、かつて無差別大量殺人行為を行った団体が、当該行為後も従前の組織を実質的に維持しつつ引き続き活動を継続している場合において、再び同様の行為の準備を開始するおそれがあるときは、不特定多数の生命・身体の安全等の法益を保護する必要から、これを準備行為の段階で発見するために、当該団体の活動状況を明らかにするという処分の目的自体については、合理性があるというべきである。

　しかしながら、かつて無差別大量殺人行為を行った団体及びその構成員といえども、そのような行為に再び及ぶおそれがない限り、通常の宗教団体又は一般市民として信教の自由等を保障されるべきであるから、その信教の自由等の制限が許されるためには、当該団体が再び無差別大量殺人行為の準備行為を開始するという一般的、抽象的な危険があるということだけでは足りず、その具体的な危険があることが必要であり、かつ、その場合においても、観察処分による制限の程度は、右の危険の発生の防止のために必要かつ合理的な範囲にとどまるべきものと解するのが相当である。

　ニ　そして、右制限を正当化するに足りる具体的な危険が存在するか否かについては、当該団体が再び無差別大量殺人行為の準備行為を開始する恐れが常に存在すると通常人をして思料せしめるに足りる状態が存在するか否かについて、当該団体の組織、構成員、綱領、教義、活動状況などの具体的な事情を基礎として客観的に判断すべきものと解される。したがって、かつて無差別大量殺人行為を行った団体に対して観察処分を行う場合には、その要件として、右の意味における危険性を備えていることを要すると解すべきであり、そうでない限り、観察処分を行うことが右の危険の発生の防止のために必要かつ合理的な範囲にとどまっているものとはいえないと解される。

　ホ　しかるに、法5条1項1号ないし4号が定める要件は、当該団体が再び無差別大量殺人行為の準備行為を開始するおそれが常に存在すると通常人

をして思料せしめるに足りる状態にあることを基礎付ける事実を定めているものとして解釈されなければならない。

ヘ　本法に基づく観察処分は、５条１項１号から３号まで及び５号を限定解釈して運用する限りにおいては、原告及びその構成員との関係で、信教の自由、プライバシー及び住居の平穏に関する憲法上の保障に反するものではなく、これらに関する憲法の規定と趣旨を同じくするＢ規約の規定に反するものでもない。

2　本件処分の合法性

イ　教祖・麻原の影響力は、その引き起こした事件が常軌を逸するほどに重大なものであり、しかもその準備には多大の資金及び労力等をかなりの組織力と時間を要するにもかかわらず、これを秘密裡に行い得たことに照らすと、非常に重くかつ深いものがあると考えられるのであり、これが右のようないわば上からの改革によって一朝一夕のうちに消滅ないし著しく減衰するものとは到底考えなれない。本件処分時の段階においても、麻原の意向次第では、例えば、被害弁償等に使用するとしている金員を再び武装化に振り向け、無差別大量殺人行為の準備行為に着手する可能性があると通常人をして思料せしめるに足りる状態にあったというべきである。

ロ　以上によれば、アレフは、法５条１項１号の「当該無差別大量殺人行為の首謀者が当該団体の活動に影響力を有していること」に該当するというべきであるし、教団の実態自体は、同項５号の「当該団体に無差別大量殺人行為に及ぶ危険性があると認めるに足りる事実があること」に該当するというべきである。

ハ　したがって、被告の判断のうち、法５条１項２号及び３号該当性の点には誤りがあり、同項４号該当性にも疑問があるが、同項１号及び５号該当性の判断については、その結論において正当である。

ニ　以上によると、被告による本法の解釈には誤りがある上、本件処分の処分要件該当性の判断にも一部誤りがあると考えられるが、本法を正しく解釈した上で処分要件の有無を検討すると、処分要件を基礎付けるに足りる事実が認められるので、本件処分は結論において適法というべきである。

34　第1章　信教の自由の保障内容

　この法律は、「これは、あくまでも一般的には過去において無差別大量殺人を行った団体の活動状況を調査し、再発防止等をはかるものであり、法律上は特定の宗教団体を対象として限定してはいない。しかし、…実際上はオウム真理教による地下鉄サリン事件の再発等を防止することを主たる目的としている」[17]といえる。それゆえ、この法律が規定している観察処分（5条）とか再発防止処分（8条）などの規制措置の合憲性を検討する場合には、宗教的自由を侵害するものではないかどうかを念頭に置く必要がある。

　この法律が、信教の自由を規制し、侵害するか否かの評価について、「ここでは特定の宗教団体あるいはそれを継承すると思われる団体そのものを規制するという形ではなく、あくまでも団体一般に対する規制という形をとっていることとか」、あるいは「あくまでも無差別大量殺人行為という反社会性の強い犯罪行為の再発の防止を目的としていることなどから」[18]、この法律が憲法20条1項に違反するとはいえないと指摘されている。

　もっとも、団体規制法は治安立法たる性格と団体規制の仕組みとにおいて破壊活動防止法と本質を同じくするものであり、団体規制法の違憲性、すなわち思想・良心の自由や結社の自由の侵害・制約の憲法適合性について、国会審議の過程において厳格な検討が尽くされたとはいえないとして、実体面・手続面において憲法上の疑義を呈する見解もある[19]。

（2）破壊活動防止法

　前述の無差別大量殺人を行った団体の規制法に類するよりも一般的な性格をもつ法律として、破壊活動防止法がある。

破壊活動防止法（抜粋）

（この法律の目的）

　　第1条　この法律は、団体の活動として暴力主義的破壊活動を行つた団体に対する必要な規制措置を定めるとともに、暴力主義的破壊活動に関する刑罰規定を補整し、もつて、公共の安全の確保に寄与することを目的とする。

17　藤井俊夫・前掲13頁。

18　藤井俊夫・前掲13頁。

19　川崎英明＝三島聡「団体規制法の違憲性—いわゆる『オウム対策法』の問題性」法律時報2000年3月号（72巻3号）52頁。

（団体活動の制限）

　第5条　公安審査委員会は、団体の活動として暴力主義的破壊活動を行つた団体に
対して、当該団体が継続又は反覆して将来さらに団体の活動として暴力主義的破壊活
動を行う明らかなおそれがあると認めるに足りる十分な理由があるときは、左に掲げ
る処分を行うことができる。但し、その処分は、そのおそれを除去するために必要且
つ相当な限度をこえてはならない。

1　当該暴力主義的破壊活動が集団示威運動、集団行進又は公開の集会において行わ
　れたものである場合においては、6月をこえない期間及び地域を定めて、それぞれ、
　集団示威運動、集団行進又は公開の集会を行うことを禁止すること。

2　当該暴力主義的破壊活動が機関紙誌（団体がその目的、主義、方針等を主張し、
　通報し、又は宣伝するために継続的に刊行する出版物をいう。）によつて行われたも
　のである場合においては、6月をこえない期間を定めて、当該機関紙誌を続けて印
　刷し、又は頒布することを禁止すること。

3　6月をこえない期間を定めて、当該暴力主義的破壊活動に関与した特定の役職員
　（代表者、主幹者その他名称のいかんを問わず当該団体の事務に従事する者をいう。
　以下同じ。）又は構成員に当該団体のためにする行為をさせることを禁止すること。

（解散の指定）

　第7条　公安審査委員会は、左に掲げる団体が継続又は反覆して将来さらに団体の
活動として暴力主義的破壊活動を行う明らかなおそれがあると認めるに足りる十分な
理由があり、且つ、第5条第1項の処分によつては、そのおそれを有効に除去する
ことができないと認められるときは、当該団体に対して、解散の指定を行うことがで
きる。

（団体のためにする行為の禁止）

　第8条　前条の処分が効力を生じた後は、当該処分の原因となつた暴力主義的破壊
活動が行われた日以後当該団体の役職員又は構成員であつた者は、当該団体のために
するいかなる行為もしてはならない。但し、その処分の効力に関する訴訟又は当該団
体の財産若しくは事務の整理に通常必要とされる行為は、この限でない。

　破壊活動防止法（1952（昭和27）年）は、①「団体の行動として暴力主義的破壊
活動を行った団体に対する必要な規制措置」を定めるとともに、②「暴力主義的
破壊活動に関する刑罰規定を調整」し、もって「公共の安全の確保に寄与する」
ことを目的とし（1条）、①の措置として、「公安審査委員会は、団体の活動とし
て暴力主義的破壊活動を行った団体に対して、当該団体が継続又は反復して将来
さらに団体の活動として暴力主義的破壊活動を行う明らかなおそれがあると認め
るに足りる十分な理由があるとき」には、その団体に対して「6月をこえない期

36　第1章　信教の自由の保障内容

間及び地域を定めて集団示威運動・集団行進・公開の集会の禁止を行い、あるいは機関誌紙の印刷・頒布の禁止などの処分を行うことを認め（5条1項）、これら規制では有効でないと判断した場合には当該団体の解散の指定を行うことができる（7条）としている[20]。

　この法律において、信教の自由の侵害に抵触するのではないか疑われる定めとして、暴力主義的破壊活動を行う明らかなおそれがあると認めるに足る十分な理由がある団体に対する解散の指定（7条）とか、団体のためにする行為の禁止（8条）などがある。藤井俊夫は、これらの規定が特定の宗教団体に適用される可能性がないわけではないが、「少なくとも憲法20条との関係でこれが違憲であるとするのは無理がある」[21]といえると述べる。もっとも、破防法の合憲性自体について、実体面のみでなく手続面も含めて、疑いの目を向ける見解もある[22]。

（3）宗教法人法

　宗教団体への直接的な規制が問題となる法律として宗教法人法がある。特に、その81条において解散命令の定めがあるため、宗教団体に対する直接的な規定ではないかが問題とされる。

　宗教法人法は、宗教団体に法律上の能力を付与するために制定されたが[23]、法人の設立に関しては準則主義を採用し（同12条）、宗教法人が境内地・宝物などの財産を処分する場合について一定の制約を課し（同23―24条）、さらに、宗教法人が法令に違反して著しく公共の福祉を害する行為をなす場合や宗教団体としての目的に著しく逸脱する行為をなす場合には、司法手続を通じて宗教法人を解散する制度を設けている（同81条）。

　宗教法人法81条は、宗教法人が「法令に違反して、著しく公共の福祉を害すると明らかに認められる行為をしたこと」や、「宗教団体の目的を著しく逸脱した行為をしたこと又は1年以上にわたってその目的のための行為をしないこと」等の事由があると認められるときは、裁判所が所轄庁、利害関係人もしくは検察官

20　佐藤幸治『日本国憲法論』（成文堂、2011年）295頁参照。
21　藤井俊夫・前掲14頁
22　詳しくは、奥平康弘「『破防法問題』とは何であったのか―その法的構成」『憲法の眼』（悠々社、1998年）209頁以下参照。
23　阪口正二郎「［信教の自由］第20条」芹沢斉・市川正人・阪口正二郎編『新基本法コンメンタール憲法』（日本評論社、2011年）162頁。

の請求により又は職権で、当該法人について解散を命ずることができる旨を規定している[24]。

> **宗教法人法（抜粋）**
> （この法律の目的）
> 　第 1 条　この法律は、宗教団体が、礼拝の施設その他の財産を所有し、これを維持運用し、その他その目的達成のための業務及び事業を運営することに資するため、宗教団体に法律上の能力を与えることを目的とする。
> 　2　憲法で保障された信教の自由は、すべての国政において尊重されなければならない。従つて、この法律のいかなる規定も、個人、集団又は団体が、その保障された自由に基いて、教義をひろめ、儀式行事を行い、その他宗教上の行為を行うことを制限するものと解釈してはならない。
> （宗教団体の定義）
> 第 2 条　この法律において「宗教団体」とは、宗教の教義をひろめ、儀式行事を行い、及び信者を教化育成することを主たる目的とする左に掲げる団体をいう。
> 一　礼拝の施設を備える神社、寺院、教会、修道院その他これらに類する団体
> 二　前号に掲げる団体を包括する教派、宗派、教団、教会、修道会、司教区その他これらに類する団体
> （解散命令）
> 第 81 条　裁判所は、宗教法人について左の各号の一に該当する事由があると認めたときは、所轄庁、利害関係人若しくは検察官の請求により又は職権でその解散を命ずることができる。
> 一　法令に違反して、著しく公共の福祉を害すると明らかに認められる行為をしたこと。
> 二　第 2 条に規定する宗教団体の目的を著しく逸脱した行為をしたこと又は 1 年以上にわたつてその目的のための行為をしないこと。
> 　三から五　〈略〉

　これに関連して宗教法人オウム真理教解散命令事件がある。宗教法人オウム真理教が、毒ガスであるサリンの生成を企てた殺人予備行為が「法令に違反して、著しく公共の福祉を害すると明らかに認められる行為をしたこと」（81条1項1号）、および、「第2条に規定する宗教団体の目的を著しく逸脱した行為をしたこと」（同2号）に該当するとして、東京都知事および東京地検検事正により、裁判所に対して宗教法人オウム真理教の解散命令の請求が求められた。その理由は、

24　佐藤幸治『日本国憲法論』（成文堂、2011年）231頁、初宿正典「信教の自由」杉原泰雄編『新版体系憲法事典』（青林書院、2008年）477頁。

38 第1章 信教の自由の保障内容

同法人の代表役員である教祖が信者多数とともに組織的に、不特定多数の者を殺
害する目的でサリン生成を企て、もって殺人の予備行為を行ったというものであ
る。このオウム真理教解散命令事件で、宗教法人法81条に基づく宗教団体の解散
命令は信教の自由を侵害しないかどうかが争われた。

　東京地裁決定は、同法所定の手続によってオウム真理教に対して解散命令を発
した（東京地裁決定1995（平成7）・10・30判例時報1544号43頁）。これを不服とする抗
告に対して東京高裁は、抗告棄却決定を下した（東京高裁平成7・12・19判例時報
1548号26頁）。この特別抗告事件において、最高裁（最判平成8・1・30民集50巻1号
199頁判例時報1555号3頁）は、東京地裁の東京都知事側の請求を認めた決定を支持
して次のように判示している。

　（イ）　解散命令の制度は「専ら宗教法人の世俗的側面を対象とし、かつ、専ら
世俗的目的によるものであって、宗教団体や信者の精神的・宗教的側面に容かい
する意図によるものではなく、その制度の目的も合理的である」とし、その合憲
性を説いた。そして、（ロ）　大量殺人を目的として毒ガスであるサリンを大量に
生成することを計画した上、多数の信者を動員し、オウム真理教の物的施設を利
用し、オウム真理教の資金を投入して、計画的、組織的にサリンを生成したとい
うのであるから、オウム真理教が、法令に違反して、著しく公共の福祉を害する
と明らかに認められ、宗教団体の目的を著しく逸脱した行為をしたことが明らか
であること、（ハ）　右のような行為に対処するには、オウム真理教を解散し、そ
の法人格を失わせることが必要かつ適切であり、他方、解散命令によって宗教団
体であるオウム真理教やその信者らが行う宗教上の行為に何らかの支障を生じる
ことが避けられないとしても、その支障は、解散命令に伴う間接的で事実上のも
のであるにとどまること。したがって、（ニ）　本件解散命令は、宗教団体である
オウム真理教やその信者らの精神的・宗教的側面に及ぼす影響を考慮しても、オ
ウム真理教の行為に対処するのに必要でやむを得ない法的規制であるとし、（ホ）
本件解散命令は、法81条の規定に基づき、裁判所の司法審査によって発せられた
ものであるから、その手続の適正も担保されているので、本件命令は憲法20条1
項に違反しないとした。

　本判決をどのように評価するべきであろうか。「この解散命令は、あくまでも
宗教法人の法人格を剥奪するという世俗的な側面での法的効果をもつだけであ

り、宗教活動そのものを禁止するものではないという点を考慮すれば、この種の反社会的な犯罪行為に対する制裁として法人格の剥奪がなされることについては公共の福祉のための制約として是認されるべきであろう」[25]とされる。この点、内面的信仰や宗教的行為を直接狙い撃ちするような規制（直接的規制）と、宗教性とは無関係な公益的理由に基づいて行われる制限が、結果的に信教の自由を制限するような規制を間接的規制として分類し、宗教法人法81条に基づく解散命令が問題となったオウム真理教解散命令決定はまさに間接的規制の事例であるする考え方がある[26]。そして、この決定について、間接的ないし事実上の制約の場合でも、制約される権利の重要性に鑑みて、「慎重に吟味」する審査を、目的の合理性と手段の必要最小限度性の審査という形で実際に行ったという点で重要な意義を有していると評価されている[27]。

（4）奈良県文化観光税条例・京都市古都保存協力税条例

① 奈良県文化観光税条例事件

奈良県は、1966（昭和41）年3月5日、同県にふさわしい国際的な観光施設の一環として文化観光会館を建設するにあたり、その建設の一部を賄うために、法定外普通税として「文化観光税」を創設し、これを「別表に定める寺院（東大寺金堂［大仏殿］、法隆寺西院）の所在する文化財の所有者が、当該文化財を公開している当該寺院への入場について、拝観料その他何らの名義をもってするをとわず対価を徴収している場合において、当該対価を支払って当該寺院に入場する者」に対し（2条）、1回につき大人10円、小人5円の文化観光税を課することとした（4条）。そして、それは特別徴収の方法によって徴収することとし（5条）、「特別徴収義務者は、第2条に規定する文化財の所有者又は文化観光税の徴収について便宜を有する者で、知事が指定したものとする」（6条）との5年間の有効期限を付した（附則3）文化観光税条例を制定し、知事は、東大寺および法隆寺を文化観光税の特別徴収義務者に指定した。そこで東大寺（原告）は、本条例の無効確認および右指定処分の無効確認を求めて出訴した。

25　藤井俊夫・前掲16頁。

26　駒村・前掲310頁。

27　渡辺康行「信教の自由と政教分離原則」渡辺康行ほか編『憲法Ⅰ基本権』（日本評論社、2016年）178頁。

40　第1章　信教の自由の保障内容

奈良県文化観光税条例（抜粋）

（課税の目的）
　第1条　奈良県における文化観光施設の整備を図る費用に充てるため、地方税法（昭和25年法律第226号。以下「法」という。）第4条第3項の規定に基づき、県税として文化観光税を課する。

（納税義務者）
　第2条　文化観光税は、別表に定める寺院に所在する文化財の所有者が、当該文化財を公開している当該寺院への入場について、拝観料その他何らの名義をもってするをとわず対価を徴収している場合において、当該対価を支払って当該寺院に入場する者（以下「拝観者」という。）に課する。

（税率）
　第4条　文化観光税の税率は、拝観者1人1回について、10円とする。
　2　義務教育諸学校の児童又は生徒に係る文化観光税の税率は、前項の規定にかかわらず拝観者1人1回について、5円とする。

（徴収の方法）
　第5条　文化観光税の徴収については、特別徴収の方法による。

（特別徴収義務者）
　第6条　文化観光税の特別徴収義務者（以下「特別徴収義務者」という。）は、第2条に規定する文化財の所有者又は文化観光税の徴収について便宜を有する者で知事が指定したものとする。
　2　特別徴収義務者は、拝観者について、その者が納付すべき文化観光税を徴収しなければならない。

別表
1　東大寺金堂（大仏殿）
2　法隆寺西院

　原告・東大寺は、本条例は無効であると主張し、本条例の憲法違反について以下のように述べている[28]。

　本件条例は、宗教行為である参詣並びに宗教団体たる仏教教団及び伽藍の維持費に課税するものであり、原告及びその参詣者の信教の自由を侵害するものであるから、憲法20条に違反し無効である。
　1　東大寺が一般参詣者に金堂を公開することは、本尊である毘盧那仏坐像（るしゃなぶつざぞう、大仏）を公開して布教活動を行うにほかならず、東大寺が参

_____

28　判例時報527号15頁、室井力「東大寺を対象とする文化観光税条例」芦部信喜＝若原茂編『宗教判例百選（第2版）』（有斐閣、1991年）282頁参照。

詣者から収受する「入堂香華料」は布施であって単なる文化財の鑑賞料ではない。原告が参詣者から収受している入堂香華料は、その宗教活動にとって必要不可欠の資金なのである。本来信心（信仰）の場である東大寺金堂へ入場参詣する者に対し本税を課することは、宗教行為である参詣および布教活動に課税するものであり、かつ、仏教団体たる原告に対する財産の出損（しゅつえん）に対し、本税を課することは、原告の宗派および寺院の維持費に課税して、その諸活動を妨害するものであって、原告および参詣者の信教の自由を侵害し、憲法20条に違反する。

2　また、奈良県に東大寺と同様礼拝施設への入場に対し参詣料を収受している社寺は、その数30を超えているが、東大寺と法隆寺のみに対して課税するのは、何ら差異のない者を理由なしに差別して納税義務を賦課するものである。また、本条例で課税されるのが、東大寺及び法隆寺に礼拝のため入場する参詣者であり、課税を免れているのが、それ以外の宗派・宗教施設に礼拝するため入場する参詣であり、これは間違いなく信条による差別である。かつ、かりに信仰の問題を捨象しても、担税力その他の点で差異のないものを理由なくして非常識に差別するものであって、明らかに不当な差別待遇であるから、法の下の平等を保障した憲法14条に違反して無効である。

　奈良地裁は、本事案の憲法問題について次のごとく判示した（奈良地判昭和43・7・17行裁例集19巻7号1221頁、判例時報527号15頁）。

1　信仰は人の内心の心理的意思的事実であるから、その者の告白がなければその有無を知ることができない。したがって、大仏殿や法隆寺西院への入場者についてもその本来の目的が参詣礼拝にあるか否かはその外観より判断するほかない。認定の事実によれば、右両寺への入場者の大多数は外観上は両寺が公開する文化財を鑑賞するのが本来の目的であるとみられる。両寺への入場者は、入場の本来の目的が参詣・礼拝にあるか否かに拘わらず入場に際し一律に50円（子ども30円）を支払った場合にはじめて入場を許可されるわけであるから、この出損をお賽銭またはお布施とみるのは無理であって入場の対価とみるのが相当である。両寺が入場者の礼拝に対して対価を徴しているとは考えられないから、入場の際に支払われる対価は文化財鑑賞の対価とみる外ない。

　ところで、憲法30条、84条に基づき国民の納税義務を規定したものであって

42 第1章 信教の自由の保障内容

も、それが宗教的行為を対象とし規制する場合には、憲法20条の「信教の自由」を侵害するものとして無効である。しかしながら、本件条例は、課税の趣旨、目的、課税対象の性質、宗教との密着性、課税額（一回につき大人10円、小人5円）、納税義務者の範囲等に関し仔細に認定した諸般の事情を総合判断すると、特に宗教を対象としこれを規制したものとは認め難いから、憲法20条に違反する条例であるということはできない。

　もっとも本件条例は、課税要件を定めるに当りその場所を大仏殿と法隆寺西院の二カ所と指定しているところ、いずれも文化財を公開している場所であるが、両寺院の本尊を安置する寺院の中心的な場所であり、まさに宗教行為の場でもあるわけであるから、参詣礼拝が同所への入場の本来の目的である者の存在することを否定することはできない。かかる者にとっては、本税を賦課されることは、宗教的行為に課税されたのと同じ結果になるが、憲法14条に「すべて国民は信条によって差別されない」とあることは、特に宗教を対象にしてこれに規制を加える法令をすべて違憲とする反面、何人も自己の信条を理由として宗教を対象としない一般的国法（例えば国民の納税義務を規定した税法）の適用を免れ得ないことを示すものと解すべきであるから、入場の本来の目的が参詣礼拝にある者といえども、同じく対価を支払って入場する限り本件条例の適用を受けるのは当然である。もし、これを反対に解すると、同じく対価を支払って入場するのに拘わらずその者は信条を理由として免税の特権を与えられることになり、右憲法の規定に抵触することは明らかである。

　2　本税は、大仏殿への有償入場行為自体を課税の客体として、その入場者に課せられるものであって、宗教団体たる原告に課せられるものでないことはもちろん、その教団および伽藍の維持費に課税せんとするものでもない。また本税はその課税額（1回につき大人10円、子供5円）からみても本税の賦課により特に大仏殿や法隆寺両院への入場者が減るとも思われない。

　3　本税は差別課税ではないかということについて、原告は、入場参詣料を収受している奈良県内の多数の社寺のうち、東大寺および法隆寺の礼拝のため入場する参詣者についてのみ本税を課すことは、信条による差別課税であり、仮に信仰の問題を捨象しても何ら差異のないものを理由なく差別するもので憲法14条に違反すると主張する。

　しかし、結局東大寺と法隆寺は県内における社寺観光の一大中心地となってお

り、その周辺地区に多数の観光客が集中することが、同県の観光行政上過大な財政負担ひいては財政の不均衡をもたらす要因となっている。本件条例は、かかる財政の不均衡を是正する趣旨の下に本税を賦課せんとするものである。これによって、同県下の観光客の大半を捕捉し得るものと考えられること、拝観料を徴収している社寺ごとに本税を徴収することは観光客に著しい負担感・不快感等を与えることになり、観光政策上好ましくないこと、拝観者の少ない社寺に特別徴収義務を課すことは、徴税効率の点から得策とはいえないこと、以上の事実を総合勘案すれば、本件条例が課税客体の場所を両寺院二カ所に限ったことは、妥当性を欠く措置とはいえず、不合理な差別課税、信条を理由とする差別課税とみることはできない。

このように、奈良県が、県内観光施設の整備費に充てるため、東大寺金堂および法隆寺西院の入場者に、文化観光税を課す条例を制定したが、それが布教活動を侵害するとして争われた本件において、奈良地裁は、入場料は文化財鑑賞の対価とみるべきであり、本件条例は「特に宗教を対象としてこれを規制したものとは認め難い」とした。判決は、「本件条例が課税客体の場所を右両寺院の2ヵ所に限ったことは、必ずしも妥当を欠く措置ということはできず、これを不合理な差別課税或いは信条を理由とする差別課税とみることはできない」という[29]。本判決について、小林直樹は次のように述べる。おおむね妥当な見解といえるだろうが、多数の神社のうち、とくに2寺（東大寺・法隆寺）の入場者だけに課税することは、憲法14条の平等原則に違反しないか、という疑問は残る。しかし、多くの学説は本判決を肯定的に評価している[30]。

本事案の納税義務者は東大寺・法隆寺ではなく、有償入場者であり、課税客体は入場者の有償行為であるので、両寺の宗教活動そのものに対する課税とはいえない。この事件の争点は、東大寺金堂と法隆寺西院の入場者に課税することは参拝者の信教の自由（宗教的行為の自由）に反しないかであった。奈良地裁は、「参詣礼拝が同所への入場の本来の目的である者」にとっては、条例により「宗教的

29　小林直樹『［新版］憲法講義（上）』（東京大学出版会、1980年）378頁。
30　碓井光明「古都保存協力税をめぐって」法学教室1983年6月号73頁以下参照。

行為に対して課税されたのと同じような結果になる」ことを認める。しかし、このような者に支払いを免除すると、「同じく対価を支払って入場するのに拘わらずその者は信条を理由として免税の特権を与えられることになり」、平等原則に反する、と述べる[31]。

そこで、判決も述べるように、本件条例の課税趣旨・目的、対象の性質、宗教との密着性、課税額、納税義務者の範囲等を総合的に考察すれば、本件条例をもって参詣者個人の宗教的信仰の自由そのものを直接、規制対象とするものではないと解されているのである[32]。

この点に関して、すでに直接的規制と間接的（付随的）規制という問題に言及したが、高橋和之も同じ問題意識から次のように指摘している。宗教的行為に課税することは当然許されない。しかし、ここでも付随規制的な構造で現われるのが通常である。すなわち、宗教とは直接関係のない行為類型に課税した結果、その行為類型に該当する限りで宗教的行為も課税されることになる。たとえば、奈良県文化観光税条例事件（奈良地判昭和43年7月17日行集19巻7号1221頁）や京都市古都保存協力税条例事件（京都地判昭和59年3月30日行集35巻3号353頁）がその例である。いずれも指定社寺の文化財の鑑賞に対して課税したものであり、「入場料」や「拝観料」に上乗せして徴収する（指定社寺に徴収義務を課す）方法をとった。多くの観光客にとっては文化財の鑑賞であって宗教的な意味はないのが普通であるが、なかには宗教的な礼拝として行う者もいないわけではなかろう。そういう者にとっては、宗教的行為に対する課税という意味をもつのであり、憲法論としては免除を行うべきではないかということになる。しかし、課税を免除するためには、宗教的な礼拝者は入場に際して、一般の観光客が払う入場料ではなく、お布施を納入するといった方式が別途確立されている必要があろう[33]。

本条例は差別課税ではないのかという点について、室井力は判決の問題点を指摘して、入場者の多数を占める観光客についてはともかく、数少ないとはいえ、東大寺なら東大寺だけの参詣礼拝者に対しては、もしそのことが立証できるな

---

31 渡辺康行「信教の自由と政教分離原則」渡辺康行ほか編『憲法Ⅰ基本権』（日本評論社、2016年）179頁。
32 佐藤幸治「信教の自由と文化観光税条例」芦部信喜編『判例ハンドブック憲法［第2版］』（日本評論社、1992年）71頁。
33 高橋和之『立憲主義と日本国憲法第3版』（有斐閣、2013年）177-78頁。

ら、信条による差別課税ともなりかねない。また、東大寺と法隆寺のみを本税の特別徴収者とする点は、有償入場者の数その他によって他の社寺との間に差別を設けることの合理的根拠の有無が、より基本的にはこの点が問題となってよいが、裁判所は、この点について判断を示していないという。理論的に考えれば、本条例は、この点、徴税上の便宜を重視しすぎた立法政策に基づくものというべきであろう[34]と評する。奈良地裁判決は、特別徴収義務者として東大寺と法隆寺のみを対象とする理由として、両寺が拝観料の徴収に永年の経験を有し、専従職員も常置して収納機構も整理されていることをあげている。このことについて、碓井光明は、最高裁は、かつて、当時の遊興飲食税の特別徴収について、「公共の福祉」を根拠として合憲性を認めたのであるが（最判昭37・2・21刑集16巻2号107頁）、社寺等に限って不相当な「特別の犠牲」を課する場合には、補償を要するとされる余地がある[35]という。小島和司も、特定二寺院への有料のみに課税することは合憲かと問い、これは一般的な平等保障に反しないかという観点のみならず、国および公共団体が宗教的に中立であるべきことに違反しないかの観点からも問題とされねばならない[36]と述べている。畠山武道も小島のこの見解に同意する趣旨を次のように述べる[37]。「学説は、ほぼ一致して、文化観光税が『特に宗教的行為を対象としてこれを規制するものではない』という理由で奈良地裁判決を支持する[38]。しかし大仏殿への入場は観光と信仰とが分かちがたく結びついた行為であり、また入場行為に課税することが、『宗教的行為を対象としたものではない』と単純に言い切れるかどうかは問題であろう。また他の目的をもってする課税であっても、それが実質的に信教の規制の効果を有することはありえるのであって[39]、やはり実質的な判断が必要であろう」、という。

　なお、東大寺は控訴したが、その後、東大寺が5年の有効期間中の特別徴収義

34　室井力・前掲29頁。

35　碓井光明・前掲法学教室76頁。

36　小島和司「奈良県文化観光税条例の合憲性」『ジュリスト臨時増刊昭和43年度重要判例解説』（有斐閣、1968年）14頁。

37　畠山武道「京都市古都保存協力税について」ジュリスト1983年3月15日号（786号）30頁。

38　金子昇平「税務条例と無効確認訴訟—奈良県文化観光税条例事件—」金子宏編『租税判例百選（第2版）』（有斐閣、1983年）77頁、種谷春洋「信教の自由」芦部信喜編『憲法Ⅱ人権(1)』（有斐閣、1978年）326頁、小林直樹・前掲378頁など。

39　小島和司・前掲14頁。

46　第1章　信教の自由の保障内容

務を履行すること、および県は将来本条例を更新しないことを内容とする協定が
成立したため、本件訴訟は取り下げられた[40]。

② 京都市古都保存協力税条例事件

　京都市は、財政事情の悪化から、文化財保護、文化施設の整備等の財源確保の
ため、1983（昭和58）年1月、指定社寺等の文化財の鑑賞者に対し、大人1回50
円の税を課するものとした京都市古都保存協力税条例を制定した。

　そこで、原告ら（本税の課税対象になることが予想される社寺等の宗教法人）は、京
都市および同市長を相手に、条例の無効確認、予備的に条例施行の差止め、古都
保存協力税を新設してはならない義務の確認などを求めて出訴した。原告らは、
信教の自由については、宗教施設拝観に対する課税は宗教行為そのものへの課税
であり、原告らは社寺の布教の自由および参詣者の信教の自由を侵害すること、
また、本件条例は、宗教団体である原告ら社寺に対し税の徴収権という政治権力
を賦与するものであるから、政教分離原則に違反するものであること、京都市の
社寺等のうち、本件条例の指定社寺だけに特別徴収義務を課することは平等原則
に違反することを主張した[41]。

京都市古都保存協力税条例（抜粋）

（趣旨）
　第1条　この条例は、本市固有の歴史的かつ文化的な資産の保存、整備等の施策の
推進に要する費用等に充てるために課する古都保存協力税に関し必要な事項を定める
ものとする。
（定義）
　第2条　この条例において「文化財」とは、別表に掲げる社寺等（以下「社寺等」
という。）の敷地内に所在する建造物、庭園その他の有形の文化財で、拝観料その他何
らの名義をもってするを問わず、その鑑賞について対価の支払を要することとされて
いるものをいう。
（＊別表には、40の社寺が列挙されている）。
（納税義務者）
　第4条　古都保存協力税は、文化財の鑑賞に対し、その鑑賞者に課する。

40　室井力・前掲29頁。
41　藤井俊夫・前掲46頁、平野武「信教の自由と古都保存協力税条例」芦部信喜＝高橋和之編『憲法
　判例百選Ⅰ（第2版）』（有斐閣、1988年）78頁。

（課税免除）

第5条　次の各号に掲げる文化財の鑑賞に対しては、古都保存協力税を課さない。

（1）　勤行、読経、供養等信仰のために参けいする信者で別に定めるものが対価を支払わないで行う文化財の鑑賞

（2）～（4）〈略〉

（税率）

第6条　古都保存協力税の税率は、鑑賞者一人鑑賞一回につき50円とする。

2　小学校の児童又は中学校の生徒が文化財を鑑賞する場合における古都保存協力税の税率は、前項の規定にかかわらず、鑑賞者一人鑑賞一回につき30円とする。

3　前2項に規定する鑑賞一回とは、社寺等ごとにその文化財を一回鑑賞することをいう。

（徴収の方法）

第7条　古都保存協力税の徴収については、特別徴収の方法による。

（特別徴収義務者）

第8条　古都保存協力税の特別徴収義務者（以下「特別徴収義務者」という。）は、文化財を鑑賞に供する者その他古都保存協力税の徴収について便宜を有する者で市長が指定したものとする。

2　〈略〉

3　特別徴収義務者は、当該文化財の鑑賞について鑑賞者が納付すべき古都保存協力税を徴収しなければならない。

（税額の表示）

第9条　特別徴収義務者は、鑑賞者の見やすい箇所に、古都保存協力税の税額を表示しておかなければならない。

（申告納入）

第10条　特別徴収義務者は、次条の規定により鑑賞券を交付する際、古都保存協力税を徴収しなければならない。

2　特別徴収義務者は、毎月15日までに、前月1日から同月末日までの期間において徴収すべき古都保存協力税について、申告書を市長に提出し、及びその納入金を納付しなければならない。ただし、当該特別徴収に係る文化財の全部が鑑賞に供されなくなった日から5日以内に、その供されなくなった日までにおいて徴収すべき古都保存協力税について、申告納入しなければならない。

（鑑賞券の交付）

第11条　特別徴収義務者は、鑑賞券を発行し、鑑賞者が文化財を鑑賞しようとするときに、これを鑑賞者に交付しなければならない。ただし、第5条の規定により古都保存協力税を課さない場合は、この限りではない。

本件条例を合憲とした京都地裁判決（京都地判昭和59・3・30行集35巻3号353頁、

48　第1章　信教の自由の保障内容

判例時報1115号51頁）は、憲法上の論点に関してのみ取り上げると、次のように判示している[42]。

　1　本件条例は、有償で行う文化財の鑑賞という客観的、外形的行為に着目し、そのような鑑賞者に対し、その者が文化財鑑賞の目的をもつか、信仰の目的をもつか、あるいは、これらを混在させているかといった鑑賞者の内心を問うことなく、一律に本税を課すことにしているのである。すなわち、本件条例は、文化財の鑑賞という行為の宗教的側面自体を否定するわけではなく、対価を支払ってする有償の文化財の鑑賞という行為の客観的、外形的側面に担税力を見出し、これに本税を課すこととしたまでである。しかも、本件条例には、文化財には何らの宗教的意義がないとか、有償で行う文化財の鑑賞には信仰心が生じる余地がないとか、あるいは、有償で行う文化財の鑑賞という形をとる行為のすべてがおよそ信仰心とかかわりなく宗教的行為に当たらないとかの判断を前提としていると解さなければならない条項は、全く見当たらない。

　2　本件条例によって本税が設けられた趣旨、本税が、有償で行う文化財の鑑賞という行為の客観的、外形的側面に担税力を見出して、鑑賞者の内心にかかわりなく一律に本税を課すものであること、本税の税額が現在の物価水準からして僅少であることなどに鑑みると、本件条例は、文化財の鑑賞に伴う信仰行為、ひいては鑑賞者個人の宗教的信仰の自由を規律制限する趣旨や目的で本税を課すものでないことは明らかであり、また、右信仰行為に抑止効果を及ぼし、これを結果的に制限するものでもない。

　3　そのうえ、本税は、文化財の有償鑑賞行為を課税客体とし、その鑑賞者を納税義務者とするものであって、宗教団体である原告らは、納税義務者でも経済上の担税者でもないから、本税は、原告らの宗教施設の公開による布教という宗教上の活動自体に対する課税として、これを直接規律するものではない。また、原告らが、特別徴収義務をはじめとする前述の種々の義務を負うことによって、従前の拝観料等の対価の徴収方法に比べて煩瑣な事務処理を負担することは否定できないが、これら種々の義務の内容や、原告らが従前から拝観料等の対価を徴収してきたことに鑑みると、原告らが、右事務処理の負担のために、宗教施設を

42　平野武「信教の自由と古都保存協力税条例」別冊ジュリスト『憲法判例百選Ｉ（第2版）』（有斐閣、1988年）78頁。

公開して布教をすることを断念せざるをえなくなるとか、あるいは、これに重大な支障を生じるとの事態は、到底考えられない。

4 本税の納付が義務づけられることによって、信仰心をもって拝観しようとする者に対してはもとより、そうでない者に対しても、萎縮的効果をもたらすとまではいえない。

本税の課税によって原告らの文化財の参詣者が直ちに減少するとまではいえないし、また、……原告らが特別徴収義務等を負うからといって、これが布教活動に対する制約になるわけでもないから、原告らが他の社寺と比べて布教活動に対する不利益的取扱いを受けると断ずべき根拠はない。

2審判決（大阪高判昭和60年11月29日判例時報1178号48頁）も原告の主張を退けたが、憲法に関する見解は示していない。その後、寺社側は上告した。そして、古都保存協力税に反対し、著名寺社は拝観停止を行った。このため、京都市は本課税を断念し、1987（昭和62）年10月に条例の廃止を可決した。このため上告は取下げられた。

それでは第1審判決を憲法上、どのように評価すべきであろうか。平野武は次のように位置づける[43]。まず、信教の自由に関して、本件課税が、外形的側面にとどまるものとしても、課税により参詣者の参拝が現実に困難になる場合には違憲問題が生じる。判決は、本件課税も憲法20条3項の問題であるとし、いわゆる目的効果基準によって判断して、同条項が禁止する宗教的活動に該当しないとしているようである、と理解する。さらに、平等原則に関して、判決は本件条例が原告らに事務処理の負担を負わせることを認めるが、布教の断念や支障の発生をもたらさないとする。しかし、これが一種の不利益取扱いになるか合かは慎重に検討されなければならないという。このことに関係して、原告ら40社寺の参詣者だけに本税が課せられることが原告らに対する差別的取扱いになるという主張についても判決は否定するが、原告らのみが負担を負う以上、それには合理的理由が存しなければならない。本税が文化観光施設の整備を図る費用に充てるという目的をもつならば、一定以上の入場者数、一定以上の文化的価値等を基準にして

---

43 平野武・前掲79頁。

差別なく指定がなされない時は憲法14条に違反することになるが、この点の議論は殆どされていない、という。

畠山武道も同様な指摘をして次のように述べている。本税は社寺の活動を直接に規律するものではなく、社寺の信教の自由とは無関係のようにみえる。しかし徴収納税義務を課されることによって特別の財政的支出を余儀なくされ、あるいは著しく布教活動が妨げられるような場合もありえるのであって、その場合には合憲性を疑う余地がある。

本事案は信教の自由の制約の問題なのか、あるいは、政教分離、平等原則の問題であるのか。藤井俊夫は次のよう述べる。「この判決については、これを目的・効果論を適用ないしは準用しているとする考え方もあるが、しかし、この事例は政教分離原則にかかわるものとして理解すべきかについては問題がある。むしろ、これは20条1項前段の問題、すなわち、信教の自由の保障の反面としての国の宗教活動への妨害・干渉の禁止の問題ではないかと思われる。だとすれば、これは、むしろ『公共の福祉』のための特別の制約・負担のための立法の合憲性判断の問題であり、同時に、合理的な差別としての特別の負担をおわせる立法の合憲性判断の問題であるということになろう。したがって、ここではその判断基準としては、例えば『公共の福祉』としての観光地の周辺の整備とか受益者負担などという目的のために必要最小限度の制約あるいは負担を課しているといえるか、いいかえれば、右のような特別の負担が合理的な差別といえるかどうかというべきであろう」[44]と適切な指摘をしている。

5　信教の自由に基づく刑事免責が主張される例

ある個人が宗教的活動として行った行為が、たまたま刑罰法規に抵触した場合、その行為が憲法上保障された信教の自由に該当するとして無罪とされるべきかが問題になるケースがある。

これは、「当該行為が公共の福祉に反するものとして信教の自由の保障の限界を越えるものであったかどうかという境界線上の問題である」。「本来、一般的には刑罰法規そのものが公共の福祉の1つの内容を体現しているはずであり、にも

44　藤井俊夫・前掲46-47頁。

かかわらず、その構成要件に該当する行為の違法性が阻却されるべきか否かが問題とされる」[45]こととなる。

（1）牧会権事件

教会牧師が、建造物侵入・兇器準備集合罪などの容疑の犯人として警察に行方を追及されている高校生2名を、捜査中であることを知りながら一週間にわたり教会内にかくまい、説得して警察に任意出頭をさせた。しかし、犯人蔵匿罪に問われ（牧会権事件とか種谷牧師事件といわれる）、略式裁判で罰金一万円の略式命令を受けたことを不服として、正式裁判を求めた。

宗教者の宗教活動たる牧会活動と市民法秩序（国家の刑罰司法作用の適正な実現の保護という利益）との抵触が問題となった。本件の争点は、牧師の行為が正当業務として違法性が阻却されるべきかどうかであった。神戸簡裁は次のごとく判示した。

（1）　牧師の行う個人の魂への配慮を通じて社会に奉仕する牧会活動は、「憲法20条の信教の自由のうち礼拝の一内容」をなすものであり、「外面的行為である牧会活動が、公共の福祉による制約を受ける場合のあることはいうまでもないが、その制約が、結果的に行為の実体である内面的信仰の自由を事実上侵害するおそれが多分にあるので、その制約をする場合は最大限に慎重な配慮を必要とする」。「具体的牧会活動が目的において相当な範囲内にとどまったか否かは、それが専ら自己に頼って来た個人の魂への配慮としてなされたものであるか否かによって決すべきものであり、その手段方法の相当性は、憲法上の要請を踏まえた上で、その行為の性質上必要と認められる学問上慣習上の諸条件を遵守し、かつ相当の範囲を超えなかったか否か、それらのためには法益の均衡、行為の緊急性および補充性等の諸事情を比較検討することによって具体的総合的に判定すべきものである」とする。

（2）　そして、本件の牧師の行為は、形式上は刑罰法規にふれるとしても、それは少年の魂への配慮に出た行為であるから、牧師の牧会活動は「目的において相当な範囲にとどまったもの」であり、「全体として法秩序の理念に反するところがなく、正当な業務行為として罪にならないものということができる」として

45　藤井俊夫・前掲15頁。

52   第1章　信教の自由の保障内容

無罪とした（神戸簡昭和50・2・20判時768号3頁）。

　外面的行為が内面的信仰とかかわっている場合には、その規制には特別に慎重な配慮が必要とされる。

（2）線香護摩事件

　信教の自由も市民法秩序を前提とした上でのものである。宗教行為の憲法上の保障を考慮した上でもなお、市民法秩序の法体系と相容れないと認められるときは違法となり、犯罪であるとされたり、不法行為として認定されたりする[46]。このことが問題となったのが線香護摩事件である。

　祈祷師（僧侶）が、精神異常者の平癒を祈願するため、線香護摩による加持祈祷を行い、線香護摩による加持祈禱の行として護摩台のそばに被害者を坐らせた。多量の線香をいぶし熱気のため暴れ出した被害者を取り押さえそのノドを火にあぶらせるなどした結果、遂に被害者を死亡させた[47]。そこで、その行為によって精神障害者を死に至らしめたので、傷害致死罪に問われた。

　この祈祷師の行為が、憲法の保障する宗教的活動として認められるかどうかにつき、最高裁は、精神異常者の平癒祈願のための加持祈祷が宗教行為としてなされたものであっても、他人の生命、身体等に危害を及ぼす違法な有形力の行使により被害者を死にいたらしめたときは、憲法20条1項の信教の自由の保障の限界を逸脱したものであると判示し、宗教活動が外部に表示される場合、一般市民法秩序に服するとしている（最大判昭和38・5・15刑集17巻4号302頁、判例時報335号11頁）。

6　行政の行為等を違法とするために信教の自由が主張される例

（1）キリスト教徒日曜日授業事件

　公立学校の日曜日参観授業について、参観授業の出席強制は信教の自由に反するとして、キリスト教の教会学校に通うために欠席した小学校の生徒とその親が損害賠償を求めたキリスト教徒日曜日訴訟の事案は、具体的には次のようなもの

46　藤井俊夫・前掲16頁。
47　判例時報335号11頁解説参照。

である。

東京都江戸川区立の原告が通っていた小学校は、1982（昭和57）年6月13日日曜日の午前中に参観授業を実施した（公立小学校における授業日については、学校教育法施行規則47条に規定されており、原則として、国民の祝日、日曜日、夏季休暇等教育委員会が決める日以外の日を授業日と定めている。しかし、同条但書により「特別の必要がある場合」には、国民の祝日、日曜日にも授業ができる旨が定められている）。

原告（当時A小学校の6年と4年の姉妹）は、当日、キリスト教の日曜教会学校に出席することを選び、日曜参観授業を欠席したために、原告姉妹の各指導要録に「欠席」と記載された。

そこで、原告姉妹、および、その両親（父親は日本基督教団に属する教会の牧師、母親は副牧師）は、小学校長、江戸川区、東京都に対して、本件日曜参観授業に出席を義務づけ、宗教上の理由から欠席した子どもに「欠席」記載という不利益を課すことは、信教の自由を侵害するとして、欠席記載の取消しと、精神的苦痛への損害賠償を求めて出訴した。

1986（昭和61）年3月20日、東京地裁は次のような判決を下した（東京地判昭和61・3・20判例時報1185号67頁）。

①授業参観は、「今日の学校教育上、父母の学校教育に対する理解を深め、また、児童に対する教育効果を高める上で、十分な意義を有する教育活動」であり、また、「母親だけでなく父親と懇談し、父親の意見をも聴取することが学校側にとって特に貴重なものである」。「そこで、この授業参観を日曜日に行う必要性について考察するのに、まず、授業参観は、児童の父母が実際の授業を見ることを必須の条件としていることから、これを行う以上、現実に児童の父母がより多く参観に来ることができるような曜日に選定しなければならないといえる」。「そうすると、少なくとも会社員及び公務員等のいわゆるサラリーマン家庭については日曜日、国民の祝日等の休日には勤務を要しない可能性が高いから、日曜日は、この多数を占める家庭については父母双方あるいは少なくとも平日参観ができない父親も参観に来ることができる可能性が大きい日ということになる」。したがって、「本件授業参観の目的を達成するために必要かつ適切な措置であったということができる」。

②　「授業参観を日曜日に実施することは、……公教育として学校教育上十分

54 第1章 信教の自由の保障内容

な意義を有するものであり、かつ、法的な根拠に基づいているものであるから、これを実施するか否か、実施するとして午前、午後のいかなる時間帯に行うかは被告校長の学校管理運営上の裁量権の範囲内であるということができる。したがって、本件授業の実施とこれに出席しなかった原告児童らを欠席扱いにしたことが原告らに対して不法行為を構成する違法があるとすれば、それは、被告校長が右の裁量権の範囲を逸脱し、濫用した場合に限られることになる」。「本件授業の実施に伴い、原告らに一定の事実上の不利益が生ずることを認められるものの、本件授業は、法令上の根拠を有し、その実施の目的も正当であるところ、実際に当該年度に実施された日曜日授業の回数及び授業参観の目的を達成するためにとりうる代替措置の可能性の程度からみても、本件授業の実施に相当性が欠けるところはなく、被告校長の裁量権の行使に逸脱はない」。

　このように本件処分は校長の裁量権の範囲内のものであり、裁量権行使に逸脱はないとしている。しかし、信教の自由の保障のためには、とくに少数者の宗教の保護が重要であるという観点からみると、多数決主義による切り捨てにならないかという問題がある。判決とは逆に、学校側には本件の場合、欠席扱いをしないという配慮が適切であるとも考えられる[48]。本事例については本書の「補論2　日曜日授業と信教の自由―キリスト教徒日曜日訴訟」で検討する。

（2）エホバの証人剣道実技拒否事件

　原告は神戸市立工業高等専門学校（高専）の生徒であり、同高専は一年次の体育実技において剣道授業を必修科目としていた。原告は「エホバの証人」という宗教の信者であり、自分の信仰上の理由（聖書による「戦いを学ばず」という教義）から剣道授業に参加できないとして、学校側にレポート提出等の代替的措置を求めた。学校側はこうした措置を認めると特定の宗教に恩恵を与えることになると考えて代替的措置をとらない方針を変えなかった。同高専の学則は、一科目でも不認定科目があると原級留置（留年）となると定めていたので、原告は原級留置処分を受けた。原告は次年度も剣道に参加しなかったため、同高専の学則により、二年連続して原級留置処分となり、その結果、退学処分となった。そこで原

48　藤井俊夫・前掲16頁。

告は処分の取消しを求めて出訴し、最高裁まで争った。

　エホバの証人剣道実技拒否事件（神戸市立高専事件）最高裁判決（最判平成8・3・8民集50巻3号469頁）は、まず司法審査のあり方について、「高等専門学校の校長が学生に対し原級留置処分又は退学処分を行うかどうかの判断は、校長の合理的な教育的裁量にゆだねられるべきものであり、裁判所がその処分の適否を審査するに当たっては、校長と同一の立場に立って当該処分をすべきであったかどうか等について判断し、その結果と当該処分とを比較してその適否、軽重等を論ずべきものではなく、校長の裁量権の行使としての処分が、全く事実の基礎を欠くか又は社会観念上著しく妥当を欠き、裁量権の範囲を超え又は裁量権を濫用してされたと認められる場合に限り、違法であると判断すべきものである」とした。

　最高裁は、①剣道授業の履修が必須のものであるとまではいい難く、他の体育種目の履修などの代替的方法によってこれを行うことも性質上可能であること、②剣道実技への参加拒否の理由は、信仰の核心部分と密接に関係する真摯なものであったこと、③代替措置として、例えば、他の体育実技の履修、レポートの提出を求めた上で、その成果に応じた評価をすることができ、「その目的において宗教的意義を有し、特定の宗教を援助、助長、促進する効果を有するものとはいえず、他の宗教者、無宗教者に圧迫、干渉を加える効果があるとはいえないこと」などから考えると学校側の措置は、裁量権の範囲を超える違法なものであるとしている。

　本判決はおおむね妥当な判決ということができる。以上の二つの事案においては、藤井俊夫が適切に指摘しているように、宗教上の理由による欠席とか、体育実技不参加について代替措置を求める要求が含まれている。「憲法上は、このような場合には国家の側の信教の自由に対する配慮義務（作為義務）が認められるべきかどうかが問題となる。自由権保障の本質的な意義を考えるならば、国家による信教の自由への実質的配慮は消極的な寛容という意味で一定程度許されるが、……政教分離原則との関係で限界もあり、あらゆる面で国の側に配慮義務まで認めることは困難であろう」[49]という。

　この問題は本書の第11章において、「政教分離と信教の自由の相克」の問題と

49　藤井俊夫・前掲18頁。

56　第1章　信教の自由の保障内容

して検討することとする。

7　自由権規約との関係

　信教の自由を検討する場合、今日では、市民的及び政治的権利に関する国際規約（自由権規約）を視野に入れることが必要である。

　泉徳治の次の指摘は重要である。日本において、自由権規約は「自動執行力を有し、特段の立法措置を待つことなく、そのまま裁判規範となるものである。そして、自由権規約は、憲法98条2項の条約の遵守規定に照らしても、憲法に準ずる地位を占めるものである。最高裁は、条約違反の主張について、単なる法令違反をいうものとして上告理由に該当しないというが、本来は上告理由に取り込むべきである。いずれにしても、自由権規約は、憲法が掲げる基本的人権について、これを更に具体的に規定している面があり、宗教の自由についても18条で詳しく規定しており、裁判の場で積極的な活用が望まれる」[50]。

　最後に、この自由権規約第18条を記してこの章を終える。

　　第18条
　　1　すべての者は、思想、良心及び宗教の自由についての権利を有する。この権利には、自ら選択する宗教又は信念を受け入れ又は有する自由並びに、単独で又は他の者と共同して及び公に又は私的に、礼拝、儀式、行事及び教導によってその宗教又は信念を表明する自由を含む。
　　2　何人も、自ら選択する宗教又は信念を受け入れ又は有する自由を侵害するおそれのある強制を受けない。
　　3　宗教又は信念を表明する自由については、法律で定める制限であって公共の安全、公の秩序、公衆の健康若しくは道徳又は他の者の基本的な権利及び自由を保護するために必要なもののみを課することができる。
　　4　この規約の締約国は、父母及び場合により法定保護者が、自己の信念に従って児童の宗教的及び道徳的教育を確保する自由を有することを尊重することを約束する。

50　泉徳治「政教分離─最高裁判例を読み直す─」判例時報2287号（平成28年5月11日号）14頁以下。

補論 1　宗教上の輸血拒否
——子どもの人権との関係で——

1　はじめに
2　エホバの証人と輸血拒否・国旗敬礼拒否
　（1）日本における輸血拒否の事例
　（2）日本における輸血拒否の判例
　（3）エホバの証人の国旗敬礼拒否
3　宗教上の輸血拒否と子どもの人権
　（1）患者の自己決定権
　（2）子どもの権利と親権
　（3）子どもの人権享有主体性
　（4）裁判所の関与
4　結　び

1　はじめに

　宗教の自由の理論的基礎づけは、数世紀も前に、ジョン・ロックが『宗教的寛容に関する書簡』[1]において適切に説いているとおりである。ロックは、そこにおいて、国家の任務は、市民の生命・自由・健康・身体の安全といったこの世的福祉を増進させることであって、けっして魂の救済に手を伸ばしえないし、伸ばすべきではないことの論証を大略次のように行っている。

　信仰は、純粋に精神的な内面的確信の問題であり、そのような人間の内面や永遠の問題に対して、国家はくちばしを入れてはならない。人間の魂の救済については、およそ国家の関心外のことであり、国家がそれを任務とし、それに責任を負いうるというようなものではない。魂への配慮は、いかなる他人にもゆだねられないし、国家にも同じくゆだねられはしない。なぜなら、自分がどのような信

1　J. Locke, A Letter concerning Toleration（1689）生松敬三訳「ロック・寛容についての書簡」（世界の名著『ロック、ヒューム』中央公論社、1968年）参照。もっとも、ロックも時代の子であり、無神論の自由を否定したが、徹底した宗教の自由を保障するとき、無信仰の自由、無神論の自由を含まざるをえないことは当然である。

仰ないし宗教をもつかという決定権を、だれか他の人の選択に分別を欠いて任せてしまうほどに、人が自分自身の救済への配慮を放棄してしまうことはありえないからである。真の宗教の生命と力のすべては、心のうちに完全に納得するという点にあり、信ずることなしには信仰は信仰ではない。いかなる信仰箇条の告白も、いかなる外面的礼拝形式の遵守も、そういう告白をし礼拝する人々が心底から告白の真実性を信じ、その礼拝が神に受け容れられることを信じているのでなければ、魂の救済に役立つことはありえないのである。

　アメリカにおける政教分離関係訴訟で、宗教の自由法理についてしばしば言及してきたダグラス裁判官は、Ballard 事件判決において、次のようにその法理を説いている。

　「人々は自分たちの証明できないことを信じることができる。人々は、自分たちの宗教的教理や信念を証明しなければならない立場におかれてはならない。ある人々にとっては理解できないものであるかもしれない。しかし、それらが、人間の視界を超えて存在するという事実は、それらが法の前において存在を疑われてよいということを意味するものではない」。「憲法制定者たちは、さまざまの宗派がさまざまに異なり、極端に異なる見解をもっているということについて、また、それらの宗派の間に争いがあるということについて、さらに、すべての人が同意しうるような一つの宗教的信条というものが存在しないことについて、気がつかなかったのではない。彼らは、相争う諸々の見解に最大限可能な寛容を与えるところの政治憲章をつくったのである。人々のそれぞれの神に対する関係は、国家の関心外のことである。人々は、したいと思うように礼拝し、自分たちの宗教上の見解の真実性について誰に対しても応答をすることを強要されない権利を認められたのである」[2]。

　また、高柳信一も、合衆国における政教分離原則の判例法理の理論的枠組みを分析されている「政教分離判例理論の思想」という論文の中で、「宗教的信条はその真否を世俗的権力の前において証明する責任を負わないものであり、換言すれば宗教の自由は、証明できないことを信じる自由であるという意味においても、それは、世俗権力の与りかかわりえないものである」[3]とダグラス判事と同趣

2　United States v. Ballard, 332 U. S. 78, at 86-87 (1944)。
3　高柳信一「政教分離判例理論の思想」『アメリカ憲法の現代的展開』（東京大学出版会、1978年）228頁。

旨の指摘をされている。

　日本国憲法が保障する宗教の自由もこのような思想的系譜において理解されなければならない。宗教的信仰が他者にとっていかに奇矯不可解に映るとしてもそれは絶対的保障をうける。宗教者が自らの教義に基づいて自らの生き方を選ぶのは全く自由であり、宗教の自由は、同僚市民の生命・健康・安全・財産等の基本的権利を侵害しない以上、絶対的な権利として保障される。本章では、本稿主題について[4]、子どもの人権を踏まえて若干の検討を行っておきたい。

2　エホバの証人と輸血拒否・国旗敬礼拒否

(1) 日本における輸血拒否の事例

　かつて輸血拒否の事件について次のような事例があった[5]。1985年6月6日午後、神奈川県川崎市で、自転車の小学生がダンプカーと接触、両足骨折などで5時間後に死亡した。その際、両親がキリスト教の一宗派と称する「エホバの証人」[6]であり、信仰上の理由から輸血を拒否する「決意書」を救急病院の医師に提出した。医師は両親を説得しつづけたが、両親は拒否しつづけ、最後の手段として医師が意識のあった子どもに、親に輸血してもらうよう呼びかけ、子どもも苦しい息の下で「生きたい」と訴えたが、親は「聖書にある復活を信じているので輸血には応じられない」と拒み通し、出血多量で死亡したというものである。

　このケースは、成人が本人の自由意思で輸血を拒否したのとは異なり親の信仰上の理由で輸血が行われなかった点において微妙な問題がある。本件では、医師は救命責任を負うが、宗教的信仰を尊重しなければならず、その結果、法的責任をもかかえこむというジレンマにおちいる。医師と患者という立場において、医師は治療を最大の使命とするものであり、医師の生命尊重・救命義務からいって、最善の措置、すなわち、子どもを助けるための輸血を行うという立場をとることになろう。そうすると、医師と両親が対立構造をなすことになる。また子ど

4　例えば、日本医事法学会編『医事法学叢書1』（日本評論社、1986年）参照。
5　朝日新聞1985年6月8日。
6　エホバの証人は1870年代にチャールズ・ラッセルによりペンシルバニア州ピッツバーグで設立され、聖書が字義通りに歴史的に正確であると信ずる。そしてハルマゲドンの到来を予言する。エホバの証人の聖書解釈は、国旗に忠誠を誓ったり、兵役につくことを拒否させる（オブライエン・前掲書24頁）。

60   補論1　宗教上の理由による輸血拒否

もの生命にかかわる輸血拒否については、子どもの権利と親権が対立構造をなす。このような事例は時に起こりうることである。なお、「エホバの証人」の信者は国内に約20万人いると報道されている。

　特に本ケースは、子ども人権について考えさせられるものである。すなわち、本件の提示した問題は、子どもの自己決定権がないがしろにされたという面はなかったのか、親の宗教的確信をもって子どもを従わせることができるのか、そのような形で、子どもの生存権・人格権が侵害されているときに、それを救済する法的手続が存在しないことに問題はないのか、あるいは、子どもの宗教的良心決定を行いうる成熟性を獲得するのは何歳ぐらいであるのか、などである。

（関連条文）
憲法20条　①信教の自由は、何人に対してもこれを保障する。
憲法13条　すべての国民は、個人として尊重される。生命、自由及び幸福追求に対する国民の権利については、公共の福祉に反しない限り、立法その他の国政の上で、最大の尊重を必要とする。

（2）　日本における輸血拒否の判例

　前述の事件後、1985年12月2日に大分地裁において、おそらく輸血拒否に関する日本で最初の判決がだされた（その後、最高裁まで争われた）[7]。この種の最初の判例であるので、詳しく紹介しておこう。本件は、「正常な精神的能力を有する成人」たるエホバの証人の輸血拒否に対して、エホバの証人ではない親が輸血の強制を求めた事例である。事実関係は次のようなものであった。

　本件の輸血拒否を希望しているのは成年の男性である。妻と9歳、7歳、6歳の三人の子どもがいる。この人は左足の大腿骨を骨肉腫という癌の一種に侵され、病院に入院中であった。これを放置しておくと身体の他の部分へ転移し、やがて死に至る可能性が高いので、担当医師は、転移を防ぐ確実な方法は早期の患部切断行為である旨を説明して、手術を受けることを勧告した。ところが、この患者は手術の必要性を理解し、担当医に対してその実施を強く希望したが、同時に、手術に伴って必要とされる可能性のある輸血の実施については、これを拒み、輸血することなく手術を施行して欲しい旨を述べた。

7　判例時報1180号113頁以下。

この患者は、精神状態や判断の能力において特に通常人と異なるところはなく正常であり、輸血以外のすべての治療を受けることは強く望んでいるが、「エホバの証人」というキリスト教の一宗派の教義、信仰上の理由に基づいて輸血を拒否している。妻もエホバの証人の熱心な信者であり、夫の輸血を拒む態度を積極的に支持し激励している。

病院では、輸血を承諾しない限り手術を施行しないという方針をとり、担当医らによって説得が続けられている。この間、患者の骨肉腫に対しては、放射線治療や化学療法による治療が行われている。

この患者の両親は、輸血を拒否していることを知り、説得に努めてきたが、説得し切れる可能性がないと考え、患者にかわって、病院に対し、手術及びそのために必要な輸血その他の医療行為を委任することができる旨の仮処分申請を行った。その理由は、患者は、両親にとって掛け替えのない宝であること、患者が正常な判断力を欠き、自殺を行うに等しいこと、患者の父母として、患者を看護し、生命・健康を擁護する法律上の権利を有しているということである。

それでは裁判所はどのような判断を示したのであろうか。次のようなものである。この両親は、親族としての身分関係に基づき、将来、子どもに対し扶養を請求し、それを期待する地位をもっているだけでなく、患者との間に幸福な親族関係を保持することにつき一定の権利ないし利益をもっている。本件輸血拒否によって、死に至る事態が生じた場合には、両親のこの権利ないし利益を侵害することになる。そこで、本件輸血拒否行為が違法性を帯びるものであるかどうかについて検討する。この患者は、理解、判断能力を含めて正常な精神能力を有する成人の一男性であり、輸血拒否によってもたらされる自己の生命、身体に対する危険性について十分知覚したうえで、なお輸血を拒み続けている。本件の輸血拒否は、患者の属する宗派の宗教的教義、信念に基づくものであり、この信念を真摯に貫徹することを希求し実践しているのである。この患者にとって輸血を強制されることは、信仰の自由を侵害されるに等しい。

このように真摯な宗教上の信念に基づいて輸血拒否をしており、その行為も単なる不作為行動に止まるうえ、両親の主張する被侵害利益が、患者の信教の自由を凌駕するほどの権利ないし利益であるとは考え難い。その他、本件輸血拒否行為の目的、手段、態様、被侵害利益の内容、強固さ等を綜合考慮するとき、本件

輸血拒否行為が権利侵害として違法性を帯びるものということはできない（もっとも、個人の生命については、最大限尊重されるべきものであり、社会ないし国家もこれに重大な関心をもち、個人において、私事を理由に自らの生命を勝手に処分することを放任することができないことはいうまでもない。しかし、本件においては、患者は輸血を拒む以外切断手術を含む他のあらゆる治療を受け、その完治、生命維持を強く願望しているのであり、治療方法としても、放射線治療や化学療法など他の方法も存在することに鑑みると、本件輸血拒否行為を、単純に生命の尊厳に背馳する自己破壊行為類似のものということはできない）。以上によれば、本件輸血拒否行為が違法性を帯びるものということはできない。よって本件仮処分申請を却下するというものである。

　この判旨はおおむね妥当なものであると思える。もっとも本決定は、医療行為についての自己決定権という観点からのものではないし、また、患者に未成年の子どもがいることについて考慮されているものではないが。この点、アメリカにおける判例の考え方は、成人の輸血拒否者に依存した子どもがいる場合、その子どもの利益のために輸血が認められ、依存している子どもがいない場合には、判例も明確ではなく、分かれているといわれている[8]。

　日本では、輸血拒否が行われることから1994年に東京都立病産院倫理委員会が次のような基準を作成した。「①患者が判断能力のある成人の場合は、その意思を尊重して無輸血治療を行う。ただし、患者に意識障害があり、救命に必要な場合には家族が反対しても輸血を行う。②患者が18歳未満の場合、生命に危険が及ぶときは親が反対しても輸血を行う。ただし、高校生については原則として成人の場合に準じるが、各事例に則して、成人の場合よりもさらに慎重に対応する。③妊婦の場合は、医師は胎児への影響も含めて輸血の必要性を説明し、同意を得るように努めるが、それでも拒否する場合は尊重する」というものである[9]。

8　木内道祥「『エホバの証人』と輸血拒否—自己決定権の新しい局面」自由と正義34巻7号（1983年）39頁以下。詳しくは、唄孝一「アメリカ判例法における輸血拒否」東京都立大学法学会誌18巻1・2合併号（1978年）。

9　常本照樹「治療拒否の自由—自分の身体は自分のもの？」『基本的人権の事件簿（第5版）』（有斐閣選書、2015年）61頁。

（3）エホバの証人の国旗敬礼拒否

　エホバの証人（Jehovah's Witnesses）は、1884年に、アメリカで創立されたキリスト教の宗派のひとつに属する宗教団体であり（ペンシルバニア州で宗教法人として認可）、輸血拒否、良心的兵役拒否、偶像礼拝の禁止によって注目されることが多い。日本においても、体育の授業で行われる柔道、剣道を拒否する事例が報じられている。

　アメリカにおいて、宗教的少数者であるエホバの証人の積極的な宗教活動によって、各地域社会との間にさまざまな葛藤を生みだしてきたが、それがしばしば宗教の自由関係事件として連邦最高裁に係属することとなった。とりわけ著名なのは国旗敬礼拒否事件であるが、そこにおいて、連邦最高裁は、宗教的、思想的少数者の権利自由を憲法論的に根拠づけ、格調高い判決でもって強く保障した。

　アメリカでは、第一次大戦中、州法あるいは教育委員会規則などによって、公立学校において、毎日の行事として国旗敬礼を行わなければならない旨の定めがつくられた。そして、次第に、国旗敬礼が強制されるようになり、拒否するものは退学処分という措置がとられた。この国旗敬礼の強制の合憲性を問題にしたのが、「エホバの証人」たちであり、偶像崇拝を厳しく禁じられており、その宗教的信念にもとづいて国旗敬礼を拒否し、かかる行為の強制を違憲であると主張した。

　連邦最高裁は、1940年のゴビティス事件で、国旗敬礼強制の合憲判決を下したが[10]、これについては多方面から厳しい批判が寄せられた。連邦最高裁は、1943年のバーネット事件判決において、再び、この問題を扱った。

　この事件は、1942年1月ウエスト・バージニア州でおこった。州教育委員会は、州法改正にもとづき、国旗敬礼と宣誓を公立学校の教育計画にくみ入れ、拒否するものにはそれ相応の処置をとる旨の決定を行った。「エホバの証人」であるバーネット家の子どもは、宗教的信念に基づき国旗への敬礼を拒否したところ、退学処分を命じられた。そこで父親が州法と教育委員会決定との執行停止を求めて出訴した。

　1943年、連邦最高裁は、バーネットの主張を容認した。合衆国憲法のもとで、

10　Board of Education of Minersvill School v. Gobitis, 310 U.S. 586（1940）。

州のかかる強制的な行為は、国家的統一を達成するために許される手段ではないとして、修正1条・14条に違反するとする。そして、「もしわれわれの憲法という星座の中に不動の星があるならば、それはいかなる地位の公務員でも、政治やナショナリズムや宗教その他思想に関することがらについて、何を正統とするかを決めることができないということであり、また、市民にことばや動作によって、それへの忠誠を誓うことを強制することはできないということである。……国旗への敬礼と宣誓を強制する地方当局の行為は、その権限を定めた憲法上の限界を超え、修正1条がすべての官憲の統制から守ろうとしている知性と精神の領域を侵すものである」[11]と結論している。信仰に基づく行為が政治社会の俗的規律に抵触する場合、世俗権力は、当該行為が同僚市民の基本的自由・人権を直接侵害するものでない限り、宗教の自由に基づく行為として尊重しなければならない。国旗敬礼拒否や良心的兵役拒否は、宗教の自由に基づく行為として最大限尊重されなければならないと考えられる。

しかし、この国旗敬礼拒否事件とは異なり、輸血拒否事件においては、人権と人権が交錯する（医師の良心と患者、親と子どもの人権の対立）ために、デリケートな問題を提起している。ここでは問題を単純化し、親の宗教の自由と子どもの成長発達権の対立という観点から考えてみたい。

3　宗教上の輸血拒否と子どもの人権

（1）患者の自己決定権

自己決定権について、「幸福追求権の基礎にある『個人の尊厳』の原理に照らせば、個人の人格に関わる権利としての自己決定の自由、つまり、自己の純然たる個人的なことがらは、他者の権利を害しない限りで、個人の自由な決定に委ねられ、他からの指示・命令・規則等に服さない権利が導き出される」[12]ことには異論がないとされている。

アメリカでは、カードーゾ裁判官がシュレンドルフ事件において述べた「成人に達し、健全な精神の人間であるならば、自分の体に対して、何がなされるべき

11　West Virginia State Board of Education v. Barnette, 319 U.S. 624, at 642（1943）。
12　戸波江二「丸刈り校則と自己決定の自由」法律時報1986年3月号93頁。

であるかを決定する権利をもつ」[13]という考え方が、患者の自己決定権を確立せしめるところとなったといわれる[14]。

自己決定権とは、自分の生き方は自分で決めるという権利であるが、「自分の望む生き方をする権利を認めるということのうちには、当然、そのような生き方ができないくらいなら死を選ぶということをも認めることが包摂される」[15]と考えられる。

成人の輸血拒否者は、医療側の判断に理解を示しつつも、やはり自らの生き方の選択をする（自らの生き方ができないなら死を選ぶ）権利をもっているのであり、医師の判断を優先させなければならない理由はないように思える。医師の判断からみて、いかに不合理と思われようとも、患者の意思を尊重しなければならない。医師が医学的配慮から勝手に輸血を行うことはできないのであって患者の同意を要する。先のケースにおいても、患者の自己決定権の考え方は受容されているといえる。

大分地裁決定は次のようなことを示唆している。患者が真摯な宗教上の信念に基づいて輸血拒否を行った場合、憲法の信教の自由に基づく行為として絶対的に尊重されなければならない。輸血を強制することは患者の信仰の自由を侵害する。輸血には医学上問題があり、輸血拒否はある程度の合理性を有するものであって、患者は他のあらゆる治療を受け、生命維持を強く願望しており、患者の輸血拒否行為は生命の尊厳に背馳する単なる自己破壊行為とは異なる。

この点、最近では「インフォームド・コンセント」という言葉がよく使われている。これは、患者が医師から十分な治療の説明を受け、患者がそれを理解し同意した上で医療行為を患者自身が選択するというものである。アメリカでは判例法理として確立しているといわれるが、問題はこれで終わらず、①患者に自己決定権があるとするなら、死期が近づいている患者にも自己決定権があり、それは「尊厳死」の問題になるのではないか、また、②たんに延命治療を拒むにとどまらず、積極的に薬物等をつかって死期を早めることができるのではないか、という問題に行き当たることになるのではないか、ということである[16]。

13　Schloendorff v. Society of New York Hospital, 211 N.Y.125, 105 N.E. 92 (1914)
14　山田卓生「私事と自己決定・病気と治療」法学セミナー1980年8月号86頁、佐藤幸治・樋口ほか共著『注釈日本国憲法上巻』（青林書院新社、1984年）306頁。
15　鈴木篤「輸血拒否死亡事件と患者の自己決定権」判例タイムズ555号（1985年）8頁参照。

66　補論1　宗教上の理由による輸血拒否

　最高裁平成12年2月29日判決は、信仰上の輸血拒否について、「患者が、輸血を受けることは自己の宗教上の信念に反するとして、輸血を伴う医療行為を拒否するとの明確な意思を有している場合、このような意思決定をする権利は、人格権の一内容として尊重されなければならない」（最判平成12・2・29判例時報1710号99頁）とする。「本件において、医師らが、患者の肝臓の腫瘍を摘出するために、医療水準に従った相当な手術をしようとすることは、人の生命及び健康を管理すべき業務に従事する者として当然のことであるということができる。しかし、患者が、輸血を受けることは自己の宗教上の信念に反するとして、輸血を伴う医療行為を拒否するとの明確な意思を有している場合、このような意思決定をする権利は、人格権の一内容として尊重されなければならない。そして、患者が、宗教上の信念からいかなる場合にも輸血を受けることは拒否するとの固い意思を有しており、輸血を伴わない手術を受けることができると期待して病院に入院したことを知っていたなど本件の事実関係の下では医師らは、手術の際に輸血以外には救命手段がない事態が生ずる可能性を否定し難いと判断した場合には、患者に対し、病院としてはそのような事態に至ったときには輸血するとの方針を採っていることを説明して、病院への入院を継続した上、医師らの下で本件手術を受けるか否かを患者自身の意思決定にゆだねるべきであったと解するのが相当である」としている。

　ただ、以上のことは、本人自らの意思の場合にいえることである。代諾の場合には同様に考えられるかは検討の余地がある。輸血を必要とする状況において、意識不明であって、患者本人の意思が明確でない場合が多々あり、代理人が本人の意思だからといって輸血を拒否した場合には問題が多い。さらに、先の川崎市のケースにおいては、「親の輸血拒否が、本人の意思だからというのではなく、親の信仰を理由としている点に問題がある。」「子供は『生きたい』と訴えたのに、親の信仰により輸血が受けられなかったとすると、自分の信仰のために子を犠牲にしたといえることになろう」[17]という疑問が生じる。

　また、大分の事例の場合、患者には3人の子どもがいたが、裁判所はこの点に

16　常本照樹・前掲62頁。
17　山田卓生「信仰上の輸血拒否と治療」ジュリスト843号（1985年）91頁。

ついて言及していない。しかし、未成年者の子どもがいる場合、あるいは、扶養
されている家族がいる場合、こうした人の精神的・経済的不利益を考慮しなくて
もよいのかという問題が生じるように思える。

（2）子どもの権利と親権

　子どもの医療措置について、いかなる医療形態を望むかは、親に選択権ないし
拒否権がある。しかし、それはあくまでも子どもの権利から照射されなければな
らない。

　親の権限が親の無制限の自由に任されるものでは決してない。「子供もまた、独
立の生命と人格の主体である。だが、子供は自分だけでは、自分の生命と自分の
人格を守ることができない。そこに親権が肯定される。」[18]すなわち、親権は子ど
もの生存権と人格権を守る目的のために与えられているのであり、この目的から
逸脱する親権の行使は厳しく規制されるであろう。親権者たる父や母には包括的
な代諾権があるとしても、「子の命の処分権」[19]などあろうはずはないからである。

　もし仮に、子どもが明白に「生きたい」と意思表示をして、輸血を要望したに
もかかわらず、親が信仰上の理由によらないで輸血を拒否した場合には、「保護
責任者遺棄罪（刑218条）、さらには、未必の故意による殺人罪の問題とさえなる
であろう」[20]とされている。

　それでは親の拒否が信仰を理由とした場合、「親の信仰を子におしつけたとは
必ずしもいえない。とくに『エホバの証人』は、子供のときから信仰を教え、布
教活動に子どもを参加させている。死亡した10歳の子供が信仰をもち、自らも輸
血を拒否していたのであれば、親の拒否は正しかったことになる」といえるであ
ろうか。かりに子どもが輸血拒否の意思を示すことがあったとしても、「知的に
未成熟で十分な批判的探究能力を有しない年齢層にある子ども」については、親
は子どもの生命権確保のための最善の努力をする義務があると考える。輸血が子
どもの生命維持のための最善の処置と認められる場合には、親の宗教上の信念に
もかかわらず医学上の判断に従うことが要請されるであろう。

　この点につき、アメリカ合衆国連邦最高裁は、1944年のPrince事件で、「親は

18　鈴木篤・前掲論文10頁。
19　植松正「輸血拒否による患者の死」時の法令1171号（1983年）36頁。
20　山田卓生・前掲注（17）論文89頁。

68 補論 1　宗教上の理由による輸血拒否

自ら殉教者となる自由を有するとしても、まだ十分な判断能力を持っていない子どもを殉教者にする自由まで認められていない」と述べている（Prince v. Massachusetts. 321U.S.158）。

　精神活動は成長・発達するものであって、知的に未成熟で十分な批判的探究能力を有しないがゆえに、輸血拒否の意思を示すことがあっても、将来、知的に成熟し批判的探究能力を具えた場合に、そのような信仰を放棄することは十分にありうることである。子どもが十分な自己決定を行いうるようになるまで、親は自己規制をする必要がある。「未成年者が何歳から人権享有主体としての成熟性を有するようになるかの問題は、とくに子どもの権利と親の権利との調整の場合に重要になってくる」ように思える[21]。

（3）子どもの人権享有主体性

　従来の学説において、基本的人権の享有主体の問題は、主に、天皇・皇族、外国人、法人との関係で論じられてきた。子どもとの関係ではあまり言及されてこなかった。これは子どもの人権享有主体性が当然のこととされていたからであり、「人権の主体としての人間の資格が、その年齢に無関係であるべきことは、いうもでもない」[22]からである。「基本的人権は、人間であるという自然的な事実に基づき人間らしい生活をするのに不可欠と認められる権利であるから、これを成年・未成年という年齢によって認めたり認めなかったりするのは矛盾である。とりわけ、思想・良心の自由、信教の自由、表現の自由といったような市民的自由は、年齢を問わずすべての人間に原則的に具わっている」[23]といえる。ただ、子どもは、「成人者に対しては許されないような基本的人権の制限を、甘受しなければならない場合もありうるが」、それは、憲法上明文で規定されている場合を除き、常に合理的理由を必要とし、また、子どもをまもるという目的によって根拠づける必要最小限度でなくてはならない。それゆえ、個々の人権の性質に従って、子どもの心身の健全な発達をはかるための必要最小限の制約が憲法上許容される。もっとも、「同じく未成年者といっても心身の成熟によって区分され

21　山田卓生・前掲注（17）論文89頁、「しかし、その際、10歳でそうした判断ができるだろうかという疑問は生じる」とされている。
22　宮沢俊義『憲法 II 新版』（有斐閣、1971年）246頁。
23　奥平康弘「基本的人権の主体と青少年」『条例研究叢書 7 巻』（学陽書房、1981年）101頁。

る年齢に応じて、いかなる人権の制約が許容されるかということを具体的に検討すること」[24]が必要になってくる。

子どもが人権を享有するためには、助力が必要な場合が多いが、一般に、この人権行使の助力者は親である。親の判断権と子どもの自己決定権が衝突する場合、一定の調整がなされなければならない。「いかに我子であっても、親は子供を自己の欲する鋳型にはめこむ権利はないのであって、特に思想・良心・世界観など内面的精神活動作用に関わる事柄については子供自身が能力がつき次第自分で判断し選択すべきものである」[25]。意思能力のある子どもは、原則的に、自己決定権を有するのであって、親の判断権に優位するといえよう。

ただ、もし、子どもがその信仰上の理由によって明確に輸血拒否の意思表示を行った場合を想定して、それでは、そのような自己決定を行いうる能力が、その成長過程でいつ形成されるのかという問題がある。このような微妙な問題については、心理学、教育科学等他の諸科学の成果を借りて画定していかなければならないであろう。輸血拒否が死に至らしめる場合の子どもの信仰の自由（自己決定）は、成熟性を有するまでは、そのかぎりで一定の制約に服さなければならないと考える。

（4）裁判所の関与

最後に、輸血拒否により子どもの生命が危険にさらされている場合、どのような法的救済手続が構想されるべきかという問題がある。

アメリカでは、手術をすれば明らかに助かるのに、両親が拒否しているために死亡の危険があるという場合、家庭裁判所の少年部門に連絡して、裁判官に事情を説明し、一時的親権を両親から医師に移す一時的裁判所命令を得て、この命令に基づき手術を行うとされている。そして、この根底にあるのは、アメリカに伝統的にある国が親の代わりをするという考え方で、親の子どもに関する判断も時には誤るもので、これに基づいて、親権を家庭裁判所が剥奪することができるという制度がつくられており、裁判所は、このような事例が24時間いつでも起こる可能性があり、救命のためには緊急に対応しなければならないため、時間外でも裁判官に連絡ができるようになっているといわれている[26]。

---

24 中村睦男「未成年者と基本的人権」『憲法30講』（青林書院、1984年）37頁。
25 伊藤公一「『親の教育権』の公法的考察」阪大法学92号31頁。

法制上の対応として検討するに値すると思われる。もっとも、そのような決定執行が、厳格な条件の下で、公権力の濫用にならないように最大の配慮がなされなければならないであろうが。なお、日本に導入されるには十分な議論が必要とされるであろう。

4 結 び

子どもは、親とは別の人格として、それぞれの個性に応じた成長発達する権利をもつ。そうであるがゆえに、親の任務は、一定の情操教育をほどこして環境を整えるとしても、基本的には、子どもの精神的営為が全面的に展開できるよう自由公正な条件を保つことを使命とすべきであって、その過程に偏異を加えることは許されず、一切を子どもの自主自発的な精神作用の営為にゆだねなければならない。その点、親には、子どもの精神活動を配慮した厳しい自己規制が必要とされるように思われる。

その結果、子どもがエホバの証人になろうが、カトリックになろうが、はたまたユダヤ教になろうが、あるいは、無神論者または不可知論者になろうが、それは親のあずかり知らぬことであろう。あくまでも基底にあるのは、子どもの生存権であり人格権であって、子どもの成長発達を配慮することをもって、親の最大の使命とすべきであろう。

ジョン・ロックの教会についての重要な指摘を引用して[27]、この章を終えることにする。教会とは人々の自発的な集まりであり、人々が神に受け容れられ、彼らの魂の救済に役だつと考えた仕方で神を公に礼拝するために、自発的に結びついたものである。それは自由で自発的な結社である。だれも生まれながらにある教会の一員であるのではない。もしそうなら、両親の宗教があたかも土地所有者と同じように相続権によって子供に伝えられ、すべての人が土地を保有するのと同じように信仰を持つことになろう。こんな馬鹿げた話があるだろうか。

---

26 平野岳毅「親権に裁判所の関与認めよ―『輸血拒否事件』繰り返さぬために」朝日新聞1985年6月18日。本事例を含めて、多角的な検討を行っている文献として、千葉華月＝横野恵＝永水裕子「親による治療拒否・医療ネグレクト」玉井真理子・永水裕子・横野恵編『子どもの医療と生命倫理―資料で読む―第2版』（法政大学出版会、2012年）165頁以下参照。

27 生松敬三訳「ロック・寛容についての書簡」前掲書357頁参照、傍線引用者。

補論2　日曜日授業と信教の自由
——キリスト教徒日曜日訴訟——

1　事　実
2　判　旨
　　（1）本件欠席記載の処分性について
　　（2）本件欠席記載の違法性について
　　（3）子どもらの授業を受ける権利の侵害について
3　研　究
　　（1）問題の所在
　　（2）信教の自由を制約する国家行為の違憲審査基準
　　（3）公教育の宗教的中立性の原則
4　むすび

　本章補論2ではキリスト教徒日曜日訴訟第1審東京地裁1986（昭和61）年3月20日判決を検討する（東京地判昭和61・3・20判例時報1185号67頁）。

1　事　実

　東京都江戸川区立A小学校は、1982（昭和57）年6月13日の日曜日の午前中に参観授業を実施した（公立小学校における授業日については、学校教育法施行規則47条に規定されており、原則として、国民の祝日、日曜日、夏季休暇等教育委員会が決める日以外の日を授業日と定めている。しかし、同条但書により「特別の必要がある場合」には、国民の祝日、日曜日にも授業ができる旨が定められている）。

　原告X1X2（当時A小学校の6年と4年の姉妹）は、当日、キリスト教の日曜教会学校に出席することを選び、日曜参観授業を欠席したために、X1X2の各指導要録に「欠席」と記載された。

　そこで、X1X2、および、その両親X3X4（父親X3は日本基督教団に属する教会の牧師、母親X4は副牧師）は、小学校長Y1、区Y2、都Y3に対して、本件日曜参観授業に出席を義務づけ、宗教上の理由から欠席した子どもに「欠席」記載という不利益を課すことは、信教の自由を侵害するとして、欠席記載の取消しと、精

72 補論2 日曜日授業と信教の自由

神的苦痛への損害賠償を求めて出訴した。Xらの主張は次の通りである。

（1）　キリスト教信仰に従って、子どもを日曜日の午前中の教会学校に出席さ
せた結果、日曜日参観授業に欠席したという不利益を受け、親の子に対する宗教
教育を受けさせる自由を侵害され、また、子どもは宗教教育を受ける自由を侵害
された。よって、教育行政当局である校長が、日曜日を授業日として決定したこ
と、及び、子どもに不利益な本件欠席記載をしたことは、憲20条1項に違反す
る。

（2）　国家行為と宗教的活動との衝突の場合の違憲審査基準としては、（a）　国
家行為の目的について、個人の信教の自由を侵害してもなお行わなければならな
いほどの高度の必要性があるかどうか、次に、（b）　右国家行為による侵害の性
質及び程度が問題となるが、この点について、より詳しくは、①国家行為により
個人が自己の信ずる宗教的義務に違反しなければならなくなった場合に侵害され
るであろう宗教上の利益の重要性の程度、②逆に、宗教上の義務に従ったがゆえ
に国家行為の命ずるところに従わなかった場合に生じる不利益の種類・程度、さ
らに、（c）　当該宗教行為が他の一般国民の法益に与える影響、（d）　国家行為
が高度の必要性に基づくものでも、さらに、それが同じ目的を達成するために代
替性のない唯一の手段方法であるか、もしくは容易に他の手段方法が見い出しえ
ない場合であるか、が検討されなければならない。

　本件では、（a）　日曜日授業に出席を義務づけることは、重大な公共的利益に
仕えるものではなく、教育条理上も十分な根拠と意義があるかどうか疑わしい。
（b）　日曜日の礼拝は、教会法として確立し、長い歴史を持つものであって、き
わめて重要なものである。（c）　本件授業の実施による原告の不利益は、単に宗
教教育の機会に対する微小な制限といえない。（d）　日曜日教会学校の実施およ
び参加は、他の国民の利益を侵害する性質のものではない。（e）　日曜日参観授
業の代替手段として、（ア）日曜日の午後に実施し、あるいは、国民の祝日のうち
一つを選択するという手段がある。また、（イ）仮に、日曜日午前中に実施すると
しても、出席義務を免除するという方法がある。

（3）　公教育の宗教的中立性の原則は、憲法上の政教分離原則と結びつくと
き、公教育の宗教教育に対する教育上の特別配慮義務が要請されることになり、
教会学校に出席したために授業に欠席した児童に対しては、その欠席が合理的な
理由に基づくものとして欠席扱いしないように配慮する義務として現われる。

2 判 旨

欠席記載の取消請求は却下。損害賠償請求は棄却。

（1）本件欠席記載の処分性について

「指導要録に出欠の記録をする目的及びその機能は、もっぱらその後に児童を担当する教師らのためにその児童の出欠状況についての情報を提供するためのものであることが認められる。そうすると、本件欠席記載は単なる事実行為であるにとどまり、これにより原告児童らの権利義務に直接法律上の影響を及ぼすことのないものであるといわざるをえない」。また、「本件欠席の記載が原告児童らのその後の学校及び社会における法律上、事実上の地位に具体的な不利益を及ぼすということも到底考えられないところである」。「よって、本件欠席記載は、抗告訴訟の対象となりうる行政処分には当たらないというべきであり、その取消しを求める訴えは不適法である」。

（2）本件欠席記載の違法性について

① 「公立小学校における授業日については、学校教育法施行規則47条に規定されており、原則として、国民の祝日、日曜日、夏期休暇等教育委員会が決める日以外の日を授業日とする旨定めている。しかし、同項但書において、特別の必要がある場合には、国民の祝日、日曜日にも授業ができる旨が定められている。したがって、公立学校においては日曜日に授業を行うことが全面的に禁止されているものでないことは明らかであるが、日曜日等に授業を行うには、『特別の必要がある場合』でなければならないから、本件授業が適法であるためにはこの特別の必要がある場合に当たることが主張、立証されなければならない」。

授業参観は、「今日の学校教育上、父母の学校教育に対する理解を深め、また、児童に対する教育効果を高める上で、十分な意義を有する教育活動」であり、また、「母親だけでなく父親と懇談し、父親の意見をも聴取することが学校側にとって特に貴重なものである」。

「そこで、この授業参観を日曜日に行う必要性について考察するのに、まず、授業参観は、児童の父母が実際の授業を見ることを必須の条件としていることか

ら、これを行う以上、現実に児童の父母がより多く参観に来ることができるような曜日に選定しなければならないといえる」。「そうすると、少なくとも会社員及び公務員等のいわゆるサラリーマン家庭については日曜日、国民の祝日等の休日には勤務を要しない可能性が高いから、日曜日は、この多数を占める家庭については父母双方あるいは少なくとも平日参観ができない父親も参観に来ることができる可能性が大きい日ということになる」。したがって、「本件授業参観の目的を達成するために必要かつ適切な措置であったということができる」。

② 「授業参観を日曜日に実施することは、……公教育として学校教育上十分な意義を有するものであり、かつ、法的な根拠に基づいているものであるから、これを実施するか否か、実施するとして午前、午後のいかなる時間帯に行うかは被告校長の学校管理運営上の裁量権の範囲内であるということができる。したがって、本件授業の実施とこれに出席しなかった原告児童らを欠席扱いにしたことが原告らに対して不法行為を構成する違法があるとすれば、それは、被告校長が右の裁量権の範囲を逸脱し、濫用した場合に限られることになる」。

「欠席記載が出席に対する消極的な評価であるという面では原告児童らにとって精神的な負担となり、その意味でならこれを不利益な措置あるいは扱いということができないではない」。しかし、欠席記載から、「さらに法律上あるいは社会生活上の処遇において何らかの不利益な効果が発生するとは認められない」。

「一般に、宗教教団がその宗教的活動として宗教教育の場を設け、集会をもつことは憲法に保障された自由であり、そのこと自体は国民の自由として公教育上も尊重されるべきことはいうまでもない。しかし、公教育をし、これを受けさせることもまた憲法が国家及び国民に対して要請するところであり、……その結果、公教育が実施される日時とある教団が信仰上の集会を行う日時とが重複し、競合する場合が生じることは、ひとり日曜日のみでなく、その他の曜日についても起こりうるものである」。

「しかし、宗教行為に参加する児童について公教育の授業日に出席することを免除する（欠席として扱うことをしない）ということでは、宗教、宗派ごとに右の重複・競合の日数が異なることから、結果的に、宗教上の理由によって個々の児童の授業日数に差異を生じることを容認することになって、公教育の宗教的中立性を保つ上で好ましいことではないのみならず、当該児童の公教育上の成果をそれだけ阻害し（もっとも、学業の点のみであれば、後日補習で補えないものではない）、

そのうえさらに、公教育が集団的教育として挙げるはずの成果をも損なうことにならざるをえず、公教育が失うところは少なくないものがあるといえる」。

「したがって、公教育の特別の必要性がある授業日の振替えの範囲内では、宗教教団の集会と抵触することになったとしても、法はこれを合理的根拠に基づくやむをえない制約として容認しているものと解すべきである」。「原告らの被る右の不利益は原告らにおいて受忍すべき範囲内にあるものと言わざるをえないのである」。

③ 「教育基本法9条1項は、宗教に関する寛容の態度と並べて宗教の社会生活における地位を教育上尊重すべきことを規定しているが」、「右規定は宗教的活動の自由に優先する地位を与えたり、その価値に順序づけようとするものではなく、政治的教養（その涵養に必要な活動を含む）の尊重（同法8条1項）をうたうのと同様の趣旨に出たものにほかならない。それゆえ、この規定から、日曜日の宗教教育が本件授業の実施に優先して尊重されなければならないものと根拠づける原告らの主張は採用できないものと言わなければならない。まして公教育の担当機関が、児童の出席の要否を決めるために、各宗教活動の教義上の重要性を判断して、これに価値の順序づけを与え、公教育に対する優先の度合を測るというようなことは公教育に要請される宗教的中立性（同法9条2項）に抵触することにもなりかねない」。

④ 「授業参観を日曜日の午後に実施することを原告らは代案として主張するが、およそ学校の授業が午前8時半から9時の間に開始されることは公知の事実であり、児童の心身の状態からみて一般的に午前に学習することが午後のそれに比べ優れている」。「また、午前中に授業に参観して、午後を父母と教師、校長との懇談や説明の場に当てるという授業参観の通例に鑑みても、平常どおり午前中に授業参観を行うことは強い合理性がある」。また、「国民の祝日をあえて授業日とすることは妥当性の点で疑問を生じる余地があることも否めない。しかも、新学年が開始して児童の学校生活もほぼ安定したといえる6月に授業参観日を設定することは」、授業参観の三つの目的「第一に児童の授業の実施の実際の場面を父母に参観してもらうこと、第二に参観授業の終了後に担当の教師と父母との間で、日頃の学習指導のみならず、生活指導あるいは家庭での生活の模様など児童の教育に関する諸般の問題について、懇談し、意見を交換する場を持つこと、第三に校長が学校経営（児童の教育を含む）の方針ないし考え方について父母に説明し、理解してもらうこと」に照らして適

切と考えられるところ、「同月には国民の祝日は存在しないから、本件授業の日を6月13日としたことになんら裁量権の逸脱はない」。

「以上本件授業の実施に伴い、原告らに一定の事実上の不利益が生ずることを認められるものの、本件授業は、法令上の根拠を有し、その実施の目的も正当であるところ、実際に当該年度に実施された日曜日授業の回数及び授業参観の目的を達成するためにとりうる代替措置の可能性の程度からみても、本件授業の実施に相当性が欠けるところはなく、被告校長の裁量権の行使に逸脱はない」。

(3) 子どもらの授業を受ける権利の侵害について

「本件授業は、法令に基づく適法かつ正規の授業であり、原告児童らがその主張のような理由で欠席したからといって、当該児童に補充授業をしなければならない法律上の根拠はない」。

3 研 究

(1) 問題の所在

日本における宗教的自由保障の特質は、個人の信仰の自由に加えて、政治と宗教との関係について、国家の非宗教性の原則を採用し、厳格な政教分離を要請している点にある（憲法20条・89条）。この宗教的自由保障条項は、信仰の自由と政教分離を内容とし、両者ともに人権保障条項であり、二つの異なる侵害形態からの保障である。すなわち、信仰の自由保障条項は「強制」による侵害からの保障であり、政教分離条項は「関与」による侵害からの保障である。

本件は前者に関係する事件であり、公教育の実施主体である公立の小学校が、ふつう休業日であるとされている日曜日に参観授業を行い出席を強制することは、キリスト教徒の信仰の自由を侵害するのではないか、もし、仮に、日曜日参観授業を行うにしても、信仰上の理由で欠席した子どもについて、欠席扱いをすることは許されないのではないか、が問われており、日曜日参観授業への出席義務とキリスト教の日曜日教会学校への出席義務との衝突、調整が問題となっている。

本件判旨の述べる理由は、確かに、詳細ではあるが、欠席記載の合憲性審査についての手法にはかなり問題があり[1]、結論に疑問がある。本稿では、(1) 信教

の自由を制約する国家行為の違憲審査基準、(2) 公教育の宗教的中立性と宗教教育に対する特別配慮義務との関連、という二点にしぼって検討してみよう。

信仰の自由の内容は、第一に、宗教的信仰の自由を意味する。信仰の自由とは、特定の宗教を信じる自由、沈黙する自由、宗教を信じない自由が含まれる。第二に、宗教上の行為の自由を意味する。礼拝、祈祷、祝典、儀式、行事など、宗教上の儀式を行い、これらに参加する自由、あるいはまた、それらを行わず、参加を強制されない自由を含む。第三に、宗教上の集会、結社の自由を意味する。信仰を同じくする者が、宗教活動のために集会したり、教会、教団など宗教上の団体を結成する自由をいう。第四に、宗教を布教する自由を意味する。自己の信ずる宗教を宣伝し、信者を獲得する自由、他の宗教を批判し、改宗をすすめる自由も含まれる。

憲法上、このような信仰の自由が保障されているが、その信ずる教義に基づいて、国法上義務づけられた行為その他の行為を行うことを拒否した場合、刑罰その他の不利益を科すことができるかという問題があり、信仰が外形的な表現となってあらわれるときには、市民法秩序との関係で一定の調整が必要な場合がでてくる。例えば、日本では、信仰の自由の保障の限界をめぐって争われたケースには次のようなものがある。

祈とう師（僧侶）が、精神異常者の平癒を祈願するため、線香護摩による加持祈とうを行い、その行為によって精神異常者を死に至らしめた。この祈とう師の行為が、憲法の保障する宗教的活動として認められるか否かにつき、最高裁は、精神異常者の平癒祈願のための加持祈とう行為が宗教行為としてなされたものであっても、他人の生命、身体等に危険を及ぼす違法な有形力の行使により被害者を死にいたらしめたときは、信仰の自由の保障の限界を逸脱したものであり、傷害致死罪が成立するとして、宗教活動が外部に表示される場合、一般市民法秩序に服するとしている[2]。

その後、教会牧師が、建造物侵入などの事件の犯人として追及されている高校生2名を教会内にかくまったとして、犯人蔵匿罪に問われた事件において、宗教者の宗教活動たる牧会活動と市民法秩序の抵触が問題になった。裁判所は、「外

1　人権制限の合憲性の審査を行政裁量の当否という枠の中で審査していく本判決の手法の問題性については、戸波江二「キリスト教徒日曜日訴訟」判例時報1206号155頁参照。

2　最大判38・5・15刑集17巻4号302頁。

面的行為である牧会活動が公共の福祉による制約を受ける場合でも、その制約が、結果的に、行為の実体である内面的信仰の自由を事実上侵すおそれがあるので、その制約は最大限に慎重な配慮を必要とし、具体的牧会活動が目的において相当な範囲にとどまったか否かは、それらが専ら自己に頼って来た個人の魂への配慮としてなされたものであるか否かによって決定され、その手段方法の相当性は、憲法上の要請を踏まえた上で、その行為の必要性と認められる学問上慣習上の諸条件を遵守し、かつ相当の範囲を越えなかったか否か、それらのためには法益の均衡、行為の緊急性及び補充性等の諸事情を比較検討することによって具体的総合的に判断すべきものである」[3]とし、本件牧師の行為は、形式上は刑罰法規にふれるとしても、それは少年の魂への配慮にでた行為であるから、「目的において相当な範囲にとどまったもの」であり、「全体として法秩序の理念に反するところがなく、正当な業務行為として罪とならない」とした。外部的行為が内面的信仰とかかわっている場合には、その制約には特別に慎重な配慮が必要とされる。

　かつて、高柳信一は、モルモン教徒の一夫多妻を行うことを否認したレイノルズ判決[4]と良心的兵役拒否を容認したシーガー判決[5]を、神に対する義務と国家に対する義務の衝突という観点の下に、アメリカ判例法理において、なぜ一夫多妻は否認され、良心的兵役拒否は容認されたかの判断要因、すなわち、(1)「国家に対する義務」の中味の問題、(2) 神に対する義務を優先させた場合、世俗社会としてその不履行を忍ばなければならない義務の性質、(3) 神への義務を優先させた場合、惹起せしめられる俗的義務の不履行の態様、(4) 神に対する義務の拘束度、を適示・検討し、信仰に基づく行為が政治社会の俗的規律に抵触する場合、世俗権力は当該行為が同僚市民の基本的自由・人権を直接侵害するものでない限り、宗教的自由に基づく行為として尊重しなければならないとされている[6]。

　アメリカ連邦最高裁は、キリスト教一派アーミッシュ派信徒の義務制高等教育拒否事件において、以上の理を確認して、「奇妙ないしとっぴではあるが、しか

3　神戸簡判昭50・2・20判例時報768号3頁。
4　Reynolds v. United States 98 U.S.145 ［1878］。
5　United States v. Seeger 380 U.S.163 ［1965］。
6　高柳信一「宗教の自由－神に対する義務と国家に対する義務との衝突」有倉遼吉教授還暦記念『体系・憲法判例研究Ⅱ』（日本評論社、1974年）135-144頁。

し、他人の権利利益を何ら妨害しない生活の営み方が、他人と異なっているということの故に、非とされるようなことがあってはならない」[7]と判示している。

本件事例も、以上のような信仰の自由と国家行為との衝突・調整の問題に属するといえる。

（2）信教の自由を制約する国家行為の違憲審査基準

本件は、日曜日授業という公的行為と希望する宗教的活動がたまたま時間的に重複するために、宗教的活動を選択すれば学校において「欠席」扱いとされ、他方、学校に出席すれば宗教的活動が否定されるというジレンマにおかれている事例である。しかし、この衝突は、良心的兵役拒否のごとく、神に対する義務と国家に対する義務とが直接かつ不可避的に対立・衝突している場合とは異なり、容易に調整可能なものである。その調整とは、一つは時間的に重複を避けるようにするか、あるいは、もう一つは、授業の出席を任意として「欠席」という不利益扱いをしないということである。

本件事例のような、国家行為と宗教的活動とが抵触する場合の違憲審査基準としては、アメリカ判例法理の基準を整理した原告主張の次のような立場が基本的に妥当であろう[8]。

（a）　国家行為の目的について、個人の信教の自由を侵害してもなお行わなければならないほどの高度の必要性があるかどうか。

（b）　右国家行為による侵害の性質及び程度が問題となるが、この点については、次の二つのテストに分けて考察することができる。

　　① 国家行為により個人が自己の信ずる宗教的義務に違反しなければならなくなった場合に侵害されるであろう宗教上の利益の重要性のテスト。

　　② 逆に、宗教上の義務に従った故に国家行為の命ずるところに従わなかった場合に生じる不利益の種類・程度のテスト。

（c）　当該宗教行為自体が他の一般国民にも与える影響を考慮すべきである。

（d）　国家行為が高度の必要性に基づくものでも、更にそれが同じ目的を達成

7　Wisconsin v. Yorder, 406 U.S. 205, at 224〔1972〕。
8　詳しくは、高柳信一「日曜日授業と宗教の自由」専修法学論集43号（1986年）202頁以下。

80　補論 2　日曜日授業と信教の自由

するために代替性のない唯一の手段方法であるか、もしくは容易には他の手段方法が見い出しえない場合であるかが検討されなければならない。

本件については、

（a）　教育行政当局が父母参観のために正規の授業時間外に特別の授業を実施することは正当な公共業務に属する。この特別授業の実施が休日に行われなければならない必要性については、父母の多くが給与生活者である都会地においては、父母が休日以外に休みを取ることは困難であるところからやむをえない。しかし、日曜日授業に出席を義務づけることは、それ自体重大な公共的利益に仕えるものでないことは一見明白であるばかりか、教育条理上も十分な根拠と意義があるかどうか疑わしい。

（b）　①キリスト教徒が日曜日ごとに教会に集まって礼拝し、子どもらに宗教教育を施すことは、教会法として確立し、長い歴史をもつものであり、原告所属の日本基督教団の教憲においても第一次的な信徒の義務とされている。

②日曜日授業を欠席して、教会学校に出席した場合に受ける不利益は、当該授業を受けられなかったばかりか、欠席として取り扱われるという行政上の処分まで加わる。原告の不利益は、単に宗教教育の機会に対する微小な制限に過ぎないということはできない。

（c）　日曜日における教会学校の実施及びこれへの参加は、何ら他の国民の利益を侵害する性質のものではない。

（d）　父母が出席しやすい休日に特別授業を行うことがやむをえないとしても、代替手段として、①日曜日の午後に実施し、あるいは、国民の祝日のうちの1つを選択するという手段がある。②仮に、日曜日の午前中に参観授業を実施するとしても、いわば見せるための授業であるから、正規のカリキュラムから切り放し、出席を免除するという方法がある。

本件の場合、原告の主張するように、宗教教育のための欠席にとどまらず、一定の合理的理由にもとづいて、欠席した場合、公教育法制とその運用において、欠席扱いしないことは十分に可能であり、現実にも多くのそのような扱いがなされている。

判決は、原告主張の違憲審査基準に直接対応した形で答えているわけではない

が、かなり詳細な検討を加え、日曜日午前中授業の違憲性を否定している。本判決の場合、(b)①の被侵害利益の大きさは他宗教との関連で薄められ、他方、②の不利益の程度は軽いと評価されたことが、合憲の結論を導いたとの指摘がなされている[9]。

　本件において、憲法適合性が問われているのは、授業参観そのものではなくて、その実施形態である。判決のいうように、授業参観は、学校教育上、父母の学校教育に対する理解を深め、子どもに対する教育効果を高める上で、十分な意義を有する教育活動であるといえるであろう。また、母親だけでなく父親と懇談し、父親の意見をも聴取することが学校側にとって貴重なものである、といえるであろう。しかし、授業参観の目的が正当であるとしても、それを是非とも正規の授業で日曜日に実施することには問題がある。

　公教育において、子どもの学習権に対応して、親の教育権の行使として、どのような授業が行われているのか、日曜日に限定されることなく、ある程度自由に参観できるシステムが考慮されてしかるべきであろう。日曜日に職業をもっている親は授業参観が困難なのであり、そのような親たちの利益が軽視されてよいものではない。そして、また、父親の意見を学校側に伝える、あるいは、学校側が父親の意見を聴取する方途は、日曜日でなくても、いくらでもありうるであろう。学校側の便宜から処理されていいかどうかは再考されなければならない。ただ、授業参観を行い、PTA会を開くという場合、多数が参加できる日が望ましいとはいえるであろうが、それは強制的なものであってはならない。

　日曜日に正規の授業を実施することに問題があり、本件のような場合には、出席を任意とすることが妥当である。子どもを日曜日授業に強制的に参加させて、正規の授業を行い出席を義務づけることには根本的な疑問がある。本件原告は、信仰の自由に基づいて日曜日教会学校を選択したために、普通教育を受ける権利を侵害され、さらに、加えて、欠席記載という不当な圧迫を受けたということである。このような不当な圧迫は原告らの信教の自由を侵害する。出欠の記録は、「進学・就職等の際の個人評価の資料として一定の社会的影響力をもち、あるいは広く個人の社会的評価や名誉感情とも関連するものであるから、欠席の扱いは慎重でなければなら」ず、また、欠席記載をしないことによって、「学校側の被

9　芹沢斉「宗教的理由による学校授業欠席の自由」法学教室77号判例セレクト12頁。

る直接の影響はほとんどなく、それにもかかわらず学校側が信教の自由を無視してよいとする理由は見出し難い」[10]といえる。

（3）公教育の宗教的中立性の原則

原告は、参観授業の実施自体については争っていない。そこで、参観授業と原告の信仰の自由が重複するとすれば、信教の自由を侵害しないような一定の調整が必要となる。

原告は、この調整を、公教育の宗教教育に対する教育上の特別配慮義務に見い出している。すなわち、国家が尊重する宗教教育は、公教育主体がこれを実施することは許されず、公教育の外において、親がその宗教的信条に従って行うという形になる。換言すれば、政教分離原則にあっては、宗教教育は厳密に公教育の対象から取り除かれ、これを親が公教育の外で公教育にあてられた時間を控除したわずかな時間を利用して行うことになる。この親の宗教教育に対して、公教育は、公教育法制上最大限の尊重をし、やむにやまれぬ重大な公益上の必要性に基づくものでないかぎり、これを侵害してはならない義務を負う。そして、この教育上の特別配慮義務は、日曜日を休日として既に法的に定めている日本において、公教育が、本来休業日である日曜日を授業日とした場合、日曜日午前中に開かれている礼拝と宗教教育のための教会学校に出席したために授業に欠席した児童に対しては、公教育法制とその運用において、欠席が合理的な理由に基づくものとして欠席扱いをしないように配慮する義務として現われる。

ところで、判決は、宗教教育に参加する子どもについて、公教育の授業日に出席を免除するということでは、宗教ごとに重複日数が異なるから、結果的に、宗教上の理由によって個々の子どもの授業日数に差異を生じることを容認することになって、公教育の宗教的中立性を保つ上で好ましくない。したがって、振替授業日と宗教活動が抵触しても、それは合理的な根拠に基づくやむをえない制約として容認している。また、教育基本法９条１項は、宗教的活動の自由に教育に優先する地位を与えるものではないし、まして、公教育担当機関が、各宗教活動の教義上の重要性を判断して、子どもの出席の要否を決めることは、公教育の宗教的中立性の要請（教育基本法９条２項）に抵触するとしている。

10　戸波江二・前掲論文157頁。

確かに、「宗教教団が宗教的活動として宗教教育の場を設け、集会をもつことは憲法に保障された自由」である。しかし、また、「公教育をし、これを受けさせることもまた憲法が国家及び国民に対して要請するところ」であるといえるであろう。そして、「その結果、公教育が実施される日時とある宗教教団が信仰上の集会を行う日時とが重複し、競合する場合が生じることは、ひとり日曜日のみでなく、その他の曜日についても起こりうる」と一般的にはいえるであろう。

そして、もし信教の自由を理由に出席免除を認めれば、特定の宗教を信じない人はこの免除の恩恵にあずかれないため、同じ個人的事情で欠席しても、宗教的理由による者のみ免除されることになり、これは一切の宗教を信じない人に差別的に作用しないか、という問題が生じる。また、さらに、宗教的理由での欠席を認め欠席扱いしないということになれば、学校としては根拠が本当に宗教であるかを確定せざるをえなくなり、このことは、学校、ひいては政府が「宗教」を定義することになって、この定義の過程で、政府は宗教と過度にかかわることにならないかという問題が生じ、信教の自由と政教分離原則の間の微妙な緊張関係をどう考えるか、検討が要求されるといえるであろう[11]。この点については、別途、慎重な考察にあたいすると思う。

しかし、本件に関して、原告は従来から、日曜日授業には問題があり、信教の自由等の人権を配慮した公教育の運営を行うよう要望していたにもかかわらず、学校側は、それに対して、問題を正面から受けとめて、誠実に対応することを怠り、また、判決も、本件に直接答えるという形ではなく、「ひとり日曜日のみでなくその他の曜日についても［重複・競合は］起こりうる」と問題を一般化して、公教育の授業日に出席することを免除するということでは、「宗教ごとに重複・競合の日数が異なるから、結果的に、宗教上の理由によって個々の授業日数に差異を生じることになって、公教育の宗教的中立性を保つ上で好ましいことではない」といっている。

原告が問題にしているのは、通常の授業において宗教上の理由から出席免除を要求しているのではない。本件で問題にされているのはまさに日曜日である。日曜日は学校教育から解放されて自由に使うことが予定されている日である。原告の場合には、従来から、その日を、宗教教育を行う日と予定しているのである。

11　松井茂記「日曜日授業参観事件」法学教室1986年8月号113頁参照。

84　補論 2　日曜日授業と信教の自由

そこへ公教育が勝手に割りこんできて子どもの出席を強制し、信教の自由に不当な圧迫を加えているのである。

　本件のような場合、学校が、子どもを欠席扱いとしなければ、宗教に対して利益を付与することになって、公教育上の宗教的中立性を保つうえで好ましくないとする議論は、本件に関するかぎりいきすぎであって、何ら政教分離原則には反しないと解される。そう解しないと、個人の信仰の自由保障条項と政教分離条項は、宗教的自由への保護において、パートナーとなるよりも、むしろ敵対的なものとなってしまうであろう。

4　むすび

　本判決は、教育上の配慮を欠いた学校運営の便宜主義・画一主義を正当化する疑問のある判決であると評価することができる。授業参観の目的は正当であるとしても、その実施形態については子どもの学習権に対応して、信教の自由、社会教育、家庭教育の教育効果等を考慮しつつ、憲法上の原則に抵触しない方法が考慮される必要があろう。

　本件は、新たな背景の下で、日曜日授業の強制そのものの合憲性の問題を提起しているように思える。すなわち、「本件の真の争点は、個人の私生活に充てることが予定されている日曜日に公教育機関の活動が侵入し、PTA 会への出席を確保するために、実際には教育効果の薄い参観授業を用意し、児童を強制参加させている点にある。こうした不当な強制から守られるべき児童の利益は、端的にいえば日曜日に学校から解放される自由である」[12]といえる。個人の私生活の平穏を脅かすような公的行為については慎重でなければならない。

12　江橋崇「憲法─概観と最重要判例紹介」法学セミナー1987年 3 月号26頁。

補論3　宗教上の人格権

1　はじめに
2　個人の信教の自由と団体の信教の自由
3　「宗教上の人格権」について
4　法準則の体系化

1　はじめに

　信教の自由に関する重要判例の１つである殉職自衛官合祀訴訟（最大判昭63・6・1民集42巻5号277頁、判例時報1277号34頁）[1]は、事案を個人と団体との信教の自由の対立の問題として解決した。最高裁多数意見は、私人相互間における信教の自由という観点から、団体の自由の前での個人の「寛容」を説くものとなっており、「思想・信仰や人格の自律という論議での、個人＝自然人と団体＝法人の対抗という、近代憲法史・憲法思想史上の大きな論点の無造作な取扱」が指摘される[2]。本件では、法人＝宗教団体によって、個人の「宗教上の人格権」が侵害されるという状況が生じている。今後、「宗教上の人格権」をいかに捉えるのか重要な課題となる。

2　個人の信教の自由と団体の信教の自由

　自衛官合祀違憲訴訟第1審判決[3]は、団体の信教の自由について、次のような判示をしていた。すなわち、県隊友会にも宗教的行為を行う自由がある。宗教上の人格権は、その性質上自然人の内面に淵源するものであるが、社団の社会的活

1　自衛隊と隊友会が共同して、護国神社に殉職自衛官の合祀を申請したところ、クリスチャンである妻が異を唱えて起こした訴訟。
2　樋口陽一「憲法学の責任？」法律時報1988年10月号144頁、同『自由と国家』（岩波新書、1989年）180頁。
3　山口地判昭54・3・22判例時報921号44頁。

86   補論 3   宗教上の人格権

動には、その構成員の宗教上の人格権を綜合的に社団として実現させる宗教行為と目すべきもののあることが明らかであり、隊友会の合祀申請行為[4]もこのような宗教的行為である。原告との関係では、「自由と自由との衝突」であり、亡夫との近親度ないし人間的密接度に従って両者に差等を設ける理由はなく、一方の行為が他方に対する制止強制にわたり、ないしは公序良俗に反する等の事情がない限り、その法的保護について順位を決すべき法的規準は見出し難い。

　原告の被侵害利益について、第 1 審判決は、憲法20条 1 項前段が保障する信教の自由は、13条を媒介として、私法上の人格権に属するといえると述べ、①人が自己もしくは親しい者の死について、他人から干渉を受けない静謐の中で宗教上の感情と思考を巡らせ、行為をなすことの利益は、右の宗教上の人格権の一内容としてとらえることができる、②配偶者の死を他人に干渉されることなく取り扱う利益も右の人格権と考えることができるとして、損害賠償の請求を認めた。

　この 1 審判決[5]が妻に容認した静謐な環境の下で信仰生活を送る利益＝宗教上の人格権は、プライバシー権に類するものとして、不可侵不可譲の一身専属的な人格法益であり、それ自身では他人の権利と積極的な抵触を来たすことのない性格のものであって、当然に内在的制約に服するものではない。この点、詳しくは次のように述べていた。

　①一般に人が自己もしくは親しい者の死について、他人から干渉を受けない静謐の中で宗教上の感情と思考を巡らせ、行為をなすことの利益を宗教上の人格権の一内容としてとらえることができると解される。人が自己の死に対してこのような人格権を有することは明らかであると考えられるが、他人の死に対してもこれを肯定しうるかは一応問題となる。しかし、人は現世において自己に最も近い者として配偶者と共同の生活を営み、精神生活を共同にするものであるから、配偶者の死に対しては自己の死に準ずる程の関心を抱くのは通常であり、従って他人に干渉されることなく故人を宗教的に取扱うことの利益も右にいう人格権と考えることが許されると解される。このことは、著作権法が著作者が死亡した後における著作者人格権等の侵害に対する差止請求権等を遺族に認め、かつ配偶者をその第一順位の者と定めていることによって正当であると考える。

4　合祀とは神社に幾柱かの霊を一緒に祀ること。

5　2 審判決（広島高判昭57・6・1 判例時報1046号 3 頁）は、隊友会の訴訟能力を認めず、隊友会に関わる部分は取り消されたが、国に対する関係では 1 審を容認して、原告の請求を認めている。

②もとより県護国神社はいうまでもなく、県隊友会も地連職員も原告に祭神としての亡夫を神道に従って礼拝するよう強制しているわけではない。しかしながら原告が自己の信ずるキリスト教により教会に通うなどして亡夫を記念し、その死の意味を探ろうとしているとき、他人によって勝手に亡夫を神社神道の祭神として祀られ、原告にも関係のあるものとして鎮座祭への参拝を希望され、更には事実に反して原告の篤志により神楽料が奉納されたとしてこれを原告に通知のうえ、永代に亘って命日祭を斎行されるに至ることは決して些細な事柄ではない。亡夫は県護国神社によって国家公共のために尽した者として祭神に祀られたのであるから、妻としてキリスト教信仰の立場から夫の死の意味を深めようとする原告にとって、静謐な宗教的環境のもとで信仰生活を送るべき法的利益－人格権－を妨げられた面のあることはこれを否定することはできない。

これに対して、団体の宗教的行為は、他人の権利と積極的な抵触を生ずる性格のものであり、団体の宗教の自由の享受は、個人の宗教の自由の否定ないし侵害において可能となっているのであって（プライバシー権の侵害・祭祀権の乱用）、一定の制約が内在していると考えなければならない。人の死について配偶者の立場は他人とは異なるものであるし、団体が故人との間に配偶者の持っていた「全人格的結合関係」を有するものでないとするなら、両者の間に法的保護の優劣をつけることは十分に可能である。

3　「宗教上の人格権」について

最高裁は、原告の法的利益の侵害の有無について次のように述べた。

（イ）「人が自己の信仰生活の静謐を他者の宗教上の行為によって害されたとし、そのことに不快の感情を持ち、……かかる宗教上の感情を被侵害利益として、直らに損害賠償を請求し、又は差止めを請求するなどの法的救済を求めることができるとするならば、かえって相手方の信教の自由を妨げる結果となる」。

（ロ）「信教の自由の保障は、何人も自己の信仰と相容れない信仰をもつ者の信仰に基づく行為に対して、それが強制や不利益の付与を伴うことにより自己の信教の自由を妨害するものでない限り寛容であることを要請している」。

（ハ）「原審が宗教上の人格権であるとする静謐な宗教的環境の下で信仰生活を送るべき利益なるものは、これを直ちに法的利益として認めることはができない」。

　最高裁多数意見は、以上のように、被侵害利益として原告の「宗教上の人格権」を基本的に否定しており疑問である。これに対して、伊藤正己裁判官の反対意見は次のように述べる。(イ)問題は、「原判示の『静謐な環境のもとで信仰生活を送る利益』が被侵害利益となりうるかどうかということになる」。(ロ)「現代社会において、他者から自己の欲しない刺激によって心を乱されない利益、いわば心の静謐の利益もまた、不法行為法上、被侵害利益となりうるものと認めてよい」。「この利益が宗教上の領域において認められるとき、……これを憲法13条によって基礎づけることもできなくはない」。「少なくとも、そのような宗教上の心の静謐を不法行為法上の法的利益として認めれば足りる」。(ハ)本件合祀によって、「宗教上の心の静穏を乱されるものであり、法的利益の侵害があったものと」いわねばならない。

　伊藤裁判官のこのような考え方は基本的に妥当であろう。さらに、坂上壽夫裁判官は、宗教上の人格権を「近親者の優先的慰霊の宗教的人格権」として展開されている。「何人も、死去した近親者の追慕、慰霊等については、それが誰によって行われる場合であっても、自己の意思に反しない宗教的方法によってのみ行われることにより、その信仰に関する心の静謐を保持する法的利益を有すると解するのが相当であり、これは宗教上の人格権の一内容ということができる」。

　泉德治元最高裁裁判官も同様な理解をしている。最高裁は、「原審が宗教上の人格権であるとする静謐な宗教的環境の下で信仰生活を送るべき利益なるものは、これを直ちに法的利益として認めることができない性質のものである」としたが、「現代社会において、他者から自己の欲しない刺激によって心を乱されない利益、いわば心の静謐の利益もまた、不法行為法上、被侵害利益となりうるものと認めてよい」とする伊藤正己反対意見の方が説得性を有する。妻の主張する権利を「宗教上の人格権」等と抽象化して法的利益とは認められないとする手法は問題である。妻は、キリスト教徒であるところ、自衛官として殉職した亡夫の遺骨をキリスト教会の納骨堂に納め、毎年同教会の永眠者記念礼拝に出席し、日曜日には教会で礼拝し、亡夫の死の意味を求め、追悼し、キリスト教の信仰を心

のよりどころとして生活している。神社は、自衛隊地方連絡部職員等による合祀申請を受け、亡夫を祭神として合祀する鎮座祭を斎行し、永代にわたって奉斎するとともに公衆礼拝の対象としている。妻が合祀により侵害されたと主張している利益は、キリスト教徒である妻が他の宗教団体の宗教的行為に干渉されることなくキリスト教信仰の立場から亡夫の死の意味を深めて信仰生活を送るべき利益である。このような利益は、「一般人の目」には映りにくいとしても、法的に保護されるべき利益である[6]という。

　合祀される故人の生前の意思が尊重されるべきことはもちろん、故人の近親者の意向が尊重されなければならない。例えば、神社がある故人を勝手に合祀する場合に、神社の全面的自由を認めることは妥当ではない[7]。また、坂上裁判官の宗教上の人格権の理解を、「近親者の優先的慰霊の宗教的人格権」と捉える理解の仕方によると、侵害行為の違法性の確認が容易となり、救済の必要性やその方法が明らかになる。「近親者の優先的慰霊の宗教的人格権」が被侵害利益たりうるということは、他方で、近親者以外の第三者が故人を慰霊するに際して、一定の制約があることを意味する。

　第三者が故人を慰霊する場合には、原則として、近親者の了解を得ることが必要であり、了解なくして故人を慰霊した場合には、「近親者の優先的慰霊の人格権」を侵害したと認定されてもやむをえない。

　このことは護国神社の合祀行為にも妥当する。また、会社・法人の場合も同様である。特定の個人の慰霊行為を行うに当たり、原則として、近親者の了解を得ることが必要である。信教の自由の保障は、近親者の反対を無視してなされる慰霊行為まで正当化するものではなく[8]、差止めが認められるということになる。団体・法人の信教の自由が個人の信教の自由と対抗関係に立つ場合には、他者の宗教上の人格権を配慮した寛容が必要とされる[9]。

6　泉徳治「法曹実務にとっての近代立憲主義―政教分離　最高裁判例を読み直す　」判例時報平成28年5月11日号、2287号15頁。

7　戸波江二「信教の自由と『宗教上の人格権』」法律のひろば1988年9月号30頁、反対説として、佐藤功・法学セミナー294号44頁。

8　星野英一は、「亡夫をその意思に反する宗教的方法で慰霊されないこと」「祭神として祀られないこと」の利益を法的利益として認めることは十分可能であるとする（星野英一「自衛官合祀訴訟の民法上の諸問題」法学教室1989年9月号19頁）。

90　補論 3　宗教上の人格権

4　法準則の体系化

　私人相互間における人権保障という問題について、間接適用説の立場に立つ多くが個別的アプローチをとってきた。例えば、「個々の事件の解決をはかるためには、それぞれの私的関係の特殊性に応じて許容しうる人権規定相対化の程度ないし範囲をケース・バイ・ケースに明らかにし、権利の性質および事案の具体的事情を踏まえたうえで、個別的に妥当な解決を見出してゆかなければならないのである。したがって、国家権力による人権侵害の場合と異なる特別の考慮をはらうことが要求され、事件によっては、きわめて微妙な利益の衡量を迫られることになる」[10]。

　三菱樹脂事件（最大判昭和48・12・12）において、個人たる労働者の思想・信条よりも企業の雇用の自由を優先させ、八幡製鉄献金事件（最大判昭和45・6・24）においても、個人たる株主の政治的信条よりも会社の政治的行為を優先させた。自衛官合祀違憲訴訟も個人の信教の自由よりも団体の信教の自由を優先させている。

　私人相互の問題であれば、どちらの権利を重視するかという一種の利益較量ぬきに当然に憲法違反であるという結論を帰結するわけにはいかず、侵害される人権との関係において侵害する側の自由が制約されるものかどうか、また、どこまで制約すべきなのかという判断に帰着することになるが[11]、個別的アプローチについては、「何らの基準も立てずにすべてを個別化し去ってしまうことは、学説の任務をつくすゆえんではないのみならず、究極的には裁判官の裁量の余地を広範にすぎるものにしてしまう」危険性が大きい。裁判官が問題解決を行う際に、いかなる人権が、いかなる私人間の関係に、いかなる程度で及ぶべきなのかという法準則を体系化することが必要となる。

　この問題について、有倉遼吉は、異種の人権間の問題と、同種の人権間の衝突の場合とを区別して考えるのが便宜であるとし、異種の人権間の場合には、一方の人権の優越的地位を認めるべきで、内心の自由などの精神的自由は、絶対的な

9　なお、個人と個人、あるいは近親者内部の信仰の衝突については、戸波・前掲40頁。

10　芦部信喜「私人間における人権保障」憲法Ⅱ人権(1)（有斐閣、1978年）85頁。

11　浦部法穂『憲法学教室 1』（日本評論社、1988年）77頁。

ものであり、国家権力によってはもとより、私人間においても理由のいかんを問わず侵害されない。これらの自由は民主政治の基礎であることより前に、人間の尊厳を示すものとして、個人尊重（憲法13条）の中心に位置するものである。表現の自由は、民主政治の根幹をなすものであるから、他の人権に対し相対的優位を占めるべきものである。社会権は、資本主義の弊害から社会的弱者を護るため、経済的自由を制限するためのものであるから、両者の衝突の場合には、原則として社会権が優越する。同種の自由・権利の衝突の場合には、両者が社会的・経済的に対等の立場にあるかどうかを基準として決すべきであろうとする[12]。

　殉職自衛官合祀事件の場合や、あるいは神社が勝手に合祀する場合などにおいては、個人の信教の自由と団体の信教の自由という同種の人権が対立しているのであり、対等な立場にあるというようなものではなく、団体が個人よりも強い立場に立っているのである。このような優劣の状況は、個人の宗教上の人格権の侵害行為の違法性を判断する際に、十分に考慮されなければならないのである[13]。個人の信教の自由が団体の信教の自由よりも優越すると考えるのが妥当である。

12　有倉遼吉「精神的自由権と私人相互関係」法学セミナー増刊『思想・信仰と現代』（1977年）86頁。
13　戸波・前掲37頁。

第2章　政教分離

1　政教分離の意義
2　政教分離の規範内容
　（1）政教分離の保障
　（2）日本における政教分離の判例
3　政教分離と違憲審査基準—目的効果論について—

1　政教分離の意義

　信教の自由を反面から保障するものとして政教分離がある。信教の自由と政教分離は同一のコインの裏表の関係にある。憲法20条は、①「いかなる宗教団体も、国から特権を受け、又は政治上の権力を行使してはならない」（1項後段）、②「何人も、宗教上の行為、祝典、儀式又は行事に参加することを強制されない」（2項）、③「国及びその機関は、宗教教育その他いかなる宗教的活動もしてはならない」（3項）と定め、さらに89条で④「公金その他の公の財産は、宗教上の組織若しくは団体の使用、便益若しくは維持のため、…これを支出し、又はその利用に供してはならない」と財政面から保障している。国家と宗教を明確に分離する考え方は、1791年アメリカ合衆国憲法修正1条にみられるが、日本国憲法も、このアメリカの政教分離の考え方によっているといえる。

　　「連邦議会は、国教の樹立を規定し、もしくは信教上の自由な行為を禁止する法律を制
　　定することはできない」[1]。"Congress shall make no law respecting establishment of
　　religion, or prohibiting the free exercise thereof.…"

　J・マディソンは、国家と宗教の分離について、宗教（団体）はその信奉する宗教的価値を政治的権力の力をかりて実現しようとしてはならず、また、国家は、特定の、あるいはすべての宗教とかかわることによって、特定の宗教を優遇し、

1　宮沢俊義編『世界憲法集第4版』（岩波文庫、1983年）。

94　第2章　政教分離

あるいはすべての宗教を無宗教に対して優遇してはならず、国家と宗教との間に、分離の壁が築かれるべきものとする[2]。この「国家と宗教との高い分離の壁」は、（1）　国家の干渉が宗教を汚染し腐敗させ、（2）　国家の宗教への関わりが国家を腐敗させ、（3）　宗教も国家も両者の融合あるいは結合によって汚され、腐蝕されるか、そのいずれかになることを警告するからであると考えられた[3]。

　また、マディソンは200年も前に、政教分離の原則の確立のための闘いが往々僅少のお金をめぐる争いの形をとりやすいことについて、次のように述べている。「市民に対して、わずか3ペンスであれ、なんらかある宗教の支持のために醸出することを強制することのできるその同じ権力は、市民を他のどんな宗教に対しても、あらゆる場合に順応するよう強制することができることになろう」[4]。つまり、アメリカ合衆国憲法の国教禁止条項（Nonestablishment Clause）の起草者たちの心配したことは、政府の課税権、財政支出権が特定の宗教または宗教一般の支持のために使われることであった。

　日本国憲法の政教分離の規定は、明治憲法下での歴史に対する反省としてとくに規定されたものである。その意味で、日本での歴史的背景を無視しては理解しえない規定であることをおさえることが必要である。この点、藤井俊夫が的確に指摘するように、「明治憲法下での国家神道の問題点は、国が国民に対して神道の信仰を強制することにあったのではなく、むしろ、国が神権天皇制とか軍国主義など国民への精神的な浸透をはからせるという政治的世俗的目的のために、神社を利用しようとしたことにあるという点に注意すべきである」。

　また、今日では「この政教分離原則がさまざまな形で崩され、あるいは緩和されつつあるが、裁判所の判決によるそのような事実の正当化根拠の一つが『世俗的目的』にあることは、その意味で問題とされなければならない。もともと、明治憲法下での国家神道に対する反省の意義が、国による信教の強制への反省であ

2　高柳信一＝大浜啓吉「［信教の自由］憲法20条」有倉遼吉・小林孝輔編『基本法コンメンタール［第3版］憲法』（日本評論社、1986年）84頁。

3　デイヴィッド・M・オブライエン『政教分離の憲法政治学』大越康夫補著・訳（晃洋書房、1999年）8頁。

4　宮田光雄＝高柳信一＝小池健治「精神的自由と政教分離―津地鎮祭違憲判決をめぐって―」法学セミナー1971年8月号（187号）32頁。近代立憲主義における租税の意義については、片上孝洋『近代立憲主義による租税理論の再考』（成文堂、2014年）参照。

るよりは、むしろ国による政治的世俗的目的のための宗教（とくに神社）の利用に対する反省であったということを考慮すれば、この『世俗的目的』論というのはそもそも国家と宗教（とくに神社）とのかかわり合いを正当化するための根拠とはなりえず、むしろまさに最も警戒されるべきことがらであるといわなければならない」ものである[5]（下線筆者）。日本国憲法下での政教分離を理解する際、この点が注意されなければならないといえる。樋口陽一も同旨の指摘を行っている。日本国憲法の政教分離原則は、もともと、戦争遂行と「士気の高揚」という「目的」のために国家神道が動員されたような事態を否定するためにこそ、制定されたはずであった、と[6]。

　それでは政教分離の目的は何であろうか。これについては、公立学校の教室における祈りを違憲としたエンゲル事件判決で（Engel v. Vitale, 370 U.S. 421, 1962）、多数意見を書いたブラック裁判官が次のごとくきわめて適切に説いているとおりである。「政府の権力、威信および財政上の支持が、特定の宗教上の信仰の背後におかれている場合には、宗教上の少数者に対して、そのような公の支持を得た主流的宗教に従うようにという間接的な圧迫を受けることになることは明白である。しかし、国教定立禁止条項の目的はそれにとどまるものではなく、より以上のものをめざしている。その第一の、最も重大な目的は、政府と宗教の結合は、政府を破壊し、宗教を堕落させがちであるという信念に基礎をおいている」。

　それでは、政教が癒着すると政府が破壊されるとはどういうことであろうか。これについては高柳信一がつとに指摘し、宮田光雄も確認している次のようなことを意味する[7]。

　政治が本来やるべき課題を怠けさせるという問題である。政治の任務はロックのいい方では「人の生命、自由、健康、安全という物的幸福の達成」ということである。そういう人間の外的条件を、より豊かに整えていくという政治の課題がなおざりにされて、宗教をその穴埋めの正当化に使うということは、政治にとっては非常に大きな誘惑である。権力はむしろ政治の固有の課題を、政治独自の手段と方法によって合理的に解決していかねばならない。そうした固有責任を自覚

5　藤井俊夫『憲法と人権Ⅱ』（成文堂、2008年）20頁。
6　樋口陽一『国法学―人権原論』（有斐閣、2004年）153頁。
7　高柳信一「政教分離の原則」奥平康弘編『自由権・文献選集日本国憲法6』（三省堂、1977年）、宮田光雄「精神的自由と政教分離」法学セミナー1971年8月号34頁。

96 第2章 政教分離

してこそ政治は健全になるのであって、そういう課題をなおざりにして、非合理的な宗教なりイデオロギーによって正当化してくると、権力の腐敗堕落に通じてくるわけである。そういう意味で、宗教と国家というものにはっきりしたけじめをつけるということが、政治がほんとうに健全になるための前提条件であるということである。

　政教分離には、狭義の信教の自由に収斂されない独自の意義が存在する。政教結合による間接的な強制的圧力からの自由こそが、狭義の信教の自由に加えて政教分離によって保障されている。したがって、政教分離条項は、狭義の信教の自由を前提としながら、新しい宗教の自由保障範囲を画定しているのである。その場合、狭義の信教の自由の侵害については、〈強制〉の要素の立証が必要となるが、政教分離の侵害には強制の要素は必要とされない（Engel v. Vitale, 370 U.S. 421, at430, 1962; School district of Abington Township V. Shempp, 374 U.S. 203, at 223, 1963）。信仰の自由条項は強制による侵害からの保障であり、政教分離条項は国家的関与による侵害からの保障である。どのような場合に宗教的自由の侵害があったとみるべきであろうか。これについては、（1）　信仰及び宗教実践の自由の侵害になる場合と、（2）　政教分離原則の侵害になる場合とで、一つの大きな違いがあるということに注意しなければならない。

　前者の信教の自由の侵害が成り立つためには〈強制の要素〉の存在が必要であるが、後者の政教分離原則の侵害が成り立つためには〈強制の要素〉の存否は関係がないということになる。なぜ強制の要素の存否が問題にならないのか。それは政教分離の趣旨からいって当然で、「国家と宗教との結合という事実そのものが、内面的自発性の尊重（voluntarism）という近代人の良心の自由の基礎を危うくし、そのことによって国家権力のよって立つ道義的基礎を破壊する」[8]からである。

　それでは政教分離によって、具体的にはどのようなことが禁止されることになるのであろうか。これについてはアメリカの憲法判例が参考になる。これらの判例において、憲法の条文の文言をこまかく解釈して結論をだすというようなものではなく、政教分離の大原則に立ち返って、それから具体的結論を引き出すということを行っている。その結論は、日本国憲法の政教分離原則についても、ほぼそのまま妥当するといってよい。

8　高柳信一・前掲「政教分離の原則」70頁。

Everson v. Board of Education, 330 U.S. 1. 1947 によりながら、政教分離の原則に関する諸判例の帰結として、次のことが示唆される[9]。

1　政府は教会を設立することはできない。

2　政府は一宗教あるいはすべての宗教を援助し、または一宗教を他の宗教より優遇する法律を制定できない。

3　政府は、個人に対し、その意思に反して、教会に行くように、あるいは教会に行かないように強制し、または影響力を行使することはできない。

4　政府は、個人に対して、どのような宗教を信じているのか、あるいは信じていないのか、告白することを強制してはならない。何人も、信仰あるいは不信仰の告白を理由として処罰されることはない。何人も、教会に行くこと、あるいは行かないことを理由として処罰されることはない。

5　いかなる宗教上の活動または組織（religious activities or institutions）であれ、それらが何とよばれようとも、またそれらが宗教を教え実践するについていかなる形をとろうとも、これを援助するようななんらの租税も、また、それがいかなる額であれ徴収されてはならない（no tax in any amount can be levied）。

6　政府は、公然とあるいは秘密裡に、いかなる宗教結社または宗教団体の業務（affairs）に関係（participate）してはならない。また、逆も同様である。つまり宗教結社ないし宗教団体は政府の業務に関係してはならない。

2　政教分離の規範内容

（1）政教分離の保障

政教分離の保障に含まれる主たる事項は、次のようなものである。

9　高柳信一・前掲71頁、このエバーソン判決で合衆国最高裁は連邦政府、州・地方政府に対する制約として修正1条の国教禁止条項を適用した。ブラック判事が多数意見を記し、「分離の高い壁」の隠喩を憲法にまで高めた。ただ本件での子どもの私立教区学校にバス通学させる費用を政府が親に償還することを「教会ではなく親への補助金」として支持した。この見解では厳格分離は宗教に対する国の「好意的中立」を排除する必要はないことになる。これにはヴィンソン長官、ダグラス、マーフイ、リード判事が同意。反対意見はフランクファーター、バートン、ジャクソン、ラトレッジ判事であり、「高い分離の壁」の原則が「厳格な中立性」という絶対的分離を要求すると主張した（オブライエン・前掲書68頁参照）。

（ア） 宗教団体に対する特権付与の禁止

　国家が特定の宗教団体に特権を与える極端な場合が国教の定立であるが、この国教定立を禁止し、また、そこまでにいたらない特権の付与もすべて禁止される。

　これについて問題となるのは、再三にわたり国会に提出された「靖国神社国営化法案」である。戦没者の霊を祀る靖国神社について、それを宗教法人のあつかいからはずし、国家管理に移すことを目的とする。これは「神社は宗教にあらず」という命題の復活であるが、霊を祀ることが特定の宗教すなわち靖国神社と結びつき、神社神道の儀式、行事でもって行われ、それが国営化されることは特権の付与であり、政教分離に反する。

（イ） 宗教団体の「政治上の権力」行使の禁止

　いかなる宗教団体も「政治上の権力」を行使することは禁止される。「政治上の権力」とは、「現在は国又は地方公共団体に独占されている統治権力」を意味する。立法権・課税権などの統治権力のことをいう。政治活動そのものではない[10]。

（ウ） 国及びその機関の宗教活動の禁止

　国、地方公共団体、公法人などは、宗教教育その他のいかなる宗教的活動もしてはならない。(改正前) 教育基本法15条2項は、「国及び地方公共団体が設置する学校は、特定の宗教のための宗教教育その他宗教的活動をしてはならない」と規定していた。しかし、国公立の学校において、宗教を純学問的に研究・教授すること、及び、私立学校が宗教教育を行うこと等は禁止されるものではない。

　今日、内閣総理大臣などが靖国神社、伊勢神宮へ参拝することが慣行化しているが、公の資格でこれを行う場合は憲法に抵触する。

（エ） 宗教団体に対する公金支出・公財産利用供与の禁止

　憲法89条は、「宗教上の組織若しくは団体」に対する公金の支出、財産の使用を禁止している。財政面から政教分離を保障している。

10　芦部信喜（高橋和之補訂）『憲法［第6版］』（岩波書店、2015年）160頁。

（2）日本における政教分離の判例

　国及びその機関の宗教的活動として今日（2017年）までに問題となったものには、次のような事例がある。ここでは主たる判例を瞥見しておく。

（ア）津地鎮祭訴訟

　三重県津市が市体育館の起工に際し、神社神道による地鎮祭を行い、この費用が市の公金から支出されたことが憲法20条・89条に違反するとして争われた。

　第１審判決は、地鎮祭を習俗的行為として合憲としたが（津地判昭和42・3・16判例時報483号28頁）、控訴審判決は、神社神道は宗教に該当するかどうか、宗教的活動と習俗的活動との区別の基準は何かについて本格的に考究し、①当該行為の主宰者が宗教家かどうか、②当該行為の順序作法が宗教界で定められたものかどうか、③当該行為が一般人に違和感なく受け入れられるほどに普遍性を有するかどうかを挙げ、本件地鎮祭は、神社神道固有の宗教儀式であるから、「宗教的活動」に当たり、政教分離に違反するとした（名古屋高判昭和46・5・14行裁例集22巻5号680頁）。なお、この高裁判決の意義は、基本的人権をめぐっての政教分離の問題について、「少数者の権利の確保が、個人の尊厳を基調とする人権規定の根底にあり」、「人権に関することがらを、大部分の人の意識に合致するからといった、多数決で処理するような考え方は許されるはずがない」ときわめて重要な指摘をしている。

　これに対し、最高裁は、禁止された宗教活動とは、当該行為の目的が宗教的意義をもち、その効果が宗教に対する援助、助長、促進、又は他の宗教に圧迫、干渉を加えるものを指し、地鎮祭は宗教的活動にあたらないとした（最大判昭和52・7・13民集31巻4号533頁）。

（イ）殉職自衛官合祀拒否訴訟

　本件は、山口県の隊友会が、自衛隊の積極的な協力の下で、殉職自衛官の霊を、妻の意思に反して県護国神社に合祀申請をしたところ、妻から、憲法20条3項に違反する合祀申請の取消しと宗教的人格権にもとづく慰謝料請求の訴訟が提起された。

　下級審判決は、本件合祀申請は県隊友会と自衛隊との共同行為であると認定し、合祀申請は宗教的意義を有し、かつ県護国神社を援助する行為であるので、宗教的活動にあたるとして、損害賠償請求を認めた。しかし、合祀申請の取消し

100　第2章　政教分離

については、県隊友会が県護国神社に合祀申請の撤回を意思表示している以上、同神社が合祀を辞めないとしても、県隊友会は自ら行うべきことを果し終えたといえるので、合祀申請手続きの取消請求には理由がないとした（山口地判昭和54・3・22判例時報921号44頁）。

　最高裁は、本件合祀申請を県隊友会の単独行為であるとして、下級審の認定をくつがえし、津地鎮祭事件最高裁判決の目的・効果基準を自衛隊職員の行為に適用して、政教分離違反ではないとした（最大判昭和63・6・1判例時報1227号34頁）。

（ウ）　大阪地蔵像訴訟

　大阪地蔵像訴訟とは、次のような事件である（最判平成4・11・16判例時報1441号57頁参照）。大阪市は、市営住宅の建て替えに際して、地元の二つの町会から、市営住宅の敷地内に地蔵像を建立し、また、付近の市有地内に建立されていた地蔵像を市有地に移設することを認めて欲しいとの要望を受けた。市は、市営住宅の立替事業を円滑に進めるとともに、地域住民の融和の促進を図るためにも、この要望を受け入れることを得策と考え、各町会に対して、町会の建立し、あるいは移設する各地蔵像の敷地として、市有地を無償で使用させるに至った。これに対して、大阪市の住民である原告らが、以上の行為が憲法20条3項、89条に違反するとして、地方自治法242条の2により住民訴訟を提起したものである。この最高裁判決は、津地鎮祭事件最高裁判決、殉職自衛官合祀事件最高裁判決の目的・効果基準を適用して合憲とした。

（エ）箕面（みのお）忠魂碑・慰霊祭・補助金訴訟

　イ　箕面忠魂碑事件では、市が忠魂碑の敷地として公有地を貸与し、その移設に公金を支出したことが政教分離に違反するとして住民訴訟が提起された。第1審判決は目的・効果基準を適用して、本件使用貸借や本件移転は憲法20条3項、89条に違反するとした（大阪地判昭和57・3・24判例時報1237号3頁）。しかし、控訴審は違憲の主張をしりぞけた（大阪高判昭和62・7・16判例時報1237号3頁）。

　ロ　箕面市慰霊祭事件では、忠魂碑前での慰霊祭に市教育長らが参列したことの政教分離違反が問われた。第1審判決は、戦没者慰霊祭を宗教的行事と認定し、それに公務として参列することはできないから、参列行為に要した時間分の給与を不当利得として市に返還すべきであるとした（大阪地判昭和58・3・1判例

時報1068号27頁）。

　上記、イ、ロの事件を審理した最高裁は、忠魂碑は戦没者記念碑的な性格のものであり、市の行った忠魂碑の移設、再建は、小学校の校舎の建替えのためであって、専ら世俗的なものと認められ、その効果も特定の宗教を援助、助長、促進し又は他の宗教に圧迫、干渉を加えるものとは認められないので、憲法20条3項により禁止される宗教的活動にはあたらないとし、また慰霊祭への市教育長の参列は社会的儀礼として行われたものであるため、市の右行為、教育長の参列は、目的・効果基準によって、宗教的活動に当たらないとした（最判平成5・2・16民集47巻3号1687頁）。

　ハ　箕面補助金訴訟事件では（大阪地判昭和63・10・14判例時報1291号3頁）、原告らは、箕面市が市遺族会へ補助金を支出したことに対して、憲法上の政教分離原則に反するとして住民訴訟を提起した（本事件は第3次訴訟であり、第1次は箕面忠魂碑訴訟事件、第2次が箕面慰霊祭訴訟事件である）。原告は、日本遺族会の各支部が自治体から補助金を受け、その補助金の一部により靖国神社を訪れる会員の出費をまかなうことは、憲法20条3項、89条に抵触するとし、さらに、補助金が地方自治法および社会福祉事業法56条により違法であるとした。

　大阪地裁は、この箕面市補助金訴訟で、遺族会は広範な社会活動を行う団体とし、市の補助金は世俗的目的と効果をもつに過ぎないとした。大阪高裁は控訴を棄却し、原告の主張をすべて退けた。1999年（平成11年）10月21日、最高裁判決は、市遺族会が特定の宗教の信仰、礼拝、普及等の宗教的活動を本来の目的とする団体に当たるとはいえないとし、目的効果基準を適用して、市の補助金の合憲を導いた（最判平成11・10・21判例時報1696号96頁）。

（オ）岩手県靖国神社公式参拝要請決議訴訟および靖国神社玉ぐし料支出訴訟

　本件の靖国神社公式参拝要請決議訴訟の事案は次のようなものである（盛岡地判昭和62・3・5判例時報1223号30頁解説参照）。岩手県議会は、議員の賛成により、内閣総理大臣等による靖国神社公式参拝が実現するよう要望する旨の決議を行った。そして、同議会議長は、自己の名において本件決議事項を内容とする意見書等を作成したうえ、8名の議員を同行して上京し、右意見書等を内閣総理大臣等

102　第2章　政教分離

に提出したが、右意見書等の印刷及びその提出のために要した旅費が岩手県から支出された。このことに対して、岩手県の住民である原告らは、内閣総理大臣等が国の代表ないし機関として靖国神社に参拝することは、憲法20条1項後段、同条3項、89条に違反する違憲行為であり、このような違憲行為をすることを求める本件決議も違憲無効であるとした上、主位的には、議長は、違憲無効な本件決議を有効なものとして取扱うことを厳に避止すべきであるにもかかわらず、本件決議事項を内容とする意見書等の印刷のための費用の支出負担行為及びその提出のための旅費の支出負担行為をし、また議員らは、違憲無効な本件決議に賛成してこれを成立させ、右支出の原因となるべき行為をして、それぞれ岩手県に損害を与えたとして損害賠償の請求を地方自治法の住民訴訟に基づき起こした。さらに、予備的に、議長は、違憲無効な本件決議に基づき、右支出相当額の金員を利得し、また、議員らは、違憲無効な本件決議を成立させるという不法行為により、岩手県に右支出相当額の損害を与えたにもかかわらず、岩手県は、議長に対する不当利得返還請求権及び議員らに対する不法行為に基づく損害賠償請求権の行使を怠っているとして、地方自治法に基づき岩手県に代位して右各請求を行った。

　本判決は、主位的請求については、被告議長及び被告議員らはいずれも被告適格を欠くとして、これを却下した。そして、予備的請求については、本件決議が、内閣総理大臣等に公的資格において靖国神社を参拝することを求めるものであれば、内閣総理大臣等も私人として憲法上思想、良心の自由、信教の自由を有し、公人であることによってこれを制限することは許されず、内閣総理大臣等が自然人の発露としての参拝を行うにつき、一方では私人として許容され、他方では公人として否定されるということはありえないから、右参拝自体が憲法20条1項、3項に反するものではないし、仮に、本件決議が、国の行事として内閣総理大臣等が靖国神社に参拝することを求めるものであれば、右参拝は憲法20条1項、3項に違反するが、しかし、本件決議は、単なる意見の表明にすぎず、法的効果を伴わないばかりか、議員らは、その政治的意見を表明するにつき憲法上保障されているから、本件決議に違憲無効の問題は生じないとして、棄却した（前掲・判例時報1223号31頁の解説を参照引用）。

　もう1つの靖国神社玉ぐし料支出事件については、1審判決（盛岡地判昭和62・3・5判例時報1223号30頁）は、「戦没者慰霊のための社会的儀礼（死者儀礼）とし

てなされた贈与であり、宗教的行為に当たらない」とし、この支出目的からして政教分離に反しないと判示した。2審判決（仙台高判平成3・1・10行裁例集42巻1号1頁、判例時報1370号3頁）は、岩手県議会の靖国神社公式参拝要請決議に関する住民訴訟と、靖国神社への玉ぐし料支出に関する岩手県知事らに対する住民訴訟の控訴審判決であるが、後者の訴訟については、「玉串料等の奉納は同神社の宗教上の行事に直接かかわり合いをもつ宗教性の濃厚なものであるうえ、その効果にかんがみると、特定の宗教団体への関心を呼び起こし、かつ靖国神社の宗教活動を援助するものと認められるから」、政教分離に反するとした。また、前者の訴訟については、天皇・内閣総理大臣の公式参拝は「相当とされる限度を超える国と靖国神社との宗教上のかかわり合い」をもたらし、憲法20条3項によって禁止されるので、県議会公式参拝要請決議は違法だとし、この点でも一審と正反対の立場をとった。

　控訴審で勝訴した側が、判決理由中の違憲判断の部分を不服として上告手続をとったが、原裁判所は上告を不適法として却下決定をなし（民事訴訟法399条参照）、それに対する最高裁への特別抗告も却下された（最決平成3・9・24、佐藤幸治「憲法判例の動き」ジュリスト平成3年度重要判例解説3頁）。

（カ）愛媛玉串料訴訟

　本件事案は、愛媛県が、1981年（昭和56年）から1986年（昭和61年）にかけて、宗教法人靖国神社の挙行した例大祭に玉串料として9回にわたり各5000円（合計4万5000円）を、同みたま祭に献灯料として4回にわたり各7000円又は8000円（合計3万1000円）を、護国神社の挙行した恒例の慰霊大祭に供物料として9回にわたり各1万円（合計9万円）を、県の公金から支出して奉納したことについて、同県の住民らが、憲法20条3項、89条等に違反する違法な財務会計上の行為に当たるとして、地方自治法の住民訴訟によって争った事件である。第1審判決は、目的・効果基準を適用して違憲とした（松山地判平成元・3・17行裁例集40巻3号188頁）。第2審判決は目的　効果基準を使用しつつも宗教的活動には当たらないとして原判決を覆した（高松高判平成4・5・12行裁例集43巻5号717頁）。最高裁は、目的・効果・かかわり合い等を総合判断して、本件玉串料の奉納は、20条3項の禁止する宗教的活動にあたるとした（最判平成9・4・2判例時報1601号37頁）。

(キ) 主基斎田「抜穂の儀」参列訴訟

1990年10月、大分県においては、大嘗祭の一環として主基斎田抜穂の儀が挙行され、大分県知事らが、この儀式に公務として参列した。1991年1月、同県の住民が、右参列は憲法20条3項で禁止された「宗教的活動」に該当し、違憲であるので、知事らに支給された日当等は違法であると主張し、地方自治法242条の2第1項4号に基づいて、不当利得の返還および損害賠償を求める住民訴訟を提起した。

大分地裁第一審判決は、県知事らの抜穂の儀への参列の目的は、新天皇の皇位継承の関係儀式に際し、新天皇に対し、祝意を表すという専ら世俗的なものであり、その効果も、特定の宗教を援助、助長、促進又は圧迫、干渉を加えるものとは認められず、したがって、憲法20条3項で禁止された「宗教的活動」には該当しないとして、訴えを棄却した（大分地判平成6・6・30判例タイムズ878号144頁）。原告は控訴したが、福岡高裁判決は、第一審判決を相当と認めて控訴を棄却した（福岡高判平成10・9・25判例時報1660号34頁）。

最高裁は、地地鎮祭最高裁判決、愛媛玉串料最高裁判決の目的・効果基準を引用して次のように述べた（最判平成14・7・9判例時報1799号99頁）。(1) 主基斎田抜穂の儀は、大嘗祭の中心的儀式である主基殿供饌の儀において使用される新穀を収穫するための儀式であり、大嘗祭の一部を構成する一連の儀式の一つとして大嘗祭挙行の際に欠かさず行われてきたものであって、天皇の即位に伴う皇室の伝統儀式としての性格を有するものである。(2) 知事らは、宮内庁から案内を受け、地元の農業関係者等と共に主基斎田抜穂の儀に参列して拝礼したにとどまること。(3) 知事らの参列は、その開催地において重要な公職にある者の社会的儀礼として、地元で開催される天皇の即位に伴う皇室の伝統儀式に際し、日本国及び日本国民統合の象徴である天皇の即位に祝意、敬意を表す目的で行われたものであること。これらの点にかんがみると、知事らの参列の目的は、地元で開催される天皇の即位に伴う皇室の伝統的儀式に際し、日本国及び日本国民統合の象徴である天皇に対する社会的儀礼を尽くすというものであると認められ、その効果も、特定の宗教に対する援助、助長、促進又は圧迫、干渉等になるようなものではないと認められる。したがって、参列は、宗教とのかかわり合いの程度が我が国の社会的、文化的諸条件に照らし、信教の自由の保障の確保という制度の根本目的との関係で相当とされる限度を超えるものとは認められないとした。

2　政教分離の規範内容　105

（ク）鹿児島県知事大嘗祭参列訴訟

　鹿児島県知事は、宮内庁長官から大嘗宮の儀への案内を受け、1990年11月22日に挙行された悠紀殿供饌の儀に県知事として出席し、内閣総理大臣、衆参両院議長、最高裁判所長官、国会議員、他都道府県知事らとともに参列した。その際、旅費として県の公費から支給を受けた。

　この県知事の行為について、原告は1991年3月に住民訴訟を提起し次のように主張した。大嘗祭は天皇家の私的儀式であり、神道による宗教儀式である。また、憲法は、皇位の世襲を定めているが、大嘗祭は憲法に定める皇位継承に随伴する儀式ではなく、何ら公的性格をもつ儀式ではない。したがって、国が大嘗祭の挙行につき内廷費ではなく宮廷費から支出したことは、憲法20条及び89条の政教分離原則に違反する。これに対して、鹿児島地裁判決は、政府見解を踏襲し、目的・効果基準を採用し知事らの行為を合憲とした（鹿児島地判平成4・10・2判例時報1435号24頁）。原審も同様の判断を示して、原告の請求を棄却した（福岡高判宮崎支部平成10・12・1判例地方自治188号51頁）。

　最高裁判決は（最判平成14・7・11判例時報1799号99頁）、(1)　大嘗祭は、皇位継承の際に通常行われてきた皇室の重要な伝統儀式であること、(2)　知事は、宮内庁から案内を受け、三権の長、国務大臣、各地方公共団体の代表等と共に大嘗祭の一部を構成する悠紀殿供饌の儀に参列して拝礼したにとどまること、(3)大嘗祭への知事の参列は、地方公共団体の長という公職にある者の社会的儀礼として、天皇の即位に伴う皇室の伝統行事に際し、日本国及び日本国民統合の象徴である天皇の即位に祝意を表する目的で行われたものであること、を指摘する。これらの点にかんがみると、参列の目的は、天皇の即位に伴う皇室の伝統儀式に際し、日本国及び日本国民統合の象徴である天皇に対する社会的儀礼を尽くすものであり、その効果も、特定の宗教に対する援助、助長、促進又は圧迫、干渉等になるようなものではないと認められる。したがって、大嘗祭への参列は、宗教とのかかわり合いの程度が我が国の社会的、文化的諸条件に照らし、信教の自由の確保という制度の根本目的との関係で相当とされる限度を超えるものとは認められないとした。

（ケ）内閣総理大臣靖国神社参拝訴訟

　最高裁は、内閣総理大臣の参拝行為について、人が神社に参拝する行為自体は

106　第2章　政教分離

他人の信仰生活等に対して圧迫・干渉を加えるような性質のものではなく、その
ことは内閣総理大臣の地位にある者が靖国神社を参拝した場合であっても異なら
ないから、内閣総理大臣の靖国神社参拝は原告らの法的利益をなんら侵害しない
として訴えを斥けた（最判平成16・6・23判例時報1940号122頁）。

（コ）神奈川県知事「即位の礼・大嘗祭」訴訟（即位礼正殿の儀参列訴訟）

　1992年1月、神奈川県において、住民が知事が即位の礼・大嘗祭に参列したこ
とに対して、政教分離、国民主権に反するとして、住民訴訟を起こした。
　神奈川県「即位の礼・大嘗祭」訴訟地裁判決（バンザイ訴訟第一審判決1999年9月
27日）は、即位の礼「正殿の儀」について次にように述べる。「今回、登極礼附
式を基本的に踏襲する形で、即位礼正殿の儀を行い、高御座、剣、璽を用いたの
は、即位礼正殿の儀を皇室の伝統を尊重して行うという世俗的目的に出たという
ことができるのである。もちろん、世俗的な儀式にするために、政教分離の趣旨
を徹底し、即位礼正殿の儀において、宗教とのかかわり合いを完全に近いほどに
排除することも考えられるが、そのようにするなら、前記のような儀式の内容を
大幅に変更する必要があったということになる。そして、そのためには、天皇の
代替わり儀式としての即位礼正殿の儀が歴史的に継承してきた伝統を変更するし
かないことになる。しかし、天皇は憲法上国の象徴であり、国民統合の象徴であ
るとされているから、代替わり儀式の伝統を変更してこれまでと異なる性格の儀
式とするといったことは……象徴天皇制を定めている憲法1条との関係の問題も
生じかねない。また、憲法2条は、天皇の世襲制を認めているから、即位礼正殿
の儀を伝統的な様式を踏襲して行うことには相応の合理性がある…」（横浜地判平
成11・9・27、東京高判平成14・9・19も原告の請求を棄却）。
　最高裁は、神奈川県知事、県議会議長が、象徴である天皇の即位に祝意を表す
目的で、知事、議会の長にある者の社会的儀礼として、三権の長、国務大臣、各
地方公共団体の代表等と共に、皇室典範24条の規定する即位の礼のうち伝統的な
皇位継承儀式である即位礼正殿の儀に参列した行為は、その目的及び効果にかん
がみ、憲法20条3項により禁止される宗教的活動に当たらないとする。ここでも
津地鎮祭最高裁判決の目的・効果基準を適用しているのである（最判平成16・6・
28判例時報1890号41頁）。

2 政教分離の規範内容　　107

（サ）砂川政教分離（空知太神社）訴訟

　北海道砂川市の所有地上には、地域の集会場等である空知太会館が建てられ、その一角に空知太神社の祠が設置され、建物の外壁には「神社」との表示が設けられている。また、同土地上には、鳥居及び地神宮が設置されている。建物及び神社物件の所有者は、空知太連合町内会であり、市は、町内会に対し、土地を無償で建物、鳥居及び地神宮の敷地としての利用に供している。

　市の住民である原告らは、砂川市が所有する土地が神社施設の敷地として無償で使用されていることは、憲法の定める政教分離原則に違反する行為であって、敷地の使用貸借契約を解除し神社施設の撤去を求める措置を執らないことが違法に財産の管理を怠るものであるとして、市長に対し、地方自治法242条の2第1項3号に基づき上記怠る事実の違法確認を求めて出訴した。

　砂川市がその所有する土地を神社施設の敷地として無償で使用させていることが政教分離原則に違反しないかが争点となった。1審判決、原判決ともに、市の無償の利用提供行為は政教分離原則に反すると判断したため、砂川市が上告した。

　最高裁は、市が町内会に対し市有地を神社の敷地として無償で使用させていたことについて、「一般人の目から見て、市が特定の宗教に対して特別の便益を提供し、これを援助していると評価されてもやむを得ないもの」であり、「本件利用提供行為は、市と本件神社ないし神道とのかかわり合いが、我が国の社会的、文化的諸条件に照らし、信教の自由の保障の確保という制度の根本目的との関係で相当とされる限度を超えるものとして、憲法89条の禁止する公の財産の利用提供に当たり、ひいては憲法20条1項後段の禁止する宗教団体に対する特権の付与にも該当すると解するのが相当である」として、これを違憲とした（最大判平成22・1・20民集64巻1号1頁判例時報2070号21頁）。空知太神社事件最高裁判決は、政教分離訴訟における愛媛玉串料判決に次ぐ2つ目の違憲判決である。

（シ）白山比咩（ひめ）神社訴訟

　白山ひめ神社事件とは次のような事案である。白山ひめ神社は、石川県白山市に所在する宗教法人である。同神社は2008（平成20）年10月7日から5日間にわたり、御鎮座二千百年式年大祭およびその奉祝祭（以下「本件大祭」という）を行うことを計画した。同神社は、本件大祭の斎行とそれに関連する諸事業（神道禊

道場の造成、絵馬展示場など）を予算5億円で構想し、諸事業の遂行を目的とした大祭奉賛会を外郭団体として組織した。2005（平成17）年6月、奉賛会発会式が白山市内の一般施設で開催され、関係者約120名が出席し、40分ほどで終了したが、この奉賛会の顧問でもあった白山市の市長が、本件発会式に来賓として招かれ、市の職員を同行し、公用車を使用して参加し、市長として祝辞を述べた。これに対し、市の住民が、市長の本件行為が憲法20条1項、3項および89条に違反し、これに伴う公金支出は違憲・違法であるとして、地方自治法242条の2第1項4号に基づき、市の執行機関である市長に対し、市長に対する損害賠償金を白山市に支払うよう請求することの義務付けを求める住民訴訟を提起した。

第1審は請求を棄却、原告が控訴し、第2審は原審を変更し一部認容した（公用車運転職員の本件発会式会場への往復運転相当分の勤務手当支出分を、市の被った損害と認定、その限度でXの控訴を認容）。

この事案につき、最高裁判決は以下のように判示している（最判平成22・7・22判例時報2087号26頁）。

本件神社が地元にとって重要な観光資源としての側面を有し、本件大祭が観光上重要な行事であったこと、奉賛会はこのような性質を有する行事としての本件大祭に係る諸事業の奉賛を目的とするもので、その事業自体が観光振興的な意義を相応に有していたこと、本件発会式は、市内の一般の施設で行われ、その式次第は一般的な団体設立の式典等におけるものと変わらず、宗教的儀式を伴うものではなかったこと、本件発会式に来賓として招かれて出席した市長の述べた祝辞の内容が、一般の儀礼的な祝辞の範囲を超えて宗教的な意味合いを有するものであったともうかがわれないこと。そうすると、市長が本件発会式に出席して祝辞を述べた行為は、市長が地元の観光振興に尽力すべき立場にあり、本件発会式が観光振興的な意義を相応に有する事業の奉賛を目的とする団体の発会に係る行事であることを踏まえ、このような団体の主催する当該発会式に来賓として招かれたのに応じて、これに対する市長としての社会的儀礼を尽くす目的で行われたものであり、宗教的色彩を帯びない儀礼的行為の範囲にとどまる態様のものであって、特定の宗教に対する援助、助長、促進になるような効果を伴うものでもなく、これらの諸事情を考慮すれば、市長の行為は憲法20条3項等の政教分離規定に違反しない。

このように、最高裁は、地元の神社の鎮座2100年記念大祭の諸事業の奉賛を目的とする団体の発会式に市長が出席して祝辞を述べた行為は違憲ではないとする（判例時報2087号26頁解説参照）。浦部法穂は、「いったい、最高裁の判断基準はどこにあるのだろう。はっきりしているのは、天皇関連や靖国参拝関連では絶対違憲にしない、ということである。『白山ひめ神社』の事例は『靖国』も直接関係しておらず、原審では違憲とされているのだから、『砂川政教分離訴訟』判決の流れからいえば違憲としてもよさそうである。しかし、神社の大祭の発会式に市長が参列したという事実の中身は、大嘗祭などに知事等が参列したというのと同質で、これを区別する論理はたてられない。だから、これを違憲とすると大嘗祭などについても違憲ということになってしまう。それでは困るので、わざわざ原審をひっくり返して合憲としたということではないか、という気がする」と最高裁を皮肉っている[11]。天皇関連訴訟に連なる事案であると考えれば、最高裁は及び腰となって忖度が働くようである。

　●教誨活動

　津地鎮祭最高裁判決は、かつて、次のように述べた。現実の国家制度として、国家と宗教との完全な分離を実現することは、実際上不可能に近いものといわなければならない。更にまた、政教分離原則を完全に貫こうとすればかえって社会生活の各方面に不合理な事態を生ずることを免れないのであって、例えば、刑務所等における教誨活動も、それがなんらかの宗教的色彩を帯びる限り一切許されないということになれば、かえって受刑者の信教の自由を著しく制約される結果を招くことになりかねないという。

　それでは、刑務所における教誨活動は政教分離に抵触することがらであろうか。これについて、判例はどのように理解しているのであろうか。「宗教信仰の宣伝にならない限度で、国及びその機関が、必要な場合宗教に関する一般的知識の理解、増進をはかることまで禁じられているものではない。人格の改善を主要な目的の一とする刑政の場においては、宗教信仰がこの目的達成のために、大きな役割を果たすことがあることは明らかであるから、受刑者に対し、宗教の社会的機能について理解させることは、必要なことといわなければならない」とし

11　浦部法穂『憲法学教室（第3版）』（日本評論社、2016年）155頁。

110　第2章　政教分離

て、合憲としている（東京地判昭和36・9・6行集12巻9号1841頁）。ただし、「宗教一般の社会生活上の機能を理解させる以上の宗教の信仰に導びくための宗教教育を試みたりすることは、許されない」という。すなわち、刑務所における教誨も収容者から特に個別的な要請がないのに、特定の宗教により教誨を行ったり、宗教的行為（礼拝、祈り、儀式）を催して収容者を参加させたり、限度を超えて宗教の信仰に導くための宗教教育を試みたりすることは許されないのである（大阪地判昭和33・8・207行集9巻8号1662頁）。しかし、受刑者にも信教の自由が保障されなければならない。もし、これが否定され、政教分離原則に抵触するとすれば、宗教的自由の保障において、政教分離と信教の自由は良きパートナーとなりえないこととなってしまうであろう。

3　政教分離と違憲審査基準——目的効果論について——

　国家と宗教との厳格な分離と言っても、国家と宗教とのかかわり合いを一切排除する趣旨ではない。これは現代国家が、福祉国家として、宗教団体に対しても、他の団体と同様に、平等の社会的給付を行われなければならない場合（たとえば、宗教団体設置の私立学校に対する補助金交付などの場合）もあることをみれば、明らかである。そこで、国家と宗教との結びつきがいかなる場合に、どの程度まで許されるかが、さらに問題となる[12]。

　国の行為が政教分離に違反するかどうかの判断基準として、津地鎮祭最高裁判決は、目的効果基準を採用した。目的効果基準とは、国に禁じられる宗教的活動かどうかの判定基準であり、憲法20条3項にいう宗教的活動とは、宗教とのかかわり合いをもつすべての行為を指すものではなく、「当該行為の目的が宗教的意義をもち、その効果が宗教に対する援助、助長、促進又は圧迫、干渉になる」行為をいう、とするものである。

　最高裁判決は、この基準により、本件地鎮祭は憲法20条3項の禁止する宗教的活動に該当しないとした。しかし、この場合には、「国の行った行為の客観的性格が宗教的活動性を有するか、それとも習俗化したといえるものか、ということを問題にすべきであり、目的効果を問題にすべき筋合いのものではない」という

12　芦部・前掲160頁。

批判がある。

　目的効果基準は、アメリカ判例法で確立した考え方であるが、アメリカ判例理論は、日本の最高裁と異なり、かなり厳しい基準として適用されている。芦部信喜によれば、この基準は、①問題となった行為が、世俗的目的（secular purpose）をもつものかどうか、②その行為の主要な効果（primary effect）が、宗教を振興しまたは抑圧するものかどうか、③その行為が、宗教との過度のかかわり合い（excessive entanglement）を促すものかどうか、という三つの要件を個別に検討することによって、政教分離違反の有無を判断しようとするものである。一つの要件でもクリアーできなければ右行為を違憲とするものである。日本でも、それを変容した形ながら、ある公権力の行為が憲法20条３項で禁止される「宗教的活動」に当たるか否かを判定するに際し、津地鎮祭最高裁判決などの判例において用いられているという[13]。

　この基準は、国家と宗教とのゆるやかな分離を是認することになる可能性がある点で問題はあるが、①②③の基準の内容を絞って厳格に適用すれば、広く用いることができる基準ではないかとされる。たとえば、①にいう目的は、行為者の宗教意識などの主観的要件ではなく、客観的意味を重視する。②については、国の行為の性質、それを受ける宗教団体の目的、性格などにかんがみ、国の行為が特定の権威を付与することになるかどうか、当該宗教との結びつきをもたらすかどうか、などを厳密に検討する。③については、国の行為によって国の行政上の監督が必要となるような関係とか政治的な分裂等が生じるような可能性があるかどうか、などを慎重に考慮する。

　しかし、この基準の使用には異論も多いし適用上の問題もある。この基準が一定の有効性をもつのは、①国家による福祉政策的な財政援助と形式的に解した政教分離が抵触するような場合であり、②国家が自ら宗教行為を行った場合には、宗教信仰の表現である一切の行為が憲法の禁止する宗教的活動の範疇に含まるのであり、このような事例に目的効果基準を使った場合、国家と宗教との癒着を大目にみて、政教分離を緩和する機能を果たす危険性が大きいのである。

13　芦部・前掲161頁。

112　第2章　政教分離

それでは日本においては目的効果基準をめぐってどのような議論が展開されているのであろうか[14]。

第1の議論として、前述のように、国家と宗教が結びつく場合を①の国家自体が主体となって宗教活動を行う場合と、②の福祉国家として国家が財政援助を行う場合を区別し、②の場合にのみ目的効果基準が適用されるとするものである（浦部法穂、高柳信一）。

第2の議論として、目的効果基準を基準として機能しないものとして捉え、別の基準を模索しようとするものである。愛媛玉串料最高裁判決における高橋久子裁判官の意見は、目的効果基準を「きわめてあいまいな明確性を欠く基準」であり、「いわば目盛りのない物差しである」とする。そして、憲法20条の政教分離原則を「国家と宗教との完全な分離、すなわち、国家は宗教の介入を受けず、また、宗教に介入すべきではないという国家の非宗教性を意味する」と理解する。したがって、「完全な分離が不可能、不適当であることの理由が示されない限り、国が宗教とのかかわり合いを持つことは許されない」と説く（判例時報1601号60頁）。同判決における尾崎行信裁判官の意見も同様である。憲法20条3項によって、「国が宗教とのかかわり合いを持つ行為は、原則として禁止されるとした上で、ただ実際上国家と宗教との分離が不可能で、分離に固執すると不合理な結果が生ずる場合に限って、例外的に許容されるとするものであると解するのが相当である。したがって、国は、その施策を実施するための行為が宗教とのかかわり合いを持つものであるときには、まず禁じられた活動に当たるとしてこれを避け、宗教性のない代替手段が存しないかどうかを検討すべきである。そして、当該施策を他の手段でも実施することができるならば、国は、宗教的活動に当たると疑われる行為をすべきではない。しかし、宗教とのかかわり合いを持たない方法では、当該施策を実施することができず、これを放棄すると、社会生活上不合理な結果を生ずるときは、更に進んで、当該施策の目的や施策に含まれる法的価値、利益はいかなるものか、この価値はその行為を行うことにより信教の自由に及ぼす影響と比べて優越するものか、その程度はどれほどかなどを考慮しなければならない。施策を実施しない場合に他の重要な価値、特に憲法的価値の侵害が生じることも、著しい社会的不合理の一場合である。こうした検証を経た上、

14　阪口正二郎「政教分離」杉原泰雄編『新版体系憲法事典』（青林書院、2008年）485-486頁参照。

政教分離原則の除外例として特に許容するに値する高度な法的利益が明白に認められない限り、国は、疑義ある活動に関与すべきではない」（判例時報1601号60-61頁）とする[15]。

第3の議論は、すでに言及してきたが、目的・効果基準を、政教分離原則違反のあらゆる場合に適用される基準として考えるものである。ただし、それをアメリカ合衆国憲法判例のレモン・テストなみに厳格に適用すべきであると主張して、国家と宗教の厳格な分離をはかろうとするものである（芦部信喜）。

なお、阪口正二郎によれば、アメリカにおいても、1990年代以降、レモン・テスト[16]が不明確で適用の仕方によって結論が左右されることが多いので、レモン・テストを精緻化するものとして、「是認」（endorsement）の基準（エンドースメント・テスト）が主張されているという。「このテストにおいては国家の行為が客観的な観察者からみてどのようなメッセージを発しているかに着目する。国家が特定の宗教や宗教一般を是認したり、否認したりするようなメッセージを発するような目的や効果を有する場合には当該行為は政教分離原則に反するとするものである。このテストの背後には、そもそも政教分離をしなければならないような社会においては、当該社会における個人の地位を特定の宗教や宗教一般との関係で左右してはならず、国家が自己の行為を通じて特定の宗教や宗教一般を是認すると、当該宗教を信じない者や無宗教者に対して、彼らは当該社会のアウトサイダーであり、当該社会の完全な構成員ではないというメッセージを、逆に当該宗教を信じる者や何らかの宗教を信仰する者に対しては彼らは当該社会のインサイダーであり、当該社会の完全な構成員であるとのメッセージを発することになるから許されないという考え方がある」[17]。

目的・効果基準を適用することの問題性については、本書第5章の政教分離と違憲審査基準の章で検討する。

15　学説では、土屋清「政教分離訴訟における目的効果基準の廃棄に向けて」『憲法学の新たなパラダイムを求めて』（成文堂、2010年）81頁以下参照。

16　Lemon v. Kurtzman, 403 U.S. 602（1971）。

17　阪口・前掲487頁。

第 2 部

憲法における政教分離の意義

第3章 政教分離の法的性格

1 はじめに
2 政教分離の意義
3 政教分離の目的
4 政教分離の法的性格
  (1) 制度的保障として把握する説
  (2) 目的と手段の関係として把握する説
  (3) 人権として把握する説
5 おわりに

1 はじめに

日本においては、戦前、実質的な宗教の自由は存在せず、国家的な統一宗教、すなわち国家神道が、国民のイデオロギーを統一するための手段として利用された[1]。このような歴史的な背景のために、戦後、GHQ の神道指令および日本国憲法によって、根本的な変革をへたはずの現在においても、統治機関と神社神道がゆ着する傾向が残存しており、政教分離にかんする憲法問題が生じがちである[2]。

裁判の面では、津地鎮祭事件の裁判判決の過程で、国家と宗教をめぐる議論が深められた。そして、その後の政教分離裁判で、国家と宗教の分離をめぐって裁判所の姿勢が問われるにいたった。そこで、憲法思想史上重要な意義をもつ政教分離について埋論的に整理し、正しく理解する必要が痛感される。

本章では、政教分離の法的性格に焦点をあてて検討を試みようと思うが、それに先立ち、近代憲法において政教分離原則が設けられた意義・目的について必要最小限ふれておきたい。

---

1 明治憲法は一応、信教の自由を保障していたが (28条)、徹底さを欠いていた。「神社神道は宗教にあらず」という命題のもとに、事実上国教的待遇をうけた (宮沢俊義『憲法Ⅱ (新版)』(有斐閣、1971年) 347頁以下参照)。
2 例えば、首相や大臣たちの靖国神社参拝問題、靖国神社国営化法案の問題、津地鎮祭事件、殉職自衛官事件など多数。

2　政教分離の意義

　近代憲法は例外なく信教の自由を保障した。なぜなら、宗教の自由の獲得が近代憲法制定の重要な要因であったからである。しかし、宗教の自由保障はつねに同じ権利の内実が保障されてきたわけではないし、つねに政教分離をともなうというものではない。その保障の類型・強度は、それぞれの国の支配的イデオロギーである宗教と国家との結びつきの関係、あるいは、近代ブルジョア革命の徹底性の度合に応じ、その国の歴史的条件によって異なっている。①国教制度をとり、国教以外の宗教に広汎な宗教的寛容を認め、結果的・実質的に、宗教の自由を保障する方式（イギリス、スペインなど）、②教会等に憲法上の公法人として国とほぼ対等の地位を認め、国と教会とはそれぞれの固有の領域事項を独自に処理し、競合事項に関しては、政教条約（Konkordat, concordat）を締結し、これに基いて処理していく方式（ドイツ、イタリアなど）、③国家と宗教ないし教会を完全に分離し、相互に干渉しないことを主義とするもの（アメリカ合衆国、フランス（1905年以後）など）、がある[3]。

　政教分離が憲法的原理として最初に定着したのはアメリカ合衆国においてである。1789年に発議され1791年に確定した合衆国憲法修正第 1 条において、「連邦議会は、国教の樹立を規定し、もしくは信教上の自由な行為を禁止する法律、……を制定することはできない」[4]とする。

　ここにおいて、統治と宗教の無関係性は徹底した形で追及され、統治機関は宗教に対して意識的に中立の立場をとるべきものと考えられ、世俗的中立性が保持されねばならないと考えられるようになった。すなわち、統治機関は宗教に立ち入らない、宗教と無縁の関係に立つということである。統治機関が特定の宗教と結びつき保護や特権を与えることは、他の宗教を差別することになり、かならず個人の宗教の自由の妨げになる。このような経験をふまえて、アメリカ合衆国では政教分離の原則を憲法の人権規定のなかにかかげたのである。政教分離の原則とは、国家と宗教とのあいだに分離の壁を設け（a wall of separation）、国家はい

3　高柳信一＝大浜啓吉「［信教の自由］憲法20条」有倉遼吉・小林孝輔編『基本法コンメンタール［第 3 版］憲法』（日本評論社、1986年）82頁。

4　宮沢俊義編『世界憲法集第 4 版』（岩波文庫、1983年）51頁による。

かなる宗教とも無関係の立場をとる、ということをいう。この憲法原則は、19世紀後半から今世紀初頭にかけて、ベルギー、フランス等の諸国において行われるにいたっているが、日本も政教分離原則をとっており、日本国憲法の宗教の自由保障条項の一つの特色をなしている。

　このような政教分離原則をとると、宗教の自由に関する憲法の定めは大きくわけて二つに分かれる。一つは個人の宗教的行為ないし宗教実践の自由であり、アメリカ憲法では Free Exercise of Religion の条項、もう一つが政教分離の定めで、Nonestablishment の条項である。

　日本国憲法は、「信教の自由は、何人に対してもこれを保障する」(20条1項前段)、「何人も、宗教上の行為、祝典、儀式又は行事に参加することを強制されない」(20条2項) として、個人がどのような宗教をどのように信じようとも自由であるとし、また、当然に、一切の宗教を信じない自由、自分の欲しない宗教を強制されない自由を保障する。さらに、この個人の信教の自由保障規定につづいて政教分離の原則を定め、「いかなる宗教団体も、国から特権を受け、又は政治上の権力を行使してはならない」(20条1項後段)、「国及びその機関は、宗教教育その他いかなる宗教的活動もしてはならない」(20条3項)、「公金その他の公の財産は、宗教上の組織若しくは団体の使用、便益若しくは維持のため、……これを支出し、又はその利用に供してはならない」(89条) とする。このように、信教の自由とともに政教分離を基本的人権の内容として保障している。日本は、アメリカ合衆国憲法よりも詳細な規定をおいており、より徹底した政教分離原則を採用していると考えられる。

　それでは近代憲法において、政教分離観念がいかなる事情の下に確立されたのであろうか。前近代にあっては、公権力をめぐる闘争が宗教的外被をまとって、宗教教理をめぐる争いとして闘われた。こうした西欧における政教融合、宗教闘争の弊害の体験は、宗教の自由を求める闘いとして、宗教寛容理念とともに政教分離の原則を要請した。そして、これらの要求が近代自然法理念と結合し、近代市民革命を通じて、デモクラシーの基本原則として確立された[5]。すなわち、政教分離の原則とは宗教戦争の歴史的過程を通してえられた経験的な原則であり、歴史的経験の帰結にほかならない。つまり、「国家の統一秩序と市民の安寧・福

5　宮田光雄『日本の政治宗教—天皇制とヤスクニ』(朝日選書、1981年) 156頁。

120 第 3 章 政教分離の法的性格

祉は、国家と宗教とがイデオロギー的・制度的にあまりに密接に結合するとき、かえって危険にさらされるという認識である。神学的ドグマや信仰箇条のために国家間・市民相互間に武力による闘争をつづけることは、政治的に責任を負いえない事態である」[6]。

ここに含まれていることがらの意味については、ジャン・ボーダンやジョン・ロックの政治思想に典型的に反映しているが、政教分離観念の思想的原点は、ジョン・ロックの信仰・理性二分論に基づくところの宗教的寛容の理論に求めることができる[7]。要するに、国家の任務は市民の生命・自由・健康・安全といったこの世的福祉を増進させることである。信仰は純粋に精神的な内面的確信の問題であり、そのような人間の内面や永遠の問題にたいして、国家はくちばしを入れてはならない。人間の魂の救済については、およそ国家の関心外のことであり、国家がそれを任務とし、それに責任を負いえるというようなものではない[8]。

国家の唯一の仕事は、市民の精神生活が各個人の保持にゆだねられ、それが自由かつ豊かに展開できるように、外的条件を整えることにつとめるべきである。そして、ただ世俗的手段をもってのみ遂行されるべきである。信仰が純粋に精神的内面的確信の問題であるとすれば、内的確信にもとづいてはじめて魂の救済が可能であり、そのような確信を国家が外面的な力を加えることによって、排除し統合するといったことがらは、およそ国家のなしえないことである。国家が宗教の正邪を区別するには、世俗性を任務とする国家にはその区別を行う判断基準が欠けている。それゆえ、市民の多様な信仰の保持という現実をふまえて、国家は

6　宮田光雄・前掲書83頁。

7　高柳信一「政教分離判例理論の思想」『アメリカ憲法の現代的展開』（東京大学出版会、1978年）222頁以下。有賀弘「宗教的寛容―信仰の自由の思想史的背景―」東京大学社会科学研究所編『基本的人権5』（東京大学出版会、1969年）33頁以下。

8　J. Locke, A Letter concerning Toleration（1689）生松敬三訳「ロック・寛容についての書簡」世界の名著『ロック　ヒューム』（中央公論社、1968年）参照。アメリカ連邦最高裁判例も、「人と神との関係の問題は国家の関心外の事項である」と述べている（United States v. Ballard, 322 U.S. 78, 1944）。ロックの『市民政府論』は明治憲法下では邦訳されなかった。なぜなのか。ルソーの『社会契約論』をはじめ、マルクス全集まで出版されているにもかかわらず。松下圭一は次のように指摘している。ロックの『市民政府論』は誰にもわかりやすく、しかも天皇制論理の中核をなす〈孝〉の基盤であるイエを直接批判し、また〈忠〉をめぐっては暴君放伐の抵抗権は、さらに革命権の理論をくりひろげているためである。ロックの『市民政府論』は誰にもわかりやすい「忠孝」批判の書である。戦前の日本でもし邦訳されていたら、このロック理論は『帝国憲法』『教育勅語』の批判の弾薬庫となっていたであろう（松下圭一『ロック「市民政府論」を読む』（岩波現代文庫、2014年）40頁）という。

2　政教分離の意義　*121*

宗教的中立性を維持して、国家は宗教に介入しないこと、市民をその信仰のゆえに差別しないこと、また、国家は何らかの宗教的立場をみずからの信仰告白としてはならないことが要請される。そのような「政治の自己規律をうながすための枠組が政教分離原則である」。また、宗教の側からも、「特定の宗教が国家権力と一体化して自己の宗派の勢力拡張をはかるというようなことは、きびしく自己規制していく必要がある。こうしたことは、何よりもその宗教自身の堕落と偽善を生む」[9]からである。

　日本において、太平洋戦争後、日本国憲法により厳格な政教分離原則が設けられた事情については、多くの論者が指摘し、かつ津地鎮祭最高裁判決の反対意見が指摘しているように、神社神道が事実上国教的地位を保持し、各宗教は国家神道を中心とする国体観念と矛盾しない限度で認められたにすぎず、神社参拝等が事実上強制され、「旧憲法で保持された信教の自由が著しく侵害されたばかりでなく、国家神道は、いわゆる軍国主義の精神的基盤ともなっていた」という苦い経験とそれへの深刻な反省がある。つまり、この国家神道によるイデオロギー的な支配を日本国憲法で完全に払拭するということである。

　また、<u>愛媛玉串料違憲最高裁判決の尾崎行信裁判官の意見はアメリカの判例のことばを借りて極めて重要な指摘をしている</u>。「<u>人々は、大正末期、最も拡大された自由を享受する日々を過ごしていたが、その情勢は、わずか数年にして国家の意図するままに一変し、信教の自由はもちろん、思想の自由、言論、出版の自由もことごとく制限、禁圧されて、有名無実となったのみか、生命身体の自由も奪われたのである。『今日の滴る細流がたちまち荒れ狂う激流となる』との警句を身をもって体験したのは、最近のことである。情勢の急変には10年を要しなかったことを想起すれば、今日この種の問題を些細なこととして放置すべきではなく、回数や金額の多少を問わず、常に発生の初期においてこれを制止し、事態の拡大を防止すべきものと信ずる</u>」（判例時報1601号63頁、下線は筆者。以下、同様）。

　さらに、日本の宗教意識の特異性として、多重信仰あるいは宗教混淆と呼ばれる現象があるが、この日本独自の歴史的条件を考慮することは、欧米にくらべて政教分離原則の解釈・適用をより厳格に扱うことが必要であることを教えている。

9　宮田光雄・前掲書86頁、219頁。

3　政教分離の目的

　政教分離原則の目的は何か。これについては、公立学校の教室における祈りを違憲としたエンゲル事件判決で多数意見を書いたブラック裁判官がきわめて適切に説いているとおりである。

　「政府の権力、威信および財政上の支持が、特定の宗教上の信仰の背後におかれている場合には、宗教上の少数者に対して、そのような公の支持をえた主流的宗教に従うようにという間接的な強制的圧迫を受けることになるのは明白である。しかし、国教定立禁止条項の目的は、それにとどまるものではなく、より以上のものをめざしている。その第一の、最も重大な目的は、政府と宗教の結合は、政府を破壊し、宗教を堕落させがちであるという信念に基礎をおいている。イギリスおよびこの国の双方における、政府による国教の定立の歴史は、政府がある特定の宗教と結合したときには、それと異なる信仰をもっている人々の憎悪、不敬および侮辱を招くという結果をもたらしたことを示している。その同じ歴史は、ある宗教の信仰を布教するに政府の援助に依存していたところの宗教に対して、多くの人々はその抱いていた尊敬を失ったことを示している。国教定立禁止条項は、宗教はあまりにパーソナルであり、あまりに神聖であり、あまりに至純であるので、世俗の権力による "けがれた悪用（unhallowed perversion）" を許すことはできないという、われわれの憲法の制定者の抱いていた原則を表現しているものとして位置しているのである。国教定立禁止条項のもう一つの目的は、政府による国教の定立と宗教上の迫害は手を携えて行くという歴史的事実の認識に基礎をおいていたのである」[10]。

　すなわち、合衆国憲法修正 1 条の宗教の自由保障条項と国教定立禁止条項は、「ある場合には重複することがあるけれども、それらは宗教の自由に対するまったく異なった二種類の政府の侵害を禁止している。国教定立禁止条項は宗教の自由保障条項とは異なり、政府の直接的な強制の要素が立証されるかどうかにかかわっているのではなく、国教を定立する法律が、それを遵守しない個人に強制するように直接的に作用するにせよあるいはそうでないにせよ、そのような法律を

10　Engel v. Vitale, 370 U.S 421, (1962), at 431.

制定することによって国教定立禁止条項違反が生じることになるのである」[11]。

　ここで説かれているのは、政教分離原則の目的は宗教上の少数者を間接的な強制的な圧迫から保護することである。宗教的少数者の人権が抑圧されるならば、遠からず国民大多数の人権が奪われる日がくるのであり、政教分離原則の今日のわずかな侵害が、まもなく国民の精神的自由の侵害につながる。それゆえ、その第一歩において阻止されなければならないものである。さらに、政教分離の目的は政府を破壊から救い、政府と宗教の結合による宗教の自主自発性の侵害を救うということである。そして、政教分離原則違反の成立には政府の直接的な強制の存在は不要であり、政府と宗教の結合自体が政教分離原則違反になるということである。

　信教の自由は政教分離が保障される時にのみ可能である。国家と宗教の絶対的断絶こそ信教の自由の最善の保障たりうるのであり、政教分離は個人の宗教の自由の補完ないし補強たる意味をもつにとどまるものではない。政教分離原則と信教の自由との関係において最重要なことは、「分離と自由は、単一の権利の二つの側面であり、同一のコインの裏表である」[12]という認識である。

　以上のような政教分離の大原則から具体的にはどのようなことが禁止されるのであろうか。ブラック裁判官は、エバーソン判決において、国教定立禁止条項によって具体的に禁止されることがらについて、次のように命題化して述べている[13]。「①政府は教会を設立することができない。②政府は一宗教あるいはすべての宗教を援助し、または一宗教を他の宗教より優遇する法律を制定できない。③政府は、個人に対し、その意思に反して、教会に行くように、あるいは教会に行かないように強制し、または影響力を行使することはできない。④政府は、個人に対して、どのような宗教を信じているのか、あるいは信じていないのか、告白することを強制してはならない。何人も、信仰あるいは不信仰の告白を理由として処罰されることはない。何人も、教会に行くことあるいは行かないことを理由として処罰されることはい。⑤いかなる宗教上の活動または組織（religious ac-

---

11　Ibid., at 430. School District of Abington Township v. Schempp, 374 U.S 203, (1963), at 222-223.

12　L・プフェーハー「自由と分離」『季刊・教会と国家』1960年2号、宮田光雄・前掲書83頁より引用。

13　Everson v. Board of Education, 330 U.S. 1 (1947) at 16.

tivities or institutions）であれ、それらが何とよばれようとも、またそれらが宗教を教え実践するについていかなる形をとろうとも、これを援助するようななんらの租税も、また、それがいかなる額であれ徴収されてはならない。⑥政府は、公然とあるいは秘密裡に、いかなる宗教結社または宗教団体の業務に関係してはならない。また、逆も同様である。つまり宗教結社ないし宗教団体は政府の業務に関係してはならない。」。

4　政教分離の法的性格

　アメリカにおける政教分離の憲法原則とその下で展開せしめられた判例法理を参考としつつ、政教分離を以上のように理解したうえで、ここでは、日本国憲法における政教分離の法的性格に重点をおき一定の検討を加えることとしたい。

　従来、政教分離の法的性格をめぐっては、制度的保障であると捉える見解が通説的立場を占めてきた[14]。この理解の仕方を批判的に検討することを通して法的性格を探ってみよう。

（1）制度的保障として把握する説

　政教分離をめぐって争われ注目を集めた代表的訴訟の1つに「殉職自衛官合祀事件」がある。この事件は、山口県護国神社に殉職自衛官の夫を合祀されたクリスチャンの妻が、国（自衛隊）と外郭団体・隊友会山口県支部連合会を被告として、合祀申請の取消しと慰謝料を求めたものである。原告は、夫の合祀は違憲な宗教的活動であり、原告の意思を無視した合祀申請行為は信教の自由の侵害であると主張し、特定の宗教団体（護国神社）と国（自衛隊）の癒着を問題とした。

　山口地方裁判所は1979年3月22日判決を下し、自衛隊山口地方連絡部と山口県隊友会による合祀申請行為を共同行為と認定して、政教分離原則違反と断じた。本判決は、信教の自由は基本的人権であると同時に私法上の人格権であるとし、

14　学説の分類については、さしあたり、佐藤幸治『憲法』（青林書院新社、1981年）341頁、同『日本国憲法論』（成文堂、2011年）232頁、笹川紀勝『憲法講義Ⅱ』（有斐閣、1979年）95頁参照。なお、今日までの政教分離原則の法的性格に関する包括的で優れた研究は、戸波江二「政教分離原則の法的性格」芦部信喜先生還暦記念論文集刊行会編『憲法訴訟と人権の理論』（有斐閣、1985年）である。

「一般に人が自己もしくは親しい者の死について、他人から干渉を受けない静謐の中で宗教上の感情と思考を巡らせ、行為をなすことの利益を宗教上の人格権の一内容としてとらえることができると解される」として、合祀により、この独自の宗教上の人格的利益が侵害されたとした。しかし、判決は、県隊友会にも信教の自由があるとし、合祀を原告の信教の自由と県隊友会の信教の自由との対立ととらえて、「一方の行為が他方の内面的平穏を害することがあっても、この行為が制止強制にわたるか、公序良俗に反しないかぎり違法とはいえない」とした。ところで、地連職員と県隊友会が共同で行った合祀申請行為は政教分離原則に違反し、原告の宗教上の人格権が侵害されたという構成をとった。本判決の特徴は、狭義の信教の自由から導かれる宗教的人格利益を侵害の中心においているため、それがいったん否定されれば、たとえ政教分離原則違反の事実があったとしても、全面的に崩壊する論理構成となっている[15]。

　それでは、本判決ではなぜ政教分離原則違反ということを正面にすえることなく、政教分離原則の本質如何という問題を回避したのであろうか。この道筋から原告の勝訴を導くためには、津地鎮祭最高裁判決多数意見の政教分離原則を制度的保障の理論によって捉える見解を克服する必要がある。津地鎮祭最高裁判決は、「政教分離規定は、いわゆる制度的保障の規定であって、信教の自由そのものを保障するものではなく、国家と宗教との分離を制度として保障することにより、間接的に信教の自由を確保しようとするものである」として、政教分離は制度的な保障であって人権の規定ではないと説いているからである。

　この論法は、自衛官合祀訴訟において国側が用い、政教分離を制度的保障の規定であると解し、「政教分離の原則は、国民一般の信教の自由が保全されるにふさわしい社会的環境を確保するためのものであり、専ら公的な次元、すなわち個人の法的利益とは離れた次元において、国家機関に対し宗教に関係することを禁じたものである」として、「直接には国権により個人又は宗教団体の自由を侵すことの禁止ではないから、自由権したがって人権の規定ではない。このように政教分離規定が国民個々人の権利に係る規定でない以上、右規定違反の有無は国民個々人の権利侵害とはかかわりのない問題である。国の行為が政教分離規定に違

15　横田耕一「信教の自由と政教分離原則—自衛官合祀違憲判決に関して—」判例タイムズ385号（1979年）76頁。

126 第3章 政教分離の法的性格

反していたとしても、原告は自らの権利侵害を理由として不法行為を追求することはできない」と主張した。要するに、たとえ政教分離原則違反が認められるとしても、個人にはそれを理由として訴える「原告適格」は認められないということである。しかし、政教分離原則を侵害する国の作為の違憲無効を争う原告適格を国民個々人に認める余地がないとするならば、政教分離原則の実効性はいかにして確保されるのであろうか。

　国側は、控訴審においても、津地鎮祭最高裁判決の政教分離は制度的保障であるとする見解を引用し、政教分離原則に違反する行為が、個々の国民との関係で私法上の違法性を帯びるのは、「その行為が、特定の個人の法的に保護された具体的な権利、利益を侵害する場合に限られる」といい、憲法の保障する「信教の自由」を「信仰の内容及び宗教的行為の内容についての公権力による規制、強制を禁ずるとともに、個人対個人の関係では異なる信仰、宗教的行為を相互に認め合い、干渉しないという宗教的寛容さを含む」としている。この考え方に立てば、国の行為が個人の信教の自由を侵害するのは、国が特定の信仰を禁止し、強制するような場合だけになり[16]、憲法において、狭義の信教の自由を強化するところの政教分離原則が設けられた意義が没却されることとなる。

　ところで、津地鎮祭事件最高裁判決多数意見（最大判昭和52・7・13民集31巻4号533頁）は、「元来、政教分離規定は、いわゆる制度的保障の規定であって、信教の自由そのものを直接保障するものではなく、国家と宗教との分離を制度として保障することにより、間接的に信教の自由を確保しようとするものである」と述べ、また、殉職自衛官合祀訴訟最高裁判決（最大判昭和63・6・1民集42巻5号277頁）では、「憲法20条3項の政教分離規定は、いわゆる制度的保障の規定であって、私人に対して信教の自由そのものを直接保障するものではなく、国及びその機関が行うことのできない行為の範囲を定めて国家と宗教との分離を制度として保障することにより、間接的に信教の自由を確保しようとするものである」。「したがって、この規定に違反する国又はその機関の宗教的活動も、それが同条1項前段に違反して私人の信教の自由を制限し、あるいは同条2項に違反して私人に

16　津山昭英「自衛官合祀訴訟―政教分離と宗教上の人格権」法学セミナー1981年11月号（321号）30頁。

対し宗教上の行為等への参加を強制するなど、憲法が保障している信教の自由を
直接侵害するに至らないかぎり、私人に対する関係で当然には違法と評価される
ものではない」とする。これは要するに、政教分離は制度的保障の規定であるの
で、国の行為が政教分離に違反したとしても、そのこと自体で個々の国民は自ら
の権利侵害を理由として不法行為責任を追及できないとしたのである。

　それでは津地鎮祭最高裁判決、自衛官合祀訴訟最高裁判決が援用している制度
的保障の理論はどういう考え方であり、それを政教分離に適用する場合、どうい
う問題性をはらんでいるのであろうか。日本において、制度的保障という言葉を
使用する学説は多い[17]。そして、政教分離が制度的保障の一例にあげられること
も多い[18]。また、判例においても、津地鎮祭控訴審判決、同最高裁判決、殉職自
衛官最高裁判決が政教分離を制度的保障と理解している。
　制度的保障を政教分離に適用する積極的な推唱者は田上穣治であった。田上は
宗教団体の保障として政教分離を捉え、次のように理解する。政教分離の原則
は、憲法20条1項後段、同条3項、同89条によって具体化され、いずれも宗教団
体に対する国家の干渉を排除するものであり、「信教の自由に関する人権の保障
に含まれるようであるが、直接には、国から利益ないし保護を与えることを禁止
するに止まり、個人の自由を侵すことの禁止ではなく、宗教団体の権利を認める
ものでもない。特権の付与は国家の特別な監督を伴うことがあり、また国の機関
が宗教的活動をするときは、宗教団体の活動を阻害する虞れがあるが、いずれも
間接の効果に過ぎず、このため自由権の規定と解することはできない。」「政教分
離の原則により各宗教団体に平等な地位を保障したのは、宗教団体の政治的中立
性が、相対主義の立場をとる民主主義社会に欠くべからざる前提であり、かつ間
接に信教の自由を徹底強化するに役立つからである。これはカアル・シュミット
のいわゆる制度的保障の一例である。」[19]

17　宮沢俊義『憲法II〔新版〕』（有斐閣、1971年）101頁、大西芳雄『憲法要論』（有斐閣、1964年）
　　103頁、317頁等。
18　田上穣治「宗教に関する憲法上の原則」『憲法講座2』（有斐閣、1963年）135頁、橋本公亘『憲
　　法〔改訂版〕』（青林書院新社、1976年）194頁、熊本信夫『アメリカにおける政教分離の原則』（北
　　大図書刊行会、1972年）など。
19　田上穣治・前掲論文135頁。田上は、自衛官合祀訴訟における意見書においても、「政教分離は個
　　人の信仰の自由と不可分のものではなく、カール・シュミットのいわゆる制度的保障の一例であっ

128 第3章 政教分離の法的性格

　田上は政教分離を信教の自由を間接的に徹底強化するものととらえ、その点に支障さえなければ国家と宗教の関係を厳格に考えなくてもよいとして、信教の自由を徹底させるために分離原則を厳格に解釈しなければならないとはいわない。そして、ある特定の宗教団体（神社神道）を保護しても、他の宗教団体を圧迫しない限り合憲ととらえることができるとする。

　もとより制度的保障の理論といっても、論者によって意味内容は必ずしも同じであるとはいえないが、ほぼ共通の見解を提示するなら次のようにまとめられる[20]。憲法の規定の中には、国民の個人の権利を保障するもののほかに、一定の制度の存在を保障することを目的とする規定があるとして、これらの規定について制度的保障の理論が展開されてきた。ここで制度的保障とは、個人の主観的権利そのものの保障を目的とするのではなく歴史的、伝統的に形成されたある既存の客観的制度の保障を目的とする。そこにおいて、憲法が保障しようとするものは、その制度の本質・中核である。したがって通常の法律によってその制度を廃止し、その制度の重要部分を奪うような変更は許されないが、制度の本質・中核にふれない周辺部分については改変が可能である。しかし、それは制度を保障するものであって、個人の権利を保障するものではないので、たとえその本質・中核部分が侵害されたとしても、その侵害の排除を請求する訴権は何人にも認められない。

　このように、この理論は、制度そのものを客観的に保障することを直接の目的とする本質・中核の保障の論理であるが、しかし、周辺部分の立法による改変可

　て、宗教的組織の憲法上の地位を明確にし、特に民主的体制を維持するための憲法上の保障」と解して、宗教団体の保障としてこれを捉えている。清水望「信教の自由と政教分離原則—いわゆる〈制度的保障論〉をめぐって」『今日の靖国問題』（靖国問題キリスト者の会。1980年）227頁も参照。

20　制度的保障の一般的解説として、川添利幸「制度的保障」芦部信喜・池田政章・杉原泰雄編『演習憲法』（青林書院、1984年）、山下健次「人権と制度的保障の理論」小嶋和司編ジュリスト増刊『憲法の争点（新版）』（有斐閣、1985年）、石村善治「人権と制度的保障の理論」ジュリスト法学教室2期2号（1973年）など。なお、制度的保障の問題性については、石川健治『自由と特権の距離［増補版］』（日本評論社、2007年）参照。浦部法穂は「日本国憲法の下にあっては、国家と宗教との関係に関し、ドイツで説かれてきたような制度的保障の考え方を入れる余地はなく、日本国憲法のもとにおける『政教分離＝制度的保障』説が、ドイツの理論を借りて展開されているものであるとするならば、それは、ドイツ理論の誤った移入というほかない」と述べる（「政教分離規定の性格—『政教分離＝人権』説批判に答えて」奥平康弘編『高柳信一先生古稀記念論集・現代憲法の諸相』（専修大学出版局、1992年）54頁）。

能性を認めるものであるために、本質的・中核的でないとされたものの非保障・制約の論理を内在させている。さらに、「この制度の本質的部分が何であるかを具体的に確定する作業は相当に困難であろう[21]」。鵜飼信成は、「この説はナチスの理論家カール・シュミットが、国民の基本的人権を制約し、ナチス独裁政権の強力化を図るために構想した理論であって、日本国憲法のように基本的人権の確立を以てその基本原理としている実定法体系に適用することは不可能である。日本国憲法においては、その保障した基本的人権は、それが個人の基本的人権を保障するという意味でのみ認められる」[22]ときわめて明解に論じているが、この理論は、ワイマール憲法の個人主義的自由権に敵対する性質をもっていたのであり[23]、「最低限の保障にまで保障を限定し、それだけ非保障部分を拡大するという結果をもたらす危険」があるのであって、「保守的な機能を営みがち」である[24]。その人権保障効果については強い疑問が投げかけられている[25]。

　制度的保障の理論を政教分離規定に適用する場合、政教分離の柔軟な解釈を認めることともなり、また、個人は制度的保障規定自体を根拠にして訴訟を提起できないこととともなって、制約の論理として機能する危険性が大きいのである[26]。

　判例においても、津地鎮祭最高裁判決は政教分離の人権保障性を否定して、これを制度的保障と理解している。そして、このような見地から、「政教分離規定の保障の対象となる国家と宗教にもおのずから一定の限界があることを免れず、政教分離制度が現実の国家制度として具現される場合には、それぞれの国の社会的・文化的諸条件に照らし、国家は実際上宗教とある程度のかかわり合いをもた

21　大須賀明『憲法講義Ⅱ』（有斐閣、1979年）35頁。

22　鵜飼信成『新版憲法』（弘文堂、1968年）85頁。

23　笹川紀勝・前掲書98頁。

24　山下健次「制度的保障論覚書」立命館法学150～154号（1980年）792頁、川添利幸・前掲論文175頁参照。

25　例えば、佐藤幸治は「人権、とくに自由権は、元来制限のないことを前提とする前国家的権利性をその内実とするから、国家を前提とし、法律によってその具体的内容が規定されることを予定する〈制度的保障〉は質的にこれと相容れない性格をもっている」と的確に問題点を指摘している（『憲法』（青林書院、1981年）280頁以下）。

26　橋本公亘は、田上穣治の政教分離理解について、宗教団体の政治的中立性について批判するが、その他については支持している（前掲書194頁）。ただ田上より政教分離理解はかなり厳格である。これは日本の過去の経験にかんがみた立法趣旨から導きだされているのであって、制度的保障が政教分離とどのように結びつくのか明らかではない。政教分離規定に制度的保障をもち込む必然性はないのではないかと思える。

130　第3章　政教分離の法的性格

ざるを得ないことを前提としたうえで、その関わり合いが、信教の自由の保障の
確保という制度の根本目的との関係で、いかなる場合にいかなる限度で許されな
いこととなるかが問題とならざるをえない」とし、目的効果基準を導入して弾力
的運用を可能にしている。

　同判決は、「国家が宗教的に中立であることを要求するものではあるが、国家
が宗教とのかかわり合いをもつことを全く許さないとするものではなく、宗教と
のかかわり合いをもたらす行為の目的及び効果にかんがみ、其のかかわり合いが
右の諸条件に照らし相当とされる限度を超えるものと認められる場合にこれを許
さないとするものである」とする。そして、地鎮祭に対しては、「一般人の意識
においては、起工式にさしたる宗教的意義を認めず、建築着工に際しての慣習化
した社会的儀礼として、世俗的な行事として評価している」とした。一般人の意
識が、国の宗教的営為の実施について、目的・効果が宗教的でないとするなら
ば、少数者の意識において、目的・効果が宗教的なものであるとしても、憲法上
許されるとするのである。

　最高裁は、制度的保障論を、政教分離は間接的に狭義の信教の自由を保障する
ものであるから、その点に支障さえなければ国家と宗教の関係を厳格に考えなく
てもよいという論理を予知するためにのみ用い、そして、田上説と同様に、信教
の自由と政教分離の両者の次元の相違のみが強調され、過去の苦い経験にかんが
みて政教分離を憲法上設けた意味を希薄なものとすることにより、本判決の主た
る論理である目的・効果論[27]を導入して、柔軟かつ弾力的な運用を可能としてい
るのである。これは政教分離原則を人権保障上の原則として捉えるのではなく、
立法・行政上の原則として受けとる考え方ということができる。

　以上、政教分離を制度的保障の枠組で捉える主たる学説・判例を瞥見してきた
が、政教分離を制度的保障の理論で捉えるメリットは何であろうか。日本国憲法

27　目的・効果基準とは、国に禁じられる宗教的活動であるかどうかの判定基準であり、「行為の目
　的が宗教的意義をもち、その効果が宗教に対する援助、助長、促進又は圧迫、干渉等になる」かど
　うかという判断基準である。アメリカ判例法上適用されている基準であり、シェンプ事件において
　定式化され、「世俗的立法目的を有し、その主たる効果が宗教を助成も抑圧もしない」かどうかと
　して示されている。本基準が一定の有効性をもつのは、国家による福祉政策的な財政援助と形式的
　に解した政教分離原則が抵触するような場合であり、国家が自ら宗教行為を行った事件には適用さ
　れていない。Board of Education v. Allen, 392 U.S. 236 (1968); Lemon v. Kurtzman, 403 U. S. 602
　(1971); Committee for Public Education v. Nyquist, 413 U.S. 756 (1973); Meek v. Pittenger, 421
　U.S. 349 (1975).

の人権解釈に制度的保障の理論を導入する前提を問題としなければならないと考える。政教分離規定の解釈に制度的保障論をもちこまないといけない必然性は全くないのである。

（2）目的と手段の関係として把握する説

政教分離を制度的保障の枠組で捉える見解が通説的立場をしめてきたが、ここに取り上げる説は、制度的保障という用語を使用しないで、信教の自由と政教分離の関係を、目的と手段の関係として把握し[28]、次のように理解する。

近代憲法は人権保障部分と統治機構に関する部分に大別され、両者の関係は前者（人権保障）が目的であり、後者（統治機構）が手段である。同様の関係は信教の自由と政教分離との関係にもあてはまる。信教の自由が目的であり、政教分離は人権そのものではなく統治の組織や方法に関するものである。ところで、信教の自由は政教分離という手段によってのみ保障される。しかし、政教分離が信教の自由に奉仕する手段であるからといって、信教の自由より重要でないわけではない。政教分離は信教の自由を実現する現実的手段である点で、それを信教の自由の政治組織原理とよぶ。

政教分離を目的と手段であるとして把握する説と制度的保障説とでは、前者は厳格な解釈、後者は柔軟な解釈をとり、その保障効果については相違するが、しかし、その捉え方については一致する。すなわち政教分離原則の権利性の否定であり、信教の自由と政教分離の両者の次元の相違の強調である。制度的保障説は、両者の次元の相違のみを強調し、政教分離の柔軟な解釈を主張したが、目的・手段説は手段が目的によって方向性を与えられるとして、両者の密接なかかわりあいを求め、厳格な解釈を主張する。しかし、目的と手段という関係で捉えれば、両方の解釈が成り立つのであって、保障効果においても同様な結果がもたらされる危険性があるように思える[29]。

---

28 相沢久『現代国家における宗教と政治』（勁草書房、1966年）177頁以下、同「現代日本における国家と宗教」上智法学論集24巻3号56頁以下、小林孝輔「信教の自由と政教分離」法学セミナー増刊『思想・信仰と現代』（1977年）75頁。

29 小林孝輔・前掲論文75頁。もっとも、政教分離を制度的保障と解しても、論者によっては厳格な分離を導いている。しかし、百地章は目的・手段説に立ち、分離の大幅な緩和を主張する。「政教分離と信教の自由はいわば目的と手段の関係にあるから、政教分離と信教の自由が衝突する場合には、一定の分離の緩和もやむをえないと思われる」と述べている（公法研究52号1990年88頁）。

132　第3章　政教分離の法的性格

（3）人権として把握する説

　以上の学説は、信教の自由と政教分離の関係を切断して理解してきたが、政教分離を人権として把握していこうとする説は、政教分離と信教の自由を切り離さないで、裏表の関係、あるいは不可分の関係として把握する。

　鵜飼信成は「信教の自由をその反面から保障するものとして、宗教と国家との分離がある」と述べ、「信教の自由の確立には、国家と宗教との分離が行われることが必須の前提となる」とする。また、高柳信一も同様の認識から出発して、政教分離を次のように理解する。政教分離の原則は第一に、個人の信仰及び宗教実践の自由の保障を補完ないし補強する意味をもつ。つまり、国が宗教行為を行い、極端な場合に国教制度をとるということになれば、個人の自由な宗教実践を間接的に圧迫することになり、究極において、個人の信仰の自由、宗教行為の自由が侵害される。それゆえ、個人の宗教的自由をより完全ならしめようとするものである。しかし、分離の目的はそれにとどまるものではなく、「政府を破壊から救い、宗教をして堕落から免れしめる」ものである、という。

　さらに、高柳は基本的人権としての政教分離の保障の意義を次の点に見いだす。どういう場合に宗教的自由の侵害があったとみるべきかについて、①信仰及び宗教実践の自由の侵害になる場合と、②政教分離原則の違背になる場合とで、ひとつの大きな違いがある。前者の侵害が成り立つためには強制の要素の存在が必要であり、強制の要素を立証しえてはじめて、ある国家行為を違憲といいうるが、後者の原則の侵害が成り立つためには強制の要素の存否は関係がない。強制の要素をいう必要も立証する必要もない。国が宗教行為を行った場合、国民がそれに参加を強制されなくても、この原則の侵害になる。それではなぜ強制の要素の存否が問題とならないか。それは政教分離原則の趣旨からいって当然で、国家と宗教との結合という事実そのものが内面的自発性の尊重（voluntarism）という近代人の良心の自由の基礎を危うくし、そのことによって立つ道義的基礎を破壊するからである。別に参拝を強制されなくても、国家の威信や財力を背景にした宗教が存在すること自体が、良心の自由を大切に思う人民にとってたえがたいことであり、納税者として出した金が信じない宗教のために使われるということ自体が、その宗教への参拝を強制されなくても、われわれの良心の自由を傷つけるものである。

　そして、この鵜飼・高柳説に連なるものに、笹川紀勝・横田耕一説がある。笹

川は憲法の人権保障のなかに信教の自由も政教分離の原則も含まれていることを考慮に入れざるをえないとして、憲法20条の各条項を人権問題として捉えるのは自然であり、「政教分離原則の侵害には、強制の要素は必要ないとの高柳の主張は人権としての政教分離の原則の特徴を的確に現わしているものと思う」[30]とされる。筆者も政教分離は人権保障条項であると考える。すなわち、国家が宗教と結びつくことは、国民にとって自分の信じない宗教のために醵金を強いられ、さらに、宗教的少数者に対して公認の宗教に従うよう間接的な強制的圧力が生じ、よって、国民の宗教上の良心的決定（宗教・良心の自由）に不当な影響・圧力を加え、国民の信仰・不信仰の自由な決定が妨害されることになる。そのようなことをこの原則は禁止しているのである[31]。

　また、同様な理解を明解に示しているのが、浦部法穂であり、次のように言う[32]。政教分離は、信教の自由の単なる「手段」ではない。それは、信教の自由の確立にとっての「必須の前提」である。つまり、歴史的に、政教融合が信教の自由を完全に否定してきたことから、信教の自由の確立にとって政教分離が不可欠と考えられた。たしかに、政教融合による個々人の信教の自由への圧迫は、直接的な弾圧がないかぎり間接的なものにとどまるが、しかし、そういう間接的な圧迫が、まさしく、その社会における信教の自由の否定そのものとして現われることになる。だから、信教の自由の保障は、直接的な強制や弾圧を排除するだけでなく、こういう、個々人にとっては間接的な圧迫をも排除することによって、はじめて完全なものになる。日本国憲法は、直接的な強制や弾圧を排除するとともに、政教分離を定めることによって間接的な圧迫を排除し、信教の自由の完全な保障をはかっている。こう考えれば、政教分離は信教の自由の一つの内容をなすものとしてとらえられるべきこととなる。つまり、政教分離規定は、それじたい人権保障条項である、ということである。いいかえれば、政教分離条項によって、国民は、信仰に関し間接的にも圧迫を受けない権利を保障されているのである。

30　笹川紀勝・前掲書98頁以下。
31　シェンプ事件で同意意見を書いたブレナン裁判官は、国教定立禁止条項が宗教の自由の共同保障条項である点を指摘し、憲法制定者は宗教上の信条の自由をいずれか一方の条項のみに委ねたのではなかったとしている。School District of Abington Township v. Schempp, op cit., at 256.
32　浦部法穂『憲法学教室第3版』（日本評論社、2016年）148頁、同「政教分離規定の性格」『高柳信一先生古稀記念論集・現代憲法の諸相』（専修大学出版局、1992年）49頁以下。

134 第3章 政教分離の法的性格

　以上の検討から帰結されることは、政教分離原則は狭義の信教の自由の保障に
とどまらず、それを拡大強化するところのプラス・アルファの、国家と特定の宗
教との結合から生ずる間接的な強制的圧力から少数者の信教の自由を保障する人
権保障条項である。それゆえ、少数者の信教の自由が間接的な侵害をうけた場
合、すなわち、国家と宗教の結合により間接的な強制的圧力をうけたことを立証
できる個人には、国の行為の政教分離原則違反の違憲の宣言ないしは当該行為の
差止を求める原告適格が認められる、政教分離原則違反を理由として訴訟を提起
することが可能となる。政教分離原則の侵害行為を司法審査の対象とすることが
できないとすれば、分離原則は、はなはだ実効性のないものになってしまうであ
ろう。このように理解するのが厳格な政教分離を採用している憲法の趣旨に適う
と考えられる。

　もっとも人権説については、藤井俊夫の次のような指摘がある[33]。人権説の狙
いとしては、1つは、このように解することによってこの原則の内容を厳格に理
解すべきであるとする趣旨があり、もう1つは、このように解することによっ
て、ある国家の行為によってこの原則が侵害を受けた場合にはただちに権利侵害
を主張して、その違憲性をとがめるための出訴が可能となるとする趣旨がある。
そして、後者の出訴可能性という問題について、そもそも憲法76条の司法権の範
囲あるいは憲法81条の事件性にかかわるものであるが、この説の趣旨は、人権規
定と解することによってこの原則違反の行為をただちに国民の権利侵害の要件を
充たすことになるとするものである。しかし、ここでは、この原則が信教の自由
とは別にどのような内容の権利を保障しているのかが明確でないということが問
題となる。その内容が不明確である限り、この原則がただちに人権であるとする
ことは難しい。やはり、この原則は、信教の自由を保障するためにとくに国家に
対する禁止を付加したものであり、そして、禁止違反行為をとがめる訴訟の可能
性は違反行為の内容によって差異があると解するのが妥当であろう。その意味で
は、ここではむしろ政教分離原則がただちに人権だとするよりも、国との関係お
よび私人相互間の両者を含めて、信教の自由の内容そのものをより充実させる方
向で詳細に検討することの方が重要なのではないかと思われる、という。

　筆者は政教分離の理論的・規範的把握として人権説が妥当であると考えるが、

33　藤井俊夫『憲法と人権Ⅱ』（成文堂、2008年）27頁、戸波江二・前掲論文537頁以下参照。

訴訟上、どのように救済方法を構築していくのか、藤井のこの重要な指摘を重い課題として受けとめておきたい。

5　おわりに

　現代国家の行政機能の拡大化というなかで、福祉政策的な財政援助と形式的・機械的に理解した政教分離原則が抵触するという場合がでてくる。このような場合に、政教分離の意義・目的、それから導きだされる命題を厳格に維持しながら、どのような適用上の基準を見出していくか繊細微妙な問題はあるが[34]、しかし、国家が自ら宗教行為を行った場合には、宗教信仰の表現である一切の行為が憲法の禁止する宗教的活動の範疇に含まれるのであり、このような場合の認定にはさしたる困難はないのである。

　それゆえ、政教分離の憲法原則について、その意義を没却し、国家と宗教の癒着を大目にみるために、恣意的な〈制度的保障〉理論を用いたり、あるいは、国家が宗教的行為を行った場合に、その具体的適用上の基準として、アメリカ判例理論の目的・効果基準を部分的・形式的に使うことは厳に慎まなければならないといえる。

34　Free Exercise of Religion 条項と Nonestablishment 条項との間の衝突状況に対して適用される基準は何かという問題である。この論点につき詳しくは、高柳信一「国家と宗教―津地鎮祭における目的効果論の検討―」法学セミナー増刊『思想・信仰と現代』1977年、同「政教分離判例理論の思想」278頁以下。

第4章　政教分離と信教の自由の関係

1　序　説
2　信教の自由と政教分離をめぐる理論
　（1）政教分離を制度的保障論で把握する説
　（2）自由と分離の関係を目的と手段の関係で把握する説
　（3）政教分離を信教の自由と統一的に把握する説（人権として把握する説）
3　信教の自由と政教分離の再把握
　（1）カッツ（W. G. Katz）の見解
　（2）プェファ（L. Pfeffer）の見解
　（3）アメリカ連邦最高裁判所の立場
4　むすび

1　序　説

　宗教の自由の保障について、比較憲法的にみると、個人の信仰の自由の保障だけの憲法と、それだけでは不十分であるとして、さらに政教分離原則を定める憲法と大きく二つに大別される。後者についてはアメリカ合衆国憲法がその典型であるが、日本国憲法もアメリカ合衆国の政教分離の方式を忠実に憲法化している。この二つの憲法保障方式には、宗教の自由に関して量的増大の問題をこえた質的な相違がある。

　宗教と国家の関係における国教制度を克服し、宗教に対する寛容という制度を経て、国家と宗教の完全な分離が樹立されるに至る。つまり、宗教の国家からの自由であり、国家の宗教からの自由である。政治の論理に宗教をもちこむことの危険性、すなわち、政治権力がこの世的な物質的幸福を追求すべき使命をおろそかにする危険、宗教の論理からいっても政治の力をかりることは宗教の宗教たる活力を害し腐敗にみちびくという認識、信仰の相違を政治にもちこむべきではなく、政治は政治の運動論理に宗教は宗教の運動論理に委ねるということについての熟慮の結果から、政治と宗教は混淆されるべきではないという政教分離がうちたてられることになった。

138　第4章　政教分離と信教の自由の関係

　しかし、政治権力は政治支配のために宗教を有用であるとする考え方を放棄し
ているわけではなく、とりわけ支配的な宗教を使って政治目的を実現しようとす
る考え方は残存している。このことは現代日本においても国家神道の色彩の行為
が様々に復活強化していることをみても明らかである。まさに、そこに政教分離
の憲法的保障の意義もあると考えられる。

　本章では、まず日本における政教分離と信教の自由の関係をめぐる理論状況を
概観したうえで、憲法による政教分離の保障をはじめて成し遂げた国であり、か
つ、現在においても政教分離がいろいろな面で論争の的となっている国である了
メリカ合衆国における問題をみておきたい。この国における政教分離をめぐる問
題は複雑にして多様であり、現在の合衆国では、政教分離原則の適用上の基準如
何ということが関心事になっているのであるが、その探求にすすむ前に、信教の
自由と政教分離の関係の把握の問題、政教分離の本質理解という一つの局面を垣
間みることとしよう。

　日本では、政教分離の法的性格について、それを制度的保障と捉える見解が通
説的な地位を占めてきたが、津地鎮祭事件最高裁判決を契機として自覚的な検討
が行われ、次第に克服されつつあるように思える。しかし、第3章でみたごと
く、未だ支配的見解は形成されておらず、理論的決着は将来の課題として残され
ているといえよう。そこで信教の自由と政教分離の関係を再検討することによっ
て政教分離の本質を探ってみよう。

2　信教の自由と政教分離をめぐる理論

　日本国憲法20条は同条1項前段と同条2項で個人の信教の自由を保障し（狭義
の信教の自由の規定）、同条1項後段、同条2項、同条3項、89条で政教分離を規
定しており、両者で広義の宗教的自由を保障している。そこで両者の関係をどの
ように理解するのかが問題となる。これについては学説上分岐がある（以下の論
述において、狭義の信教の自由を「自由」、政教分離を「分離」と略す場合がある）。

　日本およびアメリカ合衆国の政教分離につき、通常、国家と宗教のゆ着を大目
にみる見解を相対的分離（限定分離）、厳格にみる見解を絶対的分離（完全分離）
として分析される場合があるが[1]、筆者の関心は、緩やかな分離、厳格な分離を
導きだす理論的基礎にあり、自由と分離の関係の把握の仕方によって二つの理論

的傾向に分岐すると考えられる。つまり、自由と分離を切断し、自由のための分離であるというように二元的に把握するのか、それとも、自由も分離も、というように一体的に不可分のものとして把握するのかということである。そして、この理論的把握の相違が国家の宗教的中立性の理解にも反映していくように考えられる。分離と自由を切断する考え方として次の二つの傾向がある。

（1）政教分離を制度的保障論で把握する説

ひとつは政教分離をドイツ憲法学にいういわゆる「制度的保障」と捉えることにより、分離違反は直ちに個人の信教の自由の侵害にはならないとし、さらに、たとえ分離違反が認められるとしても、個人にはそれを理由として訴える「原告適格」は認められないとする。この考え方は、信教の自由をめぐる憲法訴訟である津地鎮祭事件、自衛官合祀拒否事件で国側が主張したところのものである。

この政教分離を制度的保障で捉える有力な推唱者は田上穣治である[2]。田上は、信教の自由を個人的な自由権と捉え、政教分離と区別する。そして、信教の自由を、①信仰告白の自由ないし良心の自由、②宗教行事の自由、③宗教的結社の自由、に分け、これらを20条1項が保障し、この条項が20条全体の一般的包括的規定であると理解する。さらに、政教分離については、20条1項後段、同条3項、89条によって具体化され、個人の自由権ではなく宗教団体に対する平等な地位を保障し、信教の自由を間接的に強化する役割をはたし、制度的保障の一例であるとする[3]。

田上にあっては、個人の信仰の自由にウエイトがあるため、「政教分離は、信仰の自由を徹底させるために、国家と特定宗教との結びつきを禁止するのがその根本であるのだから、その点にさえ支障がなければ、そう厳格に考えなくてもよいのではないか」[4]という主張になる。信教の自由の保障を徹底させるために分離原則を厳格に解釈しなければならないとはいわない。そして、ある特定の宗教団体を保護しても（例えば、神社神道）、他の宗教団体を圧迫しない限り合憲である

1　例えば、上田勝美「信教の自由の保障」龍谷法学14巻4号（1982年）、新田光子「国家と宗教の分離」龍谷法学13巻3号（1980年）など。
2　田上穣治「宗教に関する憲法上の原則」『憲法講座2』（有斐閣、1963年）135頁。
3　その他、例えば、橋本公亘『憲法［改訂版］』（青林書院新社、1976年）194頁、熊本信夫『アメリカにおける政教分離の原則』（北大図書刊行会、1972年）など。
4　憲法調査会『憲法運用の実際』（日本評論社版）134頁。

140 第4章 政教分離と信教の自由の関係

という。

さらに、判例においても、政教分離の意義、目的、国家と宗教とのかかわりあいがはじめて正面から審理された津地鎮祭最高裁判決で[5]、憲法20条1項前段および2項は、直接的に個人の信仰の自由を保障するものであるが、これに対して、20条1項後段と3項の政教分離規定は、「いわゆる制度的保障の規定であって、信教の自由そのものを直接保障するものではなく、国家と宗教との分離を制度として保障することにより、間接的に信教の自由の保障を確保しようとするものである」とする。そして、外部的な社会事象の面においては、国家と宗教とを完全に分離することは実際上不可能であるゆえに、国家と宗教のかかわりあいがあり、それゆえ政教分離には一定の限界があり、政教分離原則によって国家に禁止される行為は、国家と宗教のかかわり合いをもたらす行為の目的・効果・社会的文化的諸条件によって判断されるという。

この判決は田上の延長線上にあり、最高裁は制度的保障論を、政教分離は間接的に狭義の信教の自由を保障するものであるから、その点に支障さえなければ、国家と宗教との関係を厳格に考えなくてもよいという論理を予知するためにのみ用いている。つまり、政教分離は信教の自由のための制度であるので、信教の自由の保障が主であり第一次的なものとみなされ、政教分離は信教の自由ほど徹底的ではありえず限界があるのであり、厳格に考えなくてもよいという組立である。このように信教の自由と政教分離を切断し、両者の次元の相違のみが強調され、過去の苦い経験にかんがみて政教分離を憲法上設けた意味を希薄なものとすることにより、本判決の主たる論理である目的・効果論を導入して[6]、国家と宗教の癒着を大目にみるところの柔軟かつ弾力的な運用を可能としているのである。これは宗教的少数者の信教の自由を危うくする論理を内在させるものであったといえる[7]。

5　最大判1977（昭和52）・7・13民集31巻4号533頁。

6　シェンプ事件において、クラーク裁判官は、目的・効果基準について次のごとく述べた。「基準は次のごとく言うことができる。すなわち、立法の目的と主要な効果が何であるかである。もし、そのいずれかが宗教を助長し、あるいは抑圧するものであるならば、その立法は憲法によって画された立法権の範囲を踰越するものである。すなわち、政教分離条項によって非とされないためには、世俗的な立法目的と宗教を助長も抑圧もしない主要な効果がなければならない」School District of Abington Township v. Schempp, 374 U.S. 203, 222 (1963)。

7　高柳信一は次のような正当な指摘を行っている。判決の論理は、分離は制度的保障であるから、それにふれるかどうかにについての解釈基準は、人権保障規定におけるような絶対的なものではな

このように、政教分離は制度的保障であり人権規定ではないと説かれ、さらに国の政教分離違反の行為が認められるとしても、国民には違憲無効を争う「原告適格」が認められないという。政教分離にこの理論を適用する場合、分離の柔軟な解釈を認めることともなり、また、個人は制度的保障規定自体を根拠として訴訟を提起できないこととなって、政教分離の実効性が確保されない。制度的保障説は、国民の宗教的自由の制約の論理として機能する危険性が大きい。

厳格な政教分離がとられていない「寛容」制を原則とするドイツの制度的保障論でもって、日本の信仰の自由と政教分離の関係を説明することには重大な疑問がある。日本国憲法下の人権解釈に制度的保障の理論は原則として不要である[8]。この点については既に第3章で言及した[9]。

（2） 自由と分離の関係を目的と手段の関係で把握する説

この説は次のような理解をする（相沢久、小林孝輔など）。近代憲法は、人権保障部分と統治機構に関する部分に大別され、両者の関係は前者が目的であり、後者が手段である。同様の関係は信教の自由と政教分離の関係にもあてはまる。信教の自由が目的であり、政教分離は人権そのものではなく、統治の組織や方法に関するものである。ところで、信教の自由は政教分離という手段によってのみ保障される。しかし、政教分離が信教の自由に奉仕する手段であるからといって、信教の自由より重要でないわけではない。政教分離は信教の自由を実現する現実的手段である点で、それを信教の自由の政治組織原理と呼ぶ[10]。

統治機構は人権の保障に役立つかぎり意味を有するが、人権の保障に奉仕しない統治機構は否定されるべきである。それと同時に、政教分離も信教の自由に役立つかぎり意義をもっている。けれどもそれが信教の自由の実現を阻む場合は、必ずしも尊重されない。政教分離はそれ自体が完結した正当性、妥当性を有する

く、「諸般の事情を考慮」した「社会通念」でよいといっていること自体に問題がある。その解釈基準に「社会通念」をもちだしたのでは、多数者の事実上の支配乃至既成事実化した多数者意思に追随することになり、判旨のなかには、宗教的少数派を差別し不利に扱う論理が隠されている（高柳信一「津地鎮祭判決と政教分離」『文化評論』1977年10月号131頁）。

8　笹川紀勝・大須賀明ほか『憲法講義II』（有斐閣、1979年）98頁。

9　後藤光男「政教分離原則の法的性格」早大法研論集1982年25号91頁以下、本書第3章参照。

10　相沢久『現代国家における宗教と政治』（勁草書房、1966年）177頁以下、小林孝輔「信教の自由」ジュリスト586号（1975年5月1日号）39頁。

わけではなく、信教の自由にいわば奉仕するかぎりにおいて、政教分離としての価値が与えられる。政教分離のための分離であってはならず、どこまでも信教の自由を保障するための政教分離であるべきである。政教分離も、もしそれが人権であるとされた場合、それ自体目的とされて、奉仕すべき目的である信教の自由を忘れるという事態がおこらないという保障はない[11]。

　政教分離は信教の自由（という目的）のための手段である。政教分離は手段（ないし方法・制度）であって目的ではない。したがって現象的もしくは形式的に政教分離原則に矛盾するかに見える場合でも、信教の自由と無関係である場合、あるいは信教の自由を侵害することがなければ違憲問題を生じないこともある。問題は特定の国の施策が政教分離原則に反するかどうかよりも、むしろその施策が信教の自由の確保という目的に適合するかどうかにある、ということになる[12]。

　さらに、上田勝美は、高柳信一の政教分離原則の理解のような即人権説として位置づけることはできないとし（高柳説については後述する）、信教の自由も人権、政教分離原則もまた人権ということはありえないという。この点について、相沢久の「政教分離は人権そのものではない。人権たる信教の自由の保障を実効的にする方法である」との主張の如く解釈するのが、現憲法20条所定の趣旨に合致する解釈ではなかろうかとされて、相沢説の正当なる所以を説かれている[13]。

　以上のように、この説は自由と分離を分断して二元的に捉え、分離は自由の手段・方法・組織原理であるという。この説は、田上説と異なり、制度的保障という用語を使わないか、意識的に避けていると考えられる。また、政教分離の保障効果についても田上説と異なり、厳格な分離を主張している。しかし、この説の特徴は政教分離の権利性を否定するところにあり、かつ、自由と分離を目的と手段の区別で捉える田上説と相当に一致する。

　自由と分離を二元的に把握すると、制度的保障説と同様に自由を一次的なものとみなし、分離を二次的なものとみなすために、分離には限界があるということになって、厳格な分離は要請されないこととなり、分離が緩和される結果を導き

11　相沢久「現代日本における宗教と政治」上智法学論集24巻3号（1981年）57頁。
12　小林孝輔「信教の自由と政教分離」法学セミナー増刊『思想・信仰と現代』（1977年）75頁。
13　上田勝美・前掲論文16頁。上田勝美は、憲法教科書では次のように説明している。「政教分離原則とは何か。信教の自由の保障は、それ自体、国家権力に対する抵抗と、国家権力によって侵害されてはならない権利であることを意味するが、この自由権を更に確実に保障せんがために、客観的条件を設定する必要がある」『新版憲法講義』（法律文化社、1996年）171頁。

やすい。横田耕一の言葉をかりれば、「これはいかほど信教の自由と政教分離原則の一体性を強調しても、原則が人権に対する方法・制度・手段であるとされる限り、人権の内容から逆照射を受けることにならざるをえない」[14]からである。さらに、分離違反がある場合でも、個人の信教の自由を侵害しなければ違憲の問題を生じないことともなり、分離の意義が閑却されることとなりやすい。

　制度的保障説（田上穣治説）、目的・手段で捉える説（相沢久説、小林孝輔説）の両説について、笹川紀勝は、田上説と相沢説は実定法とは別にいわば理念的概念を構成し、その概念に合わせて解釈しているように思える、として次のように指摘している。いずれもが人権としての信教の自由と人権でない制度的保障もしくは組織的要素としての政教分離の下に、憲法20条を相異なる規範群に区別する。そうすると目的と手段の合理的効率的相関関係はどのように追及され保障されるのであろうか。田上は目的と直接かかわらないものを手段の中に組入れず、手段の範囲を狭く解釈した。相沢は両者の密接なかかわりあいを述べ、手段の範囲を広く解釈した。実定法に即していえば、前者は柔軟な解釈、後者は厳格な解釈をとることとなる。しかし、目的と手段の関係に単純化すれば両方の解釈が成り立つ[15]。筆者も以上の両説について同様な疑問をもっている。この指摘は先の上田勝美による高柳説の位置づけにも該当する。この両者の理論的枠組は基本的には同一なのであり、両者の相違は程度の問題でしかないと考えられる。

（3）政教分離を信教の自由と統一的に把握する説（人権として把握する説）

　この説は、以上の説のごとく自由と分離を二元的把握するのではなく統一的に把握して分離に固有の意義を見出し、分離と自由をコインの裏表の関係、不可分の関係として捉える。

　例えば、鵜飼信成の政教分離の理解は次のようなものである。信教の自由は、信仰の自由、宗教的行為の自由、宗教的結社の自由を意味する。このような信教の自由を反面から保障するものとして、宗教と国家との分離がある。国家が特定の宗教と結びついて他の宗教を圧迫することは、西欧の歴史においても著しかったところで、信教の自由の確立には国家と宗教との分離の行われることが必須の

14　横田耕一「信教の自由の問題状況」Law School 46号（1982年）10頁。

15　笹川紀勝・前掲書98頁。

144　第4章　政教分離と信教の自由の関係

前提となる。このことは、国家神道による国民の精神的支配という苦い経験をした日本にとって、特に重要な原則といわなければならない[16]。この鵜飼の、分離は自由を反面から保障し、自由の確立には分離が必須の前提となるという指摘は重要である。

　高柳信一も同様の認識から出発して、分離は自由を補完・補強するものと捉え、さらに、分離の独自の意義を強調する。そして、分離と自由との必須的連関についての原理的論証を行っている。高柳は次のように述べる。政教分離は第一に狭義の宗教の自由を補完ないし補強することにより、少数者の信仰の自由を国家の間接的圧迫から救うことにある。しかし、分離の目的はそれにとどまらず、「政府を破壊から救い、宗教をして堕落から免れしめる」ものである。さらに、基本的人権としての政教分離の保障について、「この侵害があったとされるについては、狭義の信教の自由の場合とことなり、『強制』の要因の存在を必要としないこと、換言すれば、国が宗教行為を行った場合、国民がそれに参加を強制されなくてもこの原則の侵害となる」[17]。

　以上の説をふまえて、自由と分離の統一的理解は笹川紀勝の見解のなかにうかがわれる。笹川は次のように述べる。憲法の基本的人権のなかに信教の自由も政教分離も含まれていることを考慮に入れざるをえない。憲法20条の各条項を人権問題として捉えるのは正しい。事実、憲法20条3項の国等による宗教教育の禁止は、個人の思想・良心・信仰の問題となりうる。例えば、国が宗教教育を児童に行えば、児童生徒は宗教教育を受けない権利として同条項を援用できるのではないだろうか。89条のかかわりでいえば、同条は政教分離として直接に個人にかかわらない領域でも国等の宗教的活動と公費の支出を禁じている。宗教活動と公費の支出の禁止も統治の組織のあり方を規定する人権としての性質をもつというべきである[18]。

　このような理解は、のちにみるプェファ（L. Pfeffer）の見解にかなり近いし、アメリカ連邦最高裁判所の理解とも合致する。笹川の先の例でいえば、国が宗教教育をおこなえば政教分離にも違反するし個人の信教の自由をも侵害する。国がある特定の宗派に公費を支出すれば分離にも違反するし、かつ自分の信じない宗

16　鵜飼信成『新版憲法』（弘文堂、1968年）85頁。
17　高柳信一「政教分離の原則」『文献選集日本国憲法6・自由権』（三省堂、1977年）70頁。
18　笹川紀勝・前掲書98頁。

派に税金をもぎとられるという良心の強制にもなり、信仰の自由（良心の自由）を侵害する。さらにいえば、たとえ個人が参拝や宗教行事への参加を強制されなくても、あるいは、宗教に財政援助がおこなわれなくても、国家の威信を背景にした宗教が存在するということ自体が、良心の自由を大切に思う人びとにとってはたえがたいことなのである。そうであるがゆえに自由におとらず分離の独自の意義が強調されることともなる。

　それは次のような横田耕一の見解にまとめられる。政教分離には、狭義の信教の自由の保障には収斂されない独自の意義が存在する。政教結合による間接的な強制的圧力からの自由こそが、狭義の信教の自由に加えて政教分離によって保障されている。したがって、政教分離条項は狭義の信教の自由を前提としながら、「この保障をより全からしめんがために、これに附加されたところの、狭義の信教の自由を強化ないし拡大する人権保障条項である」と把握できる。こうして、政教分離条項は独自に保障する人権の領域を与えられる。このように分離条項を把握する結果は、単に厳格な分離を要請するにとどまらない。政教分離違反の事実があったときに、政教分離条項を直接の根拠として訴訟を提起する道が開かれる可能性が生じる[19]。

　かくして、分離を人権保障条項と捉える説は、国家と宗教の結合により間接的な強制的圧力をうけたことを立証できる個人には、国の行為の分離原則違反の宣言、ないしは当該行為の差止を求める原告適格が認められ、分離原則違反を理由として訴訟提起が可能となる。分離を自由におとらず重要な人権原則とみる帰結である。このように分離を人権と捉えることは、厳格な分離を主張する実体的な意義はもとよりのこと、分離違反を根拠として訴訟の提起を可能とする手続的な意義も少なくない。このように自由と分離を一体的に把握し、分離自体が独自の意義をもち、自由と同等の重要さをもつとする解釈は、日本国憲法の宗教の自由解釈において、最も妥当なものであると考えられる。

　それでは、以上のような自由と分離の関係をめぐる理解の相違、すなわち二元的に把握するか、あるいは統一的に把握するかは、政教分離という実験をはじめてなしとげた国であるアメリカ合衆国においては、どのように考えられてきたのであろうか。日本もアメリカ合衆国にならい、政教分離を忠実に、さらにそれよりも

19　横田耕一・前掲論文11頁。

146　第4章　政教分離と信教の自由の関係

厳格な政教分離をとったのであるが、アメリカ合衆国の憲法原則とその下で展開せしめられた豊かな判例法理ならびに学説は、日本の政教分離の意義を解明するに示唆するところが多いと考えられる。そうであるがゆえに、津地鎮祭判決でも、合衆国最高裁の関連判例の理論が、裁判所の依拠するところとなったのであるが、しかし、それを部分的・形式的に使うことは慎まなければならない。そこで次に、自由と分離の関係に焦点を当てて、その理論的把握についてみておこう。

3　信教の自由と政教分離の再把握

アメリカ合衆国憲法修正1条の宗教の自由条項は、信仰の自由な行為を保障する自由行為条項（free exercise clause）と国家が国教を定立することを禁止する国教定立禁止条項（nonestablishment clause）からなる。後者が国家と宗教の分離を定めている。次のような規定である。

「連邦議会は、国教の樹立を規定し、もしくは信教上の自由な行為を禁止する法律、……を制定することはできない」[20]。"Congress shall make no law respecting establishment of religion, or prohibiting the free exercise thereof, ‥"

それではこの自由行為条項と国教定立禁止条項の関係はいかに把握されているのであろうか。問題は信教の自由のための政教分離なのか、あるいは、政教分離が独自の目的をもつのかということである。

アメリカ合衆国では、政教分離が信教の自由に対する制度的保障という発想はないし、争点とならないが、かつて、コーウィン（E. S. Corwin）は、修正1条の政教分離条項は個人の自由を保護するものではないので、修正14条の保障する"自由"（liberty）に論理的に吸収されえないと論結したが[21]、連邦最高裁判所は、修正1条の政教分離条項を修正14条を媒介として州に適用されるべきものとしてきたのであり、右の第1節にいう自由（liberty）の一種として理解しており、コーウィン説をしりぞけていると考えられる。まず、学説からみていこう。学説は自由と分離についていかに捉えているのであろうか。大別すれば二つの理論的傾向がある。

20　宮沢俊義編『世界憲法集第4版』（岩波文庫、1983年）による。
21　E. S. Corwin, A Constitution of Powers in a Secular State (1951), 113-116.

（1）カッツ（W.G. Katz）の見解

　自由と分離を二元的に把握する論者には、グリスウォルド（E. V. Grisword）、コーウィン（E. S. Corwin）、コイパー（P. G. Kauper）、カッツ（W. G. Katz）等がいるが、その見解の代表的なものとして W・カッツをとりあげ、分離は自由のための手段であるとする考え方を検討してみよう。

　カッツは自由と分離を次のように理解する。憲法上の分離の限界を画定するにおいて、その基準となるのは信教の自由の概念である。政教分離の原則は手段的な原理である。分離は通常、信教の自由を促進する。しかし、分離が自由を促進するかぎりで擁護しうるにとどまる[22]。このようにカッツは分離を自由に役立つ従属的な概念として位置づける[23]。それゆえ分離の侵害に寛大となる。つまり、修正１条には自由と分離という不等価の価値が保障されているという。それゆえ、自由と分離が衝突するように思われるときは、分離より高次の価値である自由に譲歩すべきであるとされる。このような理解は日本における目的・手段説にかなり近い。

　カッツの見解をもう少しみておこう。分離は究極的な原理ではない。憲法は信教の自由を厳格な分離と相容れる自由に矮小化するものではない。修正１条の宗教条項に関する基本原理は厳格な中立の原則であり、厳格な分離と区別することが必要である。国家が中立であるべきであるとしても、国家は宗教との接触から隔離されているものではない。宗教の自由が意図されずして侵害されることを避けるためには、国家が宗教のために援助・協働することが厳格な中立の原則の下においても必要である。例えば、軍隊における自発的礼拝の設備は、国家の政策が宗教に好意を示すことが正しいからではなく、礼拝の設備がなければ国家がその権力を宗教に敵意を示すやり方で行使することになるから、憲法上容認されるのである。修正１条の厳格な国家の宗教的中立性は国家の公平な援助から宗教を切り離すものだとは考えられない。宗教が国家によって差別待遇をうけ、もしくは特権を与えることのないようにしているのである。この原則は、すべての通学児童に公平に提供せられるスクールバス等のみならず、宗教団体の経営する学校

22　Katz, Freedom of Religion and State Neutrality, 20 U. CHI. L. Rev. 426（1953）及び、ウイルバー・カッツ「信教の自由と政教分離」国際宗教ニューズ８巻３号（1967年）を参照してまとめた。

23　笹川紀勝「信教の自由と政教分離の関係」ジュリスト1982年７月15日号35頁参照。

148　第4章　政教分離と信教の自由の関係

で行われる世俗的教科の教育に公金を支出することを容認するものである。分離
の原則は宗教の自由の保障に譲歩すべきである。

　それでは修正1条における分離と自由とは対立する二分野（不等価な価値）な
のであろうか。これについて批判的考察を加えているのがプェファ（L. Pfeffer）
である[24]。プェファの批判は的を射ていると考える。その批判は修正1条の規範
命題の中にカッツの二分法を支持する根拠を見出せないし、修正1条の制定者た
ちも二分法を支持しなかったという点である。

　①　修正1条の本文の中に「自由が分離に優越する」という見解を支持するも
のは何もない。修正1条について単一的な解釈ではなく二元的な解釈を行う人び
とは、分離と自由が衝突するような場合の処理において、どちらの価値が優越し
ているかを決定しなければならないが、通常、そういうひとの解釈は分離よりも
自由に優越を与えてきた。しかしながら、修正1条の本文の中に、ふたつの価値
を以上のように解釈することを支持するものは何もない。修正1条は、分離と自
由が衝突する場合を除いて、議会は国教の定立に関する法を制定してはならない
といっているわけではない。宗教の自由行使との関係において、政教分離は手段
的なものであり、相対的なものでしかないということを支持するものは修正1条
の本文の中にはない。それゆえ、このような二分法を正当化する根拠は見出せな
いのである。アメリカ的規範の展開において、このような主従的関係、目的と手
段という関係を正当化する原則が生まれたことはない。分離と自由は単一の権利
の二つの側面なのである。

　②　修正1条の起草者たちも、自由は分離があるところにのみ得られるもので
あり、分離が自由の最善の保障であるという立場を堅持していた。修正1条が発
議されたときの説明は、分離と自由について、一方が他方に優越し、他方が従属
するということを何ら指示することなく、両方を結びつけた。修正1条が成立す
るについての最初の考え方はジェームズ・マディソンによって提示され、検討さ
れたのであるが、その考え方は次のようなものである。「いかなる市民的な権利
も宗教的信仰を理由として侵害されてはならない。またいかなる国教も樹立され
てはならない。また、良心の完全な、また平等な権利は、いかなる方法において
も侵害されてはならない」。この案を中心に議論され、現在の修正1条へと落ち

24　Leo Pfeffer. Freedom and/or Separation, 64 Minn. L. Rev. 561 (1980).

着くわけであるが、結局一州たりとも国教の定立を容認しなかったということ
は、アメリカの伝統において、自由と分離は相互依存的で同延のものであるとい
うことを確信させる。自由のための分離ということ以上のもの、すなわち分離の
独自の意義に関心が示されてきたのであって、マディソンの著作においても、修
正1条の目的は自由の保障であり、分離は自由のための手段でしかないというこ
とを支持するものは何もない。

　したがって、修正1条は自由とともに分離の概念を含み、これを一個の統一的
な保障と考えている。この保障は宗教的なるもののみならず非宗教的なるものを
も含む。これはエピスコパル同様バプテストを、プロテスタント同様カトリック
を、キリスト教徒同様ユダヤ教徒を、宗教者同様無神論者を保護する。このよう
に、プェファは自由と分離を統一的に単一なものとして把握する。それではどう
いう根拠で分離と自由は統一的に把握しなければならないという考え方に想到さ
れているのであろうか。筆者なりにプェファの見解を整理しておこう。

（2）プェファ（L. Pfeffer）の見解

　修正1条の宗教条項は自由と分離を一体的に保障している。分離と自由は別々
の概念や原理ではなく、単一の権利の二つの側面であり、同一のコインの裏表で
あって、分離は自由を保障し、自由は分離を要請する。ラトレッジ裁判官の言葉
によれば、「政教分離と（個人の宗教の）自由な行使は、相互依存的（correlative）
かつ同延（coextensive）の理念であり、一つの偉大かつ基本的な自由の単に異な
る側面を表現するものにすぎない」[25]ものである。以上のように解する政教分離
の根拠づけは、民主主義的基礎としての、（1）　voluntarism―自主自発性の原
則と、（2）　立憲主義―国民によって与えられた権限しかない政府である[26]。

（1）　voluntarism―自主自発性の原則

　①　ひとつは、良心と精神のことがら、人間の神との関係のことがらにおける
自発性の仮説である。人間と創造主との関係、神信仰もしくは無信仰に関し、民

25　Everson v. Board of Education, 330 U.S. 1, 40 (1947)（Rutledge, J., dissenting）.
26　L. Pfeffer, Church, and Freedom (rev. ed. 1967): Freedom and/or Separation, 及び「信教の自
　由と政教分離」国際宗教ニュース8巻3号（1967年）を参照してまとめた。「信教の自由と政教分
　離」については、原文にあたることができなかったので、訳出については本論文によった。

150 第4章 政教分離と信教の自由の関係

主主義は、いかなる仕方においても、人を強制してはならない。信仰、宗教的結社、および礼拝等のことがらについて任意主義の考え方をとる以上、われわれは、宗教の自由のみならず教会と国の分離の思想に至らざるをえない。

② 信仰の問題にかんして任意主義をとるならば、宗教学校に公金を支出することは、教会と国との分離の保障のみならず、宗教の自由をも犯していることになる。これが、いかにして、国民の自由を侵害するのか。この目的のために支出される金額は、人頭割りにすれば、僅少にすぎない。しかし、アメリカのプロテスタントは、宗教の自由を求める闘いを、主に宗教目的のための公金支出反対闘争であると解釈する。プロテスタントは、宗教目的のための税の賦課は、良心の領域に対する強制の行使となるとみなしている。マディソンがバージニア宗教税賦課法案に反対して、「宗教課税に反対する請願と抗議」であざやかに示したように、宗教維持のために3ペンス分だけ財産を供出するよう命ずることのできる権力は、国の教会の維持を命ずることもできるのである。課税の金を宗教の目的のために用いることは、教会と国の分離をそこなうとともに、任意主義の原則にも抵触するのである。

(2) 立憲主義—国民によって与えられた権限しかもたない政府

① 政府は、国民の公僕であって、国民の主人公ではないという想定である。政府は、国民によって作られたものとして、国民によって委任された権限のみを有し、政府が委任をうけていない権限を行使しようとするならば、政府は専制政体ないし僭主政治の罪を犯すことになる。ここに民主主義の有する第二の前提、立憲主義の根拠がある。わが政府は、われわれが与える権力以上の権力はもたない。これは独立宣言および連邦憲法の大前提であり、両者に通ずる前提は、人間の神にたいする関係は不可譲のものであるから、政府に委託されていないし、されることのできないものである点にある。このような、宗教は人間の作る政府の支配の埒外にあるという考え方が、わが憲法のアルファでありオメガである。

② アルファであるというのは、憲法の最初の部分、前文に示唆されている。前文はアメリカ政府が樹立され、憲法が制定されたその目的を示している。特に重要であるのは、これら列記された権限の中に、宗教を奨励し、ないしは神を礼拝する目的にふれることが意識的に避けられている点である。前文に示された目的は、すべて人間の人間に対する関係についてであって、人間の神にたいする関

係についてのものは全然ない。政府がその権限と責任を宣言しつつ、神や宗教に言及しなかったのである。これは憲法のアルファである。

③　オメガは憲法の最終章の運営にかかわる部分である。ここでも全く同じ趣旨が表明されている。そこには、連邦政府の公職に就任するために、宗教の試問は一切なされてはならないと述べられている。これは、人間の神にたいする関係は、政府の関心事でもないし、そうであってはならないという全体の合意が存したからである[27]。

④　これが、連邦憲法のアルファでありオメガである。そして、これらの間に本体がある。この実験は、本体についても同様に明白である。憲法の全体を通じて神への言及はひとつもないのである。われわれの根本憲章が定めている、貨幣の鋳造や、任官宣言の形式決定や、国旗の制定等との権限を包摂する政府の全権限の根源自体には、神を名指しし、又は神に言及することが全然ない。これは粗漏によるのではない。この省略は、新しい実験を始めようとしていた人々の熟慮の結果である。これらの人々は、自分たちの世俗の政府には、世俗の権力だけを与え、聖なるものの領域で行為する権限は、すべてこれを政府に与えないようにしようとしたのである。

⑤　この実験は、宗教に敵意がもたれたために行われたのではない。まさに反対に、宗教は政治の領域たる国から画然と区別されているとき最も良く栄え、国と混淆するときには必ず堕落するという固い信念に基づいて設定されたものである。宗教史の全体を通していえることは、宗教が政治上の国と結びつくと必ず宗教は堕落し、その結果は、偶像崇拝と偽善に至る。政府は純粋に世俗的なことがらのみに関わり、神にかんするすべての義務をその国民の個人的良心に委ねうるそういう政府が、事実上、宗教に対してもっとも好意的な政府であるということを示したのである。

　カッツは国家の厳格な宗教的中立性ということが中心命題であった。その命題と《分離は自由のための手段である》ということのことさらの強調の下に、結び

27　憲法6条3項「合衆国の信任によるいかなる公職についても、その資格として宗教上の審査を課せられることはない」。以前は、公職の就任に一定の宗教上の資格を必要とされたが、この規定の下で、非国教徒や無神論者も連邦議会の議員となり大統領に選ばれる資格が与えられたのであり、画期的な意味を持つものと考えられた。

152 第4章 政教分離と信教の自由の関係

つけて提示され、厳格な分離を緩和し、政府の宗教に対するなにがしかの干与・援助を正当化する論拠として用いた。

これと対蹠的なのがプェファである。プェファは国家の宗教的中立性の問題を、自主自発主義（voluntarism）を基底に据えて考えていると思われる。つまり、こういうことであろう。政治権力の任務は、個人の宗教的営為が全面的に展開できるよう自由公正な条件を保つことを使命とすべきであり、その過程に統治の装置・手段・資金を用いて偏異を加えることは許されず、一切を個人の自主自発的な信仰の営為にゆだねなければならない。その結果、例えば、ダグラス判事がマグガワン判決で指摘したように、国民をしてカトリックをつくることになろうが、ユダヤ教徒をつくることになろうが、はたまた回教的な国民に転化せしめることになろうが、あるいは無神論者又は不可知論者をつくることになろうが[28]、それは政府のあずかり知らぬことであろう。

プェファが政教分離原則の基礎づけを、voluntarism を基底として説かれているのは十分に首肯される。国家と宗教の混淆という事実そのものが、内面的自主自発性の尊重という良心の自由を侵すことになる。ここで説かれている、納税者の納めた税金が、その人の信じない宗教に使われるということは、その人の宗教の自由に対する侵害であるという指摘は、人間の内面にかかわる問題、つまり魂の救済に関する信念を多数決に委ねることはできないという原理にかかわる問題であって、政教分離を推進した出発点に位置する問題意識であったといえる。政教分離の前提にある問題である。

修正1条の宗教的自由の二つの規範命題は、ロジャー・ウイリアムス、ウイリアム・ペンの宗教上の伝統、あるいは、ジョン・ロック等の思想の影響と歴史的経験的な考察からもたらされたものであり[29]、宗教的少数者の眼からみた、支配的宗教風土に対する抵抗の過程を通じて、狭義の宗教の自由保障のみでは、良心にある種の圧迫と政治に歪曲を加えてしらずしらずに国教制度へのめりこんでいきつつあったということの反省のうえにたち、この自由の保障のみでは不十分であるとして、信仰の純粋性・自主自発性の原則と民主主義の大義に立ち返って沈思黙考し想到された経験的な原則、それが政教分離の原則である[30]。以上のよう

---

28 McGowan v. Maryland, 366 U.S. 420, 564 (1961).
29 Pfeffer, Freedom and/or Separation at 561-563.
30 高柳信一「政教分離判例理論の思想」『アメリカ憲法の現代的展開2』（東京大学出版会、1978

な視点にもとづけば、自由行為条項においては、社会の安全と福祉に直接かつ重大な危険がある場合にのみ限界が認められるが、分離原則は完全な政教分離こそ要請されることとなり、「達せられるかぎり絶対的」であるということになる[31]。

　分離と自由の関係把握においては、自由か分離かという捉え方ではなく、自由も分離もという捉え方が必要である。つまり、信教の自由と政教分離は宗教の自由を構成する二つの側面として、すなわちコインの裏表の関係として、統一的に単一なものとして理解するのが正当であると考える。このような統一的な把握は修正1条の制定者の理解であったわけであるし、連邦最高裁の基本的な立場でもあり、コーウィン的・カッツ的な理解を排除している。それでは次に連邦最高裁の立場をみておこう。

（3）アメリカ連邦最高裁判所の立場

　自由行為条項と国教定立禁止条項との関係について、公立学校の教室における祈りを違憲としたエンゲル事件判決で法廷意見を書いたブラック判事は次のように説いている。

　「この二条項はある場合には重複することがあるけれども、これらは、宗教の自由に対するまったく異なった二種類の政府の侵害を禁止している。国教定立禁止条項は、宗教の保障条項とは異なり、政府の直接的な強制の存在が立証されるかどうかにかかっているのではなく、国教を定立する法律が、それを遵守しない個人に強制するように直接的に作用するにせよあるいはそうでないにせよ、そのような法律を制定すること自体によって国教定立禁止条項違反が生じることになるのである。……政府の権力、威信および財政上の支持が、特定の信仰の背後におかれている場合には、宗教上の少数者に対して、そのような公の支持をえた主流的宗教に従うようにという間接的な強制的圧迫をうけることになるのは明白である[32]」。

　このような理解から次のようにいうことができる。基本的人権が伝統的には国家対国民の関係における国家権力の行使の限界を画するものであるとすれば、政教分離条項は、狭義の宗教の自由によって保障された範囲をこえる新たな国家権

　　年）244頁。
31　笹川紀勝・前掲論文35頁。
32　Engel v. Vitale, 370 U.S. 421, 431 (1962).

154   第4章　政教分離と信教の自由の関係

力の行使の制限範囲（限界）をもち来たらしているわけである。すなわち、新し
い宗教の自由の範囲を画定しているのである。政教分離を人権として把握する説
が正当であると考える。その場合、自由行為条項については、国家が個人の宗教
的自由を侵害した場合には〈強制〉の立証が必要となるが、政教分離条項の侵害
には強制の要素は必要とされないのである[33]。なぜ必要とされないか。これは当
然のことで、国家がある特定の宗教と結びつくこと自体が宗教的少数者に対し
て、公認の宗教に従うよう間接的圧力が生じ、よって国民の宗教上の良心的決定
に不当な影響・圧力が加わり、信仰・不信仰の自由な決定が妨害されることにな
る。つまり、良心の自由を侵害する。

　それでは、この政教分離原則によって具体的にはいかなるものが禁止されてい
るのであろうか。これについては、ニュー・ジャージー州法にもとづく、ユーイ
ング町教育委員会の児童のバス通学費の親への払戻し措置の憲法適合性が争われ
たエバーソン判決（1947年）において、法廷意見を書いたブラック判事が国教定
立禁止条項の意味について、すなわち、この条項によって具体的に禁止されるこ
とがらについて、かなり命題化して、次のように述べている。

　「修正1条の国教定立禁止条項は少なくとも次のようなことを意味する：(1)
政府は教会を設立することはできない。(2)　政府は一宗教あるいはすべての宗
教を援助し、または一宗教を他の宗教より優遇する法律を制定できない。(3)
政府は、個人に対し、その意思に反して、教会に行くように、あるいは教会に行
かないように強制し、または影響力を行使することはできない。(4)　政府は個
人に対して、どのような宗教を信じているのか、あるいは信じていないのか、告
白することを強制してはならない。何人も、信仰あるいは不信仰の告白を理由と
して処罰されることはない。何人も、教会に行くこと、あるいは行かないことを
理由として処罰されることはない。(5)　いかなる宗教上の活動または組織（reli-
gious activities or institutions）であれ、それらが何とよばれようとも、またそれら
が宗教を教え実践するについていかなる形をとろうとも、これを援助するような
何らの租税も、また、それがいかなる額であれ徴収されてはならない。(6)　政
府は、公然とあるいは秘密裡に、いかなる宗教結社または宗教的団体の業務に関

33　Engel v. Vitale, supra, at 430, School District of Abington Township v. Schempp, supra, 374 U.
　　S., at 223. Committee for Public Education v. Nyquist, 413 U. S., 756, 786（1973）.

係してはならない。また、逆も同様である。つまり宗教結社ないし宗教団体は政府の兼務に関係してはならない。ジェファソンの言葉によれば、国教定立禁止条項とは『国家と教会の間に分離の壁』を設けたのである」[34]。

この命題について、プェファは、(1) 教会を設立したり、(2) 一宗教を他の宗教より優遇したり、すべての宗教を援助する法律を制定することは、一般的には、国教定立禁止条項の問題として考察されているが、(3) 個人に対し、教会に行くように、あるいは行かないように強制し、また、どのような宗教を信じているのかあるいは信じていないのか告白することを強制することは、宗教の自由行為条項に関する問題である。それにもかかわらず、連邦最高裁は、自由行為条項によって禁止されていると同様に、国教定立禁止条項によっても禁止されているとして、自由と分離を単一的に把握している旨、指摘している[35]。

また、先のラトレッジ裁判官の「政教分離と（個人の宗教の）自由な行使は、相互依存的かつ同延の理念であり、一つの偉大かつ基本的な自由の異なる側面を表現するものにすぎない」という命題は、エバーソン判決の反対意見の中で言明されたものであるが、事件の結論については相違するとはいえ、分離と自由の理解について法廷意見と不一致はないといえる。

さらに、公立学校の朝礼行事における聖書朗読唱和が問題となったシェンプ事件で、連邦最高裁は、政教分離に関する先行諸判例を整理して、多くの引用をもって国家の宗教的中立性を論証したが、その同意意見を書いたブレナン裁判官は、先のコーウィン説に言及し、「この［コーウィン］説の誤りは、政教分離条項は、自由行為条項とともに、宗教的自由の共同保障条項であるというその役割を過少評価したところにある。憲法制定者は宗教的信条の自由を、どちらか一方の条項だけに委ねたのではなかった」[36]旨、説いている。

なお、連邦最高裁は、以前の判決とはいくぶんちがった言葉で政教分離条項の意味について述べた。そこにおいて、<u>法律が政教分離の下で合憲であるためには、①明らかに世俗的な立法目的をもたなければならない、②主要な効果が宗教を助長し、あるいは抑圧するものであってはならない、③宗教と政府が過度にかかわりあうことを避けねばならない</u>、という[37]（下線、筆者。以下同様）。これにつ

---

34 Everson v. Board of Education, supra, 330 U.S., at 15-16.
35 Pfeffer, supra, at 566.
36 School District of Abington Township v. Schempp, supra, 374 U.S., at 256.

156 第4章 政教分離と信教の自由の関係

いても、プェファが指摘するように、連邦最高裁は、宗教を助長することは明らかに国教の定立となるが、宗教を抑圧することは、宗教の自由な行使違反を意味し、かつ政教分離条項違反ともなると述べ、自由と分離を単一的に把握しているとする[38]。

　政教分離をめぐるアメリカ連邦最高裁判例において、連邦最高裁は基本的には自由と分離を統一的に把握し、厳格な分離を維持する立場をとってきたと考えられる。政教分離によって禁止される宗教へのかかわりあいは、内容的には、第一は国が自ら宗教的な営みを行うような場合、第二に国が宗教の経費を負担するというような財政的な援助を行うような場合、第三が国が宗教と混淆するような場合に類型化されるが、ただ、第二の類型のケースにおいては、現代国家の行政機能の拡大化というなかで、福祉政策的な財政援助と形式的・機械的に理解した政教分離原則が抵触する場合がでてくる。このような場合については、分離を厳格に維持しながらどのような解釈上の基準を見出していくか繊細微妙な問題があり、そのような基準として一般的プログラム基準、目的・効果基準、過度のかかわりあい基準等が提示されてきた。

　この点につき高柳信一は「一般的プログラムの一環」の基準に触れ、次のように指摘している[39]。政府の特定の行政措置が、一般的基準の下で、住（国）民全体の福祉の達成のために実施される場合には、たとい間接的偶然的便益（indirect incidental benefit）が宗教に帰することがあっても、政教分離原則の禁ずる〈政府の宗教に対する〉補助乃至便益供与とは認めないとするものである。…宗教も、市民社会・政治社会の中に存在を得ているのであり、それに所属する人、またその所有する物は、市民法上の保護を受けるのを当然とする。政教分離だからといって、神父がその生命を脅かされる事態においても警察の保護を求めることができず、教会が火災に当面し又は当面せんとしても消防役務の提供を受けることができないなどということは、機械的無関係論によるほかは、想像することすら困難である。…換言すれば、それは、単独で機能し得る基準ではなく、それと相俟ってある程度に有効性を発揮しうるものだといえる。

37　Committee for Public Education v. Nyquist, supra, 413 U. S., at 773 (1973).
38　Pfeffer, supra, at 566.
39　高柳信一・前掲論文278頁以下、滝沢信彦「アメリカ合衆国の政教分離制(5)」北九州大法政論集 5巻3・4号合併号 (1978年)。

３　信教の自由と政教分離の再把握　　*157*

次に目的・効果基準に言及し[40]、シェンプ事件法廷意見のクラーク裁判官は次のように述べた。「立法の目的と主要な効果（the primary effect）は何であるか、がそれである。もし、そのどちらかが宗教の助成（advancement）又は抑圧（inhibition）であるならば、当該立法は、憲法によって画された立法府の限界を踰越するものである。換言すれば、政教分離条項によって非とされないためには（to withstand the strictures of the Establishment Clause）、世俗的立法目的と、宗教を助成も抑圧もしない主要効果とがなければならないのである」[41]。

この目的・効果基準について、高柳信一はその問題点を鋭く次のように指摘している。（1）　第一に、この基準は、性質上、本来宗教に対する公費援助乃至便益供与の政教分離原則適合性の判断基準として有効なのであって、その他の事案について適用するには、慎重な配慮が必要である。（2）　第二に、この基準については、判例法上、強固に定着しているに拘わらず、また、このように適用対象を限定されてもなお、「これは、司法的探究のための有意義な指標（meaningful guides）としてよりは、判断結果に対する事後的なレッテルはり（conclusory labels）的なものとしてより多く役に立つ」にすぎないという批判がるあることに注意しなければならない[42]。

さらに、レモン事件において、連邦最高裁バーガー長官は、新たに政府と宗教との間の過度の癒着（excessive entanglement）の基準を打ち出した[43]。ある論者は、この基準について次のように解説している「…従前規制されていなかった活動に対して政府当局が［新たに］干与することになると、それは、被規制行動に対して、政府の発起後援性の気味（aura）を与え、そのことによって中立義務を破り、個人の宗教的選択を偏らしめる可能性を招来するおそれがあるのである」[44]。ここにおいても、政府の宗教干与の気味乃至外観が齎（もたら）されること自体が政教分離原則に抵触するとされていることを見ることができる[45]。

40　高柳信一・前掲論文284頁。
41　School District of Abington v. Shempp, supura, 374 U.S. at 222, 83 S. Ct., at 1571（1963）。
42　The Supreme Court, 1970 Term, 85 Harv. L Rev. 171（1971）。
43　Lemon v. Kurtzman, supra, 403 U.S., at 616, 620, 91 S. Ct., at 2113, 2115（1971）。
44　The Supreme Court, 1970 Term, 85 Harv. L. Rev. 173（1971）。
45　高柳信一・前掲論文303頁。

4 むすび

プェファは、宗教の自由は事実上その他のすべて自由の原本であると考えられるとして、言論の自由しかり、出版の自由しかり、集会の自由に関しても同様であり、宗教とは関係ないように思われる諸権利—自己に不利益な供述を強制されない権利、一事不再理の権利、残虐で異常な刑罰を課されない権利等—でさえ、宗教の自由を求める闘いの結果として、アメリカ憲法の人権宣言に採用されることとなった経緯にふれ、宗教の自由が実際上、すべての自由の元祖であり、その点からして、すべての自由の中で最も重要であり、国が、その国民に宗教の自由を与える用意をもつときには、その他の自由を与える用意も完了していたのである。換言すれば、国がその国民から良心の問題にかんして国民の権利を剥奪する用意があるときには、国は、国民から、その他のすべての権利を剥奪する準備を了えていることになる旨、指摘されたことであった[46]。

このように宗教的自由は、近代憲法思想史上、全人権の中核的地位を占めるものであるが、政教分離原則の侵犯は、長期的視野でみれば人権保障の枠組を根底から破壊するものとして、その原理の侵害は絶大であり、そうであるがゆえにその第一歩において阻止されなければならないものである。それゆえアメリカ連邦最高裁も次のような言葉で政教分離原則違反に警告を発し、注意を喚起したのである。「本件における宗教的営為は修正1条に対する比較的に軽微な侵害でしかないという主張も抗弁とはなしえない。今日はちょろちょろ流れる小川である［国家の宗教的］中立性に対する侵害も、またたくまに荒れ狂う激流となるのであり、マディソンの言葉にもあるように、『われわれの自由に対する最初の試みに対して警鐘を鳴らすのが至当である』からである」[47]。愛媛玉串料違憲最高裁判決の尾崎行信裁判官の意見はアメリカの判例のことばを借りて極めて重要な指摘をしている。「人々は、大正末期、最も拡大された自由を享受する日々を過ごしていたが、その情勢は、わずか数年にして国家の意図するままに一変し、信教の自由はもちろん、思想の自由、言論、出版の自由もことごとく制限、禁圧され

46　プェファ・前掲国際宗教ニュース18頁。
47　School District of Abington Township v. Schempp, supra, 374 U.S. at 225.

て、有名無実となったのみか、生命身体の自由も奪われたのである。『今日の滴る細流がたちまち荒れ狂う激流となる』との警句を身をもって体験したのは、最近のことである。情勢の急変には10年を要しなかったことを想起すれば、今日この種の問題を些細なこととして放置すべきではなく、回数や金額の多少を問わず、常に発生の初期においてこれを制止し、事態の拡大を防止すべきものと信ずる」[48]。

　アメリカにおいては、学説・判例をみると、基本的には厳格な政教分離が憲法原則であるといえる。日本では自由と分離を二元的に把握する説が支配的であるが、二元的に把握する場合、分離を緩和する結果を導きやすい。政教分離の法的性格をいかに把握するか、今後、日本の実情をふまえて、より強く人権性を根拠づけるための検討が必要であるように思える。

48　判例時報1601号63頁。

第5章　政教分離訴訟と違憲審査基準

1　国家の宗教的中立性と非宗教性
（1）はじめに
（2）津地鎮祭最高裁判決の多数意見と少数意見
（3）目的・効果基準の適用
2　政教分離と違憲審査基準―最高裁の立場―
（1）砂川政教分離（空知太神社）訴訟最高裁判決
（2）白山比咩（しらやまひめ）神社訴訟最高裁判決
3　政教分離と目的効果基準の問題点―判例を読み直す―

1　国家の宗教的中立性と非宗教性

（1）はじめに

　国の行為が政教分離原則に違反するかどうかの判断基準として、津地鎮祭訴訟最高裁判決（最大判昭和52・7・13民集31巻4号533頁、判例時報855号24頁）は、目的効果基準を採用した。目的効果基準とは、国に禁じられる宗教的活動であるかどうかの判定基準であり、憲法20条3項にいう宗教的活動とは、宗教とのかかわりあいをもつすべての行為をさすものではなく、「当該行為の目的が宗教的意義をもち、その効果が宗教に対する援助、助長、促進又は圧迫、干渉になる」行為をいう、とするものである。判決は、この基準により、本件地鎮祭は憲法20条3項の禁止する宗教的活動に該当しないとした。

　目的効果基準は、アメリカ判例法で確立した考え方であるといわれるが、アメリカ判例理論は、日本の最高裁とは異なり、かなり厳しい基準として適用されているとされる。芦部信喜によれば、この基準は、①問題となった国家行為が、世俗的目的（secular purpose）をもつものかどうか、②その行為の主要な効果（primary effect）が、宗教を振興しまたは抑圧するものかどうか、③その行為が、宗教との過度のかかわり合い（excessive entanglement）を促すものかどうか、という三つの要件を個別に検討することによって、政教分離原則違反の有無を判断し

162　第5章　政教分離訴訟と違憲審査基準

ようとするものである。

　この基準は、国家と宗教とのゆるやかな分離を是認することになる可能性がある点で問題はあるが、①②③の基準の内容にしぼって厳格に適用すれば、たとえば、①に言う目的は、行為者の宗教的意識などの主観的要件ではなく、客観的意味を重視する。②については、国の行為の性質、それを受ける宗教団体の目的、性格にかんがみ、国の行為が特定の権威を付与することになるか、当該宗教との象徴的な結ぶつきをもたらすか、など厳密に検討する。③については、国の行為によって国の行政上の監督が必要となるような関係とか政治的分裂等が生じるような可能性があるか、などを慎重に考慮することによって、広く用いることのできる基準ではないかとされる。

　本問題を考察するには、日本における政教分離判例上、最重要の判決の1つである津地鎮祭最高裁判決の検討からはじめる必要がある。この判決の多数意見と少数意見の対立の中に政教分離原則の理解の相異が明確にあらわれていると考えられるからである。ちなみに、多数意見は以後の諸判例に強い影響力を及ぼしている。

　そこで先ず、この見解の対立を整理しておこう。多数意見はそもそも国家と宗教のゆ着を大目に見る論理を内在させているといえる。すなわち緩やかに設定されている目的・効果基準の採用である。現にその後、この目的・効果基準を適用して、国家と宗教の結びつきを合憲化する役割を果たしてきたのである。

（2）津地鎮祭最高裁判決の多数意見と少数意見

　津地鎮祭最高裁判決多数意見の基本的立場（国家の宗教的中立性の原則）は具体的には次のようなものである。

　①　憲法の政教分離原則は、「国家が宗教的に中立であることを要求するものではあるが、国家が宗教とのかかわり合いをもつことを全く許さないとするものではなく、宗教とのかかわり合いをもたらす行為の目的及び効果にかんがみ、そのかかわり合いが右の諸条件に照らし相当とされる限度を超えるものと認められる場合にこれを許さないものであると解すべきである」。

　②　憲法20条3項にいう宗教的活動とは「およそ国及びその機関の活動で宗教とのかかわり合いをもつすべての行為を指すものではなく、そのかかわり合いが

右にいう相当とされる限度を超えるものに限られるというべきであって、当該行為の目的が宗教的意義をもち、その効果が宗教に対する援助、助長、促進又は圧迫、干渉等になるような行為をいう」。「ある行為が右にいう宗教的活動に該当するかどうかを検討するにあたっては、当該行為の主宰者が宗教家であるかどうか、その順序作法（式次第）が宗教の定める方式に則ったものであるかどうかなど、当該行為の外形的側面のみにとらわれることなく、当該行為の行われる場所、当該行為に対する一般人の宗教的評価、当該行為者が当該行為を行うについての意図、目的及び宗教的意識の有無、程度、当該行為の一般人に与える効果、影響等、諸般の事情を考慮し、社会的通念に従って、客観的に判断しなければならない」。

　これに対して、少数意見の基本的立場（国家の非宗教性の原則）は次のようなものである。
　①　憲法の政教分離原則は、「国家と宗教との徹底的な分離、すなわち、国家と宗教とはそれぞれ独立して、相互に結びつくべきではなく、国家は宗教の介入を受けずまた宗教に介入すべきではないという国家の非宗教性を意味するものと解すべきである」。
　②　「宗教的活動には、宗教の教義の宣布、信者の教化育成等の活動はもちろんのこと、宗教上の祝典、儀式、行事等を行うこともそれ自体で当然に含まれる」。

　多数意見は、憲法の政教分離について、国家の宗教的中立性の原則を採用している。多数意見の採用している①宗教的中立性の原則は、国家の非宗教性の原則ほど厳格さが要求されるものではない。加えて、②憲法上禁止される国の「宗教的活動」についての判断基準として目的・効果基準ともいわれる違憲審査基準を採用している。この最高裁の採用している目的・効果基準はそもそも国の行為を免責しやすいものとなっており、「一般人の宗教的評価」であるとか、あるいは「諸般の事情を考慮し」、「社会通念に従って」というあいまい、且つ、ゆるやかな基準を設定しているところに由来しているといえる[1]。この基準は、一種の多

1　それゆえ、この目的・効果基準は解釈者によって判断の幅があるものとして設定されている。こ

164　第5章　政教分離訴訟と違憲審査基準

数決主義を認めるものであり、少数者の権利保障を困難にする論理を内在させているといえる。

　これに対して、少数意見は、政教分離を国家の非宗教性の原則を採用していると理解する。これは厳格な基準であり、国家の宗教性をもつ行為はすべて禁止されることになる。この捉え方は、「多数意見におけるような判断基準そのもののあいまいさを避けられるという点でも意義を有しているといえる」。ただし、「少数意見も、文化財保護のための寺社への補助金とか私立学校への補助金などの支出をただちに否定するわけではない。もちろん、少数意見の非宗教性を徹底すれば、宗教がらみの補助金は一切許さないとすることも可能であるが、そうすると、それはかえって宗教への差別取り扱いとなるともいえる。このことは、20条1項前段の趣旨に反するということにもなる」。この意味では、「少数意見においても国と宗教とのかかわりについてその目的を考慮した上での非宗教性を要求しているのであるとすることができよう。その意味では目的・効果基準を厳格に解すればこれに近づくといえないこともない」[2]といえる。

　多数意見は、国家と宗教との完全な分離を実現することは、実際上不可能に近いものといわなければならないという。政教分離原則を完全に貫こうとすれば、かえって社会生活の各方面に不合理な事態が生ずることを免れないのであるとして、例えば、特定宗教に関係のある私立学校に対し一般の私立学校と同様な助成をしたり、文化財である神社、寺院の建築物や仏像等の維持保存のため国が宗教団体に補助金を支出したりすることも疑問とされるに至り、また、刑務所等における教誨活動も、それがなんらかの宗教的色彩を帯びる限り一切許されないということになるという。しかし、少数意見の国家と宗教との徹底的な分離という立場においても、以上のような、多数意見が政教分離原則を完全に貫こうとすれば社会の各方面に不合理な事態を生じることを免れないとして挙げる例のごときは、平等原則等憲法上の要請に基づいて許される場合に当たると解されるから、なんら不合理な事態は生じない。要するに、国家の宗教への関与が許されるのは、20条自体の趣旨から認められる場合と他の憲法上の要請がある場合に限定さ

　れ以降の政教分離の関連判決は、「この多数意見の目的・効果基準を合憲性の判定基準として用い、問題の事例に関してそれを厳格に適用して違憲としたり、あるいは、ゆるやかに適用して合憲としたりしてきている」（藤井俊夫『憲法と人権Ⅱ』（成文堂、2008年）29頁）といえる。

2　藤井俊夫・前掲書30頁。

れると解されるのである。

　それでは、津地鎮祭事件最高裁判決の多数意見が設定した「宗教的中立性の原則」、「目的・効果基準」を本件具体的事案に適用した場合、いかなる結論が導き出されることになるのであろうか。

　本事案は、市の体育館の建設に際して市が神社の神官に依頼して神道式による地鎮祭を行い、その挙式費用を公金から支出したことが問題となった。多数意見は、本件起工式は、「工事の円滑な進行をはかるため工事関係者の要請に応じ建築着工に際しての慣習化した社会的儀礼を行うという極めて世俗的な目的によるものであると考えられる」とする。

　そして、神社神道自体は祭祀儀礼に専念し、他の宗教のように積極的な布教・伝道のような対外的活動がほとんどないという事情、および、起工式（地鎮祭）に対する一般人の意識を考慮すると、「建築工事現場において、たとえ専門の宗教家である神職により神社神道固有の祭祀儀礼に則って、起工式が行われたとしても、それが参列者及び一般人の宗教的関心を特に高めることになるものとは考えられず、これにより神社を援助、助長、促進するような効果をもたらすことになるとも認められない。そして、このことは、国家が主催して、私人と同様の立場で、本件のような儀式による起工式を行った場合においても、異なるものではない」とした。

　この多数意見のように土地の平安堅固、工事の無事安全を願うためにこの起工式を行うという世俗的目的を掲げていれば、すなわち、「宗教目的以外の目的を名目上かかげていれば、すべて政教分離原則に反しないおそれが出てくる」[3]という危険性が危惧されるのである。また、次のような事例への適用の問題性が指摘される。「例えば国が戦没者の慰霊を主たる目的として靖国神社を国営化する（公金の支出を含みその神社を国が管理・運営する）こと、戦没者の慰霊という名目の下に市が靖国神社に玉串料の奉納として公金を支出すること、民間団体として設立された隊友会の県支部が防衛庁から事務委任をうけて、殉職自衛官を、その妻の拒否にもかかわらず、他の殉職者とともに県の護国神社に合祀することなどの行為も許されることになるかもしれない」ということになる。しかし、これにつ

3　藤井俊夫・前掲書23頁。

いて考えてみるに、これらの行為は、いかなる名目をたてるにせよ、特定の神社への公費の支出、特定の宗教（神社神道）のみを直接の対象としているのであり、神社神道（とくに靖国神社）と結びつきを不可欠とするものであり、これはそもそも多数意見の「国家の宗教的中立性の原則」の要件をみたさないといえる。

　思うに、上記の靖国神社の国営化、玉串料の奉納、合祀申請などの行為は、特定の宗教のみを対象としているという点で、多数意見の立場に立っても政教分離原則に反するということになる。この点で、多数意見は自己矛盾を来たしているといえる。

　それでは、少数意見の立場に立った場合にはどのようになるのであろうか。この場合、問題の行為、すなわち起工式（地鎮祭）が「宗教的」行為に該当するかどうかということになる。高裁判決が提示したように、起工式が宗教的行為に該当するのか、あるいは習俗的行為なのかが問題となる[4]。その際、①当該行為の主宰者が宗教家であるかどうか、②当該行為の順序作法が宗教的な式次第かどうかという外形的側面が重視されることになる。この説によれば、起工式は上記基準によれば、違憲ということになる。したがって、前述の靖国神社の国営化、玉串料の奉納、合祀申請などの行為は政教分離原則違反であり、違憲とされることはいうまでもない。

（3）目的・効果基準の適用
（ア）靖国神社への公式参拝

　閣僚の靖国神社「公式参拝」について、1980年（昭和55年）、内閣法制局は、「政府としては従来から、内閣総理大臣その他の国務大臣が国務大臣としての資格で靖国神社に参拝することは、憲法20条3項との関係で問題があるとの立場で一貫してきている。右の問題があるということの意味は、このような参拝が合憲か違憲かということについては、いろいろな考え方があり、政府としては違憲とも合憲とも断定していないが、このような参拝が違憲ではないかとの疑いをなお否定できないことである。そこで政府としては従来から事柄の性質上慎重な立場

4　第1審判決は、本件起工式はそれが外見上は神道の宗教的行事に属することは否定できないけれども、その実態をみれば神道の布教宣伝を目的とする宗教的活動ではもちろんないし、また宗教的行事というより習俗的行事と表現した方が適切であろうとしている。従って、憲法20条3項に違反しないとする（津地判昭和42・3・16判例時報483号28頁）。

をとり、国務大臣としての資格で靖国神社に参拝することは差し控えることを一貫した方針としてきたところである」として、違憲の疑いを否定できないとしていた（1980年11月17日の政府統一見解）。

その後、1985年（昭和60年）8月9日、当時の中曽根首相が官房長官の下に設置させた「閣僚の靖国神社参拝問題に関する懇談会」（官房長官の私的諮問機関）により報告書が答申され、この報告書を根拠に8月15日に首相らの靖国神社公式参拝が実現した。もっとも、この「懇談会」設置の目的は、政府統一見解をいかに回避するかにあった[5]。

この報告書の「閣僚の靖国神社公式参拝の憲法適合性」の問題において、その判断基準となったのが津地鎮祭事件最高裁判決であったが、憲法20条3項の「宗教的活動」について概ね次のように述べた[6]。「いわゆる政教分離原則は信教の自由を制度的に確保するための原則であり、国家と宗教とのかかわり合いを全く許さないものではない。国家と宗教とのかかわり合いが許されるかどうかは、その行為の目的及び効果にかんがみ、そのかかわり合いが社会的、文化的諸条件に照らし相当とされる限度を超えるかどうかによって判断すべき」である。これによれば、憲法20条3項によって禁止されない国及びその機関による宗教的活動または宗教上の行為が存在し得ることは明らかである。憲法との関係については、最高裁判決を基本として考えることとし、その結果として、最高裁判決に言う目的及び効果の面で種々配慮することにより、政教分離原則に抵触しない何らかの方式による公式参拝の道があり得ると考える。政府はこの際、大方の国民感情や遺族の心情をくみ、政教分離原則に関する憲法の規定の趣旨に反することなく、また、国民の多数により支持され、受け入れられる何らかの形で、首相や閣僚の靖国神社への公式参拝を実施する方途を検討すべきである」。

ここにおいて津地鎮祭最高裁判決の目的・効果基準が使われた。これにより具体的な方式については政府にゲタがあずけられ、政府は公式参拝について、二拝二拍手一拝という神社参拝の拝礼の形式を採用せず、本殿で一礼するという形式にかえて宗教色を薄め、また、公費支出の名目を玉ぐし料から供花料にかえて、

5 　奥平康弘「靖国神社公式参拝の考察」法学セミナー1985年10月号8頁以下。
6 　朝日新聞1985年8月10日。

168 第5章 政教分離訴訟と違憲審査基準

形式上合憲をよそおったが、公式参拝の本質は変わるものではない。

　［懇談会］報告書に使われた津地鎮祭事件最高裁判決多数意見自体が、本来の争点解決には役に立たない基準（目的・効果基準）をアメリカ判例理論からかりてきて、地鎮祭をもっともらしく合憲化するために採用して、こじつけの論理を展開したのである[7]。もっとも、この報告書の見解について、目的が戦没者に対する追悼であるとする点で目的・効果論を適用しているようにもみえる。しかし、このような目的であっても、それがなお特定の宗教施設とかかわること、それも明示的に「公式参拝」であると称していることなどからみると、国家がその宗教施設を公的に支持しているという「外観」を与えるという強い効果をもっているという点で、目的・効果論を適用してもなお違憲と解すべきである[8]と指摘する見解もある。そして、この外観についていわゆる一般人の判断という基準が妥当するわけではないという。信教の自由保障にはとくに少数者保護という要素が含まれているので、多数者が見慣れているというだけでこの外観がないとして正当化することは、信教の自由保護の中に多数決主義を持ちこむことになるとする。「その意味では、この外観はあくまでもそれ自体として、公的な支持・承認の外観が見えるか否かという基準で判定すべきである。また、かりに一つひとつの行為は比較的軽度のものとみなされ得るようなものであっても、国が特定の宗教との間に、継続的あるいは密接な関係をもつといういわゆる『過度のかかわり』をもつ場合も国と宗教との間の密接な関係を生み出し、また、公的な支持・承認の外観を与えるという意味で『相当な限度をこえる』ものと解されるべきであろう。……そこで、この『過度のかかわり合い』を独立した要件として、『目的』、『効果』、『かかわり合い』の三つの目的を目的・効果基準の三要件とする考え方もある」という。

　なお、この靖国神社への内閣総理大臣の公式参拝については、下級審判決（大

7　目的・効果基準について、石川健治は次のように述べている。「日本版目的効果基準は、実はアメリカのレモン・テストの意図的な組み換えというよりは、それについての安定した理解が得られる前に星雲状態のまま紹介されたアメリカでの判例が、大法廷で揉まれるうちに出来上がった独自展開の産物ではないか、という仮説をここでは提出をしておきたい」石川健治「精神的観念的基礎のない国家・公共は可能か？―津地鎮祭事件」駒村圭吾編著『テクストとしての判決―「近代」と「憲法」を読み解く』（有斐閣、2016年）177頁。
8　藤井俊夫・前掲書35頁。

阪高判平成4・7・30判例時報1434号38頁）において、最高裁津地鎮祭判決の目的効果基準を適用している。事案は次のようなものである（前掲・判例時報38頁解説参照）。中曽根康弘元首相が、在任中の1985年（昭和60年）8月15日、公用車で靖国神社に赴き、拝殿で「内閣総理大臣中曽根康弘」と記帳したうえ、本殿で内陣に向かって直立し、黙とうしたのち深く一礼して退出したほか、公費から「供花料」の名目で3万円を支出し、靖国神社本殿に「内閣総理大臣中曽根康弘」という名入りの生花一対を供え、参拝後報道陣の質問に対し「内閣総理大臣の資格で参拝したいわゆる公式参拝である」と明言した。これに対して、靖国神社に合祀された者の近親者が原告となり、本件公式参拝が憲法20条1項・3項、13条、89条、99条及び憲法前文に違反する違法行為であるとして、国及び元総理大臣に対して損害賠償責任を求めた。

　判決は先ず、津地鎮祭最高裁判決の目的効果基準を示して、本件公式参拝が、右の基準に従い、憲法20条3項所定の宗教活動に該当するか否か、本件公式参拝が、憲法20条3項、89条に違反するか否かについて検討する。そして、「靖国神社は、宗教法人法に基づき、東京都知事の認証を受けて設立された宗教法人であって、宗教上の教義、施設を備え、神道儀式に則った祭祀を行う宗教団体（宗教法人法2条、憲法20条1項）であり、神道の教義をひろめ、儀式行事を行い、また、信者を強化育成することを主たる目的とする神社というべきである。そして、靖国神社の有する右の特徴に鑑みれば、国の機関である公務員が、国の機関として、靖国神社に参拝することは、その目的、方法等の如何によっては、憲法20条3項所定の宗教的活動に該当するといわなければならない」と述べ、本件公式参拝が憲法20条3項、89条に違反するとまでは断定し難いが、本件公式参拝の行われた場所、本件公式参拝が一般人に与える効果、影響、その他の諸事情を総合し、社会通念に従って考えると、昭和60年当時におけるわが国の一般社会の状況の下においては、本件公式参拝は、憲法20条3項所定の宗教的活動に該当する疑いが強く、公費から3万円を支出して行った本件公式参拝は、憲法20条3項、89条に違反する疑いがあるというべきであるとした。但し、原告らは、法律上、保護された具体的な権利ないし法益の侵害はないとした。

　その後、小泉純一郎元首相の靖国神社公式参拝が争われた事例として、福岡地判（福岡地判平成16年4月7日判例時報1859号76頁）は、津地鎮祭最高裁判決を引用

し、目的効果基準に従って憲法判断を行った。本件参拝行為は、「靖国神社の本殿等において、一礼して祭神である英霊に対して畏敬崇拝の心情を示すことにより行われた行為であるから、……戦没者の追悼を主な目的とするものではあっても、宗教とかかわり合いをもつ」として、本件参拝は、「その行為が一般人から宗教的意義をもつものと捉えられ、憲法上の問題のあり得ることを承知しつつされたものであって、その効果は、神道の教義を広める宗教施設である神社を援助、助長、促進するものというべきであるから、憲法20条3項によって禁止されている宗教的活動に当たる」として違憲とした。しかし、「参拝で原告らの法律上保護された具体的な権利ないし利益が侵害されたということはできない」として、原告側の慰謝料の請求は棄却した。

　本判決について、目的効果基準を肯定した上でそれを厳格に適用すべしと説く有力な学説[9]からも、本判決は高く評価されよう。

　ただ、本件のように公務員が公の資格で自ら宗教的行為を（しかも宗教施設において）行うことは、そもそも政教分離原則からみて特に警戒すべき場合であるので、目的効果基準によらずに違憲性が推定されるとみてもよいのではないか[10]、という評価が妥当であると考える。

（イ）靖国神社への玉串料等の支出（愛媛玉串料訴訟）

　靖国神社への玉串料の公金支出の合憲性について、下級審では判断が分かれていた。一つは岩手県の靖国神社玉串料支出訴訟がある（盛岡地裁昭和62・3・5判例時報1223号30頁）。ここでは靖国神社から岩手県への玉串料および献灯料の献納の依頼について、昭和37年以来の慣例に従い、県福祉部厚生援護課の課長先決に属する交際費からの支出にあたると考え、従来の慣例にならっていずれも7000円とする支出を決済し、岩手県から靖国神社の銀行口座に振り込まれた。原告らは本件支出が憲法89条に違反するのみならず、憲法20条3項の宗教活動に該当し、同条1項後段により排斥されるものとして争った。

　判決は、本件支出は弔問あるいは香華料を贈る行為として許容されるとする。

9　芦部信喜『憲法学Ⅲ人権各論(1)[増補版]』（有斐閣、2000年）182頁、松井茂記『日本国憲法[第2版]』（有斐閣、2002年）424頁など。

10　小泉洋一「総理大臣靖国神社参拝違憲訴訟」平成16年度重要判例解説ジュリスト臨時増刊2005年6月10日号（1291号）17頁。

この支出は戦没者慰霊のための社交儀礼（死者儀礼）として靖国神社へ行われた寄付であるから、最高裁判決の判示するところの「当該行為の目的が宗教的意義を持ち、その効果が宗教に対する援助、助長、促進または圧迫、干渉等になるような行為」に該当するものではなく、宗教団体に特権を与えるものではないとした。

　これに対して、二審判決（仙台高判平成3・1・10行集42巻1号1頁、判例時報1370号3頁）は、本件玉串料等の奉納は同神社の宗教上の行事に直接かかわり合いをもつ宗教性の濃厚なものであるうえ、その効果にかんがみると、特定の宗教団体への関心を呼び起こし、かつ靖国神社の宗教活動を援助するものと認められるから、政教分離の原則から要請される岩手県の非宗教性ないし中立性を損うおそれがあるとする。そして、この支出によって生じる岩手県と同神社とのかかわり合いは、その招来するであろう波及的効果に照らし、諸般の事情を考慮すると、相当とされる限度を超えるから、憲法20条3項が禁止する宗教的活動に当たるとした。

　もう一つの事例として、松山地判（松山地判平成元・3・17行集40巻3号188頁、判例時報1305号26頁）がある。本判決は、先ず、玉串料等の支出につき、戦没者の霊を慰めるという面のほかに、靖国神社の祭神そのものに対して畏敬崇拝の念を表するという一面がある。この点から考えると、支出の目的が宗教的意義をもつことを否定することはできない。そして、本件玉串料等の支出は、愛媛県と靖国神社との結び付きに関する象徴としての役割を果たしている。したがって、本件支出は、経済的な側面から見ると、靖国神社の宗教活動を援助、助長、促進するものとまではいえなくても、精神的側面から見ると、右の象徴的な役割の結果として靖国神社の宗教活動を援助、助長、促進する効果を有する、とする。右支出によって生じる愛媛県と靖国神社との結びつきは、我が国の文化的・社会的諸条件に照らして考えると、もはや相当の限度を超えている。したがって、支出を行うことは憲法20条3項の禁止する宗教的活動に該当するとしている。これは「過度のかかわり合い」の基準の適用例であるとされる。

　これに対して、二審判決（高松高判平成4・5・12判例時報1419号38頁）は、知事の意図・目的は、遺族援護行政の一環として、行政法規の根拠に基き支出したものであり、知事の宗教的意識は次期の再当選を祈願するにすぎず、それ以上に神

172　第5章　政教分離訴訟と違憲審査基準

道の深い宗教心に基づくものではなく、支出の程度も社会的儀礼にとどまっており、目的・効果基準から見て、憲20条3項で禁止する宗教的活動には該当しないとしている。

　上告をうけた愛媛玉串料訴訟最高裁判決（最大判平成9・4・2民集51巻4号1673頁）は、1977年（昭和52年）の津地鎮祭最高裁判決および1988年（昭和63年）の殉職自衛官合祀最高裁判決（最判昭和63・6・11判例時報1277号34頁）を引用し、次のような理由で本件公金支出を違法とした。

　例大祭、慰霊大祭、みたま祭などは、いずれも神社が宗教的意義を有するものであり、したがって玉串料、供物料および献灯料はいずれも各神社にとって宗教的意義を有する。

　これらのことからすれば、県が特定の宗教団体の挙行する重要な宗教上の祭祀にかかわり合いを持ったということが明らかである。玉串料等を奉納することは、建築主が主催して建築現場において土地の平安堅固、工事の無事安全等を祈願するために行う儀式である起工式の場合とは異なり、時代の推移によって既にその宗教的意義が希薄化し、慣習化した社会的儀礼にすぎないものになっているとまでは到底いうことができず、一般人が本件の玉串料等の奉納を社会的儀礼の一つにすぎないと評価しているとは考え難いところである。これらのことからすれば、地方公共団体が特定の宗教団体に対してのみ本件のような形で特別のかかわり合いを持つことは、一般人に対して、県が当該特定の宗教団体を特別に支援しており、それらの宗教団体が他の宗教団体とは異なる特別のものであるとの印象を与え、特定の宗教への関心を呼び起こすものといわざるを得ない。

　明治維新以降国家と神道が密接に結び付き種々の弊害を生じたことにかんがみ政教分離規定を設けるに至ったなど前記の憲法制定の経緯に照らせば、たとえ相当数の者がそれを望んでいるとしても、そのことゆえに、地方公共団体と特定の宗教とのかかわり合いが、相当とされる限度を超えないものとして憲法上許されることになるとはいえない。

　以上の事情を総合的に考慮して判断すれば、県が本件玉串料等を靖国神社又は護国神社に奉納したことは、その目的が宗教的意義を持つことを免れず、その効果が特定の宗教に対する援助、助長、促進になると認めるべきであり、これによってもたらされる県と靖国神社等とのかかわり合いが我が国の社会的・文化的

諸条件に照らし相当とされる限度を超えるものであって、憲法20条3項の禁止する宗教的活動に当たると解するのが相当である。そうすると、本件支出は、同項の禁止する宗教的活動を行うためにしたものとして、違法というべきである。

また、靖国神社及び護国神社は憲法89条にいう宗教上の組織又は団体に当たることが明らかであるところ、本件玉串料等を靖国神社又は護国神社に奉納したことによってもたらされる県と護国神社等とのかかわり合いが我が国の社会的・文化的諸条件に照らし相当とされる限度を超えるものと解されるのであるから、本件支出は、同条の禁止する公金の支出に当たり、違法というべきである。

こうして最高裁は、愛媛県が靖国神社・護国神社の挙行した例大祭、みたま祭、慰霊大祭に際し、県の公金から玉串料、献灯料、供物料を支出したことは憲法20条3項、89条に違反すると判示した。従来の目的効果基準を維持しつつ、しかし、玉串料等の奉納は地鎮祭への支出とは意義が異なり、慣習化した社会的儀礼とはいえないとして、その基準を厳格に適用したものである。

(ウ) 殉職自衛官の護国神社への合祀申請

本件は、山口県の隊友会が、自衛隊の積極的な協力の下で、殉職自衛官の霊を、妻の意思に反して県護国神社に合祀申請をしたところ、妻から、憲法20条3項に違反する合祀申請の取消しと宗教的人格権にもとづく慰謝料請求の訴訟が提起された。

下級審判決は、本件合祀申請は県隊友会と自衛隊との共同行為であると認定し、合祀申請は宗教的意義を有し、かつ県護国神社を援助する行為であるので、宗教的活動にあたるとして、損害賠償請求を認めた。しかし、合祀申請の取消しについては、県隊友会が県護国神社に合祀申請の撤回を意思表示している以上、同神社が合祀をやめないとしても、県隊友会は自ら行うべきことを果し終えたといえるので、合祀申請手続きの取消請求には理由がないとした（山口地判昭和54・3・22判例時報921号44頁）。

最高裁は、本件合祀申請を県隊友会の単独行為である（自衛隊の地連職員は単なる事務的な協力をしたにすぎない）として、下級審の認定をくつがえし、また、合祀は神社の自主的な判断に基づく行為であるとした。そして、津地鎮祭事件最高裁判決の目的・効果基準を自衛隊職員の行為に適用して、政教分離違反ではない

174　第5章　政教分離訴訟と違憲審査基準

とした（最大判昭和63・6・1判例時報1277号34頁）。その結果、自衛隊職員の事務的な協力は宗教とのかかわりは間接的であり、その目的も合祀の実現により自衛隊員の社会的地位の向上と士気の高揚をはかることになったのであるから宗教的意識も希薄であったとする。さらに、その行為の態様も特定の宗教への関心を呼び起こし、これを援助、助長、促進し、又は他の宗教に圧迫、干渉を加えるような効果を持つものと一般人から評価される行為とは認め難いので宗教的活動とはいえないとした。

　この点に関して、ただ一人反対意見を表明した伊藤正己裁判官の以下の理解の方が妥当であると考える。①合祀申請はまさに自衛隊の殉職者の霊を神道によって祭神として祀ることを直接の目的とするものであり、地鎮祭等のように社会の一般的慣習に従った儀礼と性質を異にするものであって、その目的が宗教的意義をもたないとするのは行為のもつ客観的な意味を不当に軽視するものである。②問題は、それが神道、特に県護国神社に対する援助、助長、促進となるかどうかである。他の宗教ではなく神道に従って県護国神社に合祀してもらうよう申請する行為は、その効果において、神道を特別に扱ってこれに肩入れすることとなり、その援助、助長に当たるとみることができる。③地連職員は、本件合祀申請を県隊友会と相謀り共同して行ったものであるから、そのかかわり合いは相当とされる限度をこえている。そうすると、地連職員の行為は憲法20条3項にいう宗教的活動に該当する。

　最高裁判決の目的・効果基準の適用については、藤井俊夫が指摘するように、「例えば合祀による士気の高揚が宗教的意識が希薄であるとしたり、士気の高揚のために特定の宗教を利用することの効果をきわめて軽く評価するなど、目的・効果基準の適用のしかたそれ自体に問題がある」。自衛隊は隊友会に対して積極的な事務を行って、合祀申請に至ったものであり、ここでの「事務的な協力」は、その後の隊友会による合祀申請および神社による合祀を前提としていることは明らかであるから、このような国の関与は国がみずから合祀申請を行ったに等しいものである。それゆえ、このような申請への関与行為は「宗教的活動」に該当するとすべきであり、違憲ということにならざるを得ない。「例えば社会的地位の向上とか士気の高揚などという世俗的目的のために国が宗教を利用しようとすること自体が、歴史的にみてそもそも反省されねばならないという点も考慮す

1 国家の宗教的中立性と非宗教性　　*175*

べきなのである」[11]という点の認識の必要性が改めて強調されるのである。

（エ）箕面忠魂碑・慰霊祭・補助金訴訟

箕面忠魂碑訴訟・慰霊祭訴訟事件とは次のようなものである（事件の概要については、控訴審判決判例時報1237号3頁以下の解説参照）。

1　箕面忠魂碑訴訟事件

1916年（大正5年）、帝国在郷軍人会は箕面村から箕面小学校の校庭の隣接地を無償貸与され、ここに忠魂碑が建設され、戦後箕面市の遺族会がこれを所有管理していたが、箕面小学校の増改築事業のためこれを他に移設する必要が生じた。そこで、箕面市は、当時市が土地開発公社から借り受けて小学校の仮運動場として使用していた土地の一部について、その用途廃止をしたうえで土地開発公社から7882万円余で買い受け、ここに忠魂碑を移設した。

原告らは、本件忠魂碑は宗教的な祭祀ないし礼拝の対象となる宗教施設であり、遺族会は宗教上の組織又は団体であるから、市が行った忠魂碑の移設や、その敷地の遺族会への貸与等は憲法20条、89条に違反するとして、地方自治法上の住民訴訟を提起したものである。このように箕面忠魂碑訴訟事件では、市が忠魂碑の敷地として公有地を貸与し、その移設に公金を支出したことが政教分離に違反するとして住民訴訟が提起され、忠魂碑への公費支出が憲法上認められるか、これについては忠魂碑がそもそも宗教的施設であるといえるかどうか、が問題となった。

第1審判決は目的・効果基準を適用して、本件使用貸借や本件移転は憲法20条3項、89条に違反するとした（大阪地判昭和57・3・24判例時報1036号20頁）。この判決は、津地鎮祭最高裁判決の多数意見と基本的に同じ立場に立ったうえで、地鎮祭がそのとき一回限りのものであるのに対して、本件は継続的であり、市と忠魂碑の結びつきが極めて強いもので両者は異なるとし、また、忠魂碑は墓苑とか平和記念のための碑などとは異なり、歴史的に靖国神社（国家神道＝天皇制イデオロギー）との結びつきが強く認められるということを強調した。こうした観点か

11　藤井俊夫・前掲書40頁。

ら、本件忠魂碑は、現実の取扱い方からみても、忠魂碑自体のもつ社会的評価の点からみても、右のような宗教上の観念に基づく礼拝の対象物となっており、宗教上の行為により利用される宗教施設であるというほかないとした。

　以上の視点に立って、次のように結論づける。本件忠魂碑（本件移設前の碑を含む）は、特定の宗旨によるものであるかどうかはともかくとして、宗教的観念の表現である礼拝の対象物となっている宗教施設である。ところが、市は、本件忠魂碑及び本件移設前の碑の敷地として市有地を無償で使用貸借させている。そして、本件移設は、宗教施設である本件忠魂碑をその宗教目的のために維持して使用させようとするものである。そうすると、これらは、市が、宗教活動を援助ないし助長させる行為であるというほかない。したがって、市遺族会が厳格な意味で宗教上の組織若しくは団体であるといえないとしても、本件使用貸借や本件移設は、憲法89条が禁じている宗教活動に対する公の財産の支出、利用に該当することは明らかである。そうすると、市の本件使用貸借や本件移設行為は、憲法89条に違反する。

　また、市は、本件忠魂碑が礼拝の対象物とされていること（慰霊祭つきの忠魂碑であること）を認識しながら、何らの制約を加えることもなく本件使用貸借や本件移設をしたが、その費用の多額なことや継続的関係が生じて行くことに照らして、同市は、宗教施設に対し過度のかかわりをもったといえる。そのうえ、行為の目的や効果の点から検討しても、本件使用貸借や本件移設は、その目的が宗教的意義をもつと評価されてもやむを得ないものであり、その効果も宗教活動に対する援助、助長、促進になることが明らかであるから、憲法20条3項にも違反する。

　このように本判決は、津地鎮祭最高裁判決多数意見の目的・効果基準を厳格に適用して違憲を導いている。この結論は妥当であるとしても、目的・効果基準を適用するまでもなく、国家の非宗教性の原則を端的に適用して違憲と導くのがスッキリした結論の導き方といえるであろう。藤井俊夫も、「目的・効果基準の適用範囲を限定する考え方からみても、ここでは教育、福祉など福祉国家的目的による財政援助が問題となっているわけではないのであるから、この基準は適用されず、より厳格に非宗教性の観点から審査されるべきだということになるであろう」[12]と述べている。

2 箕面慰霊祭訴訟事件

遺族会は、1976年（昭和51年）、本件忠魂碑の前で神社神職による神式の慰霊祭を行い、1977年（昭和52年）も同様に僧侶による仏式の慰霊祭を行った。

箕面市においては、この慰霊祭に市長、教育長が参加して玉串奉奠（たまぐしほうてん）や焼香をし、市の職員は市の事務用紙等を使ってその案内状を発送したりしたうえで、市長らの送迎のため乗用車が出され、一般参列者用に市のマイクロバスが運転された。また、小学校校長は、慰霊祭のために机や椅子を貸与し、神職や僧侶の支度用に校長室を貸与し、一般参列者のためにトイレを使用させた。

原告らは、市の関与が憲法20条、89条に違反し違憲違法であるとして地方自治法の住民訴訟を提起した。第1審判決（大阪地判昭和58・3・1判例時報1068号27頁）は、教育長が慰霊祭という宗教儀式に参列し、玉串奉奠をすることは憲法20条2項との関係上、公務となり得るものではなく私的行為であるから、参列行為に要した時間分の給与を不当利得として市に返還すべきであるとした。

これに対して1（の忠魂碑訴訟事件）、2（の慰霊祭訴訟）事件の控訴をうけた第2審判決は次のように判断した（大阪高判昭和62・7・16判例時報1237号3頁）。

（1）　まず、忠魂碑については、専ら非業の死を遂げた戦没者を追悼顕彰するために特定の思想、信条、宗教を超えた人間本来の倫理観を表現した記念碑であるとみるのが客観的に相当である。

また、神式又は仏式で行われている慰霊祭は、碑の前で挙行することが厳粛な雰囲気を作るために効果的であることから実施されているものである。また、碑・塔の前での慰霊祭が宗教儀式をもって行われる例は原爆犠牲者慰霊祭等にもみられるが、これらの場合に、一般には碑・塔が宗教施設であると認識されていないとする。

（2）　遺族会の性格については次のように述べる。憲法89条前段の「宗教上の組織若しくは団体」、憲法20条1項後段の「宗教団体」とは、宗教的活動を目的とする団体をいうものと解すべきであり、このような目的を有しない日本遺族会が、その本来の事業の目的を遂行するうえで臨時的な又は定期的に宗教的行事な

12　藤井俊夫・前掲書40頁。

178　第5章　政教分離訴訟と違憲審査基準

いし宗教にかかわり合いのある行為を企画実行しているからといって、これが直ちに89条の「宗教上の組織若しくは団体」及び「宗教団体」に該当すると解するのは相当でないという。

　(3)　なお、忠魂碑前での慰霊祭に教育長が参列したことについては、本件慰霊祭は、神職又は僧侶がそれぞれ固有の祭式に則り所定の服装・斎場・祭具をもって行ったものであるから、開閉会の辞、来賓追悼の辞が無宗教の形式で行われたからといって、全体としてはそれらが特定の宗教とかかわり合いをもつことは否定できないとしながら、津地鎮祭最高裁判決の目的・効果基準を適用して、本件慰霊祭は専ら戦没者を慰霊・顕彰するという民間習俗・社会儀礼的意義を明示する目的で挙行されたとする。そして、箕面市の教育長は社会的儀礼としてこれに応じ玉串をささげ焼香をしたものであるので、教育長として慰霊祭に参列した行為は、憲法20条1項後段、89条に違反せず、20条3項にいう宗教的活動にも該当しないとした。

　さらに、公務員が任意に自発的にこれに参加して参列・玉串奉納・焼香を行うことが参列者の意思・地位・職務権限、参列の社会的意義等諸般の事情により職務行為又は職務に関する儀礼的行為であると認められる場合には、その参列は公的行為であって給与支給の対象になるとしたのである。

　これまで筆者がしばしば言及してきたことは、政教分離原則は、世俗的政治的目的と宗教との結合を禁止するためのものであり、そのことを特に警戒している[13]。もともと戦前における靖国神社および護国神社における慰霊というのは、戦争遂行のための士気高揚という政治目的で行われたことに注意する必要がある。本件の忠魂碑、そこにおける慰霊祭について、「当該施設の様式・構造を問わずに一切が記念碑であるとすることには問題があり、また、そこで行われる儀式の宗教性も無視してよいとすることにも疑問がある」[14]といえる。

　なお、憲法89条前段の「宗教上の組織若しくは団体」および20条1項後段の「宗教団体」の意義に関して、第1審判決は、憲法89条の規定の趣旨を広く解釈し、「宗教的意義を有する事業ないし活動に対し、公の財産を支出し、利用させ

13　樋口陽一、藤井俊夫の前述見解を参照。
14　藤井俊夫・前掲書42頁。

ることが当該宗教活動に対する援助、助長、促進等の結果をもたらす場合には、厳格な意味での宗教上の組織若しくは団体に対するものに限らず、これを一切禁じる措置である」としている。

これに対して、本判決では、憲法89条前段の「宗教上の組織若しくは団体」、憲法20条1項後段の「宗教団体」とは、宗教的活動を目的とする団体をいうものと解すべきであり、このような目的を有しない団体が、その本来の事業の目的を遂行するうえで臨時的又は定期的に宗教的行事ないし宗教にかかわり合いの行為を企画実行しているからといって、これが直ちに「宗教上の組織若しくは団体」及び「宗教団体」に該当するものではないという。しかし、これについては、宗教団体でない団体が、あきらかに特定の宗教の行事を行う場合に国が関わりをもつことは違憲といわざるを得ないと考えられ、第1審判決の方が妥当である。

最高裁は、控訴審判決を支持し、忠魂碑は戦没者記念碑的な性格のものであり、市の行った忠魂碑の移設、再建は、小学校の校舎の建替えのためであり、また慰霊祭への市教育長の参列は社会的儀礼として行われたものであるため、市の右行為、教育長の参列は、目的・効果基準によって、宗教的活動にあたらないとした（「箕面市の行為は…専ら世俗的なものと認められ、その効果も、特定の宗教を援助、助長、促進し又は他の宗教に圧迫、干渉を加えるものとは認められない。したがって、箕面市の右各行為は、宗教とのかかわり合いの程度が我が国の社会的、文化的諸条件に照らし、信教の自由の行為の確保という制度の根本目的との関係で、相当とされる限度を超えるものは認められない」最判平成5・2・16民集47巻3号1687頁）。

なお、原告らは、最高裁が宗教の定義をしなければ、各裁判所はその望むことは何でも述べ、恣意的な判決をなしうると論じたが、それでもなお最高裁は、宗教を定義づけることなく、箕面忠魂碑がそもそも記念碑的なあるいは宗教的モニュメントの性格を有するような何かであり、あり続けると主張したのである。

3　市遺族会への補助金訴訟事件

原告らは、箕面市が市遺族会へ補助金を支出したことに対して、憲法の政教分離原則に反するとして住民訴訟を提起した（本事件は第3次訴訟であり、第1次は箕面忠魂碑訴訟事件、第2次が箕面慰霊祭訴訟事件である）[15]。

市遺族会は市の社会福祉協議会のメンバーとして、同協議会の他の組織された

180　第5章　政教分離訴訟と違憲審査基準

利益集団と共に毎年補助金を受けていた。そして、その補助金の一部が忠魂碑で行われた慰霊祭を行う費用に支出された。加えて、市は慰霊祭を準備し、挙行するさい、遺族会にサービスと公共財産の使用を提供した。例えば、会合のための市の会議室の利用、儀式の招待状の発送、参列者送迎用のため市のマイクロバス等の利用を提供した。市遺族会は箕面市社会福祉協議会への補助金の最大の割合を受け取った。忠魂碑移転の訴訟がはじまった1975年（昭和50年）、市遺族会は全予算の109万6240円のうち、44万5000円の配分を受けた。そして、遺族会のその年の最大の支出費33万900円は、会員の靖国神社参拝旅行の支出であった。

　原告の神坂玲子は、第3次の箕面市の市遺族会への補助金訴訟の提起が最大のインパクトをもつ可能性を示唆した。というのは、日本遺族会の各支部が自治体から補助金を受け、その一部は靖国神社を訪れる会員の出費をまかなうものだったからである。この市の行為は本書3部6・7・8章で分析するまさに公法上の脱法行為である。市が靖国神社参拝への補助金を支給すれば、憲法20条3項に抵触することになる。これを回避するために上記の手法が使われているのである。

　原告神坂玲子は、市遺族会は、もっぱら靖国神社、護国神社、忠魂碑における英霊の顕彰と慰霊を目的として活動する団体であるから、憲法89条前段、20条1項後段の宗教団体であると位置づけ、箕面市や他の自治体が給付する補助金を禁止するため、「最高裁は同会が一種の宗教団体であると言うべきである」と強調した。この点に関して、原告側証人の洗建（駒沢大学文学部宗教社会学教授）は、靖国神社の英霊崇拝は「固有の宗教」の発現であり、箕面忠魂碑は靖国神社の地方代表であることを証言した。遺族会は基本的に靖国神社に関連する宗教的活動を推進ことに親密に関わる宗教団体であると主張して、箕面市の遺族会への補助金は憲法違反であるとした（前掲オブライエン・127頁）。

15　原告の一人である古川佳子（1927年生まれ）は、本訴訟を提起した動機を次のように述懐している。2人の兄をビルマと台湾沖の戦争で失ったが、母の和子が戦後どのように天皇を憎み、「息子2人を殺された」と思っていたのかを想起した。母が毎日自分を責めているのを見て大きくなった。母の絶望の深さはほとんど想像し難かった。母は天皇が息子を返してくれるように訴える歌を詠み、干上がった河床で夜、息子たちの名を叫んでいた。これは臣民は天皇および国のために死んだ血縁者の死を決して嘆くべきではないという彼女の受けたしつけや国の教育に真っ向から反した。母のためにも、原告古川は忠魂碑の再建およびそれが表すすべてに激しく反対した（デイヴィッド・M・オブライエン『政教分離の憲法政治学』大越康夫補著・訳（晃洋書房、1999年）12頁）。

大阪地裁は、この箕面市補助金訴訟で、遺族会は広範な社会活動を行う団体と強弁した（大阪地判昭和63・10・14判例時報1291号３頁）。地裁は同会が「その発足の当初から、靖国神社と密接な人的つながりを有する……日本遺族会の行う英霊顕彰事業は、本質的に靖国神社に祭祀及びその宗教思想と親和性を有し、結び付きやすい性向を有する」ことは認めるが、しかし、第２次大戦後、「靖国神社の国家祭祀施設としての性格が失われ、また実質的国家神道も消滅した」ことを強調し、「遺族らは靖国神社との結びつきもかってのような強固さを失っている」と結論づけた。

また、大阪地裁は、箕面市忠魂碑は「靖国神社、護国神社と共通の宗教的、思想的基盤」を有することは認めるが、しかしながら、忠魂碑は「本来的には、戦没者を記念する碑としての性格」を有し、「宗教的儀式の施設」という性格をもつものではないとしたのである。そして、原告らの「忠魂碑は戦後も宗教施設のままである」という主張を退けるとともに、市の補助金は世俗的目的と効果をもつに過ぎないとして、次のように述べた。

「本件補助金は、……遺族の福祉増進の見地から行う援助というもっぱら世俗的なものであり、その効果も、市遺族会を援助することによって間接的にその行う宗教にかかわる活動にも援助の効果が及ぶ結果になったにすぎないうえ、市遺族会が行う宗教にかかわる活動も、同会が戦没者の遺族の集合体であることから、おのずとその事業の中に含まれる追悼、慰霊等遺族の精神的慰藉のための活動の一環としてのものにすぎず、特定の宗教、宗派の教義、信仰の普及、拡大といった宗教的活動自体を目的とするものではない…」。

以上は、まさに公法上の脱法行為といえるものであるが、オブライエンは次のごとく指摘している。

箕面補助金訴訟で提起された公的補助金の争点は、裁判所ではずっと覆い隠されていた。しかし確かにそれは訴訟全体にとって枢要であった。すなわち箕面市は遺族会に補助を行い、その補助金はまず慰霊碑の費用をまかなった。これは戦後の宗教的活動への公的支援の実質的に隠された、しかし重要な側面である。それは国の宗教へのかかわり合いと、保守派の国家神道復活の試みの根底にあった[16]。

続けて次のごとく述べる。日本遺族会はしばしば自衛隊の支援で20年以上、地

182　第 5 章　政教分離訴訟と違憲審査基準

方の、とりわけ九州地区の会員を組織していた。これら地方の会員が神道儀式を行い、戦没者を祀るために公金が給付され、その結果、会員は靖国神社参拝の上京ができた。…そうした自治体の支持はまさに、神坂夫妻（原告）にとって最も反対しなければならないと認識するものであり、国家神道および新たな軍国主義の復活の可能性を押し開く楔のように見えるものであった。夫妻の訴訟は、政教分離の憲法規定を真剣に受けとめる必要性を国民と国に印象づけようとした[17]。

　1994年（平成 6 年） 7 月20日、大阪高裁で控訴審判決が下された（大阪高判平成6・7・20判例タイムズ870号113頁）。原告が主張した本事件の主要争点は、(1) 日本遺族会箕面支部が宗教的活動の推進に関わったかどうか、(2) 市遺族会への市の補助金は違憲であったかどうか、(3) 市の補助金に公益性はなく違法であったかどうか、である。

　原告らは、遺族会が特定の宗教および忠魂碑や靖国神社での宗教行為を推進し、靖国神社の戦没者崇拝を支持することにより、公益に反する働きを行っていると論じた。したがって、第 1 次、第 2 次訴訟と同様に、箕面市は憲法20条、89条の政教分離を侵害したと主張し、さらに、補助金が地方自治法および社会福祉事業法56条により違法であるとしたのである。

　大阪高裁は控訴を棄却し、原告の主張はすべて退けられた。1993年（平成 5 年）の最高裁判決に従い、遺族会の本質的目的はその構成員の福祉を推進することであると判示した。高裁判決は、宗教団体とは、その主要な目的として宗教を信仰し、推進する法人と特徴づけ、日本遺族会も箕面市の地方支部も憲法上の「宗教団体」の定義に合致しないとした。また、高裁判決は、箕面市が市遺族会に給付した公金が靖国神社に寄付されたという事実を完全に無視して、箕面市の補助金は憲法上許容されるとしたのである。

　1999年（平成11年）10月21日、最高裁判決は、市遺族会が特定の宗教の信仰、礼拝、普及等の宗教的活動を本来の目的とする団体に当たるとはいえないとし、おきまりの目的効果基準を適用して、市の補助金の合憲を次のごとく導いたので

16　オブライエン・前掲書130頁。
17　オブライエン・前掲書131頁。

ある（最判平成11・10・21判例時報1696号96頁）。

「本件補助金の支出及び本件書記事務への従事の目的は、遺族の福祉増進に
あることが明らかであり、遺族の福祉増進の面での金銭的ないし事務補助に
よる援助が結果として市遺族会の宗教性を帯びた活動に対する間接的な援助
となる面があるとしても、その効果は、間接的、付随的なものにとどまって
おり、特定の宗教を援助、助長、促進し、又は他の宗教に圧迫、干渉を加え
るようなものとは認められない。したがって、本件補助金の支出及び本件書
記事務への従事は、宗教とのかかわり合いの程度が、我が国の社会的、文化
的諸条件に照らし、信教の自由の保障の確保という制度の根本目的との関係
で相当とされる限度を超えるものとは認められず、憲法20条３項により禁止
される宗教的活動に当たらないと解するのが相当である」。

（オ）大阪地蔵像訴訟

大阪地蔵像訴訟とは、次のような事件である（最判平成４・11・16判例時報1441号
57頁参照）。

大阪市は、市営住宅の建て替えに際して、地元の二つの町会から、市営住宅の
敷地内に地蔵像を建立し、また、付近の市有地内に建立されていた地蔵像を市有
地に移設することを認めて欲しいとの要望を受けた。市は、市営住宅の立替事業
を円滑に進めるとともに、地域住民の融和の促進を図るためにも、この要望を受
け入れることを得策と考え、各町会に対して、町会の建立し、あるいは移設する
各地蔵像の敷地として、市有地を無償で使用させるに至った。

これに対して、大阪市の住民である原告らが、以上の行為が憲法20条３項、89
条に違反するとして、地方自治法242条の２により住民訴訟を提起したものであ
る。この最高裁判決は、津地鎮祭事件最高裁判決、殉職自衛官合祀事件最高裁判
決の目的・効果基準を適用して、次のような理由で合憲とした。

(1)　本件において、大阪市が各町会に対して、地蔵像建立あるいは移設のた
め、市有地の無償使用を承認するなどした意図、目的は、市営住宅の立替事業を
行うに当たり、地元の協力と理解を得て右事業の円滑な進行を図るとともに、地
域住民の融和を促進するという何ら宗教的意義を帯びないものであったこと、

(2)　本件のような寺院外に存する地蔵像に対する信仰は、仏教としての地蔵
信仰が変質した庶民の民間信仰であったが、それが長年にわたり伝承された結

184　第5章　政教分離訴訟と違憲審査基準

果、その儀礼行事は地域住民の生活の中で習俗化し、このような地蔵像の帯有する宗教性は希薄なものとなっていること、

　(3)　本件各町会は、その区域に居住する者等によって構成されたいわゆる町内会組織であって、宗教的活動を目的とする団体ではなく、本件各地蔵像の維持運営に関する行為も、宗教的色彩の希薄な習俗的行事にとどまっていること等を理由に、本件大阪市の行為は、「その目的及び効果にかんがみ、その宗教とのかかわり合いが我が国の社会的・文化的諸条件に照らし信教の自由の確保という制度の根本目的との関係で相当とされる限度を超えるものとは認められず、憲法20条3項あるいは89条の規定に違反するものではない」とした。

　また、憲法89条の「宗教上の組織若しくは団体」の意義については、箕面忠魂碑・慰霊祭訴訟事件で言及したが、本判決は、「本件各町会は、その区域に居住する者等によって構成されたいわゆる町内会組織であって、宗教的活動を目的とする団体ではない」ことを理由に、本件における大阪市の行為が憲法89条に違反しないとしていることからすれば、宗教団体の意義の狭義説に立っているものと理解されている（判例で狭義説は前述の箕面忠魂碑・慰霊祭訴訟控訴審判決、広義説は、忠魂碑訴訟第1審判決）。

　ここでも前述の箕面忠魂碑訴訟・慰霊祭訴訟事件と同じことの言及を繰り返すことになるが、市の意図・目的が世俗目的のように見えるものであっても、地蔵像自体の宗教性・宗教的評価が薄まるわけではない。その関わるものの宗教性がはっきりしている場合には違憲といわざるを得ないのである。

(カ)　主基斎田「抜穂の儀」参列訴訟

　1990年10月、大分県においては、大嘗祭の一環として主基斎田抜穂の儀が挙行され、大分県知事らが、この儀式に公務として参列した。1991年1月、同県の住民が、右参列は憲法20条3項で禁止された「宗教的活動」に該当し、違憲であるので、知事らに支給された日当等は違法であると主張し、地方自治法242条の2第1項4号に基づいて、不当利得の返還および損害賠償を求める住民訴訟を提起した。

　主基斎田抜穂の儀とは、神道祭祀に特有の施設を作り、皇室の神道祭祀を司る掌典が主催して、神道固有の儀式で行われ、参列者が拝礼するという宗教的行為

が行われている。県知事らは、天皇に神性を持たせる神道儀式にその不可欠の構成員として参列、礼拝し、天皇を頂点とした神道（宗教としての国家神道）を支援する目的で参列、拝礼したと評価される。この行為は、政教分離原則に反し、宗教としての国家神道と国家、自治体の結びつきを象徴的に示す意味をもち、神道を援助、助長、促進する効果をもつものであって、神道に対して過度のかかわり合いをもつものであった。従って、憲法20条３項の禁止する宗教的活動に該当することは明白である、と原告は述べる。

　大分地裁第一審判決は、県知事らの抜穂の儀への参列の目的は、新天皇の皇位継承の関係儀式に際し、新天皇に対し、祝意を表すという専ら世俗的なものであり、その効果も、特定の宗教を援助、助長、促進又は圧迫、干渉を加えるものとは認められず、したがって、憲法20条３項で禁止された「宗教的活動」には該当しないとして、訴えを棄却した（大分地判平成６・６・30判例タイムズ878号144頁）。こうした理解は政府見解に沿うものである。原告は控訴したが、福岡高裁判決は、第一審判決を相当と認めて控訴を棄却した（福岡高判平成10・９・25判例時報1660号34頁）。

　最高裁は、津地鎮祭最高裁判決、愛媛玉串料最高裁判決の目的・効果基準を引用して次のように述べた。(1)　主基斎田抜穂の儀は、大嘗祭の中心的儀式である主基殿供饌の儀において使用される新穀を収穫するための儀式であり、大嘗祭の一部を構成する一連の儀式の一つとして大嘗祭挙行の際に欠かさず行われてきたものであって、天皇の即位に伴う皇室の伝統儀式としての性格を有するものである。(2)　知事らは、宮内庁から案内を受け、地元の農業関係者等と共に主基斎田抜穂の儀に参列して拝礼したにとどまること。(3)　知事らの参列は、その開催地において重要な公職にある者の社会的儀礼として、地元で開催される天皇の即位に伴う皇室の伝統儀式に際し、日本国及び日本国民統合の象徴である天皇の即位に祝意、敬意を表す目的で行われたものであること。

　これらの点にかんがみると、知事らの参列の目的は、地元で開催される天皇の即位に伴う皇室の伝統的儀式に際し、日本国及び日本国民統合の象徴である天皇に対する社会的儀礼を尽くすというものであると認められ、その効果も、特定の宗教に対する援助、助長、促進又は圧迫、干渉等になるようなものではないと認められる。したがって、参列は、宗教とのかかわり合いの程度が我が国の社会

186　第5章　政教分離訴訟と違憲審査基準

的、文化的諸条件に照らし、信教の自由の保障の確保という制度の根本目的との関係で相当とされる限度を超えるものとは認められないとした。

（キ）即位の礼・大嘗祭訴訟
（1）　鹿児島県「大嘗祭」訴訟

　鹿児島県知事は、宮内庁長官から大嘗宮の儀への案内を受け、1990年11月22日に挙行された悠紀殿供饌の儀に県知事として出席し、内閣総理大臣、衆参両院議長、最高裁判所長官、国会議員、他都道府県知事らとともに参列した。その際、旅費として県の公費から支給を受けた。

　この県知事の行為について、原告は1991年3月に住民訴訟を提起し次のように主張した。大嘗祭は天皇家の私的儀式であり、神道による宗教儀式である。また、憲法は、皇位の世襲を定めているが、大嘗祭は憲法に定める皇位継承に随伴する儀式ではなく、何ら公的性格をもつ儀式ではない。したがって、国が大嘗祭の挙行につき内廷費ではなく宮廷費から支出したことは、憲法20条及び89条の政教分離原則に違反する。大嘗祭の中心的儀式である悠紀殿供饌の儀及び主基殿供饌の儀は、国中がこぞって天皇に服属することを示す儀式であり、天皇主権に相応する万世一系の現人神である天皇の即位と統治を示す儀式であって、日本国憲法の定める国民主権原理に違反する。知事として出席し公費の支給を受けることは政教分離原則（20条3項）及び公務員としての憲法尊重擁護義務（99条）に違反し、違憲、違法である。

　これに対して、鹿児島地裁判決は、政府見解を踏襲し、目的・効果基準を採用し知事らの行為を合憲とした（鹿児島地判平成4・10・2判例時報1435号24頁）。原審も同様の判断を示して、原告の請求を棄却した（福岡高判宮崎支部平成10・12・1判例地方自治188号51頁）。

　最高裁判決は（最判平成14・7・11判例時報1799号99頁）、（1）　大嘗祭は、皇位継承の際に通常行われてきた皇室の重要な伝統儀式であること、（2）　知事は、宮内庁から案内を受け、三権の長、国務大臣、各地方公共団体の代表等と共に大嘗祭の一部を構成する悠紀殿供饌の儀に参列して拝礼したにとどまること、（3）大嘗祭への知事の参列は、地方公共団体の長という公職にある者の社会的儀礼として、天皇の即位に伴う皇室の伝統行事に際し、日本国及び日本国民統合の象徴である天皇の即位に祝意を表する目的で行われたものであること、を指摘する。

これらの点にかんがみると、参列の目的は、天皇の即位に伴う皇室の伝統儀式に際し、日本国及び日本国民統合の象徴である天皇に対する社会的儀礼を尽くすものであり、その効果も、特定の宗教に対する援助、助長、促進又は圧迫、干渉等になるようなものではないと認められる。したがって、大嘗祭への参列は、宗教とのかかわり合いの程度が我が国の社会的、文化的諸条件に照らし、信教の自由の確保という制度の根本目的との関係で相当とされる限度を超えるものとは認められないという。このように、津地鎮祭最高裁判決、愛媛玉串料最高裁判決等の目的・効果基準を適用して、合憲を導いている。

(2) 神奈川県「即位の礼・大嘗祭」訴訟

1992年1月、神奈川県において、知事が即位の礼・大嘗祭に参列したことに対して、政教分離、国民主権に反するとして、住民訴訟が起こされた。この訴訟は、通称「バンザイ訴訟」といわれている。「この名称は、即位の礼で、海部首相が新天皇に対して、1・3メートル下から『バンザイ』と三唱したのを、国民主権が象徴天皇の前にひれ伏した象徴シーンとして、原告住民がつけた」ものである。

神奈川県「即位の礼・大嘗祭」(バンザイ訴訟) 第一審判決 (1999年9月27日) は、即位の礼「正殿の儀」について次にように述べる。「今回、登極礼附式を基本的に踏襲する形で、即位礼正殿の儀を行い、高御座、剣、璽を用いたのは、即位礼正殿の儀を皇室の伝統を尊重して行うという世俗的目的に出たということができるのである。もちろん、世俗的な儀式にするために、政教分離の趣旨を徹底し、即位礼正殿の儀において、宗教とのかかわり合いを完全に近いほどに排除することも考えられるが、そのようにするなら、前記のような儀式の内容を大幅に変史する必要があったということになる。そして、そのためには、天皇の代替わり儀式としての即位礼正殿の儀が歴史的に継承してきた伝統を変更するしかないことになる。しかし、天皇は憲法上国の象徴であり、国民統合の象徴であるとされているから、代替わり儀式の伝統を変更してこれまでと異なる性格の儀式とするといったことは……象徴天皇制を定めている憲法1条との関係の問題も生じかねない。また、憲法2条は、天皇の世襲制を認めているから、即位礼正殿の儀を伝統的な様式を踏襲して行うことには相応の合理性がある…」(横浜地判平成11・9・27、東京高判平成14・9・19も原告の請求を棄却)。

最高裁は、神奈川県知事、県議会議長が、象徴である天皇の即位に祝意を表す目的で、知事、議会の長にある者の社会的儀礼として、三権の長、国務大臣、各地方公共団体の代表等と共に、皇室典範24条の規定する即位の礼のうち伝統的な皇位継承儀式である即位礼正殿の儀に参列した行為は、その目的及び効果にかんがみ、憲法20条3項により禁止される宗教的活動に当たらないとする。ここでも津地鎮祭最高裁判決の目的・効果基準を適用しているのである（最判平成16・6・28判例時報1890号41頁）。

●アメリカ合衆国の判例理論

日本の最高裁が適用した目的効果基準は、アメリカ判例法で確立した考え方であるが、アメリカ判例理論は、日本の最高裁と異なり、かなり厳しい基準として適用されている[18]。

しかし、オブライエンは緩やかな基準として理解している。1971年のレモン事件で、バーガー首席判事が法廷意見を記し、国の政策および規制が、(1) 世俗の目的を有し、(2) 宗教を推進も抑制もしないで、(3) 「国の宗教への過度のかかわり合い」を促進しないものでなければならないと判示した。同判事は、特定の宗教への国家の支持には一線を画しながら、宗教になにがしかの支持を提供することには関心を示していた。

その1年前、ウオルツ事件で、同判事は国家と宗教との厳格分離の強行からの離脱を明らかにしていた。宗教への国の支持が「国の宗教への過度のかかわり合い」がない限り、許容しうると主張した。本事件で、同判事は「国の宗教への過度のかかわり合い」基準を紹介し、翌年のレモン事件で3つ目の基準を書き加えた。しかしウオルツ事件判決では、シェンプ事件で言及された宗教と国家の「分離の高い壁」を強行するということをあえて述べるのを怠った[19]。

レモン判決でバーガー首席判事が3つ目の基準として加えた「立法が、国の宗教への過度のかかわり合いを促す」ことをしてはならないという基準は、厳格な分離を支えるように見えるが、同判事はまさにその正反対の目的を抱いた。国家と宗教の何らかの調整の基礎を据えることであった。法論理と基準のそのねじれ

18　芦部信喜（高橋和之補訂）『憲法［第6版］』（岩波書店、2015年）161頁。
19　オブライエン・前掲書97、98頁。

　　　　　　　　　　　　　　　　1　国家の宗教的中立性と非宗教性　　*189*

も、日本の最高裁にとって役立つことがわかった[20]。

　オブライエンは、津地鎮祭判決最高裁判決に対して次のような的を射た皮肉を述べている。日本の最高裁は津地鎮祭訴訟でレモン・テストまがいのものを採用したさい、その判決に正当性を求めた。しかしながらそのさい、最高裁多数意見はレモン・テストを生み出した以上に、宗教への国の便宜および支持にいっそう敬意を払った。最高裁多数意見は一般大衆がそうした儀式をいかにみなすかに焦点を合わせた。そうした儀式の「社会通念」や「一般人の意識」が、神主がそれを執り行ったという事実よりむしろ支配的なものと思われた[21]。

　津地鎮祭の最高裁の分析と判決は、神道の儀式とモニュメントが民間習俗であると再度定義し直すことができることを下級裁に知らせた。日本の最高裁の論理はどんなにこじつけであろうと、下級審の判決に再び現れるであろうし、合衆国最高裁のリンチ事件判決の理由づけを映すものである[22]。本事件判決で、ロードアイランド州パウタケット市が毎年クレイッシュを含むクリスマス飾りの制作に財政的援助と協力をなすことを支持した。そのクレイッシュ―イエス・キリスト生誕の厩（うまや）の再現―はイエス、マリア、ヨゼフと東方の三博士の像がすべてそろっていた。しかし、バーガー首席判事は多数意見を書き、クレイッシュはクリスマスの時期およびクリスマス祝日の飾りの関連から、キリスト教徒の重要な宗教的象徴であるとしても、世俗性を帯びるようになっていると判示した。こうして同判事は、市がクレイッシュを購入することを支援し、財政的に支援するのは修正1条およびレモン・テストの3基準の下で許されるとした。

　しかし反対意見は、サンタクロース、トナカイ、聖歌隊のような世俗の像とは異なり、生誕場面はクリスマスの単なる「伝統的」象徴よりはるかに多くのことを表す。クレイッシュは「特定の歴史的な宗教上の出来事」の単なる再現ではない。そうではなくて、キリスト教信仰の中心にある出来事の神秘主義的再創造として最もよく理解できる。連邦最高裁多数意見のように、そうした象徴は単なる「伝統的で」、それゆえサンタの家やトナカイとは違わないと指摘することは、クレイッシュが重要な意味をもつ人々に敵対するばかりでなく、キリストのストーリーが決して「歴史」の一部でもわが国の「遺産」の不可避の要素でもないこと

20　オブライエン・前掲書99頁。
21　オブライエン・前掲書100頁。
22　Lynch v. Donnelly, 465 U.S. 668（1984）。

を、宗教的もしくは個人的理由から主張する人びとにとっては侮辱的である。

　津地鎮祭最高裁判決多数意見は、以上の連邦最高裁の反対意見の見解を借りれば、神道の中心的な儀式を軽くみるもので、神道関係者にとっては極めて侮辱的な判決ということになろう。アメリカ合衆国の判例理論をそれほど有難がる必要もないようである。

　そして、目的効果基準は1990年代のアメリカの判例で変容され、「是認」(endorsement) の基準（エンドースメント・テスト）と呼ばれる、従来よりも若干緩やかな基準に再構成されている、という。これによれば、従来の目的審査は、「政府の実際の目的が宗教を是認または否認するメッセージを伝えることを意図したかどうかを明らかにする」ことが必要とされ、また、従来の効果審査は、「政府の実際の目的にかかわりなく、審査に付されている行為が、事実上、宗教を是認または否認する効果をもつものかどうかを問う」ことが求められる。いずれか一方の点について答えが積極的であれば、政府の行為は違憲となる。ここに「是認」とは、特定宗教の信奉者でない者に、政治的共同体の部外者であり正規の構成員でないというメッセージを伝えること、それに付随して、右宗教の信奉者には、政治的共同体の部内者であり厚遇される構成員であるというメッセージを伝えること、を言う。「否認」とは、その逆のメッセージを伝えることである、という[23]。

2　政教分離と違憲審査基準——最高裁の立場——

（1）砂川政教分離（空知太神社）訴訟最高裁判決

　本件事案の概要は次の通りである[24]。北海道砂川市の所有地上には、地域の集会場等である空知太会館が建てられ、その一角に空知太神社の祠が設置され、建物の外壁には「神社」との表示が設けられている。また、同土地上には、鳥居及び地神宮が設置されている。建物及び神社物件の所有者は、空知太連合町内会であり、市は、町内会に対し、本件各土地を無償で本件建物、鳥居及び地神宮の敷

23　芦部・前掲書167頁より引用。さらに、安西文雄「国家と宗教」全国憲法研究会編『憲法問題27』（三省堂、2016年）31頁以下参照。

24　渡辺康行「憲法判例の動き」及び常本照樹「砂川政教分離訴訟上告審判決」平成22年度重要判例解説ジュリスト2011年4月10日号（1420号）。

地としての利用に供している。

神社は、神社付近の住民らで構成される氏子集団によって管理運営がされている。神社においては、初詣、春祭り、秋祭りという年3回の祭事が行われている。初詣の際には、砂川神社から提供されたおみくじ等が販売され、代金及び売れ残ったおみくじ等は砂川神社に納められている。また、春祭り及び秋祭りの際には、砂川神社から宮司の派遣を受け、「空知太神社」「地神宮」などと書かれたのぼりが鳥居の両脇に立てられる。秋祭りの際には、神社の両脇に「奉納、地神宮、氏子中」などと書かれたのぼりが立てられて神事が行われ、「秋季祭典、奉納、空知太神社」などと書かれた看板が地域に掲げられる。毎年8月の砂川神社の祭りの際には、空知太神社に砂川神社のみこしが訪れ、かつては巫女が舞を舞っていたこともある。

神社はもともと道有地上にあったが、昭和23年ころ、小学校の校舎増設及び体育館新設の計画が立てられたため、地元の住民Aの所有地上に移転され、その後、Aは、昭和28年、固定資産税の負担を解消するため、神社の境内地として引き続き使用することを前提に、同土地を砂川町（当時）に寄附を申し入れた。町は町議会で、同土地を無償で神社の境内地として使用させるとの議決をし、町はその所有権を取得して、同土地を引き続き無償で神社の敷地として利用させるに至った。

市の住民である原告らは、砂川市が所有する土地が神社施設の敷地として無償で使用されていることは、憲法の定める政教分離原則に違反する行為であって、敷地の使用貸借契約を解除し神社施設の撤去を求める措置を執らないことが違法に財産の管理を怠るものであるとして、市長に対し、地方自治法242条の2第1項3号に基づき上記怠る事実の違法確認を求めて出訴した。

空知太神社事件最高裁判決（最大判平成22・1・20民集64巻1号1頁、判例時報2070号21頁）は、政教分離訴訟における愛媛玉串料判決に次ぐ2つ目の違憲判決である。砂川市がその所有する土地を神社施設の敷地として無償で使用させていることが政教分離原則に違反しないかが争点となった。判決は次のとおりである。

（1）　憲法89条は、公の財産を宗教上の組織又は団体の使用、便益若しくは維持のため、その利用に供してはならない旨を定めている。その趣旨は、国家が宗教的に中立であることを要求するいわゆる政教分離の原則を、公の財産の利用提

192 第5章 政教分離訴訟と違憲審査基準

供等の財政的な側面において徹底させるところにあり、これによって、憲法20条
1項後段の規定する宗教団体に対する特権の付与の禁止を財政的側面からも確保
し、信教の自由の保障を一層確実なものにしようとしたものである。しかし、国
家と宗教とのかかわり合いには種々の形態があり、およそ国又は地方公共団体が
宗教との一切の関係を持つことが許されないというものではなく、憲法89条も、
公の財産の利用提供等における宗教とのかかわり合いが、我が国の社会的、文化
的諸条件に照らし、信教の自由の保障の確保という制度の根本目的との関係で相
当とされる限度を超えるものと認められる場合に、これを許さないとするものと
解される。国公有地が無償で宗教的施設の敷地としての用に供されている状態
が、前記の見地から、信教の自由の保障の確保という制度の根本目的との関係で
相当とされる限度を超えて憲法89条に違反するか否かを判断するに当たっては、
当該宗教的施設の性格、当該土地が無償で当該施設の敷地としての用に供される
に至った経緯、当該無償提供の態様、これらに対する一般人の評価等、諸般の事
情を考慮し、社会的通念に照らして総合的に判断すべきものと解するのが相当で
ある。

　(2)　本件鳥居、地神宮、「神社」と表示された会館入口から祠に至る本件神社
物件は、一体として神道の神社施設に当たるものと見るほかない。また、本件神
社において行われている諸行事は、地域の伝統行事として親睦などの意義を有す
るとしても、神道の方式にのっとって行われているその態様にかんがみると、宗
教的な意義の希薄な、単なる世俗的行事にすぎないということはできない。この
ように、本件神社物件は、神社神道のための施設であり、その行事も、このよう
な施設の性格に沿って宗教的行事として行われているものということができる。

　(3)　本件神社物件を管理し、上記のような祭事を行っているのは、本件利用
提供行為の直接の相手方である本件町内会ではなく、本件氏子集団である。この
氏子集団は、宗教的行事等を行うことを主たる目的としている宗教団体であっ
て、寄附を集めて本件神社の祭事を行っており、憲法89条にいう「宗教上の組織
若しくは団体」に当たるものと解される。

　(4)　そうすると、本件利用提供行為は、市が、何らの対価を得ることなく本
件各土地上に宗教的施設を設置させ、本件氏子集団においてこれを利用して宗教
的活動を行うことを容易にさせているものといわざるを得ず、一般人の目から見
て、市が特定の宗教に対して特別の便益を提供し、これを援助していると評価さ

れてもやむを得ないものである。

（5）　以上のような事情を考慮し、社会通念に照らして総合的に判断すると、本件利用提供行為は、市と本件神社ないし神道とのかかわり合いが、我が国の社会的、文化的諸条件に照らし、信教の自由の保障の確保という制度の根本目的との関係で相当とされる限度を超えるものとして、憲法89条の禁止する公の財産の利用提供に当たり、ひいては憲法20条1項後段の禁止する宗教団体に対する特権の付与にも該当すると解するのが相当である。

この判決は、①市が所有する土地を神社施設の敷地として無償で使用されていることは憲法89条、20条1項後段に違反するとしたが、その際、②先例とは異なる違憲の判断方法を採用しているようにみえる点に特色がある。①については、なぜ最高裁は事件をもっぱら憲法89条、20条1項後段の問題として処理し、20条3項には言及しなかったのかという問題がある。②については、当該事件の処理に際して最高裁が宗教とのかかわり合いをもたらす行為の「目的」（宗教的意義を有するかどうか）と「効果」（宗教を援助、助長等するかどうか）を中心に判断していないことは確かであり、従来の目的効果基準を用いてきた先例との関係が問題となる[25]。

空知太神社事件最高裁判決は、本件事案が憲法89条に適合するかに関する判断枠組みとして、次のような見解を述べている。憲法89条は、「公の財産の利用提供等における宗教とのかかわり合いが、我が国の社会的、文化的諸条件に照らし、信教の自由の確保という制度の根本目的との関係で相当とされる限度を超えるものと認められる場合に、これを許さないもの」である。国公有地を無償で宗教的施設の敷地として提供する行為は、一般的に、同条との抵触が問題となるが、無償提供に至る経緯等は様々であることから、「当該宗教的施設の性格、当該土地が無償で当該施設の敷地としての用に供されるに至った経緯、当該無償提供の態様、これらに対する一般人の評価等、諸般の事情を考慮し、社会通念に照らして総合的に判断すべき」である。その上で本件利用提供行為については、「市と本件神社ないし神道とのかかわり合いが、我が国の社会的、文化的諸条件に照らし、信教の自由の保障の確保という制度の根本目的との関係で相当とされ

25　野坂泰司「憲法判例の動き」法学教室2011年2月号（365号）判例セレクト2010[1]。

194　第5章　政教分離訴訟と違憲審査基準

る限度を超えるものとして、憲法89条の禁止する公の財産の利用提供に当たり、ひいては憲法20条1項後段の禁止する宗教団体に対する特権の付与にも該当する」と判断した。

「本件利用提供行為は、市が、何らの対価を得ることなく本件各土地上に宗教的施設を設置させ、本件氏子集団においてこれを利用して宗教的活動を行うことを容易にさせているものといわざるを得ず、一般人の目から見て、市が特定の宗教に対して特別の便益を提供し、これを援助していると評価されてもやむを得ない」という。本判決は目的効果基準に言及することなく、当該宗教的施設の性格等の諸般の事情を考慮し、社会通念に照らして総合的に判断をするという枠組を採用した[26]。

この点について、野坂泰司は、空知太神社事件判決は津地鎮祭判決や愛媛玉串料判決を先例として引いており、そこに判例変更の意図はないと見られること、また、「一般人の評価」を取り入れ、「諸般の事情を考慮し、社会通念に照らして総合的に判断すべきもの」とする点は、従来の目的効果基準の適用による判断方法と本質的に異なるものではないと思われることから、空知太神社判決によって政教分離訴訟における判断基準が根本的に改められたと見るのは早計であろうという。むしろ、従来ともすれば機械的な判断に傾きがちであった目的効果基準の適用のあり方を反省し、もっと事案に即した対応（「目的」と「効果」のみならず他の諸事情をも併せ考慮）をしようとしたものと見るのが妥当であろうという[27]。

泉徳治元最高裁判事も同様な理解をしている。最大判（空知太神社）は、その判断対象が一時的行為ではなく、長期にわたる無償での敷地提供であったため、かかわり合い相当性の着眼点として行為の目的及び効果に言及しなかっただけのことで、政教分離に違反するかどうかは「諸般の事情を考慮し、社会通念に照らして総合的に判断すべきものと解するのが相当」としており、憲法で禁止された宗教的活動かどうかは「諸般の事情を考慮し、社会通念に従って、客観的に判断しなければならない」とする最大判（津地鎮祭）と基本的に同じ判断基準を採用しているといえる[28]。こうした理解、判例の位置づけが妥当であろう。

26　土井真一「神社施設の敷地として市有地を無償で提供する行為と政教分離―砂川空知太神社事件」法学教室2011年2月号（365号）判例セレクト2010[1]頁。

27　野坂泰司・前掲1頁。

28　泉徳治・判例時報2287号18頁。

本事例は目的効果基準を適用する以前の問題ではなかろうか、という批判が考えられる（藤田裁判官補足意見）。市有地の中に宗教施設があり、そこで宗教的活動を行うことを容易にさせていること自体が政教分離原則に反するとする考え方も成り立つのである。この点、本件には、信教の自由と政教分離の緊張関係、あるいは対立の契機をどのように調整するかという問題があり、この両方の要素の緊張関係の均衡点をどのような形で考えたらよいのか検討の末、空知太神社事件最高裁判決は事案に即した上記のような判断を示したといえるのではないかという評価がある[29]。

（2）白山比咩（しらやまひめ）神社訴訟最高裁判決

白山ひめ神社事件とは次のような事案である。白山ひめ神社は、石川県白山市に所在する宗教法人である。同神社は2008（平成20）年10月7日から5日間にわたり、御鎮座二千百年式年大祭およびその奉祝祭（以下「本件大祭」という）を行うことを計画した。同神社は、本件大祭の斎行とそれに関連する諸事業（神道禊道場の造成、絵馬展示場など）を予算5億円で構想し、諸事業の遂行を目的とした大祭奉賛会を外郭団体として組織した。2005（平成17）年6月、奉賛会発会式が白山市内の一般施設で開催され、関係者約120名が出席し、40分ほどで終了したが、この奉賛会の顧問でもあった白山市の市長が、本件発会式に来賓として招かれ、市の職員を同行し、公用車を使用して参加し、市長として祝辞を述べた。これに対し、白山市の住民である原告は、市長が同市の職員を同行して本件発会式に出席し祝辞を述べた行為は、特定の宗教を助長、援助、促進する効果があり、政教分離原則（憲法20条1項、3項および89条）に違反し違憲であり、これに伴う公金支出は違憲・違法であるとして、地方自治法242条の2第1項4号本文に基づき、白山市の執行機関である市長に対して、上記行為に伴う支出額相当の損害賠償金を白山市に対して支払うよう請求することの義務付けを求めて住民訴訟を提起したものである。第1審は請求を棄却、原告が控訴し、第2審は原審を変更し一部認容（公用車運転職員の本件発会式会場への往復運転相当分の勤務手当支出分を、市の被った損害と認定、その限度で原告の控訴を認容）した。

29　安西文雄＝岡田信弘＝長谷部恭男＝大沢秀介＝川岸令和＝宍戸常寿「政教分離・砂川政教分離訴訟最高裁大法廷判決」ジュリスト2010年4月15日号（1399号）。

196　第5章　政教分離訴訟と違憲審査基準

(1)　控訴審判決

①本件神社は、宗教団体に当たることが明らかであり、本件大祭は、白山神社の鎮座二千百年になることを記念して行われる祭事であって、同神社の宗教上の祭祀であることが明らかである。また、大祭奉賛会は、会員から志納された奉賛金等を本件神社に奉納して、本件大祭の斎行及びこれに伴う諸事業（本件事業）を奉賛することを目的として、本件神社が中心的に関与して結成され、同神社内に事務局を置く団体であり、その目的としている事業は、本件大祭自体を斎行することであるとともに、禊場、斎館、手水舎等、本件神社の信仰、礼拝、修行、普及のための施設を新設・移転し、同神社の神社史を発刊することを内容とするもので、同神社の宗教心の醸成を軸とし、神徳の発揚を目的とする事業とされているのであって、かかる事業が宗教的活動であることは明らかであるし、これを目的とする大祭奉賛会が宗教上の団体であることも明らかであるというべきである。そして、本件発会式で、大祭奉賛会の会長が「崇敬者の総力を結集して、奉賛事業が遂行されるよう」との挨拶を述べ、宮司も「崇敬者各位の協賛によって諸事業が完遂され、本件大祭が盛大に奉仕できるように協力を賜りたい」旨を述べ、参会者一同が、事業達成のため尽力することを誓い合い、本件発会式を祝ったことが認められるのであるから、本件発会式は、大祭奉賛会の事業を遂行するため、すなわち、本件大祭を奉賛する宗教活動を遂行するため、その意思を確認し合い、団体の発足と活動の開始を宣明する目的で開催されたものと認めるのが相当である。

②そうすると、市長が来賓として本件発会式に出席し、市長として祝辞を述べた行為（本件行為）は、市長が、大祭奉賛会が行う宗教活動に賛同し、祝賀する趣旨を表明したものであり、ひいては、本件神社の宗教上の祭祀である本件大祭を奉賛し祝賀する趣旨を表明したものと解するのが相当であるし、本件行為についての一般人の宗教的評価としても、本件行為はそのような趣旨の行為であると理解し、白山市が本件神社の祭祀である本件大祭を奉賛しているとの印象を抱くのが通常であると解される。また、市長は大祭奉賛会及び本件発会式が前記趣旨・目的のものであることを認識、理解していたものと認められ、したがって、主観的にも、大祭奉賛会が行う本件事業を賛助する意図があったものと推認され、ひいては、本件行為が本件神社の祭祀である本件大祭を奉賛するという宗教的意義・効果をもつことを十分に認識し、了知して行動したものと認めるのが相

当である。

③本件行為は、本件大祭を奉賛、賛助する意義・目的を有しており、かつ、特定の宗教団体である本件神社に対する援助、助長、促進になるような効果を有するものである。

以上を総合すれば、市長が来賓として本件発会式に出席し、市長として祝辞を述べた行為（本件行為）は、その目的が宗教的意義を持ち、かつ、その効果が特定の宗教に対する援助、助長、促進になる行為であると認めるべきであり、これによってもたらされる市と神社とのかかわり合いは我が国の社会的・文化的諸条件に照らし相当とされる限度を超えるものであって、憲法20条3項の禁止する宗教的活動に当たり、許されないものというべきである。

市長が行った本件行為は、憲法20条3項の禁止する宗教的活動に当たり、地方公共団体の適法な事務に含まれると解する余地はなく、これに関する費用等につき公金を支出することは違法というべきである。

(2)　最高裁判決

最高裁判決は控訴審判決とは逆に合憲であるとして、以下のように述べている。

①　本件大祭は本件神社の鎮座2100年を記念する宗教上の祭祀であり、本件発会式は本件大祭に係る諸事業の奉賛を目的とする奉賛会の発会に係る行事であるから、これに出席して祝辞を述べる行為が宗教とのかかわり合いを持つものであることは否定し難い。

②　他方で、本件神社には多数の参詣客等が訪れ、その所在する白山周辺地域につき観光資源の保護開発及び観光諸施設の整備を目的とする財団法人が設けられるなど、地元にとって、本件神社は重要な観光資源としての側面を有していたものであり、本件大祭は観光上重要な行事であったというべきである。奉賛会は、このような性質を有する行事として本件大祭に係る諸事業の奉賛を目的とする団体であり、その事業自体が観光振興的な意義を相応に有するものであって、その発会に係る行事としての発会式も、本件神社内ではなく、市内の一般施設で行われ、その式次第は一般的な団体設立の式典等におけるものと変わらず、宗教的儀式を伴うものではなかったものである。そして、市長はこのような本件発会式に来賓である地元の市長として招かれ、出席して祝辞を述べたものであるところ、その祝辞の内容が、一般の儀礼的な祝辞の範囲を超えて宗教的な意味合いを

198 第5章 政教分離訴訟と違憲審査基準

有するものであったともうかがわれない。

③ そうすると、市長が本件発会式に出席して祝辞を述べた行為は、市長が地元の観光振興に尽力すべき立場にあり、本件発会式が上記のような観光振興的な意義を相応に有する事業の奉賛を目的として団体の発会に係る行事であることも踏まえ、このような団体の主催する当該発会式に来賓として招かれたのに応じて、これに対する市長としての社会的儀礼を尽くす目的で行われたものであり、宗教的色彩を帯びない儀礼的行為の範囲にとどまる態様のものであって、特定の宗教に対する援助、助長、促進になるような効果を伴うものでもなかったというべきである。したがって、これらの諸事情を総合的に考慮すれば、市長の行為は、宗教とのかかわり合いの程度が、我が国の社会的、文化的諸条件に照らし、信教の自由の保障の確保という制度の根本目的との関係で相当とされる限度を超えるものとは認められず、憲法上の政教分離原則及びそれに基づく政教分離規定に違反するものではない。

本判決は、津地鎮祭最高裁判決多数意見の目的効果基準に従った判断を行った。

3　政教分離と目的効果基準の問題点──判例を読み直す──

目的効果基準の問題点については、目的と効果の検討の仕方如何によっては容易に国家と宗教との結びつきを容認する結果を導きかねない、ということに注意しなければならない。目的効果基準によりながら政教分離原則を緩和する判例として、津地鎮祭最高裁判決、自衛隊合祀拒否事件最高裁判決がある。これに対して、厳格に適用する例として、愛媛玉串料訴訟最高裁判決（平成9年4月2日民集51巻4号1673頁）が、県の玉串料支出を明確に違憲とした。

こうした対立を「目的効果基準の適用上の問題点とみるか、それとも目的効果基準自体の根本的な問題点とみるか」については評価が分かれる。

津地鎮祭最高裁判決は、再度くり返すと次のような見解を提示した。(1)「憲法20条3項に宗教的活動とは、国及びその機関の活動で宗教とのかかわり合いをもつすべての行為をさすものではなく、①当該行為の目的が宗教的意義をもち、②その効果が宗教に対する援助、助長、促進又は圧迫、干渉等になるような行為をいう」とする。これを目的・効果基準と評している。

最高裁は続けて、次のように述べる。この説示に最大の問題点が含まれているといえる。(2)「ある行為が右にいう宗教的活動に該当するかどうかを検討するにあたっては、当該行為の主宰者が宗教家であるかどうか、その順序作法（式次第）が宗教の定める方式に則ったものであるかどうかなど、当該行為の外形的側面のみにとらわれることなく、当該行為の行われる場所、当該行為に対する一般人の宗教的評価、当該行為者が当該行為を行うについての意図、目的及び宗教的意識の有無、程度、当該行為の一般人に与える効果、影響等、諸般の事情を考慮し、社会的通念に従って、客観的に判断しなければならない」。

(1)の目的・効果基準には問題があるが一歩譲って、ある程度、客観性をもった基準といえるであろう。しかし、(2)の総合考慮は相当に主観性が入るものとして、また、宗教的少数者の視点を配慮しないものとして構成されているといえる。(2)によって、(1)を骨抜きにするように構成されているのである。それゆえ、次のような適切な評価が生まれるのは当然のことである[30]。

この津地鎮祭最大判は、ある行為の「目的」と「効果」を独立して審査するというのではなく、総合的考量によって右のような目的と効果を持った宗教活動に当たるかどうかを判断するというのである。この最大判については、二つの面からの批判が可能である。まず、レーモン・テストが①目的、②効果、③かかわり合いの程度の三要件を「個別に」判断するものである。しかし、津地鎮祭最大判は、諸般の事情を考慮しての総合考慮である。<u>総合考量は、最高裁判例一般の通弊であり、一見もっともらしさを有し、どのような事件にも対応できるものといえ、裁判官の主観と恣意性を許し、人権の客観的保障の障害をなすものである</u>（下線筆者）。この事案でも、結局は、神職4名主宰の神式による起工式が宗教的活動に当たらないという不合理な結論を導いている。違憲審査基準の客観化、厳格化が必要である。

泉徳治元最高裁判事の指摘は極めて重要なので、津地鎮祭最高裁判決の評価をもう少し聞いておこう。この判決の問題点について次のように述べる。最高裁判決多数意見の問題点は、「一般人の宗教的評価」、「一般人に与える効果」を考慮要素として、一般人の目から見た評価を基準としていることである。「社会生活

30　泉徳治「法曹実務にとっての近代立憲主義―政教分離　最高裁判例を読み直す―」判例時報2287号17頁。

上における国家と宗教とのかかわり合いの問題である以上」「当然に一般人の見解を考慮に入れなければならないものである」というが、これでは、宗教的少数者を含む個人の信教の自由を間接的に確保しようとする政教分離規定の趣旨が全うされない。信教の自由を保障するためには、公的権力と宗教との結び付きを一切排除すべきであるとの藤林益三・吉田豊・団藤重光・服部高顕・環昌一を正当というべきであろう。

　以上のような政教分離に関する最高裁判例の一番懸念されることは、「何人も参加を強制されない宗教上の行為等の範囲と、国家及びその機関が禁止される宗教的活動の範囲を別個のものとし、後者について『一般人の見解』ないし『一般人の目』を評価の基準とすることにより前者よりも狭いものとして捉えていることである」[31]と述べている。

　津地鎮祭最高裁判決の設定した違憲審査基準自体に根本的な問題があるといえる。愛媛玉串料最高裁違憲判決で意見を書いた高橋久子裁判官の意見も次のように指摘する。津地鎮祭最高裁の目的・効果基準にはいくつかの疑問があるという。①憲法20条3項の「いかなる宗教的活動もしてはならない」という規定は、宗教とのかかわり合いを持つすべての行為を原則として禁じていると解すべきであり、それに対して、当該行為を別扱いにすることには、その理由を示すことが必要である。ところが多数意見は、「国家とは実際上宗教とある程度のかかわり合いを持たざるを得ないことを前提とした上で」と、前提条件を逆転させている。②政教分離原則は厳格に遵守されるべきであって、「社会的・文化的諸条件に照らし相当とされる限度」「社会通念に従って、客観的に判断」というように、現実是認の尺度で判断されるべきことがらではない。③いわゆる目的・効果基準は極めてあいまいな明確性を欠く基準である。「社会的・文化的諸条件」とは何か、「相当とされる限度」というのはどの程度を指すのか、明らかでない。「諸事情を考慮し、社会通念に従って、客観的に判断しなければならない」としているが、これらの事情について何をどのように評価するのか明らかではない。いわば目盛りのない物差しである。したがって、この基準によって判断された地鎮祭判決後の判決が、同じ事案を認定しながら結論を異にするものが少なくない。

31　泉徳治・前掲15頁。

棟居快行も「目的効果基準は、国家と宗教とのかかわりが過度なものであるか
どうかを画する基準としては、根本的な欠陥を有するように思われる。その適用
が実際上困難であることは、…同一事案に同じく目的効果基準を用いながら、結
論が逆になっているのを見ても明らかである。しかしながら、目的効果基準の欠
陥は、その適用が実際上困難であるという以前に、それが信教の自由のデリケー
トさを理解するか否かという解釈者の態度いかんに全面的にかかわってくること
にある。すなわち解釈者によって答えが変動し、解釈者から超然とした基準とし
て機能しないのである。」[32]と述べる。

　今後も目的効果基準の適用に当たっては、最高裁裁判官の主観と恣意性によっ
て判断が分かれていくであろう。こうしたものが果たして基準といえるものなの
か、はなはだ疑問である。それゆえ、こうした裁判官の裁量・恣意性をいかに統
制していくのか、法準則を提示する学説の役割が問われるといえるであろう[33]。

32　棟居快行「政教分離と違憲国賠訴訟の論点」判例時報1389号 8 頁。
33　土屋清「政教分離訴訟における目的効果基準の廃棄に向けて」『憲法学の新たなパラダイムを求
　めて』（成文堂、2010年）81頁以下参照、筆者もこのような思考と指向性が妥当であると考えている。

第 3 部

政教分離と公法上の脱法行為

第6章　政教分離の脱法行為(1)
──公法上の脱法行為論──

1　序
2　脱法行為論
3　行政による政教分離の脱法行為
　(1) 津地鎮祭事件と「閣僚の靖国神社参拝問題」
　(2) 殉職自衛官合祀事件と国（自衛隊）の脱法行為
4　むすび

1　序

　日本国憲法は、政治と宗教との関係について、国家の非宗教性の原則を採用し、詳細な規定をおいて厳格な政教分離を要請している。具体的には、20条1項後段で「いかなる宗教団体も、国から特権を受け、又は政治上の権力を行使してはならない」、20条3項で「国及びその機関は、宗教教育その他いかなる宗教的活動もしてはならい」、89条で「公金その他の公の財産は、宗教上の組織若しくは団体の使用、便益若しくは維持のため、…これを支出し、又はその利用に供してはならない」と規定する。これを判例のことばで言えば、「宗教の問題は、国家事項ではなく個人の私事であり、政治的次元をこえる人間の魂の救済の問題であるから、これを国家の関心外の事項とする[1]」（津地鎮祭事件控訴審判決）ということである。

　このような原則にもかかわらす、かつて政府は、1985（昭和60）年8月、閣僚の靖国神社「公式参拝」を容認した。これによって憲法の政教分離原則は危殆に瀕したといっても過言ではない。閣僚の「公式参拝」→天皇の公式参拝→靖国国営化への途は、日本国憲法の基本原理が集中的に侵うくされる憲法課題として受けとる必要がある。政教分離を確立することは、普遍的な人権、平和、主権の確立と密接不可分のものであるからである。

1　名古屋高判昭和46・5・14判例タイムズ263号143頁、判例時報630号7頁。

206　第6章　政教分離の脱法行為（1）

　今日まで多くの政教分離をめぐる裁判が提起されてきたが、そこにおいて問われているのは人々の信教の自由を侵すことになるかどうかということだけではなく、日本国憲法の基調そのものが問題とされているということに注意を払わなければならない。また、そこで特徴的なのは、裁判の多くは地方政治行政と神社神道の関係で生じており[2]、行政よる政教分離違反の違憲行為が巧妙になっていることである。いわゆる脱法行為という法現象である。

　かつて、有倉遼吉は、『憲法秩序の保障』について論じたさいに、公法上の脱法行為の危険性について次のごとく指摘した。「国会、内閣、裁判所を担う公務員の憲法意識や憲法感覚が接近すればするほど、違憲行為に対する抑制機能は鈍化する。現に日本において、このような現象がみられると同時に、これと対応して、違憲行為そのものがきわめて巧妙になっていく傾向がみられる。合憲の行為をよそおう実質的違憲行為、すなわち憲法上の脱法行為ともいうべき現象がこれである。このような脱法行為は、形式的には合憲とみえる行為であるから、その表面における合憲性によって実質における違憲性がおおわれる結果となる。そのため、等質化した国家機関間において違憲性がおおわれることはもとより反体制側の国民の監視さえまぬかれる可能性が大きい。その意味で、外形上すでに違憲の疑いのある行為よりも、いっそう悪質な違憲行為であるともいえる」[3]。そこで、本章では公法上の脱法行為について、政教分離原則との関係で問題点を指摘してみよう。

2　脱法行為論

　戦前においては、「神社神道は宗教にあらず」という命題のもとに、本質を偽装して国民の宗教の自由を圧迫していた。神社神道は宗教学上の宗教であり、かつ憲法学上の宗教に該当する。もし仮に、そういう意味での宗教でないとすれば、そのイデオロギーは狂信的超国家主義的イデオロギーであり、ドイツのナチズムやイタリアのファシズムと同様であって、戦後、二度と生きかえらないように徹底的に解体せしめられるべきであったろう。しかし、そういうものではな

2　例えば、初期には、箕面忠魂碑訴訟、玉串料公費支出訴訟、靖国神社公式参拝決議違憲訴訟など（今村嗣夫「精神的自由と憲法訴訟」法学セミナー増刊『憲法と平和保障』（1983年）268頁）。

3　有倉遼吉『憲法秩序の保障』（日本評論社、1969年）10頁。

く、純粋に宗教として再生することが期待されたのである[4]。神社「非宗教」論は成立する余地がない。なお、この論点については、津地鎮祭控訴審判決の説得的な論旨が参照されるべきであろう。本判決は神社神道の宗教性について、次のような重要な指摘をしている[5]。

(1) 神社神道の特質

神道は、講学上、古代以来存在して、仏教、儒教、キリスト教等外来の宗教に対立し、それらと習合又は交渉し、それらの影響の下に変遷し発達してきたわが国固有の宗教である。一般に宗教学上、宗教は、自然的宗教（民族宗教）と創唱的（成立）宗教とされ、自然宗教とは神社神道、ユダヤ教等のように創始者（教祖）をもたない宗教であり、創唱的宗教とは、キリスト教、仏教等のように創始者をもち、教義、経典をもっている宗教である。

神社神道が成立宗教のような教祖・特定の教義・教典をもたないのは、自然宗教性に由来するものであり、歴史的にみて、あまり布教伝道を行ってこなかったのも、自然形成的な性格によるところが多い。

もともと、わが国の原始社会は、水田耕作を中心とする集団的農耕社会で、ここでは個人的性格の強い信仰より自然崇拝、穀霊崇拝と穀物の豊饒を祈願する社会的性格の強い農耕儀礼が民族宗教の要をなしていた。その後、個人的な精霊信仰も部族的な氏神祭祀から地縁集団の守護神である産土神信仰へ推移し、原始神道がこれらを包容して祖霊崇拝、氏神信仰の宗教観念を形成していった。このように神社神道は地理的に孤立したわが国で集団的な祭祀、儀礼を中心として生成発達した。そして、祭祀を通じて、村落共同体など集団における統制と協同の強化、促進をはかる契機となり、共同信仰の性格が強かった。そして、19世紀中葉明治維新に至るまで、本質的には原始宗教以来の共同体（集団）の祭祀形態を維持したものであり、神社神道独自の教義が正確に体系化されたことはなかった。

このような祭祀中心の集団宗教として生成発展してきた神社神道の特質が、祭政一致を国体観念とした古代国家および明治政府の政治権力と結びつく基礎的条件になっているのであり、今日でも国及び地方公共団体など共同体（集団）と結

4　高柳信一「津地鎮祭判決と政教分離」『文化評論』1977年10月号139頁。
5　判例タイムズ263号136頁以下参照。

びつきやすい性質を有している。また、神社神道は、祭祀中心の宗教として継承存続したため、特に成立宗教のような布教伝道を必要としないまま今次敗戦に至るまで国家の特別保護をうけてきた。

(2) 神社神道における祭祀の意義

地鎮祭は神社神道における祭祀の一つである。神社神道において祭祀とは、神を祭ることであり、個人でも集団でも、自己の敬う神に対し行う行為である。祭祀という宗教的実践行為を通じて絶対者なる神と一体化する、「祭るものが祭られるものである」という神人一体、神人交感の現象を実現せんとするのである。故に祭祀は、神社神道における中心的表現であり、神社神道において最も重要な意義をもつものである。

このことは全て神道学者の力説するところであり、西角井正慶はその著『祭祀概論』において「神社神道は、特に祭祀を重んじる宗教であり、神社の宗教的活動は祭りの営みにあるといってよいくらいである」といい、庄本光政はその著『神道教化概説』において、「教化活動は祭に始まり、祭に終わるとも言うことが出来る。祭祀をおろそかにして教化活動は神社神道においては無意味である。神社を今日に伝えたものは、まつりである。神社神道にとって、このまつりの手ぶりは所謂沈黙の雄弁であり、最も偉大なる説教である。」「まつりの精神を積極的に日常化し、生活の隅々にまで持込むのが教化活動である」という。

(3) 憲法20条にいう宗教の意義

憲法20条にいう「宗教」とは、同条同項により多少広狭の差はあるが、同条の立法趣旨及び目的に照らして考えれば、できるだけこれを広く解釈すべきである。

そこで、敢えて定義づければ、憲法でいう宗教とは「超自然的、超人間的本質（すなわち絶対者、造物主、至高の存在等、なかんずく神、仏、霊等）の存在を確信し、畏敬崇拝する心情と行為」をいい、個人的宗教たると、集団的宗教たると、はたまた発生的に自然宗教たると、創唱的宗教たるとを問わず、すべてこれを包含するものと解するを相当とする。従って、これを限定的に解釈し、個人的宗教のみを指すとか、特定の教義、教典をもち、かつ狭義の伝道、信者の教化育成等を目的とする成立宗教のみを宗教と解釈すべきではない。

(4) 神社神道は宗教である

かかる観点からこれを考えれば、たとえ神社神道が祭祀中心の宗教であって、自然的宗教、民族宗教的特色があっても神社の祭神（神霊）が個人の宗教的信仰の対象となる以上、宗教学上はもとよりわが国法上も宗教であることは明白である。個人が神社を崇敬しこれを参拝するのは、神社の建造物や神職に対してするものではなく、その背後にある神霊すなわち超人間的存在を信じてこれを礼拝するのである。人間と超人間的存在との関係が本質的にすべて宗教の問題であることは、さきに述べたとおりである（なお、神社神道に教祖、教義、教典がなく、歴史的に余り布教伝道を行なってこなかったのは自然的宗教に由来する通有性であり、また、わが国のほか諸外国に普及しなかったのは民族的宗教性によるものであって、宗教たるの性質を妨げるものではない）。

控訴審判決は神社神道の宗教性について以上のような論理展開を行い、神社「非宗教」論を否定しており、妥当な判旨であると考えられる。今日まで、問題の本質を見えにくくする、様々の方法的偽装が採用されてきた。弁護士の中平健吉は、「神社は宗教にあらず」という命題によって国民を欺くことを本質的偽装といい、これによって国民を欺くことが出来ないがゆえに、神社は方法的偽装を採用しており、例えば、「靖国神社公式参拝決議」の請願決議のごとき地方議会の議決、あるいは、殉職自衛官合祀事件における隊友会との共同行為のごときダミー利用をその偽装の典型としてあげ、この方法的偽装は一応形式論理的には整っているがゆえに、問題の本質が見えにくく、これを論破することに困難が伴うことが多いとされる[6]。

筆者は、本章で、この方法的偽装を「脱法行為」という概念で分析してみようと思う。憲法上の明文の規定に直接違反する行為は違憲行為と呼ばれ、憲法秩序を正面から積極的に崩壊させる。これに対し、憲法上の明文の規定に直接違反しない方法によって、終局的に、憲法規定に違反する事項を実現する行為がある。これが憲法上の脱法行為である。これは憲法秩序の背後から挑み、憲法を崩壊させる悪質な行為である[7]。

6　中平健吉『世に遣わされて―キリスト者の社会参与―』（新教出版社、1982年）68、69頁。
7　大須賀明「憲法上の脱法行為」『憲法論』（敬文堂、1983年）47頁以下参照。

210 第6章 政教分離の脱法行為（1）

　脱法行為という言葉は通常民法で用いられる。すなわち、脱法行為とは強行法規の禁止を潜脱する行為である。ただ、それは明文の禁止規定に形式的には直接的に違反しないが、実質的には明文の禁止規定に違反しているということであって、違法行為の一種であり一変型であるにすぎない。従って、脱法行為は当然に無効でなければならない。

　憲法上の脱法行為も、憲法規定の禁止を潜脱する行為である。それは形式的には明文の禁止規定に直接違反しない行為であるにかかわらず、実質的には憲法規定に違反している行為であり、違憲行為の一種であり一変型であるにすぎない。「憲法上妥当なる手段によるならばある違憲事項を実現できない場合に、憲法上の明文の規定に直接には違反しない手段により、結局はその違憲な事項を事実上実現する行為である」[8]。憲法上の脱法行為は民法で用いられる脱法行為と異なった特殊の問題を有するものではないが、ただ憲法上の脱法行為の特殊性をあげれば、行為の主体に関する特殊性である。憲法上の脱法行為の主体は、憲法上の国家機関もしくはそれに準ずるもの（たとえば、行政機関である内閣、司法機関である裁判所、さらに、地方公共団体の機関としての地方議会、ならびに、その長など）の法的行為にほかならない。

　憲法上の脱法行為の例としては、1950（昭和25）年7月8日のいわゆるマッカーサー書簡に基づいて制定された警察予備隊があげられる。警察予備隊は、形式上は国内の治安維持に当たる警察力であって合憲な存在であるが、実質的には警察力の範囲を逸脱した戦力であって、憲法9条2項に違反した違憲の存在であった。同条同項の禁止する戦力を設置した行為が、まさに脱法行為である。また、公安条例の例もある。公安条例の立法趣旨は、思想表現の自由や勤労者の団体行動権の規制であり、憲法21条2項の「検閲は、これをしてはならない」との規定に違反する。法律によって規制しようとすれば違憲となって不成立になるかもしれないという危険性を回避するために、条例によって規制しようとした地方議会の立法行為は憲法21条2項の脱法行為である。

　政教分離原則の脱法行為の例としては、次のようなものがある。かつて、宮崎県およびその県内各市町村で、護国神社奉賛会に対し、自治省（現在・総務省）あるいは文部省（現在・文部科学省）の通達に反して、公金を支出していることが

___

8　大須賀・前掲書53頁。

問題となったことがある[9]。毎年、県が県知事名で護国神社に神饌（せん）料として相当額を寄付していた。このような護国神社への公金の寄付については、「護国神社やその後援団体に供物料の贈呈や祭祀料として公金を支出することは憲法違反である」という1965（昭和40）年5月4日付島根県総務部長に対する自治省行政課長の回答があり、また、文部省でも「政教分離の建前で、宗教団体に公金を支出することは好ましくない」という通達が出された。これについて、宮崎県総務部長は、「県が直接奉賛会に出しているため誤解を招いているようだ。いわれてみればたしかに問題はある。しかし、この形は護国神社のある県は多分ほとんどがおこなっている方法だ。県が遺族会に補助し、遺族会が神社へ納めるルートにすれば、護国神社の大祭などは維持できると思う。その出し方などについて検討してみたい」（下線、引用者）と語った。これがまさに、合憲の外形をよそおう実質的な違憲行為、すなわち、脱法行為というべき行為を志向する発想である。「県が遺族会に対して、どのような名目で補助するのかわからないが、その金が終局的に神社へ納められるのであるから、実質的には県が神社へ寄付するのと少しも変わりはない。遺族会を経由することによって合憲性をよそおっても、憲法上の脱法行為、つまり法網をくぐる行為として違憲性を免れない」。護国神社へ公金を支出するのは違憲であるから、県が遺族会に補助し、遺族会が神社へ納めるのも憲法89条を逸脱する脱法行為として違憲であるという結論にならざるをえない。以下、行政による政教分離原則の脱法行為について検討してみよう。

3　行政による政教分離の脱法行為

（1）津地鎮祭事件と「閣僚の靖国神社参拝問題」

（イ）　事件の概要

今日の政教分離の問題を考えるにおいて重要な位置を占めるのが津地鎮祭事件最高裁判決である。本件では、津市が体育館建設予定地で神社神道式の地鎮祭を主催し、その挙式費用を市の公金から支出したことが、政教分離原則に違反するかどうか問題となった。

9　有倉遼吉「護国神社への公金支出」『憲法と政治と社会』（日本評論社、1968年）178、179頁より引用。

212　第 6 章　政教分離の脱法行為（1）

　津地鎮祭事件は、事件の性格としては簡明なものであり、地方公共団体が執り行う神社神道式の地鎮祭が、宗教的性質のものと認められるか世俗的性質のものと認められるのかという行為の性質を確定すればすむことである。国・地方行政が自ら宗教行為を行なった場合には、宗教的信仰の表現である一切の行為が憲法の禁止する宗教的活動の範疇に含まれるのであり、このような場合の認定にはさしたる困難はないのである。これについては、控訴審判決が判断したごとく、「本件地鎮祭は神社神道固有の宗教儀式というべきであって、……古来一般の社会的儀礼とか単なる習俗的行事又は宗教類似の行為とは、到底言えない」ものであり、「本件地鎮祭は、政教分離の原則を侵し、憲法20条 3 項の規定に違反する宗教的活動として許されない」ものである。

　（ロ）　最高裁判決の理論構造
　最高裁判決の政教分離に関する理論構造は次のようなものである[10]。
　①　憲法における政教分離原則—現実の国家制度として、国家と宗教の完全な分離を実現することは、実際上不可能に近いものといわなければならない。更にまた、政教分離原則を完全に貫こうとすれば、かえって社会生活の各方面に不合理な事態が生じることを免れない。国家と宗教との分離にも一定の限界があり、政教分離原則が現実の国家制度として具現される場合には、それぞれの国の社会的・文化的諸条件に照らし、国家は実際上宗教とある程度のかかわり合いをもたざるをえないことを前提としたうえで、そのかかわり合いが、信教の自由の保障の確保という制度の根本目的との関係で、いかなる場合にいかなる限度で許されないこととなるかが、問題とならざるをえないのである。わが憲法の政教分離原則は、国家が宗教的に中立であることを要求するものではあるが、国家が宗教とのかかわり合いをもつことを全く許さないとするものではなく、宗教とのかかわり合いをもたらす行為の目的及び効果にかんがみ、そのかかわり合いが右の諸条件に照らし相当とされる限度を超えるものと認められる場合にこれを許さないとするものであると解すべきである。
　②　憲法20条 3 項により禁止される宗教的活動—憲法20条 3 項にいう宗教的活動とは、およそ国及びその機関の活動で宗教とのかかわり合いをもつすべての行

───────────────
10　最大判（昭和52）1977・7・13民集31巻 4 号533頁。

為をさすものではなく、そのかかわり合いが右にいう相当とされる限度を超える
ものに限られるというべきであって、当該行為の目的が宗教的意義をもち、その
効果が宗教に対する援助、助長、促進又は圧迫、干渉等になるような行為をいう
ものと解すべきである。ある行為が右にいう宗教的活動に該当するかどうかを検
討するにあたっては、当該行為の外形的側面にのみとらわれることなく、諸般の
事情を考慮し、社会通念に従って、客観的に判断しなければならない。なお、政
教分離の保障にはおのずから限界があり、そして、その限界は、社会生活上にお
ける国家と宗教とのかかわり合いの問題である以上、それを考えるうえでは、当
然に一般人の見解を考慮に入れなければならないものである。

　③　最高裁判決多数意見は、憲法によって禁止される国の宗教的活動につい
て、以上のように理解し、結論として、「本件起工式は宗教とのかかわり合いを
もつものであることは否定しえないが、その目的は建築着工に際し土地の平安堅
固、工事の無事安全を願い、社会の一般的慣習に従った儀礼を行うという専ら世
俗的なものと認められ、その効果は神社を援助、助長、促進し、又は他の宗教に
圧迫、干渉等を加えるものとは認められないのであるから、憲法20条3項により
禁止される宗教的活動にはあたらない」とした。

　本件のような事例に目的・効果基準を使った場合、国家と宗教との癒着を大目
にみて、政教分離原則を緩和する機能を果たす。目的・効果基準は、その基準が
あまりにも不安定であるがゆえに、都合のよい結論を導くために援用される危険
性が大きいのである。ともあれ、最高裁判決は今日まで政教分離問題に相当大き
な波及効果をもってきた[11]。

　なお、本件の場合には次のような問題が生起する可能性がある。建築業界では、
工事の安全を祈願して何らかの宗教的儀式をやらなければすまないということが
あるといわれている（このようなことから考えるなら地鎮祭自体宗教性をもつものとい
えるであろう）。その場合の費用を工事費のなかに含めて国・地方自治体に請求し
てきたらどうなるのかという問題である。このような方法は憲法89条との関係で
問題があるのであって一種の脱法行為的な発想であろう。これについて行政側の

11　後藤光男「政教分離原則違反と宗教上の人格権」時岡弘編『人権の憲法判例第4集』（成文堂、
　　1984年）93頁。

214　第6章　政教分離の脱法行為（1）

対応は、地鎮祭は行ってもいいが費用は支出できないということになろう[12]。

（ハ）　閣僚の靖国神社公式参拝問題

　本問題については、1985（昭和60）年8月9日に「閣僚の靖国神社参拝問題に
関する懇談会」（官房長官の諮問機関）報告書（以下「懇談会」報告書）がだされ、8
月15日に首相らの靖国神社公式参拝が実現した。この報告書の「閣僚の靖国神社
公式参拝の憲法適合性」の問題について、その判断基準となったのが津地鎮祭事
件最高裁判決である。

　懇談会報告書は、憲法20条3項の「宗教的活動」について概ね次のように述べ
ている[13]。「いわゆる政教分離原則は信教の自由を制度的に確保するための原則
であり、国家と宗教とのかかわり合いを全く許さないものではない。国家と宗教
とのかかわり合いが許されるかどうかは、その行為の目的及び効果にかんがみ、
そのかかわり合いが社会的、文化的諸条件に照らし相当とされる限度を超えるか
どうかによって判断すべき」である。これによれば、憲法20条3項によって禁止
されない国及びその機関による宗教的活動または宗教上の行為が存在し得ること
は明らかである。憲法との関係については、最高裁判決を基本として考えること
とし、その結果として、最高裁判決に言う目的及び効果の面で種々配慮すること
により、政教分離原則に抵触しない何らかの方式による公式参拝の道があり得る
と考える。政府はこの際、大方の国民感情や遺族の心情をくみ、政教分離原則に
関する憲法の規定に反することなく、また、国民の多数により支持され、受け入
れられる何らかの形で、首相や閣僚の靖国参神社への公式参拝を実施する方途を
検討すべきである。

　この報告書は、憲法の禁止する「宗教的活動」に該当しない「公式参拝」があ
るはずであると言おうとしているのであるが、しかし、政府統一見解は、閣僚ら
による「公式参拝」について、「政府としては、従来から、内閣総理大臣その他
の国務大臣が国務大臣としての資格で靖国神社に参拝することは、憲法20条3項
との関係で問題があるとの立場で一貫してきている。右の問題があるということ
の意味は、このような参拝が合憲か違憲かということについては、いろいろな考

12　浦部法穂＝江橋崇＝野中俊彦＝戸波江二「ゼミナール憲法裁判」法学セミナー1984年7月号83頁。
13　朝日新聞1985年8月10日。

え方があり、政府としては違憲とも合憲とも断定していないが、このような参拝が違憲ではないかとの疑いをなお否定できないということである。そこで政府としては従来から事柄の性質上慎重な立場をとり、国務大臣としての資格で靖国神社に参拝することを差し控えることを一貫した方針としてきたところである」[14]として、内閣法制局は違憲の疑いを否定できないとしてきた（1980年11月17日の政府統一見解）。

　この政府統一見解を破って、その設置に法的根拠のない「懇談会」の答申を根拠に公式参拝が強行された。この「懇談会」設置の目的は、政府統一見解という隘路をいかに回避するかにあった[15]。そこにおいて、政府統一見解を変更するものではなく補充するものであるという統一見解を骨抜きにする脱法行為的手法が採用された。そして、具体的参拝方式については、政府にゲタがあずけられた。政府は、公式参拝の形式について、二拝二拍手一拝という神社参拝の拝礼の形式を採用せず、本殿で一礼するという形式にかえて宗教色を薄め、また、公費支出の名目を玉ぐし料から供花料にかえて、形式上合憲をよそおったが、公式参拝の本質は変わるものではない。

　内閣総理大臣及び国務大臣は、憲法20条3項にいう国の機関であり、一宗教団体である靖国神社へ参拝することは同条同項の禁止する宗教活動に該当する。また、供花料という名目の公費を靖国神社に支出することは20条1項の特権付与に該当し、89条の公金支出禁止規定にも違反する違憲行為というほかない。

　「懇談会」報告書に使われた最高裁判決自体が、本来の争点解決には役立たない基準をアメリカ判例法理から借りてきて[16]、地鎮祭をもっともらしく合憲化するために採用して、こじつけの論理を展開していたのであり、まさに裁判所による方法的偽装であったといえる。

（2）殉職自衛官合祀事件と国（自衛隊）の脱法行為

（イ）　事件の概要

　この事件は、山口県護国神社に殉職自衛官の夫を合祀されたクリスチャンの妻

14　朝日新聞1985年8月15日
15　奥平康弘「靖国神社公式参拝の考察」法学セミナー1985年10月号8頁以下。
16　高柳信一「国家と宗教─津地鎮祭判決における目的効果論の検討」法学セミナー増刊『思想・信仰と現代』（1977年）2頁以下。

が、国（自衛隊）と外郭団体隊友会山口県支部連合会を被告として、合祀申請の取消しと慰謝料を求めたものである。

　原告は、合祀は違憲な宗教的活動であり、原告の意思を無視した合祀申請行為は信教の自由の侵害であると主張し、特定宗教団体（護国神社）と国（自衛隊）の癒着を問題とした。

　（ロ）　地裁判決の理論構造

　1979年3月22日、山口地方裁判所は判決を下し、自衛隊山口地方連絡部と山口県隊友会による合祀申請行為を共同行為と認定して、政教分離原則違反と断定した。

　本判決は、信教の自由は基本的人権であると同時に私法上の人格権であるとし、「一般に人が自己もしくは親しい者の死について、他人から干渉を受けない静謐の中で宗教上の感情と思考を巡らせ、行為をなすことの利益を宗教上の人格権の一内容としてとらえることができる」として、合祀により、この独自の宗教上の人格利益が侵害されたとした。

　しかし、判決は、県隊友会にも信教の自由があるとして、合祀を原告の信教の自由と県隊友会の信教の自由との対立と捉え、「一方の行為が他方の内面的平穏を害することがあっても、この行為が制止強制にわたるか、公序良俗に反しないかぎり違法とはいえない」とした。

　ところで、地連職員と県隊友会が共同して行った合祀申請行為については政教分離原則に違反し、その違法行為によって、原告の宗教上の人格権が侵害されたという構成をとった。

　本判決の特徴について、横田耕一は、狭義の信教の自由から導かれる宗教的人格利益の侵害を中心においているために、それがいったん否定されれば、たとえ政教分離原則違反の事実があったとしても全面的に崩壊する論理構成となっていると指摘している[17]。なお、控訴審判決（広島高判昭57・6・1判例時報1046号3頁）は、第一審判決の一部削除修正以外は全面的にこれに依拠しており、何ら独自の見解を加えていない。このため第一審判決の問題点がそのまま継続することになっている[18]。

17　横田耕一「『信教の自由』と『政教分離原則』」判例タイムズ385号（1979年）76頁。
18　第一審・控訴審判決の評価については、後藤光男・前掲論文79頁以下。

（ハ）　国（自衛隊）による脱法行為

　本判決の最大の問題点は、県隊友会が遺族の承認なしに故人を祀ることを抑制できなかった点である。隊友会が、遺族の宗教的信念を傷つけるような仕方で祀っても、それはいたしかたないという極めて矛盾した内容のものであった。本判決は隊友会を民間団体と捉え、それが隊友会の祀る自由を容認し、妻の自由と同等の自由を有するとする論理につながっているのである。

　本事件において、国（自衛隊）は殉職自衛官を神社に合祀することを画策した。第一審判決において原告側が主張したように[19]、およそ軍隊にとって旺盛な士気をもつ兵員の存在は決定的に重要であり、自衛隊においても同様である。そこで、国は現職隊員の士気の高揚と自衛隊の社会的評価を高めるために、隊友会に殉職自衛官の慰霊祭の実施を委託して現職隊員をこれに参加させてきた。本件合祀の目的も同様であり、宗教的行事により殉職（有事の場合の「戦死」）を美化する道徳を国民の間に育成し、その国防意識を高揚させることを目的としている。国（自衛隊）はこのような目的のために合祀実現を積極的に推進し、自衛隊の国家機関としての制約から憲法上行うことのできない合祀を、自衛隊がコントロールしている隊友会に業務委託して行わせたものである。

　それは形式的には政教分離の禁止規定には直接違反しない行為であるにかかわらず、実質的には政教分離規定に違反している行為であり、違憲行為の一種であり一変型である。脱法行為の主体は行政機関であり、行政機関が直接に行えば政教分離規定に違反する行為であるために、ダミーを利用することによって、その団体に行わせて形式的に合憲性をよそおい、実質的に国家機関が行ったと同じ目的を実現せしめる悪質な違憲行為であったのである。

　本件の脱法行為性について、小林直樹も次のような重要な指摘をしている。｜憲法20条の信教の自由を堅持することは、民主憲法の存続にもかかわる優先的課題になるといってもよいであろう。そうだとすれば、靖国法案などに対する反対とともに、自衛隊と靖国神社の結合運動に対する警戒も、憲法保障に必要な条件となろう。この点で、国教分離原則に対する脱法行為的な侵害の可能性を防ぐ必要が、憲法上大きくなっていると思われる。本件に即していえば、もしも地連が表面から一切手を引いて、合祀申請業務を全て県隊友会に委ねる形をとれば、

19　判例時報921号49頁。

本判決の『共同行為』論による違憲判断は出しえないことになるからである。山口地裁判決の論理構成にとどまるかぎり、実体上の事態が、司法的に匡正されえなくなるという重大な不都合が生じても、これを放置し傍観するほかないであろう。このような脱法行為的方法によって、憲法20条等の価値体系が掘りくずされるとすれば、それは憲法保障にとって重大な事態を意味する」[20]。そうであるがゆえに、国による巧妙な脱法行為をみぬくとともに、これを克服する新しい理論構成が必要とされるであろう。

　控訴審で、被控訴人・妻の側は、県隊友会を自衛隊のダミーないし準国家機関とみなし、県隊友会についても政教分離原則違反を問う議論を展開していた[21]。この点について、芦部信喜が「県隊友会の実態が国の agent または instrumentality とみなしうるほど国との関係が密接である場合には、その行為は国家行為とみなされる可能性があり、そうだとすれば、政教分離原則が適用されるほか、第一審判決が説いたような、隊友会の人権（信教の自由）享有主体性を認めることはできない」との鑑定意見書を出されていた[22]。この問題に示唆を与えてくれるのは、アメリカにおける State Action の法理であろう。

（二）　State Action の法理

　アメリカ連邦憲法修正一条は「連邦議会は、国教の樹立を規定し、もしくは信教上の自由な行為を禁止する法律、また言論および出版の自由を制限し、または人民の平穏に集会をし、また苦痛事の救済に関し政府に対して請願する権利を侵す法律を制定することはできない」と規定する[23]。このようにアメリカにおいては、人権保障規定は公権力に対する関係で、国民の権利・自由を保護するものと考えられてきたが、人権規定が私人相互間においても効力を有するか否かという憲法問題について、憲法の直接適用か間接的適用かという解釈技術が用いられていない。それは、日本の民法90条の公序良俗規定に該当するような、連邦全体にわたって公序の成立を認め、かつ人権の価値を充填することのできる私法の一般

20　小林直樹「自衛官合祀違憲判決の考察」法学セミナー1979年6月号16頁。

21　後藤光男・前掲論文88頁。

22　右崎正博「私人相互間における人権」杉原泰雄編『憲法学の基礎概念Ⅱ』（勁草書房、1983年）231頁より引用。芦部信喜・鑑定意見書（自衛官合祀拒否訴訟公判記録）1038頁。

23　宮沢俊義編『世界憲法集４版』（岩波文庫、1983年）51頁による。

条項が存在しないこと、さらに、人権規定の私人間効力が最も深刻に争われてきた法の平等保護の領域においても、修正14条自体、「……いかなる州といえども正当な法の手続（due process of law）によらないで、何人からも生命、自由または財産を奪ってはならない。またその管轄内にある何人に対しても法律の平等なる保護を拒むことはできない」[24]と規定するごとく、州による人権侵害行為のみを禁止する形をとっているからである[25]。

　こうしたことから、アメリカにおいては、私人による人権侵害行為を公権力との結びつきを問うことにより、その結びつきが密接である場合、あるいは公的な性格や機能をもつに至ったと判断される場合に限り、その私的行為を国家のagent ないしは instrumentality の行為と考え、それを state action という概念でとらえて、公権力の行為と同視して連邦憲法の規制に服するというアプローチを採用してきた[26]。これは国家同視説（state identification theory）と呼ばれる。

　芦部信喜によれば、合衆国最高裁は、「できるだけ国民の権利・自由を憲法的に保障するために、特殊の状況にある私的行為を国家行為と同視することによって、国家行為の概念を拡大させる判例理論の形成に努めてきたが、国家行為と私的行為の区別を定式化することはほとんどこころみたことがなく、きわめて個別的なアプローチをとっている」。こうした「事実を精査し状況を衡量する」手法がとられているため、いかなる状況にある私的行為が憲法の規律をうける行為と同視されるかを類型的に準則化することは容易ではないが、国の私的行為へのかかわり合いの形態、性格、程度等の差異に応じて、state action の理論は、①国有財産の理論、②国家援助の理論、③特権付与の理論、④司法的執行の理論、⑤統治機能の理論、という五つの理論による類型化が可能であるとされている[27]。

　i　国有財産の理論[28]

　これは、国有財産を賃借した私人が、その施設で行った人権侵害行為を国家行為と同視し、それに憲法の適用を認める理論であるといわれている。この場合の要件として、①施設の運営に公金の投入があること、②施設に国の実質的なコン

24　同上55頁による。

25　芦部信喜『憲法訴訟の現代的展開』（有斐閣、1981年）364頁参照。

26　芦部信喜『現代人権論』（有斐閣、1974年）9頁、23頁。

27　詳細については、芦部信喜『憲法Ⅱ人権(1)』（有斐閣、1978年）97頁以下、『現代人権論』23頁、『憲法訴訟の現代的展開』361頁以下、右崎正博・前掲論文227頁以下参照。

28　芦部・現代人権論24頁以下、憲法Ⅱ100頁参照。

220 第6章 政教分離の脱法行為（1）

トロールが存在していること、③国が違憲的行為を間接的に行うという意図ない
し動機をもって賃借したこと、④施設が公衆の使用を目的としたものであるこ
と、があげられる。最も重要な要件は④であるとされているが、この要件をすべ
て具備しないと国家行為とならないという趣旨ではなく、③の意図ないし動機が
明白な場合には、賃借人の違憲的行為は国家行為として憲法の規制に服するとさ
れる。

  ii 国家援助の理論[29]

 これは、国から財政的援助ないし免税その他の援助を受けている場合の私的団
体の行為を国家行為と同視する理論であるといわれている。この場合の要件とし
て、①国の援助が「特別なものである」こと、②事業の運営と政策に国の高度の
または直接のコントロールが存在すること（ただ、高度のコントロールの要件を欠い
ても、予算の大部分を国が負担する場合、それだけで十分な要件であるとされている）、③
当該団体の公共的性格が濃いこと、があげられている。

  iii 特権付与の理論[30]

 これは、国からある種の特権ないし特別の権限を与えられ、その限りで国の広
汎な「規制」を受け、国との間に密接な関係がある場合の私的団体の行為を国家
行為と同視する理論であるといわれる。ここでは、一定の独占的な特許を受けた
公益事業のような企業体の行った違憲的行為で、国の規制がそれを直接に促進・
助長するような場合がそれに該当するとされている。

  iv 司法的執行の理論[31]

 これは、ある特定の形態の私的な人権侵害行為が裁判事件になり、裁判所でそ
れが是認されて司法的に執行されることになる場合には、その執行は違憲の国家
行為となると考え、司法の介入を拒否することによって私的行為を憲法で抑制す
る理論であるといわれている。

  v 統治機能の理論[32]

 これは、国の私的行為への積極的な（ないし特別の）かかわり合いがないにも
かかわらず、私人ないし私的団体が性質上高度に公的（public）ないし統治的

---

29 芦部・現代人権論21頁以下、憲法Ⅱ101頁参照。
30 芦部・現代人権論27頁以下、憲法Ⅱ101頁、憲法訴訟の現代的展開273頁以下参照。
31 芦部・現代人権論40頁以下、憲法Ⅱ103頁参照。
32 芦部・現代人権論30頁以下、憲法Ⅱ104頁、憲法訴訟の現代的展開369頁以下参照。

（governmental）な機能を行使する場合に、国家行為に準ずるものとして憲法の適用を認める理論であるといわれている。

以上のようなアメリカにおける state action の法理は日本において展開可能な余地は大きいと思われる。

4　むすび

憲法現象の形式面を実質面から分離するという観念的な操作は、とりもなおさず実質における違憲性を欺罔するための操作にほかならない。憲法上の脱法行為はそれがすべて国家行為であるところから、「その操作は国家権力によって行われるのであり、国家権力が国民を欺罔するために行うのである」[33]。

行政による政教分離原則の脱法行為は、かくのごとき国民を欺罔するためのものであった。脱法行為という違憲行為による憲法の崩壊を防止し、憲法の正しい姿を維持すべき努力をするのは国民の義務であろう。国民は脱法行為という違憲行為の実体を看破する見識がますます必要とされる。と同時に、その違憲性を追求する手続があるかどうかという手続的側面の検討が必要とされる。

県が遺族会を経由させて神社に公金を支出するような脱法行為の場合には、訴訟の場で議論するチャンスがある。いわゆる行政訴訟の一種としての「民衆訴訟」によってである。民衆訴訟は「国又は公共団体の機関の法規に適合しない行為の是正を求める訴訟で、選挙人たる資格その他自己の法律上の利益にかかわらない資格で提起するものをいう」（行政事件訴訟法5条）とされ、「法律に定める場合において、法律の定める者に限り、提起することができ」（行政事件訴訟法42条）、法律に定める場合として地方自治法にもとづく住民訴訟がある。この住民訴訟によって違憲性を追求することができる。しかし、閣僚の公式参拝問題のような中央政府レベルにおいては、公費支出という訴訟適合的要素がふくまれていても、原告適格の成立が困難であるなど、訴訟のルートにのせることができないのである。これについては立法的解決（国民訴訟）がのぞまれるとともに、政教分離を人権として構成するすることにより、この課題に答える必要性を痛感する。

33　大須賀明・前掲61頁参照。

第7章　政教分離の脱法行為(2)
——自治体の違憲決議——

1　はじめに
2　靖国神社公式参拝運動の背景
3　靖国神社公式参拝要請決議について
4　地方議会決議の範囲と限界
5　憲法尊重擁護義務との関係
6　まとめ

1　はじめに

　本章では、地方議会の「靖国神社公式参拝要請」決議を取り上げ、公権力による政教分離原則の脱法行為として分析を行う。

　1980年前後の時期に、全国各地で多数の自治体において、天皇・首相などに靖国神社の公式参拝を要請する旨の決議が行われた。この決議は、地方議会による民主的手続を方法とする偽装であり、合憲性を装いつつ違憲行為を実現しようとするものであった。地方議会としては本来行うべき職責に属さないものを、あたかも住民の要請であるごとく装って、あえて決議として行い、国家と一宗教団体である靖国神社との癒着を公認化したものである。

　この問題を把握するためには、まず、天皇・首相等に靖国神社への公式参拝を求める運動の背景をみておく必要がある。

2　靖国神社公式参拝運動の背景

　首相等に靖国神社への公式参拝を求める運動の背景は次のようなものである[1]。靖国神社公式参拝運動の原動力となってきたのは、日本遺族会、神社本庁

1　斎藤憲司「戦後の靖国神社問題の推移」ジュリスト臨時増刊『靖国神社公式参拝』（1985年11月10日号）参照。

224 第 7 章　政教分離の脱法行為（2）

および靖国神社の連携であり、究極の目標は靖国神社の国営化である。

　靖国神社法案は、1968（昭和43）年 6 月30日、自民党衆議院議員による議員発議の法律案として国会に初めて提出され、1973年まで五回にわたり提出されたが、いずれも廃案となった。それ以後、国会に提出されるに至ってはいない。その要因として重要なものは、憲法の拘束である。靖国神社国家護持推進派は、「これ以降、靖国の国家護持の最大の障害は、憲法であるとの認識から、憲法そのものの改正を求める運動へ、また、<u>憲法違反となる可能性の少ない行為を積み重ね、それを日常化し、よって国民の意識を変革してゆくことで、解釈の面から憲法を変えていく</u>という、硬軟両方向の戦略」[2]を採ることとなる。

　1972年 2 月に、天皇および国家機関員等の公式参拝をねらう表敬法案が登場し、公式参拝運動が表面化してくる。天皇の公式参拝の実現については、憲法の規定する国事行為との関係で相当な困難が伴うと考えられたために、国家機関員、特に、首相および閣僚の公式参拝への働きかけが行われることとなる。かくして、首相および閣僚の靖国参拝は日常化する。

　その要因の一つは、「靖国神社法案を推進した団体が表敬法案推進の線でまとまり、昭和51年 6 月22日に『英霊にこたえる会』として大同団結したことである。同会は、靖国を国民的な運動に高めてゆくことを目標とし、首相、閣僚、国会議員への働きかけはもとより、地方自治体への『靖国神社公式参拝決議』要請、署名運動などいわば『草の根運動』によってその運動を展開した」[3]のである。

　その成果の一つとして、1978（昭和53）年12月15日にはじめて三重県議会で公式参拝決議が行われ、さらに、1980年 6 月22日の衆参同時選挙で自民党が両院で過半数を占めるにおよんで、改憲決議、自衛隊合憲決議、スパイ防止法制定促進決議とともに特に目立つようになった。そこにおいて、自民党は公約のひとつに靖国神社公式参拝の実現をかかげていた。1985年の中曽根首相公式参拝の直前には、37県1548市町村で靖国神社公式参拝決議が行われた。

　このような脱法行為的手法の先例は、元号法制化運動である。元号法は地方議会決議によって、1979年に国会を通過することになったが、そこにおいて、「これだけ多くの議会が法制化を求めているということは、それに賛成した議員に投

2　斎藤憲司・前掲論文86頁（下線、引用者）。
3　斎藤憲司・前掲論文88頁。

票した数多くの国民が支持したということであり、これを認めないということは、すなわち間接民主主義つまり議会制を否定することを意味する」（当時の総理府総務長官の談話）という理屈づけの下に、法制化が行われた。しかし、この地方議会の決議については、ほとんど議論らしい議論もなされないまま、会期末に急に提案され決議されることが多かった[4]。これについて、「この世論づくりが住民の要求にもとづいてなされたのではなく、中央からの働きかけによる動員のうえに地方議会が自民党など保守派と中道諸党が、多数をたのんで強行したケースが多いということである。この意味では、この運動は世論づくりというよりは世論操作というべきであろう」[5]と指摘されている。これと同様に、靖国神社公式参拝を要請する決議も、「地域住民の意思に基づき、地方議会に請願が行われ、地方議会が決議する、という一見"草の根民主主義"的形式をとりつつ、反憲法的・反民主主義的世論を全国的に形成しよう」としたのである[6]。

　靖国公式参拝決議は、政府に靖国公式参拝という行為に踏み切らせることによって、公式参拝を既成事実化し、それに適合的な憲法解釈を定着させようとする巧妙なものであった[7]。こうした中で、岩手県では、キリスト教牧師らが県議

4　鴨野幸雄「自治体違憲決議の法的根拠」『法と民主主義』1982年4月号10頁。

5　古城利明「憲法改悪運動と自治体」『法と民主主義』1982年4月号6頁。

6　播磨信義『憲法をいかす努力《戦後山口の憲法》』（四季出版、1987年）171頁。

7　平野武「靖国決議」『法と民主主義』1982年4月号30頁参照。平野武は、「論理的には憲法解釈の『決着』が先行しなければならないはずである。この関係が逆転しているのは、運動の巧妙さであるが、同時に憲法解釈の論理的弱さを自ら示している」と指摘し、公式参拝の「合憲性」を主張するための論拠を次のように整理する。
　①靖国神社に天皇、首相等が公式参拝するのは、国民を代表して表敬するのであって、憲法20条で禁止している国およびその機関の宗教的活動ではない。
　②靖国神社は占領政策によって宗教法人にされているが、本来宗教団体とは教祖、教義、経典があり、布教宣伝、信者育成等の活動をするものであり、戦没者の霊を祀り、国民の尊崇の対象となっている靖国神社は宗教団体とはいえない。
　③いわゆる玉串料は、一般の財政支出とは異なり、儀式に伴う慣習的奉献であり、その額が社会的通念を逸脱する高額でない限り、公費をもって玉串料にあてても憲法89条に違反しない。
　④いわゆる津地鎮祭最高裁判決が、憲法20条2項の「宗教上の行為等」と3項で禁止されている「宗教的活動」を区別し、禁止される「宗教的活動」とはその行為の「目的」および「効果」が特定の宗教宗派に対する格別の援助奨励になったり、逆に圧迫干渉になる場合にいたる行為をいうと判決し、その理論が公権的に確定した今日では、たとえ靖国神社が宗教団体であっても公式参拝は禁止される「宗教的活動」にあたらないのは明らかである。
　このような合憲的理由に対する批判は、政府サイド自体からすでにあった。1979年6月14日の「英霊にこたえる議員協議会」における大井衆議院法制局長の見解である（鴨野幸雄・前掲論文より引用）。

226　第7章　政教分離の脱法行為（2）

会で行った靖国公式参拝決議に反対して住民訴訟を起こした。

3　靖国神社公式参拝要請決議について

　1979（昭和54）年12月19日、岩手県議会は、天皇や内閣総理大臣等による靖国神社公式参拝が実現するよう要望する決議を行った[8]。そして、同県議会議長は、自己の名において、本件決議事項を内容とする意見書を作成して上京し、内閣総理大臣等に提出したが、その意見書等の印刷費およびその提出に要した旅費が岩手県から支出された。

　このことに対して、住民訴訟が提起された。岩手県の住民である原告らは、本県決議が要望する内閣総理大臣等が国の代表ないし機関として靖国神社を参拝す

---

　①靖国神社は、英霊を祭神とし、神道の儀式によって合祀しているのであるから、特異性はあるとしても憲法20条1項にいう「宗教団体」である。②私人としての参拝ならともかく、公式参拝の実質的意味は靖国神社に祀られている神とのかかわり合いを公的に認めようとする国の意思表明とみるべきである。この場合、具体的には閣議決定によって国の行事としてこれを行うとか、玉串料を予算によって支出するということが伴ってくる。したがって公人の公式参拝は、天皇、内閣総理大臣等が私人の資格で参拝するのとは実質的に異なり、憲法20条3項の国またはその機関による宗教活動に該当し、政教分離の原則に抵触するものであって許されない。③公式参拝は「宗教上の行為」であって憲法20条3項が禁止している「宗教活動」に該当しないから違憲ではないという主張がある。これについては、津地鎮祭訴訟の最高裁判決が20条2項の「宗教上の行為等」と同条3項の「宗教的活動」とを対置させたのは、狭義の信仰の自由を直接保障する規定である20条2項の規定は、国家と宗教との分離を制度として保障し、もって間接的に信教の自由を保障しようとする同条3項の規定よりも厳格に解釈しなければならないことを論証しようとしたものである。従って、これを用いて「公式参拝」を「地鎮祭の挙行」と同視し、「公式参拝」は「宗教上の行為」であって憲法20条3項にいう「宗教活動」には該当しないということには論理の飛躍がある。宗教団体である靖国神社への公式参拝は、そのかかわり合いの程度や効果からみて「地鎮祭」の場合とは同一に論ずることはできないのであって、これはまさに政教分離の原則の根幹にふれる問題である。

8　決議の内容は次のようなものである。
　靖国神社公式参拝について
靖国神社公式参拝を実現させられたい。
　理由
　靖国神社には平和のいしずえ250万英霊がまつられている。英霊に対し、尊崇感謝の誠を捧げ、国として公式儀礼を尽くすことは、きわめて当然のことであり、世界いずれの国においても行われている。
　しかるに、戦後、靖国神社は国の手を離れ、天皇陛下のご参拝も、内閣総理大臣などの参拝もすべて個人的なものとして扱われ、また国際儀礼として当然の国賓の靖国神社参拝も行なわれていないことは、きわめて遺憾であり、速やかに国の代表並びに国賓の靖国神社公式参拝が実現されるよう強く要望する。

ることは、憲法20条1項後段、同条3項、89条に違反するがゆえに、そうした違憲行為をすることを求める本件決議は違憲無効であると主張した。原告は、靖国公式参拝決議の違憲性について次のように述べている。

本件決議は文言から明らかなとおり、特定の宗教団体である宗教法人靖国神社の祭神に対し、国家機関としての天皇、内閣総理大臣等の公式参拝を求めることを内容とするものであって、文脈上天皇に国事行為として靖国神社に参拝することを求めるものであり、また内閣総理大臣等に国の代表ないしは機関として靖国神社に参拝することを求めるものである。ゆえに、公式参拝は、国家機関の宗教活動、特定宗教への援助行為にあたり、かつその参拝のための公金支出は特定の宗教団体に対し便益を与えることになるから、憲法20条1項後段、同条3項、89条に違反する違憲行為である。したがって、そのような違憲行為を求める本件決議も違憲無効であるゆえに憲法98条1項により無効であり、また天皇に対する部分も憲法4条、7条に違反し無効である。

これに対して、盛岡地裁1987（昭和62）年3月5日判決（判例時報1223号30頁）は、大略、次のように述べて、原告の主張をしりぞけた。

1　本件決議は、内閣総理大臣等に、公的資格において、靖国神社参拝を求めることを意味するものと解される。そうであるとするならば、その参拝をもってして憲法20条1項、3項に違反するものと判断することはできない。なぜならば、公人と私人は不可分であり、内閣総理大臣等は私人として思想および良心の自由、信教の自由を有し、かつまた政治的中立性を要求されない公人たる政治家として、自己の信念に従って行動しうることはいうまでもなく、そして、憲法が保障する基本的人権のうち思想および良心の自由、信教の自由の如きは天賦人権の最たるものであって、国家に優先することは何人も否定しえず、公人であることによってこれを制限することは許されないところであるから、その自然人の発露としての参拝を行うにつき、一方では私人として許容され、他方では公人として否定されるということはありえないからである。

2　かりに、本件決議が、日本国の象徴としての天皇並びに日本国の代表ないしは機関たる内閣総理大臣等に対し、国の行事（例えば、政府が主催し、その費用を公費をもって支出する等）として靖国神社を参拝することを求めるものであるとしても、本件決議の可決をもって違憲無効の行為ということはできない。

228　第7章　政教分離の脱法行為（2）

　もともと本件決議は普通地方公共団体の議会の権限にしてかつ職責たる地方
自治法96条の議決ではなく、地方自治法99条1項の意見の陳述又は同条2項の
意見書の提出を要する表決でもなく、法律に基づかない単なる事実行為として
の意思の表明であって、その内容は国会又は政府機関への要望に過ぎないか
ら、何らの法的効果を伴うものではなく、また、破壊活動防止法の教唆又は扇
動、刑法230条の名誉毀損などのように犯罪行為を構成するものではないか
ら、法的な無価値判断を受けることもないところである。

　確かに、右に仮定したような形式の公式参拝が実施されるならば、その公式
参拝は憲法20条1項、3項に違反するといわなければならないが、被告らが岩
手県議会の決議の形式によってそのような請願をするものと仮定しても、被告
らは普通地方公共団体の議会の議員としての政治職であるから、その決議を
もって一定の政治的要求の表明をなしうるものというべく、本件決議もその政
治的要求の表明と考えられ、しかしてその要求は刑罰法規に触れるものでない
ことは前記のとおりであるから、右政治的要求の発表は憲法19条が保障する思
想・良心の自由および憲法21条が保障する言論の自由に属するものであって、
住民が被告らに対し本件決議を可決したことを理由として政治的責任を問うこ
とは別として、法律上何人もこれを問責できないものというべきである。

　以上、要するに、地方議会の議員は、議会の決議によって一定の政治的要求の
表明を行うことができ、これは憲法21条が保障する言論の自由に属するもので
あって、政治的責任を問うことは別として、法律上、何人もこれを問責できない
という。

　本件県議会決議の内容は、日本国の象徴としての天皇ならびに日本国の代表な
いし機関たる内閣総理大臣等に対し、国の行事（政府が主催し、その費用を、公費を
もって支出する等）として靖国神社に参拝することを要請している。本判決は二種
類の公式参拝を想定し、この究極の意味の公式参拝が行われる場合には違憲にな
るという。しかし、内閣総理大臣の公的資格による参拝自体は合憲であるとい
う。ただ、決議自体は、たとえ内容において違憲行為を求めるものであっても、
「違憲無効の行為ということはできない」とするのである。

　学説においても、奥平康弘は、「決議そのものに対する盛岡地裁の判決は、じ
つは私も賛成である。決議が決議であるにとどまるかぎりは、『政治的要求の表

明』であり、メッセージでしかない。地裁のいうように、県議会の側にたやすく憲法21条の言論の自由保障を与えていいかどうかは、私の態度は留保するが、そうしたメッセージ自体は、ふつう違憲・合憲、有効・無効の評価を受けない。受けるべきものをもたないのである」[9]という。

こうした理由づけは一見もっともらしい。しかし疑問はある。地方自治体による靖国神社公式参拝要請決議においては、①天皇はじめ内閣総理大臣および政府関係者が靖国神社へ公式に参拝すること、また、②靖国神社の国家護持を図ること、などが要望されている。このように明らかに違憲な内容を自治体の議会が決議として採択できるものであろうか。

高野真澄は、靖国決議について、次のように問題点を指摘する。「議員の政治的表明といえども、地方議会の場合まったく制約がないかどうかは検討に値する」と思う。「地方議会が、その自律権によってであれ、事件の性質、内容において思想、良心、信教など国民（県民）各自の内面にかかわり、公共団体の事務にも公益にも直接関連のない事項を、公共団体の機関としての議会の意思として決し、意見書に表明することの適否—それとともに当否—が問題とされる余地があろう。狭義の信教の自由規定とともに、政教分離原則の本質に、国民（さまざまな宗教的少数者）の人権（信教の自由）を保障するという側面が見出される以上、多数決決定になじみ難いからである」。「問題の本質からみて、僅かでも疑惑が出れば、政教分離の原則に照らして慎しむのが、憲法尊重擁護の義務（99条）を負うている公務員や公的団体のとるべき態度ではなかろうか」[10]。

そこで次に、地方議会決議の範囲と限界について検討してみよう。

4　地方議会決議の範囲と限界

地方議会が、自治体の施策方針だけでなく、国政問題について、意見書を提出したり決議したりする動きが、1980年代以降、顕著になってきた。そのほとんどが議員提案であり、住民の強い希望を反映させた議会の活動と評価されるものがある一方、地方自治にとって有意味な対外活動であるのかどうか疑問とされるも

9　奥平康弘「どこへゆく、わが司法—岩手"靖国"判決の場合—」法律時報59巻7号（1987年）68頁。
10　高野真澄「靖国参拝決議訴訟と政教分離原則」法学セミナー1982年4月号75頁。

230 第7章 政教分離の脱法行為（2）

のも多い[11]。

「意見書」については、地方自治法99条2項（現在は改正）において、「議会は、当該地方公共団体の公益に関する事件につき意見書を関係行政庁に提出することができる」と規定されている。実際には、原爆被爆者援護法の制定に関する意見書や教科書無償の廃止反対に関する意見書といった、地方自治とのつながりがはっきりしているもののほか、それが判然としない靖国神社法制定に関する意見書といったものも出されている。

「決議」については、地方自治法に直接規定されていないが、地方議会がその意見を内外に表明する形で行われる。例えば、交通安全都市宣言決議、非核宣言自治体の決議等、自治体の施策方針にかかわるものから、それが判然としない、靖国神社公式参拝の要望、自衛隊法の強化改正、憲法改正の要望などに関する決議が出されている[12]。

こうした意見書や決議について、「その自治体で大かたコンセンサスが得られる内容を議会が住民代表機関としてとりまとめ表明していくということであればよい。しかし住民や議会のなかで意見が大きく分かれているような事柄については、自治体自身の施策決定にかかわらないかぎり、議会の多数決で当面の議会意思を一つに表明することは、自治体としてふさわしくないのではなかろうか」として、靖国神社法制定に関する意見書、靖国神社公式参拝要請決議については疑問視されていた[13]。

地方議会決議の方法には、地方議会議員みずからの意思によって行うものと、請願または陳情を受けて行う決議（通常「決議を求める請願」という）とがある。法令上、議会の意思形成行為として明定されているものについて議決という語を用い（地方自治法96条1項、2項他）、法令に基づかない事実上の議会の意思形成行為については決議という語を用いる例が多い（議長不信任決議、議員辞職勧告決議等）とされる。法令に基づく議決については、法令上、その要件、効果等が明定してあるが、法令に基づかない事実上の決議は、その要件、効果が明定されているわけではなく、議員は自由にきわめて広範な問題を取り上げることが可能となる。それでは事実上の決議は、どの範囲まで許されるのであろうか。

11　兼子仁『地方自治法』（岩波新書、1984年）126頁。

12　兼子仁・前掲書128頁。

13　兼子仁・前掲書128頁。

久世公堯・浜田一成『議会』（新地方自治講座二巻）によれば、議会というものの存立の基礎に立って考えるとき、議会が事実上の決議をする場合にもおのずから、その範囲に制限があるとみるのが条理にかなう。それでは、その範囲を画する指標は何であるかといえば、（ア）　地方公共団体の事務に関する事項であること、（イ）　地方公共団体の事務に関する事項でなくても、少なくとも地方公共団体の公益に関する事件であること（地方自治法99条2項）があげられる、という。このような理解が一般的である。

　吉田善明も、この見解を支持しつつ、具体的に、例えば、地方自治法その他の法律による根拠規定がない議長不信任決議や議員辞職勧告、自粛に関する決議は、地方公共団体の事務に関する事項であること、地方公共団体の公益に関する事項であることに該当し、決議の対象となる。したがって、これらと直接関係をもたない、たとえば、直接、国の外交にかかわる、①南北朝鮮統合促進決議、②南ベトナム戦争即時停止（当時）決議といったものは地方議会で行うべきではない。また、国内の問題であっても、直接、地方議会と関係のない「靖国神社の公式参拝実現を要望する」決議や「スパイ防止法制定促進」決議も決議の性格からみて条理に反し許されない、という。たとえ、それらの決議が法的効力をもたず事実上の意思表明にすぎないものであって、しかもその場限りで完結したもので後日これを改正し、廃止してもよいといった考え方があったとしても、条理をこえた決議は認められないとされる[14]。

　さらに、地方自治の本質に関する固有権説の立場から、鴨野幸雄は次のように説く。「地方公共団体は国から一応独立した存在として固有の権能もって地方の事務を処理することができるものと解する。それゆえ、地方自治法99条2項（現在は改正）の地方公共団体の『公益』に関する事項を広く解するものである。しかし、その範囲も無制限ではなく条理上の範囲がある。そこで条理上認められる『公益』概念は何かといえば、それは憲法原理に基づく法秩序がこれにあたるといえよう。国民主権、人権保障、平和主義等々がこれにあたる。この考えによれば靖国神社公式参拝や国家緊急権等を含む憲法改正は、明白に違憲の内容であり、とても『公益』に関する事項などではありえない。それゆえ『公益』に反する決議は地自法99条2項に反することになる。しかし、これに対して、南ヴェト

14　吉田善明「地方議会の『改憲』決議」『地方自治と住民の権利』（三省堂、1982年）127頁。

ナム戦争即時停止決議などは、憲法の平和主義に合致し、広い意味の『公益』の中に入れてよいので議会の決議事項となりうると考えるのである」[15]。

このような見解によれば、靖国神社公式参拝要請決議は、地方自治体の事務でもなく、公益にも合致しないものであるから、条理上の限界を超えることになろう。

それでは、「決議を求める請願」がなされた場合、先の決議と同様に考えてよいであろうか。日本国憲法16条は「何人も、損害の救済、公務員の罷免、法律、命令又は規則の制定、廃止又は改正その他の事項に関し、平穏に請願する権利を有し、何人も、かかる請願をしたためにいかなる差別待遇も受けない」と規定し、何人に対しても平穏に請願する権利を保障している。

実務においては、請願事項について、地方公共団体の事務に関する事項に限られるが、明らかに当該地方公共団体の事務に関する事項で認められる場合においても、請願は憲法、法律に規定された国民の権利とされているから受理を拒むことはできない。ただし、採択不採択は議会において決定すべきものであり、当該地方公共団体の権限外の事項については、不採択のほかない[16]と理解されている。

学説によれば、請願事項は、地方公共団体の事務に関する事項に限定されず、地方自治法99条2項にいう「公益」に関することまで含めて解してよいとされる。すなわち、地方議会が決議できる範囲内のものであればよい。理論的には、このように考えるべきであるが、現実には靖国神社公式参拝要請決議等のように議会の決議範囲外のものも請願されてくる。しかし、明らかに決議対象外の事項であっても、請願権は憲法で保障された国民の権利であるから、地方議会はこれを受理しなければならない。受理した後、当該請願事項が地方議会で決議できる範囲内のものか否かを決することになるとされる[17]。

そうであれば、「決議を求める請願」として出された場合は、地方議会がまずこれを受理し、そのあとで「決議を求めるにふさわしいか否か」が決められなければならない。その場合、請願権者による請願事項としてなされたものである以上、かりに、それが「地方公共団体の事務に関する事項」でないとしても、容易な決議は許されず、一定の手続のもとでなされるべきである[18]。

15　鴨野幸雄・前掲論文14頁。
16　久世公堯＝浜田一成『議会』(第一法規、1967年) 137頁。
17　鴨野幸雄・前掲論文14頁。
18　吉田善明・前掲論文128頁。

それではどのような手続が必要であろうか。行使された請願を地方議会が受理し、採択するにつき次のことが必要である。第一に、地方議会が請願を受理する場合、地方議会ないし常任委員会は、請願提出者に対して、その請願内容について陳述する機会を権利として認めることである。もとより、そのためには請願内容を扱う議会および委員会も公開されていなければならない。さらに請願の審査にさいして、請願の趣旨説明を開会中に参考人として行わせるべきである。第二に、たとえば「決議を求める請願」が処理された場合、その結果について地域住民への報告の義務を確立することである。地方自治法125条によれば、請願の採択、不採択を決定したのちの結果を地方議会に報告することができると定めているが、「決議を求める請願」の内容の紹介、提出者の議会における陳述の機会、さらには決議の可否について報告することが必要とされる。このように、地方議会は「決議」ないし「決議を求める請願」の意味を十分に理解し、慎重な手続のもとでその処理を行なわなければならないことが強調されているのである[19]。

5　憲法尊重擁護義務との関係

靖国決議は憲法尊重擁護義務との関係においても問題となる。憲法99条は、「天皇又は摂政及び国務大臣、国会議員、裁判官その他の公務員は、この憲法を尊重し擁護する義務を負ふ」と規定する。本条は、憲法の最高法規性を確保するために、権力行使者たる公務員に憲法を尊重し擁護することを義務づけている。憲法尊重義務を負うのは、天皇を含むすべての公務員であり、ここにいう公務員のなかには、地方議会の議員が入ることはもちろんである。

本条の「義務」の性格については説が分かれている。第一説は、「義務」の性格について、「倫理的性格をもつものであって、法律的というよりも道徳的な要請」[20]と解する。この説によれば、公務員が憲法を尊重し擁護する義務を怠っても法的義務違反とは考えられず、それは単に政治責任の追及だけとなる。

これに対し、第二説は、憲法にこのような義務がかかげられている限り、法的

19　吉田善明・前掲論文129頁。

20　法学協会編『注解日本国憲法』（有斐閣、1954年）、同旨、佐藤功『ポケット注釈全書憲法下［新版］』（有斐閣、1984年）1296頁、内野正幸「公務員の憲法尊重擁護義務」法学セミナー1989年8月号116頁。

234 第7章 政教分離の脱法行為（2）

義務であると解するのが自然である。しかし、ただ本条のみでは、その責任を追及する法的具体的な手段を欠くというにとどまる、と解する（抽象的義務）。少なくとも、「本条の法的意味は、最小限度不作為義務、すなわち、憲法破壊を行わない義務を課したものと解され、…この不作為義務違反は、法的義務違反」[21]となるとする。

　また、同旨の解釈として、次のような見解も傾聴に値する。99条を解釈する場合、その基底にあるものは憲法前文の意味である。憲法はその前文において国民主権、人権保障、平和主義を基本原理とすることは疑う余地がない。この前文によって99条を解釈すれば、最小限度の不作為義務すなわち、憲法破壊を行わない法的義務を課しているとみることができるとしなければならない。すなわち、憲法の基本原理に反する行為を公務員が行えば、それは本条に違反することになる。そして、その具体的内容が靖国公式参拝であってみれば、これは憲法の原理を変更する憲法破壊である。まして、私人としての立場からならともかく（もちろん、これも微妙なものを含むが）、地方議会の決議という公的な立場から意思決定を行ったことは、いっそう99条の義務違反になるといわざるをえない。この意味から現実に地方議会でなされている靖国神社公式参拝要請決議は、その内容自体が違憲であり、かつ、議会の議員は憲法尊重擁護の義務に違反する違憲の行為である。ただ、この段階では、かかる違憲な決議そのものに対して国民がその責任を追及する法的具体的手段はみつけづらい点があることは認めざるをえない[22]。

　靖国決議については後者に立って考えるべきであろう。地方議会議員による靖国決議は、法的効果をともなわない事実上の意思表明であるとしても、決議自体が議会意思の決定であって公的なものとなり、99条の憲法尊重擁護義務違反となり許されない。

　地方議会決議への具体的な対応としては、靖国決議の行われていない議会においては、「平和憲法を擁護する決議」を行うべきであるし、すでに決議が行われた議会では、議会に対して公式参拝に反対する請願をだし、あるいは、具体的手段として、賛成議員の解職請求、住民監査請求および住民訴訟を行うことが考えられるであろう。

21　高原賢治「国民の憲法上の義務」『憲法講座2巻』（有斐閣、1963年）294頁。

22　鴨野幸雄・前掲論文12頁。

6　まとめ

　筆者は、地方議会が靖国決議を行うこと自体に問題があると考える。靖国決議は、「国家機関の参拝により靖国神社が他の宗教団体と異なる特別の地位を国から付与せられ、国が特定宗教団体を優遇援助して、これと密接な関係の生ずることを是認し、かかる状況を積極的に作出せしめようとするものである」[23]。靖国決議は、国家の非宗教性ないし宗教的中立性の原則に抵触するということができる。たとえ、個人が宗教行事への参拝を強制されなくても、あるいは、宗教に財政援助がおこなわれなくても、国家の威信を背景にした宗教が存在するということ自体が、良心の自由を大切に思う人々にとってはたえがたいことなのである。

　さらに、岩手靖国決議のような場合には、単なる意見表明をこえて、公金を支出して首相等への要望という具体的な政治的行為となってあらわれているのである。このように、国家が一宗教である靖国神社をもりたてることを内容とする決議に、公金が支出されることは、「自己の納付した税金を自己の信じない、又は反対する宗教の維持発展のために使用されること」であり、「結局、自己の信じない、又は反対する宗教の維持発展のために税金を徴収されるのと同じ結果をもたらし、宗教的少数者の人権が無視されることになる」。このような公金支出の政教分離原則違反を住民訴訟で争うことは正当である。公金支出を伴う内閣総理大臣等の公式参拝を要望する地方議会の決議は、少数者の宗教的自由に不当な圧迫を加えるものである。地方議会が宗教的自由という精神的自由権に侵害的に関与することは厳に慎まなければならない。

　地方議会の「靖国神社公式参拝」請願決議のごとき民主的手続を方法とする偽装は、一応形式論理的には整っているがゆえに問題の本質がみえにくく、これを論破することに困難を伴うことが多い。憲法上の脱法行為論ですでに言及したように、脱法行為は国家権力が国民を欺罔するために行うものである。地方議会における脱法行為もかくのごとき国民を欺罔するためのものであった。ここにおける分析において不十分ながら憲法現象における公権力の欺罔性を指摘しえたかと思う。

23　高野真澄・前掲論文72頁。

236　第 7 章　政教分離の脱法行為（2）

　憲法20条が、詳細な信教の自由規定、とりわけ政教分離を規定したのは、国家と神社神道との結びつきを一切排除することを主眼とするものであったが、内閣総理大臣・閣僚の靖国神社公式参拝や地方公共団体による「玉ぐし料」の公金支出にみられるごとく、「なしくずし的国営化の危険も現実に存在するのであって、今日、問題がなくなったという事情にはなく」[24]、現実には、依然として両者が結合しようとする傾向を強くもっているのである。

24　浦部法穂「第20条〔信教の自由、国の宗教活動の禁止〕」『注釈日本国憲法上巻』（青林書院、1984年）411頁。

第8章　政教分離の脱法行為(3)
──殉職自衛官合祀拒否訴訟──

1　はじめに
2　最高裁判決の理論構造
3　国（自衛隊）による脱法行為
4　国（自衛隊）と隊友会の共生関係
5　まとめ

1　はじめに

　本章では、殉職自衛官合祀拒否事件（中谷裁判）を取り上げ、行政による政教分離の脱法行為について検討を加える。

　1989年（平成元年）6月1日、殉職自衛官合祀拒否訴訟最高裁大法廷判決が下され、原告全面敗訴という形で決着がつけられた。そこにおいて、最高裁は、原審の認定した事実関係の核心部分を「ことさらに正視せず」、意図的に歪曲して、国（自衛隊）の脱法行為を容認する問題の多い判決であった。そこでまず、最高裁判決を詳しく紹介して、その問題点の一端を指摘してみよう。

2　最高裁判決の理論構造

　控訴審で敗訴した国側は、最高裁判所に上告した。事案は当初、第一小法廷に係属していたが、1987年（昭和62）年3月4日に大法廷に回付され、1988年2月3日に口頭弁論が開かれた。この時点で原判決が破棄されることが予想されたが、最高裁がどのような理論構成のもとに結論を導くのか、何名の裁判官が反対意見を書くのか、などが注目された。

　結果は、14人の裁判官が合憲説を採って原判決を破棄し、第一審判決を取り消した。多数意見を形成しているのは矢口長官を含む11人の裁判官である（このうち①長島裁判官および②高島・四ッ谷・奥野裁判官が補足意見を付している。結論に賛成しつつ理由づけにおいて異なる裁判官は3名で、これは③島谷・佐藤裁判官と④坂上裁判

238　第8章　政教分離の脱法行為（3）

官の二つのグループに分かれる）。これらに対し、ただ一人伊藤裁判官だけが反対意見を述べている[1]。

多数意見

(1)　本件合祀申請を地連職員と県隊友会の共同行為と評価すべきか否かについて

　県護国神社による合祀は、基本的には遺族の要望を受けた県隊友会がその実現に向けて同神社と折衝を重ねるなどの努力をし、同神社が殉職自衛隊員を合祀する方針を決定した結果、実現したものである。してみれば、県隊友会において地連職員の事務的な協力に負うところがあるにしても、県隊友会の単独名義でなされた本件合祀申請は、実質的にも県隊友会の単独の行為であったものというべく、これを地連職員と県隊友会の共同の行為とし、地連職員も本件合祀申請をしたものと評価することはできない。

(2)　本件合祀申請に至る過程において県隊友会に協力していた地連職員の行為が、憲法20条3項にいう宗教的活動に当たるか否かについて

　このことは津地鎮祭最高裁判決の目的・効果基準、判断方法によって決定しなければならない。本件合祀申請という行為は、自衛隊が、殉職自衛隊員の氏名とその殉職の事実を県護国神社に対し明らかにし、合祀の希望を表明したものであって、宗教とのかかわり合いをもつ行為であるが、合祀の前提としての法的意味をもつものではない。本件合祀申請に至る過程において県隊友会に協力していた地連職員の具体的行為は、その宗教とのかかわり合いは間接的であり、その意図、目的も、合祀実現により自衛隊員の社会的地位の向上と士気の高揚を図ることにあったと推認されるので、どちらかといえばその宗教的意識も希薄であったといわなければならないのみならず、その行為の態様からしても、国またはその機関として特定の宗教への関心を呼び起こし、あるいはこれを援助、助長、促進

1　オブライエンは、自衛官合祀拒否訴訟は合衆国最高裁判事がそう呼ぶのを好むような「ハード・ケース」であったという。ときにオリバー・ホームズ判事も述べたように、「ハード・ケースは悪法を作る」（Northern Securities Co. v. United States, 193 U.S. 197（1904）pp.400-401）。同訴訟が大法廷にとってどんなにハードであったか、そのひとつの尺度は同意意見の異例な数である、という（デイヴィッド・M・オブライエン『政教分離の憲法政治学』大越康夫補著・訳（晃洋書房、1999年）216頁）。

し又は他の宗教に圧迫、干渉を加えるような効果をもつものと一般人から評価される行為とは認め難い。したがって、地連職員の行為が宗教とのかかわり合いをもつものであることは否定できないが、これをもって宗教的活動とまではいうことができない。

なお、憲法20条3項の政教分離規定は、いわゆる制度的保障の規定であって、私人に対して信教の自由そのものを直接保障するものではなく、国及びその機関が行うことのできない行為の範囲を定めて国家と宗教との分離を制度として保障することにより、間接的に信教の自由を確保しようとするものである。したがって、この規定に違反する国又はその機関の宗教的活動も、それが同条1項前段に違反して私人の信教の自由を制限し、あるいは同条2項に違反して私人に対し宗教上の行為等への参加を強制するなど、憲法が保障している信教の自由を直接侵害するに至らない限り、私人に対する関係で当然に違法と評価されるものではない。

(3) 被上告人の法的利益の侵害の有無について

私人相互間において、憲法20条1項前段及び同条2項において保障されている信教の自由の侵害があり、その態様、程度が社会的に許容し得る限度を超える時は、場合によっては、私的自治に対する一般的制限規定である民法1条、90条や不法行為に関する諸規定等の適切な運用によって、法的保護が図られるべきである。

しかし、人が自己の信仰生活の静謐を他者の宗教上の行為によって害されたとし、そのことに不快な感情を持ち、そのようなことがないよう望むことのあるのは、その心情として当然であるとしても、かかる宗教上の感情を被侵害利益として、直ちに損害賠償を請求し、又は差止めを請求するなどの法的救済を求めることができるとするならば、かえって相手方の信教の自由を妨げる結果となるに至ることは、見易いところである。

信教の自由の保障は、何人も自己の信仰と相容れない信仰をもつ者の信仰に基づく行為に対して、それが強制や不利益の付与を伴うことにより自己の信教上の自由を妨害するものでない限り寛容であることを要請しているものというべきである。このことは死去した配偶者の追慕、慰霊等に関する場合においても同様である。何人かをその信仰の対象とし、あるいは自己の信仰する宗教により何人かを追慕し、その魂の安らぎを求めるなどの宗教的行為をする自由は、誰にでも保障されているからである。原審が宗教上の人格権であるとする静謐な宗教的環境

の下で信仰生活を送るべき利益なるものは、これを直ちに法的に利益として認めることができない性質のものである。

以上の見解にたって本件をみると、県護国神社による合祀は、「まさしく信教の自由により保障されているところとして同神社が自由になし得るところであり、それ自体は何人の法的利益をも侵害するものではない」。

① 長島敦裁判官の補足意見

(1) 信教の自由と宗教的寛容さについて

各宗教には他の宗教が憲法上保障されている宗教上の行為に干渉せず、これを妨げないという寛容さが、憲法上要請されているものということができる。このことは信者においても同様であり、各宗教の信者にも、他の宗教の行う宗教上の行為について、それが宗教団体その他の団体、集団によって行われるものであれ、その信者によって行われるものであれ、たとえそれに対し不快感をもったとしても、これを受忍すべき寛容さが求められているというべきである。

憲法は、どのような宗教に対しても、またどのような宗教を信ずる者に対しても平等に信教の自由を保障しているのであって、いわゆる宗教的少数者といわれる立場にある者を特別に保護しようとしているものではない。宗教的少数者もその例外ではなく、ひとしくこの寛容さが求められている。

さらにこの理は、死去した自己の配偶者や近親者を自己の信仰する宗教以外の宗教で慰霊し、あるいは信仰の対象とする者がある場合でも、同様であり、たとえその宗教上の行為に対し不快感を抱いても、これを受忍すべき寛容さが求められている。近親者相互間においても、互いに寛容さが要請される。

本件合祀行為に関して、同神社が被上告人に対し、同神社の行う宗教上の行為、儀式又は行事に参加するよう強制し、あるいは被上告人の信仰又はそれに基づく行為に対し、制限又は禁止、圧迫又は干渉が加えられたと評価する余地はなく、本件合祀行為により被上告人の法的利益は何ら侵害されていない。

(2) 地連職員の行為と宗教的活動について

地連職員に憲法20条3項にいう宗教的活動と評価しうる行為があったか否かは、その行った具体的行為について検討するほかない。その具体的行為をみると、憲法20条3項にいう宗教的活動に当たらない。しかしながら、憲法20条3項に政教分離規定を設けた趣旨にかんがみるときは、本件合祀申請に至る過程にお

ける地連職員の行為の中には、より慎重であることが望ましかったものがあり、特に合祀行為が終了した後のある地連職員の言動には、行き過ぎの感を免れず、公務員としては自粛が求められる。

② 高島益郎、四ッ谷巌、奥野久之裁判官の補足意見

本件合祀申請は、その名義どおり県隊友会単独の行為というべきであり、これを地連職員と県隊友会の共同の行為とし、地連職員も本件合祀申請をしたものと評価することはできない。本件合祀申請に至る過程における地連職員の具体的行為はその態様等からみて憲法20条3項にいう宗教的活動とまでいうことができない。

しかし、公務員は、その職務遂行に当たっては、必要以上の宗教とのかかわり合いを慎んで宗教的中立性を堅持するとともに、宗教的少数者等から国又はその機関としての宗教的活動に当たるのではないかと疑われるような言動や特定の宗教に配慮を加えたと受け取られかねないような言動を自粛し、いやしくもその宗教的中立性に疑惑を招くことのないようにすべきである。地連職員の行為は、宗教的中立性に疑惑を招きかねない言動であって、行き過ぎの感を免れず、公務員としては自粛が求められるところのものといわなければならない。

③ 島谷六郎、佐藤哲郎裁判官の意見

(1) 本件合祀申請に至る一連の行為、すなわち殉職自衛官の合祀を求めての県護国神社に対する働き掛けを全体としてみれば、それは地連職員と県隊友会の共同行為と評価すべきであって、これを是認した原審の判断は妥当である。地連職員は県隊友会のする合祀行為に事務的に協力したにすぎないとし、本件合祀申請行為が県隊友会の単独名義でされていることから、共同行為でないとする多数意見は、余りにも形式論にすぎるといわなければならない。

(2) 国の機関としては、ことさらに特定の宗教に接近し、これと結びつくような行為は許されないのであって、本件における地連職員の行為は、殉職自衛隊員の県護国神社への合祀という宗教上の行為を目的としたものであって、右条項の禁止する宗教的活動に当たるものといわなければならない。

(3) しかしながら、憲法20条3項の政教分離規定に違反する国又はその機関の宗教的活動も、それが私人の権利又は法的利益を侵害するに至らない限り、私人に対する関係では当然には違法と評価されるものではないことは、多数意見の

説示するとおりであるし、本訴において被上告人が宗教上の人格権又は憲法上のプライバシーとして主張するところのものは、これを法的利益として認めることはできない。

④ 坂上壽夫裁判官の意見

（1）　何人も、死去した近親者の追慕、慰霊等については、それが誰によって行われる場合であっても、自己の意思に反しない宗教的方法によってのみ行われることにより、その信仰に関する心の静謐を保持する法的利益を有すると解するのが相当であり、これを宗教上の人格権の一内容ということができる。県護国神社による合祀は、配偶者である被上告人の意思に反したものであり、被上告人がそれに不快の感情をもち、その信仰に関する心の静謐を害された以上、被上告人の利益を侵害されたものといわなければならない。

（2）　もっとも、近親者の間においても互いにその信仰を異にする場合があり得るのであり、このような場合は、近親者の間においても故人の追慕、慰霊等の宗教的方法に関する意見を異にするであろうから、ある近親者の意思に沿って行われた追慕、慰霊等により、他の近親者の心の静謐が害されることがあり得よう。

このような場合は正に故人の近親者の間における人格権と人格権の衝突の場であり、多数意見のいう寛容が要請される場合であるといわなければならない。したがって、ある近親者によって行われ、又はその意思に沿って行われた追慕、慰霊等の方法が他の近親者にとってはその意思に反するものであっても、それに対しては寛容が要請されなければならず、その者の心の静謐を優先して保護すべき特段の事情がない限り、その人格権の侵害は、受忍すべき限度内のものとして、その違法性が否定されるべきである。

被上告人としては、たとえこの合祀が自己の意思に反するものであって、心の静謐を害されたとしても、その侵害は、受忍すべき限度内のものとして、堪えるほかない。

（3）　本件合祀申請は、県隊友会の行為であって、これを地連職員と県隊友会の共同の行為と評価することはできず、地連職員は県隊友会のした右申請に協力したものと評価すべきこと及び本件合祀申請に至る過程において県隊友会に協力してした地連職員の行為は、これを憲法20条3項にいう宗教的活動とまでいうことはできない。

しかし、地連職員の言動には、行き過ぎの感を免れないものがあり、公務員として自粛が求められるところのものであることについては、裁判官高島益郎、四ッ谷厳、奥野久之の補足意見のとおりであり、この点についても補足意見に同調する。

反対意見

伊藤正己裁判官の反対意見

（1）　被上告人は、自己の信ずる宗教上の活動を阻害されたり、県護国神社への参拝を強制されたりしたことはないのであるから、信教の自由そのものへの侵害は認めることができない。

そこで問題は、原判決が示した「静謐な環境のもとで信仰生活を送る利益」が被侵害利益となりうるかどうかということになる。現代社会において、他者から自己の欲しない刺激によって心を乱されない利益、いわば心の静穏な利益もまた、不法行為法上、被侵害利益となりうるものと認めてよい。この利益が宗教上の領域において認められるとき、これを宗教上の人格権あるいは宗教上のプライバシー権ということもできるが、それは呼称の問題である。これを憲法13条によって基礎づけることもできなくはない。そのような呼称や憲法上の根拠はともかくとして、少なくとも、このような心の静穏を不法行為法上の法的利益として認めれば足りる。

本件合祀によって、宗教上の心の静穏を乱されるのであり、法的利益の侵害があったものといわねばならず、県護国神社への合祀は、被上告人に対し、せいぜい不快の感情を与えるものにとどまるもので法的な利益の侵害があったとは認められないとするのは適切ではない。

（2）　次に、本件侵害行為のとらえ方が問題となる。侵害行為の態様を考える場合、具体的な合祀申請行為をそこに至る一連の行為と切り離してとらえるのは適当ではなく、全体の経過のうちに総合的にとらえることが必要である。

（3）　不法行為責任を認めるためには、加害行為と損害の発生との間に因果関係の存在が必要である。本件合祀に至る一連の行為を全体としてとらえるならば、本件合祀申請行為と被上告人の法的利益の侵害との間に因果関係を認めることができる。本件合祀申請と本件合祀とは密接不可分の関係にあるものというべきであり、合祀に至る全体の経過をみるとき、一連の働きかけがあって初めて合

祀が実現したものであって、本件合祀申請と本件合祀との間に因果関係の存在を認めて差し支えない。

（4）　合祀に至る一連の行為を、原判決のように地連職員と県隊友会の共同行為であるとみるか、多数意見のように地連職員の行為は単に事務的な協力にすぎず専ら県隊友会の単独の行為であるとみるかは、本件の事実関係をどう評価するかに係わる本件の重要な点である。本件合祀申請の形式は県隊友会単独の行為であるとしても、そこに至る過程において、地連が物心ともに協力支援したものということができる。地連職員の意思も単なる事務的な協力の域をこえていた。本件合祀申請は、原判決のいうように、県隊友会と地連職員とが相謀り共同して行った行為とみるのが相当である。

（5）　合祀申請行為が県隊友会と地連職員との共同の行為であるとすると、問題は、このような地連職員の行為が、被上告人の被侵害利益との関係において違法なものといえるかどうかである。

ここで、憲法20条3項の定める政教分離の原則からみて、地連職員の行為が憲法上どのように評価されるかが問題となる。政教分離規定は信教の自由を実質的に保障するものであるが、いわゆる制度的保障の規定であって、直接私人の人権を保障するものではないから、これに反する国ないし国の機関の行為も、私人に対する関係で直ちに違法と評価されるものではない。

しかし、地連職員の行為が政教分離規定に反し国が憲法上行うことができないものであると判断されるときは、この行為は憲法秩序に違反するものであるから侵害性の高度なものというべきであり、また、国には保護されるべき利益もないことになるので、国が被害者に対して受忍を求めうる立場にないことは明らかである。

津地鎮祭最高裁判決は、政教分離の原則により国に禁止される宗教的活動の判断基準を目的、効果、かかわり合いの程度の三つに求めたものであり、抽象的には正しいものといえよう。問題はその基準の適用であろう。この基準を国に禁止される宗教的活動の範囲を狭く限定するように適用することは、憲法の趣旨を没却するおそれがあり、適当とは思われない。

本件合祀申請と本件合祀とは密接不可分の関係にある。合祀申請はまさに自衛隊の殉職者の霊を神道によって祭神として祀ることを直接の目的とするのであり、…他の宗教ではなく神道に従って県護国神社に合祀してもらうよう申請する

行為は、その効果において、神社を特別に扱ってこれに肩入れすることとなり、その援助、助長に当たるとみることができる。そして、地連職員は、以上のような性質を有する本件合祀申請を県隊友会と相謀り共同して行ったものであるから、そのかかわり合いは相当とされる限度をこえているものと認めるのが相当である。そうすると、地連職員の行為は憲法20条3項にいう宗教的活動に当たるものというべきである。地連職員の行為は被上告人に対する関係で違法なものといわなければならない。

以上、最高裁各裁判官の意見をかなり詳しく紹介してきた。最高裁多数意見は、①国の上告理由（宗教的人格権の侵害はない、政教分離規定違反は私法上の違法行為とはならない、地連職員の行為は宗教的活動にあたらない）、をほぼ全面的に認めたうえに、②県護国神社による合祀は神社の信教の自由として自由に行いうるとしているのである[2]。

すなわち、県護国神社の信教の自由と被上告人の信教の自由との衝突の問題であり、同神社と被上告人の間の私法上の関係として検討すべきであるとして、被上告人に対して寛容を要請している。しかし、「ここには、問題の意図的なスリカエがある。つまり、国家による中谷さんの精神的自由の侵害という国家と中谷さんの間の問題を、護国神社と中谷さんの間の宗教の自由の問題にスリカエているのである。合祀申請の有無に関係なく、護国神社が自主的に合祀を決定しうるという点も、本件の具体的な経過に照らしてみて、およそ実態に合わない理屈である」[3]。本件の場合、県護国神社が被上告人の意思に反して合祀することは、被上告人の宗教的人格権を侵害すると考えられる（この問題については別途論ずることとしたい）。「信教の自由は、今日までの世界史における苦悶にみちた良心の戦いがきずきあげた自由であって、その歴史的経緯からしても、ほんらい一人一人の自然人の内心の自由にぞくすることであり、寛容とのかかわりあいを問題にするなら、寛容はまず護国神社、靖国神社に対してこそ要求されなければならない」[4]勘合いのものである。最高裁の寛容論は、少数者、弱者の抑圧を許容する倒錯し

2　オブライエンは、自衛官合祀拒否訴訟の法廷意見で、矢口長官は法務省がとった立場を支持するために一生懸命であった、と指摘している（オブライエン・前掲218頁）。
3　富樫貞夫「歴史の前での責任とは何か」『世界』（岩波書店）1988年8月号71頁。
4　藤本治「逆転した『信教の自由』」同上84頁。

246　第8章　政教分離の脱法行為（3）

た寛容論である。

　県護国神社の合祀の自由に限界があることを指摘したのは坂上裁判官のみであり、宗教的人格権を認めたのは坂上・伊藤裁判官の二人であり、また、地連の政教分離違反を指摘したのは、島谷、佐藤、伊藤裁判官の三人でしかない。

　本判決多数意見の最大の問題点は、原判決の認定した事実に関する評価を根本的に変更している点である。芦部信喜の指摘にもあるように、①地連の関与を過小に、県隊友会の行為を過大に評価し直す立場を打ち出したのは、地連職員の行為を単なる事務的な協力にとどまるものとすることによって、加害行為の違法性の争点につき、「宗教的活動」に当たらず政教分離原則に反しないと解釈することを著しく容易にするためであった。そして、地連・県隊友会切断の論理は、合祀と合祀申請行為とを峻別する論理と結び合って、被上告人と県護国神社という私人相互間の自由の調節の問題にしぼり、寛容を説いて不法行為の成立を否定する論旨を組み立てる基礎となっている。しかし、②原審の認定した事実関係に関する多数意見の評価は、島谷・佐藤両裁判官意見も指摘しているが、「あまりに形式的にすぎる」。加害行為として争われている合祀申請は、県隊友会が会長名義で行った県護国神社への申請行為のみを指すと解すべきではなく、そこに至る一連の行為を「総合的にとらえることが必要であると思われる」。こういう観点から原判決の認定した事実関係を検討すると、本件合祀申請は県隊友会と地連職員が相謀り共同して行ったものとみるのを正当としよう[5]。

　最高裁のこうした「事実認定」の特色は、「『国』の責任を何としても認めたくないという先取りされた結論が、『事実認定』を先導した」[6]とみることができる。「1・2審が問うた『国』＝自衛隊の責任を、何とかして免れしめようとする"努力"は、『共同行為の否認』、問題の私人間関係への局限、あべこべの『寛容』論など、無理に無理を重ねた強引な諸論法の中に読みとられるであろう。それに相応して、少数者の人権（ここで宗教上の人格権）の軽視が、対蹠的に浮び上ってくる」[7]のである。

5　芦部信喜「自衛官合祀と政教分離原則」法学教室（有斐閣）1988年9月号10頁。
6　小林直樹「自衛官合祀最高裁判決の検討」法律時報（日本評論社）1988年9月号53頁。
7　同上57頁。原告らは、最高裁の自衛隊と県隊友会との協力の軽視は実際に民事訴訟法403条「原判決ニ於テ適法ニ確定シタル事実ハ上告裁判所ヲ覊束ス」に反することを強調した。もっとも、8

最高裁の判旨は粗雑で説得力に欠ける。政教分離の意義の理解を全く欠落させているのである。政教分離原則は、国家と宗教との結合から生ずる間接的な強制的圧力から少数者の信教の自由を保障するためのものである。筆者は、政教分離原則違反ということを正面にすえ、政教分離原則の本質如何の解明という見地から論理を構成するのがオーソドックスな手法であると考える。そして、仮に隊友会のみで合祀を行ったとしても（それは事実に反するが）、政教分離原則が適用され違憲となるとする論理が展開されるべきであろう。また、県隊友会のみならず、県護国神社にも他人の祀られたくない自由を配慮した厳しい自己規律が必要とされる。

3　国（自衛隊）による脱法行為

下級審判決および最高裁判決の問題点は、県隊友会が遺族の承認なしに故人を祀ることを抑制できなかった点である。隊友会が、遺族の宗教的信念を傷つけるような仕方で祀っても、それはいたしかたないという極めて矛盾した内容のものである。隊友会を民間団体と捉え、それが隊友会の祀る自由を容認し、妻の自由と同等の自由を有するとする論理につながっているのである。この点について、横田耕一は、「第一審判決のように、県隊友会と被上告人との関係においても、これを単純に自由と自由との衝突として県隊友会の行為に違法性を認めない点にも疑問は残っている。すなわち、本来宗教団体でない社団を、信教の自由の主体として自然人と同様に扱うことは、妥当ではないように思われるからである。また、県隊友会の実態は国の代理とみなせるようなもので、その行為は国家行為に準ずるものとして、政教分離が問題になるとすることもできる」[8]とされている。

本事件において、国（自衛隊）は殉職自衛官を神社へ合祀することを画策した（以下の論述部分は第 6 章ですでに言及したが、論旨の必要上重要なので再述しておく）。第一審判決において原告側が主張したように[9]、およそ軍隊にとって旺盛な士気をもつ員の存在は決定的に重要であり、自衛隊においても同様である。そこで、国は現職隊員の士気の高揚と自衛隊の社会的評価を高めるために、隊友会に

名の裁判官は自衛隊が関わったことについて、上述で紹介したごとく厳しく批判していた。
8　横田耕一「『寛容』なき社会の『寛容』論」法学セミナー1988年 8 月号21頁。
9　判例時報921号49頁。

殉職自衛官の慰霊祭の実施を委託して現職自衛官をこれに参加させてきた。本件合祀の目的も同様であり、宗教的行事により殉職（有事の場合の「戦死」）を美化する道徳を国民の間に育成し、その国防意識を高揚させることを目的としている。国（自衛隊）はこのような目的のために合祀申請を積極的に推進し、自衛隊の国家機関としての制約から憲法上行うことのできない合祀を、自衛隊がコントロールしている隊友会に業務委託して行わせたものである。それは形式的には政教分離の禁止規定に直接違反しないかのような行為であるにもかかわらず、実質的には、政教分離規定に違反している行為であり、違憲行為の一種であり一変型である。脱法行為の主体は行政機関であり、行政機関が直接行えば政教分離規定に違反する行為であるために、ダミーを利用することによって、その団体に行わせて形式的に合憲性をよそおい、実質的に国家機関が行ったと同じ目的を実現せしめる悪質な違憲行為であったのである。

4　国（自衛隊）と隊友会の共生関係

　（1）　隊友会は、「国民と自衛隊とのかけ橋として相互の理解を深めることに貢献し、もってわが国の平和と発展に寄与するとともに自衛隊退職者の親睦と相互扶助を図り、その福祉を増進すること」を目的として、1960（昭和35）年12月27日設立され、「防衛意識の普及高揚」や「自衛隊諸業務に対する各種協力」等をその事業として行っている[10]。

　（2）　防衛庁は1963（昭和38）年以来、五カ年計画で自衛隊の外郭団体である隊友会に、現職隊員の士気向上にも影響が大きい殉職者の慰霊祭を、現職隊員の士気高揚と自衛隊の社会的評価を高めるために、各都道府県ごとに順次行うよう業務委託して実施させた。そして、各地における合祀の祭典の実施に、自衛隊の幹部職員が公然と参画し、あるいは合祀実現について積極的な言動をしてきた[11]。

　（3）　自衛隊山口地連は、合祀実現を推進し、自衛隊の国家機関としての制約

10　判例時報921号46頁。
11　同上63頁。その状況は、例えば、福井県においては、自衛隊地連部長と県隊友会会長が祭主となって合祀慰霊祭を行い、香川県では地連部長が祭主となって合祀祭を行い、鹿児島県では防衛庁長官が祭主となって合祀祭を行い、佐賀県では国費を祭典の一部経費として支出して合祀行われた。

から建前上行うことのできない合祀申請及び経費の負担についてのみ、山口地連が完全にコントロールしている県隊友会に便宜的に行わせたほかは、経費捻出のための募金趣意書の発送、募金の集計、合祀関係費用の経理、出納、必要書類の収集・準備、奉斎実施準則及び奉斎申請書の起案、奉斎者名簿の作成など、合祀に関する一切の事務を地連の事務官に行わせた。合祀申請手続は、形式的には県隊友会の単独名義でなされているけれども、経緯に照らしてみると、自衛隊地連が主導し、その事務手続もすべて地連の係官が勤務時間内に自衛隊の業務の一環として行ったものである[12]。

　(4)　本件合祀当時の自衛隊山口地連と県隊友会の関係は、隊友会の事務所が地連内に設けられ、これには隊友会の会員あるいは事務員は一人もおらず、地連事務官が隊友会の事務を兼務していた。本件合祀問題が社会的関心事になるに及んで、従来、地連庁舎内にあった県隊友会事務局を別の場所に移した[13]。

　以上のような事実に照らしてみると、隊友会と国（自衛隊）との関係が、アメリカの国家同視説にいうような「共生関係」(symbiotic relationship) に該当する可能性が強い。

　隊友会は、自衛隊の外郭団体として、防衛意識の普及高揚や自衛隊諸業務に対する各種協力等を業務として行う団体なのであり、単純な民間団体とは考えられない社会的性格をもっており、地連の自らのなしえない違憲行為を業務委託された団体といいうる。隊友会は自衛隊の別動隊とみることができる[14]。隊友会にも政教分離原則が適用されてしかるべきであると考えられる。

5　まとめ

　本事件は、行政による偽装であり、合憲性を装いつつ違憲行為を実現しようとするものであった。本来、行政が行うことができない事柄を、外郭団体隊友会を利用して、あたかもその私的団体の自主的行為であるごとく装って、自衛官合祀という違憲行為を実現したのである。また、自衛官合祀拒否訴訟最高裁判決は、

12　同上47頁。

13　同上48頁。

14　後藤光男「政教分離原則違反と宗教上の人格権」時岡弘編『人権の憲法判例第4集』（成文堂、1984年）87頁。

250　第 8 章　政教分離の脱法行為（3）

事実関係を全文脈の中で考えず、国の責任を回避するに都合のいい一定の部分だけを切りとって、国（自衛隊）による政教分離原則の脱法行為を正当化したのであった。

　この判決が、殉職自衛官の護国神社への合祀申請に際し、自衛隊職員は事務的協力をしただけであって、その「宗教とのかかわり合いは間接的であり、その意図、目的も、合祀実現により自衛隊員の社会的地位の向上と士気の高揚を図ることにあったと推認され」るから、自衛隊職員の行為は、「宗教的活動とまではいうことはできない」と述べ、1・2審判決が認めた「宗教上の人格権」について、「何人も自己の信仰と相容れない信仰をもつ者の信仰に基づく行為に対して、それが強制や不利益を伴うことにより自己の信教の自由を妨害するものでない限り寛容である」べきだと説き、「宗教上の人格権…は、これを直ちに法的利益として認めることはできない」として、これを否定した点について、浦部法穂は次のような正当な指摘をしている。

　靖国神社への「合祀実現により自衛隊員の社会的地位の向上と士気の高揚を図る」というのは、まさしく旧軍的発想であり、最高裁は、こうした発想に基づく行為を違憲・違法ではないとして承認したのである。そのうえで、他者の宗教行為に対して寛容であれ、と説くのである。これは、もはや法理論ではない。軍と司法が一体となった「靖国思想」の強制である。日本国憲法が政教分離を厳格に定めているのは、そもそもなんのためだったのか、少しはまともな頭で考えてもらいたいものである[15]。

　この事件は、「敗戦の所産の一つである政教分離の原則がまだ未確立のものであり、私たちがこれからかちとって内面化すべき課題であることをはっきり示している」[16]のである。また、憲法の民主主義と平和主義の原理にかかわる重要な問題を含んでいるのであり、日本国憲法の基調そのものが問われているのである。ここにおける不十分な分析において、公権力の欺瞞性・脱法行為性を指摘しえたかと思う。

15　浦部法穂『憲法学教室Ⅰ』（日本評論社、1988年）147頁。戸波江二も同様に、「『殉職自衛官を合祀する』という発想自体、戦前の国家神道のイデオロギーの残滓であり、日本国憲法の下では、およそ維持しえないというべきである」と指摘している（「信教の自由と『宗教上の人格権』」法律のひろば1988年9月号123頁）。

16　富樫貞夫・前掲論文72頁。

第 4 部

政教分離の重要問題

第9章　政教分離と象徴天皇制
——納税者訴訟から考える——

1　問題の所在—大阪「即位の礼・大嘗祭」違憲訴訟の提起—
2　納税者訴訟の意義
3　政教分離と靖国訴訟
4　政教分離と天皇訴訟
　（1）大分県「抜穂の儀」違憲訴訟
　（2）鹿児島県「大嘗祭」違憲訴訟
　（3）東京都「即位の礼・大嘗祭」違憲訴訟
　（4）神奈川県「即位の礼・大嘗祭」違憲訴訟
5　結　語

1　問題の所在——大阪「即位の礼・大嘗祭」違憲訴訟の提起——

　1989（昭和64・平成1）年、裕仁天皇の死去にともない、翌年の1990（平成2）年11月12日には明仁天皇の即位の礼が、同月22日、23日には大嘗祭などの儀式が、総額123億2780万円の国費を投じて盛大に行われた（こうした儀式は旧登極令（明治42年制定）に則って行われている）。

　この即位の礼、大嘗祭について、1990年から92年にかけて、政教分離などの憲法原則に反するとして住民訴訟・納税者訴訟が全国五カ所で起こされた（大阪「即位の礼・大嘗祭」違憲訴訟では「納税者基本権」が主張され、また、他の四つの訴訟、東京都、神奈川県、大分県、鹿児島県では住民訴訟で争われている）。ここにおける訴訟で原告住民は何を問題とし、これに対し、行政・司法はどのように対応してきたのかを紹介、検討する。

　1989年12月21日、内閣は、即位の礼・大嘗祭を実施するために、「『即位の礼』の挙行について」と題する見解をまとめた。この政府見解により、国事行為として「即位の礼正殿の儀」（即位を公に宣明されるとともに、その即位を内外の代表がことほぐ儀式）、「祝賀御列の儀」（即位礼正殿の儀、終了後、広く国民に即位を披露され、祝賀を受けるためのお列）、「饗宴の儀」（即位を披露され、祝福を受けるための饗宴）、

を挙行することとした。

　大嘗祭については、次のような見解を明らかにした。大嘗祭は、「稲作農業を中心とした我が国の社会に古くから伝承されてきた収穫儀礼に根ざしたものであり、天皇が即位の後、初めて、大嘗宮において、新穀を皇祖及び天神地祇（てんしんちぎ）にお供えになって、みずからもお召し上がりになり、皇祖及び天神地祇に対し、安寧と五穀豊穣などを感謝されるとともに、国家・国民のために安寧と五穀豊穣などを祈念される儀式」である。

　大嘗祭は、「皇位の継承があったときは、必ず挙行すべきものとされ、皇室の長い伝統を受け継いだ、皇位継承に伴う一世に一度の重要な儀式である」。それは、「収穫儀礼に根ざしたものであり、伝統的皇位継承儀式という性格を持つものであるが、その中核は、……宗教上の儀式としての性格を有するとみられることは否定できず、また、その態様においても、国がその内容に立ち入ることにはなじまない性格の儀式であるから、大嘗祭を国事行為として行うことは困難である」という。しかし、その費用については、「大嘗祭を皇室行事として行う場合、大嘗祭は、前記のとおり、皇室が世襲であることに伴う、一世に一度の極めて重要な伝統的皇位継承儀式であるから、皇位の世襲制をとる我が国の憲法の下においては、その儀式について国としても深い関心を持ち、その挙行を可能にする手だてを講ずることは当然と考えられる。その意味において、大嘗祭は、公的性格があり、大嘗祭の費用を宮廷費から支出することが相当である」と述べる。

　それでは、天皇は憲法上、どのような行為を行うことができるのか。天皇の行為類型について、学説では天皇行為二種類説（国事行為と私的行為）と天皇行為三種類説（この説にも、①象徴行為説、②準国事行為説、③公人行為説、がある）に分類される。前者をもって妥当とすべきであろう。象徴たる役割は別段の行為を要求するものではないので、国事行為以外はすべて天皇の私的行為である。象徴行為というような行為類型を認めると、内閣がこのような天皇の公的行為を通じて重要な政治問題について世論形成を図り、あるいは、元首たる地位を既成事実化するといった危険が生じる。したがって、従来公的行為とされてきたもののうち、政治的意義の重要な行為や国際慣例上元首の役割とされるような行為は、天皇はこれを行うべきではない。要するに、国事行為以外の他の公的行為は原則的に否定され違憲である[1]。

1 問題の所在──大阪「即位の礼・大嘗祭」違憲訴訟の提起── 255

これに対して、政府見解は、天皇の行為につき、「国事行為」「公的行為」および「その他の行為」というように三つに大別して、「その他の行為」の中にも、「純粋に私的な行為」と「公的性格ないし公的色彩がある行為」とに区分されるとする。そして、「公的性格ないし公的色彩がある行為」の意味について、天皇および皇族のある種の行為が、その行為の趣旨、性格からして純粋に私的行為にとどまらず、国としてその行為を行うことについて関心をもち、人的または物的側面から援助するのが相当と認められるものがあるという解釈をとっている。大嘗祭も、「公的性格ないし公的色彩がある行為」として、これに対する国費の支出を含めて、国が人的物的側面から援助することが認められるとする[2]。

こうした政府見解は詭弁であるが、しかし、あえてこのような奇異な解釈をとって、私的行為としてのみ認められるものを「公的性格ないし公的色彩のある行為」という範疇をつくりだしているのは、従来の解釈では大嘗祭の合憲化をはかることが困難であるからである。田中伸尚は、ここに政府の象徴天皇観が投影されているという。「たしかに天皇に象徴機能を持たせているこの憲法の危うさはあるにせよ、神権天皇制と象徴天皇制の断絶は明らかで、それは政教分離原則によって裏打ちされていたはず」である[3]。ここにも形式的に合憲化を装い、実質的に違憲行為を行う脱法行為現象がみられるのである[4]。

　1990（平成2）年9月、大阪の納税者が、即位の礼ならびに大嘗祭が実施される以前の段階で、この儀式のために国費を支出してはならないという国費支出差止請求訴訟を提起し、予備的に、この儀式の国費による執行は違憲であることの確認を求めた。また、本件儀式の後、慰謝料を求める訴えを追加した。原告らは次のような主張を行った[5]。

1　有倉遼吉・時岡弘編『条解日本国憲法［改訂版］』（三省堂、1989年）28頁。さらには「天皇が厳格に『国事行為』の中で行動していれば憲法上の問題はおきないのか」ということが問われなければならない（渡辺治「戦後憲法史のなかの天皇制」全国憲法研究会編『憲法問題Ⅰ』（三省堂、1990年）101頁）。

2　大原康男編著『詳録・皇室をめぐる国会論議』（展転社、1997年）153頁。

3　田中伸尚「政教分離から問う象徴天皇制10年」『世界』（岩波書店）2000年1月号。

4　後藤光男「政教分離原則の脱法行為(1)(2)(3)」早稲田社会科学研究34号、39号、40号。本書第3部の「政教分離と公法上の脱法行為」を参照。

5　棟居快行「天皇教と政教分離─即位の礼・大嘗祭違憲訴訟─」法学セミナー1994年9月号（477号）74頁。

256 第9章 政教分離と象徴天皇制

1 個々の納税者には、「憲法に適合するように租税を徴収し、使用することを国に要求する権利」、ないし「憲法条項に従うのでなければ、租税を徴収され、あるいは自己の支払った租税を使用されない権利」という意味での「納税者基本権」がある。本件諸儀式は「納税者基本権」を侵害するものであるから、通常の主観訴訟としての性格を備えている。なお、本件の主たる争点は本件諸儀式の政教分離原則違反の有無であるから、裁判所はその憲法保障機能を発揮すべきである。

2 即位の礼による万歳三唱は天皇を国民より上位に置くもので、国民主権の原則に反する。また、本件諸儀式は即位礼正殿の儀を含めて全く旧登極礼に則って行われており、天皇神聖観を育むものであるから、政教分離原則に違反する。

3 政教分離規定は、信教の自由の一内容をなすと考えられる。それ故、政教分離原則違反の行為は、すなわち信教の自由の侵害といえる。信教の自由は直接的な有形力の行使だけでなく、間接的な圧迫によっても十分に侵害されうる。信教の自由の侵害を「直接の侵害」に限定する理由はない。

1992（平成4）年11月24日、大阪地裁第一審判決（判例タイムズ812号56頁）は、即位の礼、大嘗祭挙行の合憲性の判断に入らないまま、以下の理由で、訴えを全面的に却下し、原告らに全面敗訴判決を下した。

1 本件差止請求は、すでに公金支出行為が終了しており、不適法である。

2 本件違憲確認請求については、原告らは具体的な紛争の前提として本件諸儀式の違憲性の確認を求めているのではなく、それを抽象的一般的に求めているにすぎない。現行の司法制度の下では、裁判所は具体的事件を離れて抽象的に法令等の合憲性を判断する権限を有しない。

3 本件損害賠償請求については、本件公金支出は多数決原理の下で国会の議決を経て行われているのであり、原告らは自己の意思と異なる国事行為や皇室行事に公金が使われたことによって不快感、焦燥感を抱いたに過ぎず、損害賠償すべき法的利益の侵害は認められない。

原告はこれを不服として控訴した。

1995（平成7）年3月9日、大阪高裁判決（行裁例集46巻2・3号250頁）は、原告の主張を主文で棄却したが、理由では原告の実質的勝訴といえる判断を示した。

1　大嘗祭は、「神道儀式としての性格を有することは明白であり、これを公的な皇室行事として宮廷費をもって執行したことは、（津地鎮祭最高裁判決が示した）いわゆる目的効果基準に照らしても、少なくとも国家神道に対する助長、促進になるような行為として、政教分離規定に違反するのではないかとの疑義は一概に否定できない」。

2　即位の礼については、「一般的にこれを国事行為として実施することは法令上の根拠に基づくものと解せられる（憲法7条10号、皇室典範24条）。しかしながら、現実に実施された本件即位礼正殿の儀…は、旧登極令及び同附式を概ね踏襲しており、剣、璽とともに御璽、国璽が置かれたこと、海部首相が正殿上で万歳三唱をしたこと等、旧登極令及び同附式よりも宗教的な要素を薄め、憲法の国民主権原則の趣旨に沿わせるための工夫が一部なされたが、なお、神道儀式である大嘗祭諸儀式・行事と関連づけて行われたこと、天孫降臨の神話を具象化したものといわれる高御座や、剣、璽を使用したこと等、宗教的な要素を払拭しておらず、大嘗祭と同様の趣旨で政教分離規定に違反するのではないかとの疑いを一概に否定できないし、天皇が主権者の代表である海部首相を見下ろす位置で『お言葉』を発したこと、同首相が天皇を仰ぎ見る位置で『寿詞』を読み上げたこと等、国民を主権者とする現憲法の趣旨に相応しくないと思われる点がなお存在することも否定できない」。

原告側は、以上のような点を評価して、実質的「勝訴判決」として上告せず、判決を受け容れた。

2　納税者訴訟の意義

行政訴訟に関連して、タックス・ペイヤーとしてとうてい見逃すことのできない国の違法な行政措置が行われることに対し、その行政上の違法や財政上の不当を是正する争訟手段が、実定法上十分に予定されていない。地方自治体のレベルでは、地方自治体の行政上・財政上の違法もしくは不当を争うに、住民訴訟（納税者訴訟）という客観訴訟性の強い訴訟制度が法定されているが、国のレベルでは法定されていない。これについては訴訟形態ないし争訟手段の貧困を強く感じる。

住民訴訟の制度は、地方自治法が制定された当初（1947（昭和22）年）は存在しなかった。1948（昭和23）年、地方自治法の第二次改正の際に、総司令部の意向

258 第9章 政教分離と象徴天皇制

によりアメリカの納税者訴訟（taxpayers' suit）と同じ理念に基づいて、地方公共団体の財務会計の健全化に資する目的で規定された。その立法趣旨として「地方公共団体の職員の職務上の地位の濫用による公金又は財産営造物の違法又は不当な処理についての住民による矯正権の制度を法定化し、これによって住民の信託に基づく地方公共団体の公共の利益の擁護に違算なからんことを期した」と説明され、また、最高裁も「地方自治運営の腐敗を防止矯正し、その公正を確保するために認められた住民の参政措置の一環をなすもの」（最判1963（昭和38）・3・11民集17巻2号320頁）としている[6]。

　アメリカにおける納税者訴訟は、アメリカでの地方公共団体の公金や財産は、本来、住民の税金によってつくられたものであり、住民からの信託の財産であるとの思想が存在し、受託者である地方公共団体が住民の負託に反して、公金や財産を違法不当に使って地方公共団体に損害を及ぼした場合、信託者である納税者が受託者の行為の是正を求め、信託者の損害を救済する法的手段をもつ必要がある、との信託法の理念を制度化したものであるといわれる[7]。

　その後、次第に、州、連邦レベルまで拡大され、また、財務事項にとどまらず、財政支出の原因となった非財務的な行政の違法性までも、納税者訴訟で争う例がふえた。そして、納税者訴訟は財政支出を契機にして事実上行政一般に広汎な司法審査機能を及ぼすに至り、「アメリカにおいて、納税者訴訟が市民の財政監視の側面からその審査の範囲を拡大し、広く行政一般をコントロールする重要な機能をときに果たしている事実には注目に値するものがある」[8]と指摘されている。

　このようにアメリカの納税者訴訟は、訴えの利益・原告適格の拡大により、争訟性の枠内で、判例により形成されてきたものであるが、日本の住民訴訟制度は実定法が特に許容している特殊な訴訟（行政事件訴訟法42条）であるから、その要件も地方自治法により厳格に定められている。そして、その利用範囲はアメリカ法に比べて著しく狭いものになっている。日本の場合には国の行為について住民訴訟を提起することは認められていない。英米における納税者訴訟は、財政のみならず行政に対する統制の一手段として広く活用されているが、このことが日本

6　神長勲『コンメンタール地方自治法』［杉村敏正・室井力編］（勁草書房、1979年）707頁。
7　原田尚彦「住民訴訟の意義と動向」法学セミナー1978年7月号12頁。
8　同上・13頁。

にも影響を与え、住民訴訟が多くなった。政府信託論による国有財産となると、そもそも国有財産は市民全体の財産である。これを国有財産というかたちで国に信託しているだけであるから、政府は勝手な処分はできない。その利用目的については、つねに市民の意見を聞くという手続が不可欠となってくる[9]。

　税財政に関しては、北野弘久の先駆的業績がつとに知られているが、北野の納税者基本権の理論は、有効な示唆を与える。日本では、租税の徴収面の問題（租税法律主義）と租税の使途面の問題（歳出予算）とを法的に切断する考え方が支配的であり、タックス・ペイヤーは租税の徴収面においてのみ登場することになっていたが、国民主権を基底とする日本国憲法の財政民主主義の視点からは、租税概念は、タックス・ペイヤーの立場からの租税の使途面をも含んだ概念として統一的に把握されなければならない。このような納税者基本権が認められると、税金の徴収面と使途面の双方について納税者としての法的統制のための権利の存在を主張しうる。

　この納税者基本権の理論はすべての立法（予算を含む）に対する指導原理とならなければならない。また、「納税者訴訟」を許容する特別立法がなくとも、納税者基本権に対する主観的な権利侵害を主張することができるようにもなる。すなわち、憲法に違反する不公平税制・不公正税務行政が行われることは、ある納税者の納税者基本権を主観的に侵害することを意味する。いずれの場合においても、数量的にも相対的に当該納税者の納税義務額を増大せしめるのである。それだけそれらは当該納税者の法的利益を侵害せしめる。このように主観的な権利侵害が成立することになるため、当該納税者は特別立法による民衆訴訟のかたちによらなくても、つまり通常訴訟のかたちで訴訟の提起が可能となる。もちろん、このこととは別に「納税者訴訟」を許容する特別立法の制定による立法的解決が望まれよう[10]。

　さらに、北野弘久は、「地方政治レベルでは、地方自治法上の住民監査請求、住民訴訟の制度によって、人々の税金のとり方と使い方とを監視することが制度的に可能である（地方自治法242条の2）。ところが、国の政治のレベルではこのような制度が整備されていないために」「税金問題については納税者として法的に

9　松下圭一『日本の自治・分権』（岩波新書、1996年）188頁。
10　北野弘久『新財政法学・自治体財政権』（勁草書房、1977年）、『憲法と地方財政権』（勁草書房、1980年）など参照。

監視し、統制することが困難になっている」。しかし、「平和憲法を担保するためにも、税金のとり方と使い方について、納税者として法的に監視し、統制することができるように法制度を整備することが急務であるといわねばならない」と適切に問題点を指摘している[11]。

3　政教分離と靖国訴訟

1989（昭和64）年、昭和天皇の死去に至るまでの政教分離訴訟は、1965年3月の津地鎮祭事件以来、ほとんどすべて、「かつての国家神道体制の中核的神社で、戊辰戦争以来内外の戦争で天皇のためになくなった戦没者を神として祀っている靖国神社（護国神社）と国（地方公共団体）とのかかわりを中心として展開してきた」[12]といえる（なお、ここにおける関連訴訟はすでに本書で何度も言及してきたものであり、重複することをお許しいただきたい）。

（1）津地鎮祭事件

津市が市体育館起工に際し、神社神道式の儀式による地鎮祭を行い、この費用が市の公金から支出されたことが憲法20条・89条に違反するとして争われた。

第一審判決は、地鎮祭を習俗的行為として合憲としたが、控訴審判決（名古屋高判昭和46・5・14行裁例集22巻5号680頁）は、神社神道は宗教に該当するか、宗教的活動と習俗的活動との基準は何かについて本格的に考究し、①当該行為の主催者が宗教家かどうか、②当該行為の順序作法が宗教界で定められたものかどうか、③当該行為が一般人に違和感なく受け入れられるほどに普遍性を有するかどうか、をあげ、本件地鎮祭は、神社神道固有の宗教儀式であるから、「宗教的活動」にあたり、政教分離原則に違反するとした。

これに対し、最高裁は、禁止された宗教活動とは、当該行為の目的が宗教的意義を持ち、その効果が宗教に対する援助、助長、促進又は圧迫、干渉などになる行為をいうが（いわゆる「目的・効果基準」）、本件起工式は、宗教とのかかわりあ

11　北野弘久「平和憲法と納税者の権利—憲法保障装置としての納税者の権利」全国憲法研究会編『憲法問題8』（三省堂、1997年）161頁。

12　田中伸尚・前掲論文105頁。

いを否定できないものの、その目的はもっぱら世俗的なものと認められ、その効果は神社を援助、助長、促進し、又は他の宗教に圧迫、干渉を加えるものではないから、宗教的活動に当たらないとした（最大判昭和52・7・13民集31巻4号533頁）。

（2）殉職自衛官合祀拒否訴訟

山口県の隊友会が、自衛隊の積極的な協力の下で、殉職自衛官の霊を、その妻の意思に反して県護国神社に合祀申請をしたところ、妻から、憲法20条3項に違反する合祀申請の取消しと宗教的人格権の侵害に基づく慰謝料請求の訴訟が提起された。

山口地裁、広島高裁は、本件合祀申請は県隊友会と自衛隊との共同行為であると認定し、合祀申請は宗教的意義を有し、かつ県護国神社を援助する行為であるので、宗教的活動に当たるとして、損害賠償請求を認めたが、合祀申請の取消しについては、県隊友会が県護国神社に合祀申請の撤回の意思表示をしている以上、同神社が合祀をやめないとしても、県隊友会は自らなしうべきことを果たし終えたといえるので、合祀申請手続きの取消し請求には理由がないとした（山口地判昭和54・3・22判例時報921号44頁、広島高判昭和57・6・1判例時報1046号3頁）。

これに対し、最高裁は、本件合祀申請を県隊友会の単独行為であるとして、下級審の認定をくつがえし、津地鎮祭事件最高裁判決の目的・効果基準を自衛隊職員の行為に適用して、政教分離原則違反ではないとした（最大判昭和63・6・1判例時報1227号34頁）。

（3）箕面忠魂碑・慰霊祭訴訟

忠魂碑の敷地として公有地を貸与し、その移設に公金を支出したことが政教分離原則に違反するとして住民訴訟が提起された事案で、第一審判決は目的・効果基準を適用して、本件使用貸借や本件移転は憲法20条3項、89条に違反するとした（大阪地判昭和57・3・24判例時報1237号3頁）。なお、控訴審は違憲の主張をしりぞけている（大阪高判昭和62・7・16判例時報1237号3頁）。

箕面市慰霊祭事件では忠魂碑前での慰霊祭に市教育長らが参列したことの政教分離原則違反が問われた。第一審判決では、戦没者慰霊祭を宗教的行事と認定し、それに公務として参列することはできないから、参列行為に要した時間分の給与を不当利得として市に返還すべきであると判断した（大阪地判昭和58・3・1

262 第9章 政教分離と象徴天皇制

判例時報1068号27頁）。控訴審は目的・効果基準を適用して、教育長の慰霊祭への参列は社会的儀礼として行われたもので、政教分離に違反しないと判断している（大阪高判昭和62・7・16判例時報1237号3頁）。

　最高裁は両事件関して、忠魂碑は戦没者記念碑的な性格のものであり、市の行った忠魂碑の移設、再建は、小学校の校舎の建替えのためであって、また慰霊祭への市教育長の参列は社会的儀礼として行われたものであるため、市の右各行為、教育長の参列は、目的・効果基準によって、宗教活動にあたらないことを確認した（最判平成5・2・16民集47巻3号1687頁）。

（4）愛媛玉串料訴訟

　愛媛県知事が靖国神社へ玉串料を支出したことが住民訴訟によって争われた事件で、一審判決は、目的・効果基準を適用して違憲としたが（松山地判平成元・3・17行裁例集40巻3号188頁）、二審判決は目的・効果基準を使用しつつ宗教活動に当たらないとして原判決をくつがえした（高松高判平成4・5・12行裁例集43巻5号717頁）。最高裁は、目的・効果、かかわり合い等を総合判断して、本件玉串料の奉納は、憲法20条3項の禁止する宗教活動にあたるとした（最大判平成9・4・2判例時報1061号47頁）

4　政教分離と天皇訴訟

（1）大分県「抜穂の儀」違憲訴訟

　1990年10月、大分県においては、大嘗祭の一環として主基斎田抜穂の儀が挙行され、大分県知事らが、この儀式に公務として参列した。1991年1月、同県の住民が、右参列は憲法20条3項で禁止された「宗教的活動」に該当し、違憲であるので、知事らに支給された日当等は違法であると主張し、地方自治法242条の2第1項4号に基づいて、不当利得の返還および損害賠償を求める住民訴訟を提起した。

　原告は正当にも大要次のような解釈を主張・展開した（判例タイムズ878号149頁以下）。

1　日本国憲法の政教分離原則は、天皇を現人神とし、皇室の祭祀を頂点として全国の神社を国家が管理する国家神道体制を解体するために設けられた。従っ

て、政教分離規定は、国家と神道との結びつきに対しては特に厳格に解釈適用されなければならない。特に天皇の行う神道祭祀については、それが宗教としての国家神道の頂点に位置するものであるがゆえに、厳格な分離が貫かれなければならない。

2　日本国憲法は、天皇を日本国の象徴であり、日本国民統合の象徴と定めているが（1条）、この規定は国民主権との関係で天皇に国政に関する権能がないことを宣言したものである。この規定から何らかの法的効果を帰結することはできないから、天皇が象徴であることを理由に、天皇の行う神道祭祀への関与が特に許容されることはありえない。

3　大嘗祭に関する政府見解は、皇室の世襲制を最大の根拠として、大嘗祭への国費支出を正当化しているが、法規範の世界において世襲制は天皇の地位への就任の資格要件を定めただけのものであり、そこから何らかの法的効果を導くことはできない。

4　大嘗祭が皇室にとって皇位継承と関連する重要な神道儀式であることは確かである。しかし天皇の地位は、旧憲法における「神勅主権」から日本国憲法における「主権の存する日本国民の総意に基づく」ものに変化している。このような地位の変化に伴って即位儀礼自体も変化せざるをえない。日本国憲法下において大嘗祭はいかなる意味においても法的根拠のないものである。

5　現行の皇室典範では、践祚、大嘗祭に関する規定は削除され、「天皇が崩じたときは、皇嗣が、直ちに即位する」（4条）、「行為の継承があったときは、即位の礼を行う」（24条）と規定されるに至っている。現行皇室典範は、旧憲法下において国家神道の中核をなし、天皇が神となる宗教儀式としての大嘗祭に関する規定を意識的におかなかったのであり、皇室のたんなる私的問題として法令の外においた。従って、日本国憲法下においては、大嘗祭は法的根拠がないばかりでなく、皇位継承儀式として行うことが禁止されている儀式である。

6　天皇が日本国憲法下において象徴であるからといって、政府や自治体が大嘗祭に関心を持つべき筋合いのものではない。大嘗祭を政府が主導して挙行し、これに公務員が関与するということは、高度に宗教的で、かつ国家神道と深く結びついた儀式への関与である。

7　主基斎田抜穂の儀は、神道祭祀に特有の施設を作り、皇室の神道祭祀を司る掌典が主催して、神道固有の儀式で行われ、参列者が拝礼するという宗教的行為

が行われている。県知事らは、天皇に神性を持たせる神道儀式にその不可欠の構成員として参列、礼拝し、天皇を頂点とした神道（宗教としての国家神道）を支援する目的で参列、拝礼したと評価される。この行為は、政教分離原則に反し、宗教としての国家神道と国家、自治体の結びつきを象徴的に示す意味をもち、神道を援助、助長、促進する効果をもつものであって、神道に対して過度のかかわり合いをもつものであった。従って、憲法20条3項の禁止する宗教的活動に該当することは明白である。

　大分地裁第一審判決は、県知事らの抜穂の儀への参列の目的は、新天皇の皇位継承の関係儀式に際し、新天皇に対し、祝意を表すという専ら世俗的なものであり、その効果も、特定の宗教を援助、助長、促進又は圧迫、干渉を加えるものとは認められず、したがって、憲法20条3項で禁止された「宗教的活動」には該当しないとして、訴えを棄却した（大分地判平成6・6・30判例タイムズ878号144頁）。こうした理解は政府見解に沿うものである。

　原告は控訴したが、福岡高裁判決は、第一審判決を相当と認めて控訴を棄却した（福岡高判平成10・9・25判例時報1660号34頁）。この判決も、1989年12月11日の政府見解「『即位の礼』の挙行について」を前提として、次のように説いている。
1　主基斎田抜穂の儀が宗教上の儀式としての性格を有することは明らかである。
2　大嘗祭は、長い間、天皇の即位に伴う重要な行事として、皇位継承の都度行われてきた皇室の重要な伝統行事である。そして、抜穂の儀も、大嘗祭の供え物とする稲穂を収穫する儀式であり、大嘗祭に関係した一連の儀式の不可欠の一部として行われるのであるから、新天皇の即位に伴う皇室の伝統行事としての性格を有する。
3　天皇は、憲法上日本国の象徴及び日本国民統合の象徴としての地位にある（1条）。また、憲法上天皇の地位は世襲であり（2条）、新天皇が即位する際に儀式が執り行われることは、憲法も当然に予定している。他方、天皇は、私的に皇室関係の儀式を挙行するに当たり、自ら祭主となり、特定の儀式に従ってこれを執り行うことができるが、皇室においては、儀式は神道の様式に則って行われる伝統がある。今回の大嘗祭は皇室の行事として神道の様式に従っておこなわれた。

4　政府は、平成元年12月21日、政府見解「『即位の礼』の挙行について」を取りまとめ、即位の礼を天皇の国事行為として行うことを決定した。しかし、大嘗祭を国事行為として行うことは困難であるとして、皇室の行事として行うこととした。その上で、大嘗祭が世襲の皇位継承に伴う一世に一度の極めて重要な伝統的儀式であることを理由に、国としても強い関心を持ち、その挙行を可能にする手だてを講ずることは当然であるとして、大嘗祭には公的性格があり、その費用を宮廷費から支出すべきであるとの見解を表明した。

5　県知事らが公務として参列した抜穂の儀は宗教式の儀式としての性格を有する。そして、当該儀式を司った抜穂吏は宗教的信仰心に基づいて儀式を執り行った。しかし、今回の大嘗祭は、公的性格を有するものとして挙行されたから、県知事らの主観的意思としては、天皇の即位を祝い、天皇に敬意を表するための参列であったと認めるのが相当である。そして、県知事らの参列行為は、地元大分県の責任者として、祭主である新天皇に儀礼を尽くす意向にでた行為である。また、抜穂の儀に対する関与の度合いも、一般人に神道が特別の宗教であるとの印象を与え、神道に関する関心を呼び起こすような態様のものではなく、社会的に相当と認められる範囲内の儀礼行為であった。そうすると、県知事らの行為は、主観的にはもとより、これを客観的に評価しても、特定の宗教である神道に対する援助等の目的があったとすることはできず、また、他の宗教や無宗教の者に対する圧迫等を企画したとみることもできない。

6　抜穂の儀は、定期的に行われる儀式ではなく、天皇の一世一度に限られていることなどの諸事情に照らすと、県知事らが抜穂の儀に参列し神殿に礼拝したことが、その目的において、大分県と特定の宗教である神道との結びつきを強化する機運を高めるような宗教的意義をもつものでないことは明らかであり、また、その効果において、神道に対する援助、助長、促進又は干渉等になるような行為でないことも明らかである。

7　以上により、県知事らの抜穂の儀への参列は、社会通念上憲法20条3項が禁止する宗教的活動に該当しないと解するのが相当である。

　最高裁は、津地鎮祭最高裁判決、愛媛玉串料最高裁判決の目的・効果基準を引用して次のように述べた。

1　主基斎田抜穂の儀は、大嘗祭の中心的儀式である主基殿供饌の儀において使

用される新穀を収穫するための儀式であり、大嘗祭の一部を構成する一連の儀式の一つとして大嘗祭挙行の際に欠かさず行われてきたものであって、天皇の即位に伴う皇室の伝統儀式としての性格を有するものである。

2 知事らは、宮内庁から案内を受け、地元の農業関係者等と共に主基斎田抜穂の儀に参列して拝礼したにとどまる。

3 知事らの参列は、その開催地において重要な公職にある者の社会的儀礼として、地元で開催される天皇の即位に伴う皇室の伝統儀式に際し、日本国及び日本国民統合の象徴である天皇の即位に祝意、敬意を表す目的で行われたものである。

これらの点にかんがみると、知事らの参列の目的は、地元で開催される天皇の即位に伴う皇室の伝統的儀式に際し、日本国及び日本国民統合の象徴である天皇に対する社会的儀礼を尽くすというものであると認められ、その効果も、特定の宗教に対する援助、助長、促進又は圧迫、干渉等になるようなものではないと認められる。したがって、参列は、宗教とのかかわり合いの程度が我が国の社会的、文化的諸条件に照らし、信教の自由の保障の確保という制度の根本目的との関係で相当とされる限度を超えるものとは認められない。

ここにおける問題は、日本国憲法が政教分離と象徴天皇制の関係についてどのような位置づけをしているのかという理解に関わっている。この点については宮沢俊義の次のような理解が参照されるべきであろう。「日本国憲法では、国民主権の建前がとられ、天皇の地位も国民の意思にもとづくとされ、その神勅的根拠も、天皇自身の神格も否定されることになったので、神社と国家は完全に分離することになった。天皇の地位にある個人は、私人としては、もちろん宗教の自由を有するが、国家機関としての天皇の地位そのものは、もはやどのような宗教からも絶縁されていなくてはならない」。天皇の国事行為を規定する憲法7条10号の「儀式」も「国家機関としての天皇が、その職務の一部として、執行し、参列するものであるから、いかなる宗教とも、まったく無関係なものでなくてはならない」。「明治憲法下のもとでは、即位の礼や、大喪の礼をはじめとして皇室関係の儀式はほとんどつねに神社的（神ながら的）儀式であった。日本国憲法のもとでは、これは許されない。すべての国家的儀式は、宗教から厳に絶縁されなくてはならなくなった」[13]。

旧憲法下において、天皇は主権者あるいは統治権の総攬者として、その象徴性は当然のこととされ、ことさら言及はされなかった。しかし、日本国憲法1条は、天皇を日本国および日本国民統合の象徴と規定したため、その象徴の意義が問われることとなった。この象徴天皇の法的意義について、学説は、象徴機能を旧憲法との連続面でとらえる宣言的規定説と、日本国憲法は統治権の総攬者としての象徴を否定した後に、あらたに国民の総意に基づく象徴をつくったとして旧憲法との断絶面でとらえる創設的規定説とが対立している[14]。

宣言的規定質は象徴天皇の法的意義を次のようにとらえる。旧憲法下の天皇は、統治権の総攬者であり、かつ国の象徴であったが、本条において、あらたに国の象徴という役割を持つ天皇をここに登場させようというのではなくて、旧憲法の天皇のもっていた役割のうちで国の象徴たる役割だけをのこしておこうというのである。要するに、本条の規定は、天皇の国の象徴以外の役割を原則として否認することのほかは、天皇の象徴としての役割を、創設的に規定したのではなく、たんに宣言的に定めたにすぎない。

これに対して創設的規定説は次のように考える。八月革命により旧憲法の天皇制は総攬者としての権力的・政治的側面でも象徴の側面でも否定されたのちに、あらたに国民の総意による主権決定に基づき、法の論理としては現行憲法に内在的で固有の象徴規定が創設されたと解釈することが合理的である。すなわち象徴規定は宣言的規定ではなく、創設的・構成的規定である。天皇の象徴の法的意味は、1条の象徴という文言からは論理的にも歴史的にも導き出されず（それゆえ、国事行為でも私的行為でもない象徴行為、公的行為は象徴規定からはひきだせない）、第1章の明文規定からその範囲で限定的に帰納される（影山日出弥、大須賀明、横田耕一など）。後者をもって妥当とすべきであろう。

（2）鹿児島県「大嘗祭」違憲訴訟

鹿児島県知事は、宮内庁長官から大嘗宮の儀への案内を受け、1990年11月22日に挙行された悠紀殿供饌の儀に県知事として出席し、内閣総理大臣、衆参両院議長、最高裁判所長官、国会議員、他都道府県知事らとともに参列した。その際、

---

13 宮沢俊義（芦部信喜補訂）『全訂日本国憲法』（日本評論社、1978年）141頁。
14 有倉遼吉・時岡弘編『条解日本国憲法「改訂版」』（三省堂、1989年）13頁。

268 第 9 章 政教分離と象徴天皇制

旅費として県の公費から支給を受けた。

　この県知事の行為について、原告は1991年3月に住民訴訟を提起し次のように主張した。大嘗祭は天皇家の私的儀式であり、神道による宗教儀式である。また、憲法は、皇位の世襲を定めているが、大嘗祭は憲法に定める皇位継承に随伴する儀式ではなく、何ら公的性格をもつ儀式ではない。したがって、国が大嘗祭の挙行につき内廷費ではなく宮廷費から支出したことは、憲法20条及び89条の政教分離原則に違反する。大嘗祭の中心的儀式である悠紀殿供饌の儀及び主基殿供饌の儀は、国中がこぞって天皇に服属することを示す儀式であり、天皇主権に相応する万世一系の現人神である天皇の即位と統治を示す儀式であって、日本国憲法の定める国民主権原理に違反する。知事として出席し公費の支給を受けることは政教分離原則（20条3項）及び公務員としての憲法尊重擁護義務（99条）に違反し、違憲、違法である。

　これに対して、鹿児島地裁判決は、政府見解を踏襲し、目的・効果基準を採用して次のように述べる（鹿児島地判平成4・10・2判例時報1435号24頁）。
　1　鹿児島県知事として悠紀殿供饌の儀に出席し参列したのは、日本国の象徴であり、日本国民統合の象徴とされ、国の要職にある天皇の皇位継承儀式に儀礼を尽くし、祝意を表す目的のためであって、その目的において宗教的意義はなく、またその行為も参列していたのみであって、悠紀殿供饌の儀の進行等につき自らは何の関与もしていない。憲法は天皇を日本国の象徴であり日本国民統合の象徴として定めており、憲法は日本国の最高規範であるばかりではなく、日本国の文化の一側面であって、その故に、天皇を日本国の象徴、日本国民統合の象徴としてとらえる社会的、文化的諸条件があると考えられる。このことからすれば、知事の悠紀殿供饌の儀への参列は、日本国の象徴であり、日本国民統合の象徴とされ、国の要職にある天皇の皇位継承儀式に儀礼をつくし、新天皇への祝意を表するという効果をもつということは当然として、それ以上に、悠紀殿供饌の儀の宗教的側面に対し援助、助長、促進し、他の宗教を圧迫する等の効果をもつ行為であるとは認められない。
　2　知事の悠紀殿供饌の儀への出席の目的、その行為の内容、程度、効果に照らせば、知事の行為は、国の行為とは無関係に、専ら皇室の挙行する天皇の皇位継承儀式に儀礼をつくし、天皇の皇位継承に祝意を表すに止まり、それ以上に、

国の行為に対し直接かかわり合いをもっていないし、また国の行為に対し、ことさらに賛意を示すなどの事情は認められず、知事の行為が積極的に国の行為に加担する目的、効果をもつものとは認められない。したがて、知事の行為が政教分離原則に違反するかの判断にあたっては、国の大嘗祭への関与が政教分離原則に違反するかどうかにつき判断する必要はない。

3　以上、知事は、憲法の定める天皇の日本国の象徴、日本国民統合の象徴たる地位に配慮して儀礼的に悠紀殿供饌の儀に出席し、参列したものと認められるのであって、右行為が憲法の定める国民主権原理、政教分離原則に違反するものでも、憲法尊重擁護義務に違反するものでもない。

　最高裁判決は、(1)　大嘗祭は、皇位継承の際に通常行われてきた皇室の重要な伝統儀式であること、(2)　知事は、宮内庁から案内を受け、三権の長、国務大臣、各地方公共団体の代表等と共に大嘗祭の一部を構成する悠紀殿供饌の儀に参列して拝礼したにとどまること、(3)　大嘗祭への知事の参列は、地方公共団体の長という公職にある者の社会的儀礼として、天皇の即位に伴う皇室の伝統行事に際し、日本国及び日本国民統合の象徴である天皇の即位に祝意を表する目的で行われたものであること、を指摘する（最判平成14・7・11判例時報1799号99頁）。

　これらの点にかんがみると、参列の目的は、天皇の即位に伴う皇室の伝統儀式に際し、日本国及び日本国民統合の象徴である天皇に対する社会的儀礼を尽くすものであり、その効果も、特定の宗教に対する援助、助長、促進又は圧迫、干渉等になるようなものではないと認められる。したがて、大嘗祭への参列は、宗教とのかかわり合いの程度が我が国の社会的、文化的諸条件に照らし、信教の自由の確保という制度の根本目的との関係で相当とされる限度を超えるものとは認められないという。このように、津地鎮祭最高裁判決、愛媛玉串料最高裁判決等の目的・効果基準を適用して、合憲を導いている。

　浦部法穂は次のように指摘している。下級審でも、ことが皇室行事にかかわると、違憲だなどと滅多なことはいえないと言う心理が働くのか、大嘗祭の「悠紀殿供饌の儀」のようなはっきりした神事への県知事の参列も違憲ではないとされ（鹿児島地判1992・10・2判例時報1435号24頁）、また、天皇が毎年新穀を神に供える新嘗祭の使用する米および粟を献納するために行われる一連の新穀献納行事（献

270 第9章 政教分離と象徴天皇制

穀祭）に、県および市が公金を支出し、県・市の職員が行事の準備・進行に積極的に関与したことも、違憲ではないとされた（大分地判1993・10・25＝滋賀献穀祭訴訟）。これらは地鎮祭や慰霊祭など以上に典型的な神事である。にもかかわらずそれらへの国や自治体の関与が違憲ではないとされたのは、「菊のタブー」ゆえであろうか。日本国憲法における政教分離原則の主眼は、国家と神社神道との徹底的分離という点にある、ということははっきり押さえておく必要がある[15]。

　本件のような事例においては、国の行った行為の客観的性格が宗教的活動性を有するかそれとも習俗化したといえるのか、ということを問題とすべきであり、目的・効果を問題にすべき筋合のものではない。「目的・効果基準」を、その正当な登場場面ではないところで用いたのであり、意図的な誤用である[16]。

（3）東京都「即位の礼・大嘗祭」違憲訴訟

　東京都知事が、1990年に行われた天皇即位に関連する諸儀式のうち、国事行為として行われた「即位礼正殿の儀」に参列し、さらに、皇室行事として行われた大嘗祭（「悠紀殿供饌の儀」および「主基殿供饌の儀」等）に参列した。また、都が天皇陛下即位祝賀記念式典等の祝賀行事を行い、これらの行為に公金が支出された。このことが政教分離原則（憲法20条、89条）、国民主権原理（同1条）に違反し、また天皇の即位に対する祝賀を強制するものであるから、思想・良心の自由を侵害する違憲・違法なものであるとして、都の住民が、1992年1月14日、地方自治法242条の2第1項4号前段に基づく損害賠償を請求する住民訴訟を提起した。

　第一審東京地裁判決は次のように説いている（1997（平成9）・3・24判例時報1673号3頁）。
1 「即位礼正殿の儀」は、様式の面で宗教的色彩が完全に払拭されておらず、神道が元来、儀礼し、祭祀を重視する宗教であることを考えると、宗教的意義を完全に否定することはできない。したがって、国は、国事行為として「即位礼正殿の儀」を行うことにより、宗教とかかわり合いをもった。しかし、その目的は、天皇が即位を公に宣言するとともに、その即位を内外の代表が祝うという専ら世

15　浦部法穂『新版憲法学教室Ⅰ』（日本評論社、1994年）170頁、178頁。
16　浦部・前掲書175頁。

俗的なものであり、その効果は神道を援助、助長、促進し、または、他の宗教に
圧迫、干渉を加えるものとはいえず、国と神道とのかかわり合いが、わが国の社
会的、文化的諸条件に照らし、相当とされる限度を超えるものとは認められない
から、憲法20条3項には違反しないし、公金支出も89条に違反するものではな
い。都知事は、この儀式に社会的儀礼という世俗的目的で参列したにすぎず、宗
教的活動には該当しない。

2　「大嘗祭」は、宗教上の儀式としての性格を有する。都知事はこの皇室行事
に参列し、その式次第に従って礼拝を行っているから、都が宗教とかかわり合い
をもったといえる。本件皇室行事は私的行事というべきであるが、天皇の地位は
皇室において世襲されるものであるから（憲法2条）、代替わりは、象徴である天
皇の即位と当然に結びつくものであり、その意味において大嘗祭等の皇室行事は
公的な即位と密接な関係にあり、その主宰者が象徴の地位にある天皇個人である
ことからすれば、国または公共団体が、代表者を参列させ社会的儀礼として敬意
と祝意を表させ、公的に相応の配慮をすることは許される。都知事の参列の目的
は代替わりに対し敬意と祝意を表すという世俗的なものであり、効果も神道を援
助し、他の宗教を圧迫するものではないから、宗教的活動にはあたらない。

3　なお、国の皇室行事への関与が政教分離原則に違反するかどうかということ
と、都知事の参列が政教分離原則に違反するかどうかということは、相互に影響
を与えるという関係にはなく、別個の問題である。都知事が積極的に国の行為に
加担する行為をしたという証拠はない。都が実施した各祝賀事業は、象徴である
天皇の即位を祝うために自らの判断で実施したものであり、その目的、実施の態
様からみて、宗教的要素、宗教とのかかわり合いをもつものではない。のみなら
ず、国民主権原理・象徴天皇制に違反するものではない。

4　「即位の礼正殿の儀」が登極礼・同附式の定める様式に則って行われたから
といって、神聖天皇の支配の正当性を承認するとともに、被支配者としてのその
支配に服することを象徴的に表す服属儀礼を有するものとみることはできない。
したがって、憲法7条10号の定める「儀式」としての限界を超え、国民主権原
理・象徴天皇制に違反するとはいえない。

　こうした司法判断は、象徴天皇制を国民主権原理や政教分離原則よりも優位に
位置づけている。象徴天皇制を旧憲法との「断絶」で捉えるのではなく「連続」

272 第9章 政教分離と象徴天皇制

の中で捉えているのである。そこでは、あえて天皇は「国の象徴」であり、「国民統合の象徴」であることを意図的に強調している。

　天皇が象徴であることから、国民に一定の義務が課せられるような法的効果が生じるようなものではない。天皇の皇位継承儀式には政教分離原則が貫徹されなければならない。また、こうした儀式の祝意を強制すべき筋合いのものではない。本訴訟では原告による詳細で正鵠を得た主張がなされたのに対して、判決の貧困さが目立つ。天皇訴訟になると、下級審でさえ、およそ理性の府とは考えられない思考停止、あるいは意図的に政府見解に沿う曲解がなされているのである。

（4）神奈川県「即位の礼・大嘗祭」違憲訴訟

　1992年1月、神奈川県においても、知事が即位の礼・大嘗祭に参列したことに対して、政教分離、国民主権に反するとして、住民訴訟が起こされた。この訴訟は、通称「バンザイ訴訟」といわれている。「この名称は、即位の礼で、海部首相が新天皇に対して、1・3メートル下から『バンザイ』と三唱したのを、国民主権が象徴天皇の前にひれ伏した象徴シーンとして、原告住民がつけた」ものである[17]。

　神奈川県「即位の礼・大嘗祭」（バンザイ訴訟）第一審判決（1999年9月27日）は、即位の礼「正殿の儀」について次のように述べる。「今回、登極礼附式を基本的に踏襲する形で、即位礼正殿の儀を行い、高御座、剣、璽を用いたのは、即位礼正殿の儀を皇室の伝統を尊重して行うという世俗的目的に出たということができるのである。もちろん、世俗的な儀式にするために、政教分離の趣旨を徹底し、即位礼正殿の儀において、宗教とのかかわり合いを完全に近いほどに排除することも考えられるが、そのようにするなら、前記のような儀式の内容を大幅に変更する必要があったということになる。そして、そのためには、天皇の代替わり儀式としての即位礼正殿の儀が歴史的に継承してきた伝統を変更するしかないことになる。しかし、天皇は憲法上国の象徴であり、国民統合の象徴であるとされているから、代替わり儀式の伝統を変更してこれまでと異なる性格の儀式とするといったことは……象徴天皇制を定めている憲法1条との関係の問題も生じか

17　田中伸尚・前掲論文111頁。

ねない。また、憲法2条は、天皇の世襲制を認めているから、即位礼正殿の儀を伝統的な様式を踏襲して行うことには相応の合理性がある…」。

最高裁は、神奈川県知事、県議会議長が、象徴である天皇の即位に祝意を表す目的で、知事、議会の長にある者の社会的儀礼として、三権の長、国務大臣、各地方公共団体の代表等と共に、皇室典範24条の規定する即位の礼のうち伝統的な皇位継承儀式である即位礼正殿の儀に参列した行為は、その目的及び効果にかんがみ、憲法20条3項により禁止される宗教的活動に当たらないとする（最判平成16・6・28判例時報1890号41頁）。ここでも津地鎮祭最高裁判決の目的・効果基準を適用しているのである。

天皇訴訟の特徴として、前述のごとく、天皇の伝統が国民主権原理や政教分離原則より優先し、ことさらに天皇が「国の象徴」「国民統合の象徴」であることを強調している。「大阪以後の他の四件の天皇訴訟では、ことごとく政府見解をなぞり、それどころかより強く象徴天皇を押し出している」といえる。司法と行政が一体となって「国家神道」の強制を行っているのである[18]。

5 結 語

判例の立場は、国が即位の礼・大嘗祭等の諸儀式を主宰し、公務員がそれに参列して公費を支出することの憲法判断について、憲法が象徴天皇制を採用していることをことさらに強調し、政教分離原則を緩和して合憲性を基礎づけるものであった。

これは政教分離規定成立の無理解、あるいは、意図的な曲解によるところが大きい。象徴天皇制は政教分離原則の下に、その規制をうけて成立するものであり、政教分離に抵触することは許されない。政教分離は国家神道と天皇の癒着を徹底的に排除することによって成立しているからである。また、象徴天皇制は国民主権原理の丁にある制度であり、天皇は国民主権原理に才盾しない範囲でのみ存在が認められているにすぎないのである。

即位の礼・大嘗祭等の諸儀式は旧憲法下の登極礼を踏襲して行われたものであ

---

18 田中伸尚・前掲論文110頁、112頁。

274　第9章　政教分離と象徴天皇制

り、神権主義的天皇制を正当化する儀式にほかならない。日本国憲法は旧憲法下の天皇の地位を根本的に否定している。そして、神権主義的天皇制を支えるイデオロギーとしての国家神道の果たした政治的役割の深刻な反省のうえに立って、政教分離原則と国民主権原理が成立しているのである。即位の礼・大嘗祭関連の諸儀式の神道儀礼としての性格、宗教性は明白であり、こうした宗教的意義をもつ行為を公的行為として憲法上許容しうるものではない。明白な違憲行為である。また、目的・効果基準を適用する場面でもない。諸儀式の宗教性が認定されればそれで十分である。

　さらに、東京都知事の諸儀式への参列行為というようなものは、神道儀式に則った拝礼行為をするものであり、違憲の宗教的行為を行い、かつ、これを完成させているのである。大嘗祭等の諸儀式について、政府見解自体その宗教性を認めているのであり、この儀式に国が関与し公費を支出することは（実質的にみれば国家が主催したといえるものであるが）、目的・効果基準を適用するまでもなく政教分離原則に反するものである。

　皇室典範に規定されている「即位の礼」については、皇室神道とかかわりをもたない憲法に適合的な即位の儀式は十分に可能であろう。また、仮に大嘗祭を挙行するとすれば、それは皇室の私的行事として内廷費の範囲内で行うことも可能であろう。神社神道の教義が、即位の礼・大嘗祭を国家的儀式として要請するものであり、皇室の私的儀式とすることは、その教義に反するとするならば、そのような宗教は日本国憲法の下では、成立の余地はないであろう。しかし、太平洋戦争敗戦後、神社は、徹底的に解体されるという途はとられず、純粋に一宗教として再生が期待されたのである。

　最後に、東京都「即位の礼・大嘗祭」違憲訴訟で原告が指摘したように「奉祝の強制」という問題にふれておかなければならないであろう。そこでは、次のような態様の奉祝の強制の事例が紹介されている。

　1　国と都による奉祝の強制　　国は、莫大な国費を費やし、人的にも物的にも丸抱えで神社神道の教義に沿った服属儀礼を強行したが、その際、即位の礼の当日を休日とし、国旗の掲揚を義務づけ、恩赦の実施、記念硬貨・記念切手の発行などによって奉祝を強制した。また、1990年11月9日、都知事は、都議会において、宗教儀式、服属儀礼である代替わり儀式について、「式典には私も都民

を代表して参列するとともに、賀表を奉呈することといたしております。この喜びを都民とともにわかちあい、祝賀の意を広く表するために、都は記念式典並びに記念行事を開催することといたしました。天皇陛下及び皇室のご繁栄を祈念しつつ、1200万都民とともに、衷心より慶賀の意を表する次第であります」と述べて、奉祝を都民に強制した。

2 マスメディアによる奉祝の事実上の強制　テレビ・新聞・雑誌などのマスメディアは全国的規模で、連日連夜、本件諸儀式とともに、これらへの奉祝を強制する内容の報道をした。特に、昭和天皇の死去以前の下血報道から、天皇を美化する画一的な報道が行われていたために、天皇に関して異論を唱えることに躊躇を覚えざるをえない社会的状況が作られていった。

3 右翼による批判的言論の封殺　一部の右翼は、国と地方自治体の奉祝活動に乗じて、暴力的に、本件即位の礼・大嘗祭の奉祝を強要し、奉祝に反対する言論を封殺する活動を展開した。そして、昭和天皇の戦争責任に言及した本島長崎市長が狙撃され、弓削達フェリス女学院大学長の自宅に銃弾が打ち込まれるなどした。こうしたテロは、奉祝に反対の意見を表明することを著しく萎縮させた。

象徴天皇に関する表現は右翼や宮内庁などから圧迫を受け、ときには市民が殺傷される事件が後を絶たず、戦後日本社会の脆さを象徴している[19]。

J・S・ミルの『自由論』は、「政治権力＝国家による抑圧 (political oppression) からの自由の擁護とともに、社会的権力による専制 (social tyranny) すなわち個性の形成を阻止しようとする社会の傾向そのものからの自由の重要さを力説したが、その際に、前者に比べて後者は、『刑罰により支えられてはいないが、はるかに深く生活の細部まで浸透し、精神そのものを奴隷化する』」としたのである[20]。すでにイギリスにおいて150年前に提起された課題が、今日の日本社会で未解決の問題として残されている。公権力があからさまに介入するのではなく、社会的権力によって巧妙に委縮効果をもたらしタブーをつくっている。真の自由な言論の確立のためには、このような事態こそ大きな憲法問題として意識され、そうした事態を徹底的に排除しなければならない。まさに、ここに日本社会の民

19　田中伸尚「富山県立近代美術館事件」法学セミナー1999年1月号4頁。

20　樋口陽一『憲法 (改訂版)』(創文社、1998年) 187頁、J.S. ミル著 塩尻公明・木村健康訳『自由論』(岩波文庫、1971年)。

276　第9章　政教分離と象徴天皇制

主主義の成否がかかっている。

　また、こうした象徴天皇制の問題を検討する際、北野弘久の納税者基本権の理論を絶えず想起する必要があろう。1992年11月に「第12回豊かな海づくり大会」が開催され、千葉県はこの大会に出席した天皇、皇后だけのために、9300万円という特別多額の税金を使用した。これに対して住民訴訟が提起され、北野が第一審千葉地裁に鑑定書を提出し、そこで次のように説いた[21]。

　日本国憲法は人々に租税の使途と取り方を法的に監視（ウォッチング）し統制（コントローリング）する権利を具体的に保障している。租税国家である日本の民主主義のバロメーターは、このような納税者基本権を具体的に現実的にどの程度に保障しているかによって決まる。日本国憲法はその第一条において、天皇は日本国および日本国民統合の単なる「象徴」にすぎず、加えてその「象徴」の地位も主権者である日本国民の総意に基づくものと規定し、その主権者の総意いかんによっては「象徴」天皇の廃止もありうることを示唆している。日本国憲法は、天皇は同憲法で定めた一定の国事行為のみを内閣の助言と承認によって行うことができると規定している。もとより「象徴」天皇は、国政に関する権能を有しない（3条、4条、7条）。憲法自身が認めた「象徴」の地位を超えて天皇を差別的に優遇することは許されない。租税の使途面における憲法適合的な「法の支配」に基づき、そのような「象徴」の地位を超える、天皇優遇のための差別的な租税の使い方は疑いもなく違法である（14条等違反）。

　さらに、天皇訴訟は次のような問いを投げかける。現在、「天皇の存在がなぜ政治的に必要とされているのか」という問題の分析解明である[22]。今日的状況の中で一つの大きな課題として検討することが要請されているように思える。

21　詳細については、北野弘久『納税者の権利』（岩波新書、1981年）、同『税法学原論（4版）』（青林書院、1997年）、同『納税者基本権論の展開』（三省堂、1992年）など。

22　横田耕一「『国民統合』と象徴天皇制」『世界』（岩波書店）2000年1月号77頁以下。坂口安吾は『堕落論』106頁（角川文庫、1969年）の中で次のような指摘をしていた。「天皇制というものは日本歴史を貫く一つの制度であったけれども、天皇の尊厳というものは常に利用者の道具にすぎず、真に実在したためしはなかった」。為政者は、「自分が天皇にぬかずくことによって天皇を神たらしめ、それを人民に押しつけることは可能なのである。そこで彼らは天皇の擁立を自分勝手にやりながら、天皇の前にぬかずき、自分がぬかずくことによって天皇の尊厳を人民に強要し、その尊厳を利用して号令していた」のである。さらに、長谷部恭男「日本国憲法における天皇制の姿」樋口陽一・中島徹・長谷部恭男編『憲法の尊厳─奥平憲法学の継承と展開』（日本評論社、2017年）11頁以下参照。

第10章　政教分離と良心的兵役拒否

1　問題の所在
2　良心的兵役拒否の生成と展開
　　（1）CO（Conscientious Objection）の今日的定義
　　（2）CO（Conscientious Objection）免除法制史の背景
3　宗教の自由と兵役拒否
　　（1）一般的兵役拒否とシーガー判決
　　（2）選択的兵役拒否と修正1条の宗教条項
　　（3）政治的兵役拒否
4　選択的兵役拒否と憲法上の根拠
5　結　語

1　問題の所在

　人々が国家をもたざるをえなくなって以来、国家の政策と個人の良心の衝突は、デリケートで難しい問題を引き起こしてきた。とりわけ国家の戦争政策と個人の良心が相克する場合にいちじるしかった。それゆえ、国家の政策 v. 個人の良心との対立・葛藤は、〈忠誠相克〉の問題として、あるいは、〈抵抗権〉〈悪法論〉の問題として、政治学・政治哲学・法哲学・憲法学の諸分野において、永遠のテーマとして論じられてきたのである。しかし、どのような論であれ、その歴史的・社会的状況の刻印をまぬがれることはできない。

　本章では良心的兵役拒否（Conscientious Objection）の問題を扱う。主としてアメリカ合衆国における問題を、とりわけ最高裁判所の判例法理を問題とするが、必要な限りで日本の問題にも言及する。

　1960年代のアメリカのベトナム戦争への介入は、人々の良心・理性をして国家の戦争政策に疑念をもたせたものはなかった。国家は選抜徴兵制度の下に、良心的な人々をして厳しい立場においた。人々は沈黙して法を守るのか、あるいは法を破るのか、二者択一を迫られた。そこにおいて、良心的戦争拒否者といわれる人々は自らを困難な道におきながら政府にするどい疑問をつきつけドラスチック

278　第10章　政教分離と良心的兵役拒否

な形で国家主権と対峙し、個人の良心の正当性を主張しつづけたのであった。

　そのような中で、古典的兵役拒否から選択的兵役拒否へという展開がみられた。本章では、平和と人権の接点に位置する〈良心的兵役拒否（者）〉の問題を、その母国であるアメリカ合衆国に焦点を当てて、それにまつわる諸問題を検討してみよう。

　日本においては、平和の思想である良心的兵役拒否の思想は十分に定着した思想となることはなかった[1]。それ自体、考究に値するテーマであろう。戦後、徴兵制のない日本においては、良心的兵役拒否の思想の現代的発現形態と考えられる〈良心的軍事費拒否〉が一般の市民によって試みられた[2]。兵役義務をもたない日本で、一般市民が軍事とかかわりあうのは納税義務においてであるが、この一般的納税義務を前提として、良心的兵役拒否の思想の展開を試みようとしているのが良心的軍事費拒否論者である。この思想と運動の動向は、平和の思想を受け入れる風土が不十分である日本において注目してよいであろう[3]。本章でも必要最小限言及することとする。

1　日本において、良心的兵役拒否に関する研究が集中的にあらわれ出すのは1960年代半ばころからである。主要な研究文献を若干あげると、阿部知二『良心的兵役拒否の思想』（岩波新書、1969年）、日本友和会編『良心的兵役拒否』（新教出版社、1967年）、大熊信行『兵役拒否の思想』（第三文明社、1972年）、高田哲夫「良心的兵役拒否について」『わだつみの声』1965年12月号、佐藤功「良心的反戦論者の問題」『憲法研究入門（中）』（日本評論社、1966年）、宮田光雄『非武装国民抵抗の思想』（岩波新書、1971年）、滝沢信彦「良心的兵役拒否における抵抗の原理」『徳山大学論叢』1巻1号（1971年）、同「良心的兵役拒否における良心の問題」『徳山大学論叢』2号（1972年）、笹川紀勝「良心的兵役拒否権—ボン基本法第4条第3項の構造と特質(1)(2)(3)」『北大法学論集』18巻1、2、3号（1967年、1968年）、結城光太郎「良心的反戦論と良心の自由」『続憲法演習』（有斐閣、1967年）、阿部照哉「良心の自由と反戦平和運動」（田畑忍教授古稀記念論集）『現代における平和と人権』（日本評論社、1972年）、高柳信一「宗教の自由—神に対する義務と国家に対する義務の衝突」（有倉遼吉教授還暦記念）『体系・憲法判例研究Ⅱ』（日本評論社、1974年）、古川純「良心的戦争拒否の意味するもの」『国家論研究』12号（論創社、1977年）、内田晋「米国における良心的兵役拒否」『レファレンス』64号など。
2　1972年10月、名古屋の伊藤静男らの弁護士が憲法上の抵抗権を主張して、自衛隊のための税金支払拒否訴訟を名古屋地裁に提訴した。また、1974年11月23日、絶対的平和主義をモットーとするメノナイト派のクリスチャンを中心として「良心的軍事費拒否の会」が設立され、実践的な活動を行った。1976年に、納税拒否についての処方箋を示した大野道夫『おりぶのめばえ—良心的軍事費拒否のハンドブック』が同会からだされている。日本における良心的軍事費拒否の思想と実践を知ることができる有益な文献である。
3　この運動に一定の評価を与えるものに、星野安三郎『平和に生きる権利』（法律文化社、1974年）、古川純「良心的戦争拒否の意味するもの」『国家論研究』12号38頁。

2　良心的兵役拒否の生成と展開

（1）CO（Conscientious Objection）の今日的定義

　良心的兵役拒否というのは Conscientious Objection の訳語である[4]（以下、CO ないし、CO 者と略す）。日本においては十分に熟した言葉とはならなかった。それゆえ、論者の CO 観によって訳語の使い方は多種多様である。例えば、良心的反対者、良心的拒否者、良心的戦争反対者、良心的反戦者、良心的参戦拒否者、良心的徴兵拒否者、良心的兵役忌避者、良心的兵役拒否者等の使い方がなされている[5]。

　本来、CO は戦争にだけ関係したものではなく、あらゆる強制的服従に対する良心的ためらい（Scruple）を意味していた。例えば種痘の拒否等の意味に用いられていた[6]。これが徴兵制の採用に伴い、しだいに良心的徴兵拒否、良心的兵役拒否の意味に用いられるようになってきた。さらに戦争性格の変化に伴い、つまり古典的な戦争から全面的な戦争、核戦争へと変化するにつれ、徴兵、兵役拒否だけでなく、勤労動員、産業徴用を拒否する者や、さらに軍事費に相当する税金の支払いを拒否する者までが出てくるにいたり、CO を良心的兵役拒否にだけ限定して使うのではなく、戦争税拒否者、戦争の宣伝、兵器の製造等戦争への協力を拒否する人をも総称して〈良心的戦争拒否者〉という使い方が行われることになるのである[7]。それゆえ、筆者は CO を一般的には戦争拒否者という意味で考えているが、本章においては主として選択的兵役拒否を分析の対象としているため、兵役拒否の意味で限定して用いることにする。

　それでは、CO の良心的（Conscientious）とは何を意味するのであろうか。歴史的には「宗教上の理由」という意味から出発してきたといわれている[8]。また現在も CO の立場をとる者は宗教者、とりわけキリスト教徒が大部分をしめている。しかし、宗教上の理由からだけではなく、ヒューマニズム、科学的平和主義等の立場からの CO がみられるようになったのである。稲垣真美は『兵役を拒否

4　高田哲夫「良心的兵役拒否について」『わだつみの声』1965年12月号 8 頁、佐藤功「良心的反戦
　論者の問題」『憲法研究入門（中）』187頁以下。

5　高田・前掲論文 9 頁、古川・前掲論文33頁。

6　Sibley and Jacob, Conscription of Conscience: Cornell University Press, 1952.

7　高田・前掲論文 9 頁、古川・前掲論文33頁。

8　高田・前掲論文10頁。

280　第10章　政教分離と良心的兵役拒否

した日本人』[9]の中で、「兵役拒否は、徴兵忌避が本質的に逃げの行為であるのに比べて……正面切っての抵抗である。…自己の信条と良心に基づいて…軍事を一切拒否することを軍の組織そのものにつきつけることである」として、単なる怠惰や卑怯から戦争を回避する者と[10]、自己の内的な良心に照らし、善悪の確信をもって戦争を拒否するものとを明確に分けている。ここに良心的という意味のポイントがあるのではないかと思う。一方、国家の側はCO者を兵役免除する際、良心的という意味を「宗教的理由」[11]に限定しようとしてきた。とりわけアメリカ合衆国においてはそうだったのである。この点は後に検討する。

（2）CO（Conscientious Objection）免除法制史の背景

　アメリカ政府が軍務を拒否する個人の権利を承認してきたことについては、信仰の自由への配慮というものがあった。もし国家に優位する忠誠がありうるなら、それは良心、特に宗教的意味での良心でなければならないということであった。

　かくして議会は戦時において、人々を徴兵する憲法上の権限をもっているにもかかわらず[12]、宗教的信念に基づく兵役義務履行拒否について、古くから立法において容認した[13]。また判例において、その免除の範囲を拡大してきたのである。

9　稲垣真美『兵役を拒否した日本人』（岩波新書、1972年）11頁。

10　このような立場から良心的徴兵忌避を位置づけるのはホッブスである。田中浩「ホッブス」『国家思想史（上）』（青木書店、1974年）63頁、佐々木高雄「トマスホッブスと暴君放伐論」法律時報1977年2月号59頁。

11　CO免除の要件は、例えば、かつて西ドイツでは「良心上の理由」、フランス・ベルギーは「哲学上の理由」、東ドイツは「宗教上の若しくは同様の他の理由」であった。詳しくは、結城光太郎「良心的反戦論と良心の自由」『続憲法演習』（有斐閣、1967年）85頁別表、参照。

12　Arver v. U.S. 245 US 366 (1918). 平和時において、議会が徴兵権限をもっているかどうかは未解決の問題である。徴兵は国家の安全と福祉を保障する合理的な方法であるとして、COの容認は立法部の恩恵の問題であると従来は考えられてきた。それでは、〈連邦議会は全く兵役免除を否認しうるか〉について一言しておくと、Sherbert判決を経た今日、修正1条の権利の侵害を正当化しうる場合は、ぜひとも守らねばならぬ政府の利益が信教の自由より重要であるということが論証された場合だけである。そのゆえ、あるもっともらしい見せかけだけの国家利益との合理的な関係があることを単に示すだけでは十分ではないということである。修正1条のような憲法上の領域においては、宗教行為により至上の利益が危険にさらされるようなきわめて重大な濫用がもたらされ、かつ、信教の自由を制限することなしに国家利益を保護するに、何ら代替的方法がないということを国家が示した場合にはじめて信教の自由は規制の対象となるのである。このようなSherbertテストに立つならば、従来とられていたCO者を議会の恩恵（legislative grace）の問題であり、憲法上の要求ではないとする立場は根拠をもたないことは明白である。

13　もとより法制的には植民地時代にこの問題は出発するが、CO免除法制史の記述は必要最小限に

南北戦争と第一次世界大戦において、議会は、CO の要件を一切の武器をとることを禁じている歴史的平和主義教会（メノナイト、ブレズレン、クエーカーなどの宗派）の会員である場合に限り、CO 者として容認した。1917年兵役法は、「いかなる形においても戦争へ参加することをその会員に禁止する信条ないし教義をもっていると一般に認められている宗派に属するもので、その信条ないし教義に従って戦争を拒否する宗教的確信をもっている者」を、軍務から免除した[14]。

そのような免除の範囲が、第二次大戦下において制定された1940年兵役法において、「宗教的修養と信念（religious training and belief）によりいかなる形の戦争への参加を良心的に拒否する者」へと拡大された[15]。ここにおいて、CO 者の免除要件は「歴史的平和主義教会」の会員という要件から「個人の宗教的修養と信念」という要件へと移ったのである。

この「宗教的修養と信念」の解釈をめぐって、二つの連邦巡回控訴裁判所において対立がみられた。一つは第二巡回区控訴裁判所のとった立場で、U.S v. Kauten（1943）判決において、宗教的修養と信念を"内なる良心の声"という意味に理解し、できるだけ宗教的要件を広げるように解釈するものであった。一方、第九巡回区控訴裁判所は、Berman v. U.S.（1946）判決において、宗教的修養と信念を伝統的な神信仰を含むような立場をとり、要件を厳格に解釈するものであった。

1948年に、議会は以上の解釈の対立を解消すべく、バーマン判決を採用して、1948年徴兵選抜法の免除要件を次のように規定した[16]。「本節に定められたことは、宗教的修養と信念を理由としていかなる形の戦争参加へも良心的に反対する人々を合衆国軍隊の戦闘訓練および役務に服せしむべきことを要求すると解されてはならない。<u>この場合の宗教的修養と信念はいかなる人間関係から生ずる義務よりも高次の義務を含む至高の存在（Supreme Being）に対する関係での個人の信仰をいい、それは本質的に政治的、社会学的、もしくは哲学的な見解、または単なる個人的道徳律は含まない</u>」（下線、筆者、以下同様）。この規定が、1965年、連邦最高裁が、合衆国対シーガー判決において、CO 者に対して憲法判断を行った

とどめた。詳しくは、阿部知二・前掲書等を参照。

14 Act of May 18, 1917, ch 15, 40 Stat 76.

15 Selective Training and Service Act of 1940, Ch. 720, §5(g), 54 Stat 885.

16 Universal Military Training and Service Act, §6(j)（50 U.S.C. App. §456(j)）.

282 第10章 政教分離と良心的兵役拒否

ところの法令上の CO 者免除要件であった[17]。

　アメリカにおける CO 問題の理解を助けるために CO の形態を大きく分類しておくと、次の四つが考えられる。①あらゆる戦争への参加を、宗教的理由で拒否する場合（クエーカー等の歴史的平和主義教会に属する人々の場合）、②あらゆる戦争への参加を、非宗教的理由（倫理的＝人道主義的モティーフ）で拒否する場合、③ある特定の戦争への参加を、宗教的理由で拒否する場合（ローマ・カトリック教徒の場合）、④ある特定の戦争への参加を、非宗教的理由（政治的＝理性的モティーフ）で拒否する場合、である。あらゆる戦争を拒否する①②の場合が、通常、一般的兵役拒否者と呼ばれ、ある特定の戦争を拒否する③④が選択的兵役拒否者とよばれている。アメリカの場合、伝統的には①の場合だけが CO を容認されてきたのであるが、シーガー判決において②の場合が憲法判断を求められることとなった。

3　宗教の自由と兵役拒否

（1）一般的兵役拒否とシーガー判決

　以上のような背景の中で、シーガー判決において[18]、1948年兵役法の CO 者免除条項の合憲性が、修正 1 条との関係で争われることとなった。合衆国憲法修正 1 条の宗教条項は次のように規定されている。「連邦議会は、国教の樹立を規定し、若しくは信教上の自由な行為を禁止する法律……を制定することはできない」[19]。前半が国教定立禁止条項で、後半が宗教自由活動条項となっている。

　この事件のシーガーは、先に分類した②のいかなる形の戦争参加をも良心的に拒否する非有神論的 CO 者であった。彼は、神の存在に対する自分の懐疑や不信仰を認めながらも、「それ自身のために追及されるべき善や徳に対する信念と献

17　U.S. v. Seeger, 380 US 163 (1965).

18　シーガー判決については多くの文献で言及がなされている。参照した主要なものを若干あげておく。Macgill, Selective Conscientious Objection: Divine Will and Legislative Grace, 54 Va. L. Rev. 1355 (1968); Note Conscientious Objection: Recent Developments and A New Appraisal 70 Colum. L. Rev. (1970); Norman Redlich and Kenneth R Feinberg, Individual Conscience and The Selective Conscientious Objector, N.Y. Univ. l. . Rev. (1969); Timothy G. Todd, Religious and Conscientious Objection, Stan L. Rev. (1969). 日本において、シーガー判決を紹介したものに、高柳信一「U.S. v. Seeger ―人格神信仰にもとづかない良心的戦争参加反対」『アメリカ法』（1966年 2 号）、滝沢信彦「良心的兵役拒否における良心の問題」『徳山大学論叢 2 号』がある。

19　宮沢俊義編『世界憲法集第 4 版』（岩波書店、1983年）51頁。

3　宗教の自由と兵役拒否　　*283*

身、並びに純粋に倫理的な信条に対する宗教的信仰」[20]をもっていることを明らかにして、CO 者資格認定を申請した。

この兵役法のかかえている疑義は、至高の存在を信じている CO 者にだけ兵役免除を与えることによって、至高の存在を信じていない宗教的 CO 者を排除し、また、非宗教的 CO 者（倫理的 CO や無神論、不可知論）を排除して、宗教的 CO 者に恩恵を与えるという点で、修正 1 条の宗教条項と修正 5 条のデュープロセス条項を侵害するのではないかということであった。

これに対して、連邦最高裁は新しいテストを示し、宗教の伝統的定義を広げた。そのテストは次のように定式化された。「真摯にして有意義な信仰がその持主の生活にいて、疑いの余地なく兵役免除に該当する人々によって占められる地位とパラレルの地位を占める場合、その信仰は制定法の定義に該当する」[21]。このように、"至高の存在"という表現を非有神論的な宗教をも含むように定義することによって、当該法令のもっている違憲性の問題をなくすようにつとめた。

しかし、このような連邦最高裁の定義は次のような問題を残すものであった[22]。①最高裁は、法律の最も重大な弱点である有神論を非有神論に優位させているという点について考察を行わなかった。②最高裁は、人々の宗教的信念に反して徴兵を行う点にかかわる修正 1 条の"宗教の自由活動条項"の限界についての考察をも行わなかった。③シーガー判決において定義されたような宗教が、至高の存在への信念という伝統的な宗教概念をこえて広げられるなら、また、明らかに兵役免除資格のある人々の神とパラレルの地位を占める意味深長な信念を含むなら、このような定義の中に、政治的、社会学的、哲学的根拠で誠実に戦争を拒否する人々は含まれないのであろうか、あるいは、単なる個人的な道徳律に基づいて良心的に戦争に反対する人々は含まれないのであろうか、ということである。かくして、この宗教の広げられた定義は、選択的兵役拒否への展望を開いたといえる。

こうした中で、1967 年、議会は選抜徴兵法の免除条項から〈至高の存在〉規定を削除し、「本節に定められたことは、宗教的修養と信念によって、あらゆる形

20　U.S. v. Seeger, 380 US 163, 166.

21　ibid. at 176.

22　Redlich & Feinberg. op cit., at 878.

284 第10章 政教分離と良心的兵役拒否

態の戦争参加に良心的に反対する人々を合衆国軍隊の戦闘的訓練に服せしむべきことを要求すると解されてはならない。宗教的修養と信念は本質的に政治的・社会学的・哲学的な見解または個人的な道徳律を含まない。」[23]と修正した。このような議会の修正は、宗教的動機による CO 者のみが、軍務を免除されるということを明白にしたということができる。

1970年、Welch v. U.S. において[24]、CO 申請者のウエルシュは、自分の戦争拒否の信念を、歴史や社会学の分野における読書によって形成されたと主張して、信念を宗教的なものであるとすることを明確に否定した。しかしながら、連邦最高裁はシーガー・アプローチを使って、ウエルシュの兵役免除を容認した。このような柔軟な法令解釈を行わなかったなら、有神論を非有神論に優越させて、違憲の宗教の定立になるという危惧が最高裁の論理にはあったといえる。

このようにして、あらゆる戦争を拒否する一般的兵役拒否者は、その拒否の根拠が非宗教的理由によるものであれ、シーガー判決、ウエルシュ判決の柔軟な法令の解釈ルートを使いうるということが明らかになった。しかし、ある特定の戦争を拒否する選択的拒否者の場合、法令が、明白に〈あらゆる戦争参加〉を兵役免除要件としているため、シーガー・アプローチを使いうる可能性は全くない。選択的兵役拒否者の問題において、連邦最高裁は、シーガー、ウエルシュ両判決で回避することのできた憲法上の難問に直面せざるをえなくなった。

（2）選択的兵役拒否と修正1条の宗教条項

選択的兵役拒否の問題はベトナム戦争を契機として登場してきた[25]。この選択的兵役拒否者は、ベトナム戦争を不正義・不道徳なものと考え、政府の遂行する戦争の共犯者となること、また他の民族への加害者となることを拒否したのであった。

選択的兵役拒否者の問題は修正1条の宗教条項の下で次のような議論が考えられうるものであった。まず、先に分類した③の形態の宗教的根拠に基づく選択的CO 者の場合である。つまりベトナム戦争拒否についての信念が宗教的信仰であ

---

23 Military Selective Service Act of 1967, 50 U.S.C. App. §456(j)
24 Welch v. U.S., 398 US 333 (1970)
25 選択的兵役拒否の議論は、古くはトマス・アクィナスやアウグスチヌスにより「正義の戦争」理論として根拠を与えられてきたものである。

る場合、シーガー・テストの下での一般的CO者の信念とパラレルな地位を占めるとき、一般的CO者には兵役免除を容認し、選択的CO者に兵役免除を否認することは、修正一条の国教定立禁止条項を侵害して、ある宗教を他の宗教より優遇することになるのではないか、という問題である。具体的な例でいうと、絶対的平和主義を教義とするクェーカー教徒等を正義の戦争理論という考え方を保持しているカトリック教徒等より優遇することにならないか、ということである。また後者は宗教に根拠をおいているがゆえに宗教活動条項を侵害することにはならないのか、という問題である。

国教定立禁止条項の意味について、ブラック判事はエバーソン判決で次のように述べた[26]。「修正1条の国教の定立禁止条項は少なくとも次のことを意味する。州ならびに連邦政府いずれも、教会を設立することはできない。いずれの政府も、一宗教あるいはすべての宗教を援助し、または一宗教を他の宗教より優遇する法律を制定できない」。

このような判例法理の下で、選択的CO者の信念が"宗教"に根拠をおいている場合、拒否を容認しないとするならば、その兵役免除拒否は国教定立禁止条項を侵害して違憲ということにならざるをえないであろう。というのは先に言及したごとく、兵役免除を承認するにあたって、宗教の間に区別をおくことは、国教定立禁止条項が明らかに排除している〈一宗教を他の宗教より優遇する〉ことになるからである。宗教に根拠をおく選択的CO者の場合、宗教の自由活動条項も有力な保障の根拠となる。

ひとたび政府がある宗教団体を法の範囲から免除することを決めるならば、宗教間のえり好みを行うことはできないのである。それゆえ、選択的CO者の信念が宗教的なものであるならば、修正一条の宗教条項の下で、その立場は確固としたものであるといえる。

それでは次に、先に分類した④の形態の政治的根拠・理由により、ある特定の戦争を拒否する場合を検討してみよう。もし選択的CO者の信念が政治政策の見解に由来しており宗教的信念を構成しないのなら、そのとき、宗教の自由活動条項によって保護されることはなくなってしまう。それでは次に、宗教的根拠に基

26　Everson v. Board of Education, 330 US 1 (1947), Torcaso v. Watkins, 367 US 488 (1961).

286 第10章 政教分離と良心的兵役拒否

づく一般的CO者に兵役免除を与え、政治的CO者に免除を与えないことは、国教定立禁止条項の中立性の原則を侵害しないであろうか。この点、宗教的CO者に兵役免除を与えることは、ただちに非宗教より宗教を優遇した国教の定立となるものではない。もしこのように理解しないならば、宗教自由活動条項と国教定立禁止条項は、宗教的自由の保護において、パートナーとなるよりも、むしろ敵対的なものとなってしまうであろう[27]。しかし、CO免除を求めている宗教的良心を、CO免除を求めている世俗的良心に優越させることになれば、あるいは、有神論に基づく選択的CO者を非有神論に基づく選択的CO者に優越させるということになれば、国教定立禁止条項を侵害するおそれがでてくるであろう。

　以上からして、選択的CO者の場合、拒否の根拠が宗教的信念に動機づけられている場合、あるいは十分に良心的根拠をもっている場合、修正一条の宗教条項の下で救済されるであろう。しかし、単なる政治政策についての見解の相違に根拠をおいている場合は救済の根拠として、修正一条の宗教条項では不十分であるということになるかも知れない。

　選択的兵役拒否者についての修正一条の下で議論の可能性は以上のようなものであったが、1971年に連邦最高裁はジレット判決において[28]、選択的兵役拒否の問題に判断を下すことになったのである。この事件のCO申請者の一人ジレットは人道的理由による選択的拒否者であり、もう一人のCO申請者ネーグルは「正義」の戦争と「不正義」の戦争を区別するカトリック的自然法観に基づく選択的拒否者であった。連邦最高裁はマーシャル判事が法廷意見を書き、8対1で（反対意見はダグラス判事のみ）、選択的兵役拒否を否認した。理由は次のようなものである。

1　1967年兵役免除条項はあらゆる戦争への参加を良心的に拒否するということを要件としているため、特定の戦争拒否はこの要件に合致しないとして、法文解釈の問題で選択的兵役拒否を処理した。それではこのように解釈された兵役免除

27　この点の詳しい論議については、Norman Redlich and Kenneth R Feinberg op. cit., at p.884-885.

28　Gillette v. U.S. 401 US 437 (1971). 奥平康弘「Gillette v. U.S. ―特定の戦争に参加することに反対の者は、良心的兵役免除は認められず、かく解しても兵役法は合憲である」『アメリカ法』1972年2号、滝沢信彦「強制兵役と良心の自由―合衆国最高裁判所の『選択的』兵役拒否事件判決をめぐって」『北九州大法政論集』4巻1号（1976年）。

条項は、修正一条の宗教自由活動条項に違反しないであろうか、兵役免除につき政府は宗教上中立であるといえるであろうか。

2　この点につき、修正一条の国教定立禁止条項と兵役法の兵役免除条項との関係で、修正一条の国教禁止条項の目的は、宗教の事柄において、政府の中立性を確保することであるが、政府の活動が宗教領域にかかわる場合、その活動の目的が世俗的（secular）であり、その作用が公平（evenhanded）であり、かつその基本的効果が中立的（neutral）でなければならないとした。兵役免除条項は「宗教的修養及び信念」を要件としているが、それ以外に戦争に対する考え方について宗教上の問題に差別を行っているものではないから、何らかの宗教を優遇したりするというような意図をもつものではないとし、兵役免除条項は中立性を侵害しているとはいえないとした。また、兵役免除条項は特定の戦争ではなくすべての戦争に反対する者にのみ、兵役免除を与えることによって、むしろ中立性を保持しているとしたのである。というのは、特定の戦争に反対する者に兵役免除をすれば、決定を公平に行うことができなくなると考え、特定の戦争についての考え方は分岐しているので、必ずしも良心上の信条とはかかわりのない政治的な考え方が入ってこざるをえない。こうして、判断要素が複雑となれば、かえって政府は人の思想・信条の中味に立ち入ることになり、公平性と中立性という点からみて危険が増大するし、差別的決定を行う実際的危険が生ずることになるとしたのである。

3　つぎに修正一条の自由活動条項との関係で、すべての者に兵役義務を課す制度は、CO 申請者の宗教上の儀式や慣行をさまたげるものではないとし、選択的拒否者に認定されない苦痛は、政府の実質的利益によって正当化されるとした。

　以上のような理由で、連邦最高裁は、兵役免除条項は国教定立禁止条項を侵害するものではないし、また、選択的兵役拒否者の宗教の自由活動の権利を侵害するものではないとしたのである。

　しかし、唯一の反対意見を書いたダグラス判事が指摘したように、〈良心の自由〉の見地からみるならば、多数意見の正当性はかなり疑わしい。また、マーシャル判事は信教の自由を無視するに政府の実質的な利益、―公平で有効な徴兵制度の維持と民主的決定の保護―をもちだしているが、Sherbert テストにおいて示された「ぜひとも守られねばならぬ」政府の利益が信教・良心の自由より上

288 第10章 政教分離と良心的兵役拒否

回るという論証を欠落させているのである。今日、軍備や徴兵が絶対的な国家利
益として無条件に正当化しうるものではないであろう。

（3）政治的兵役拒否

それでは政治的理由にもとづく選択的兵役拒否（以下、政治的兵役拒否と呼ぶ）
は、修正一条の保護を求めるに、シーガー・アプローチの下での宗教的信念のレ
ベルにまで達するであろうか。この点について考察を加えたのはレドリッヒ＆
フェインバーグである[29]。このレドリッヒ＆フェインバーグは、ベトナム戦争に
かかわることは国家利益にとって本質的であるということを受け入れることがで
きないということが、政治的CO者の核心であり、結局、ベトナム戦争への反対
の根拠は、政府の外交政策に関する意見の激しい対立からきているとするのであ
る。そして、政治政策に関する意見を宗教的信念のレベルに引き上げるにつき、
次のような危険性を指摘する。

1　政治政策による拒否と同様な道徳的拒否、例えば、水のフッ化物添加は悪
である、あるいは所得税は不道徳である、あるいは公立学校でのバス・コント
ロールの知識を与えることは合衆国の道徳的基礎を掘りくずすという激しい信念
をもっている人々がいるが、このような道徳的信念を今日まで宗教的信念のレベ
ルまで引き上げてこなかった。もしこれらを宗教的信念にまで引き上げるなら、
政府が修正一条の宗教自由活動条項と衝突することなしに、多くの必要な社会
的・経済的立法を強行することは不可能となるであろうとする。

2　政治的兵役拒否者の問題を修正一条の宗教条項に組み入れることには別の
問題が生じてくるかもしれないとする。多くの政治的兵役拒否者は、彼ら自身、
拒否の根拠を宗教的なものとみなかったのであるが、宗教の定義を広げ、宗教を
政治政策の見解という点にまで引き下げることによって、宗教の自由それ自身に
とっての将来に重大な脅威をつくりだすかも知れないとする。

レドリッヒ＆フェインバーグはそのような脅威の例をシスン判決のワイザンス
キー判事の意見の中に見いだしている[30]。CO申請者のベトナム戦争への拒否が
保護されるのは宗教的自由が絶対的であるという理由からではなく、"相争う利

29　Redlich & Feinberg. op cit., at 885-887.

30　U.S. v. Sisson, F. Supp. 902, 910.（D. Mass. 1967）.

害"の比較衡量から導き出されるという。この事件ではシスンを徴兵する国益に対して、シスンのベトナム戦争において殺人を行わない利害を比較する。この比較衡量の例をレイノルズ判決のモルモン教徒の一夫多妻を行うことを否認したケース[31]、あるいは、プリンス判決においてエホバの証人の児童を雇用することを否認した例に見いだし[32]、宗教的信念が立法上の政策に反するような行為を要請する場合、この立法政策は信念の"行動"の部分に関しては強行することができるという堅固な原則を表しているとした。

しかし、もしこのように、ワイザンスキー判事の宗教的自由の侵害は国家的利益の重要性に依存して許されるという結論を容認するなら、宗教の自由に基づく行為の保障は、一般立法が宗教の自由保障の限界を画することによって、宗教の自由を"バランシング・テスト"に従属させる[33]ことになるであろうと指摘する。宗教の自由を破壊する確実な道は、宗教の自由を世俗的な法律に従属させるように宗教の意味を世俗化することであると警告する。

かくして、政治的兵役拒否が保護をうけるに修正一条の宗教条項が十分でないということならば、政治的拒否を宗教のテーブルに引上げるのではなく、他の憲法上の根拠付けを検討しなければならない。

4 選択的兵役拒否と憲法上の根拠

ダグラス判事はジレット判決の反対意見の中で、一般的兵役拒否者はCOを容認され、選択的兵役拒否者はCOを否認されるということは、「良心の自由」と

---

31 Reynolds v. U.S. 98 US 145 (1878).
32 Prince v. Massachusetts, 321 US 158 (1944).
33 Redlich & Feinberg が批判しているのはワイザンスキー判事の比較衡量の方法についてである。なお同判事はシスンを良心の自由から救済している。
　日本においても、このようなワイザンスキー判事の判例法理の理解の仕方に異を唱えるのが高柳信一である。高柳はレイノルズ判決とCO判決を神に対する義務と国家に対する義務の衝突という観点の下に、アメリカ判例法理を整理する。モルモン教の一夫多妻は否認され、伝統的なCO者は容認されたのかの判断要因（①「国家に対する義務」の中味の問題、②神に対する義務を優先させた場合、世俗社会としてその不履行を忍ばなければならない義務の性質、③神への義務を優先させた場合、惹起せしめられる義務の拘束度）を示し、信仰に基づく行為が政治社会の俗的規律に抵触する場合、世俗権力は当該行為が、同僚市民の基本的自由・人権を直接侵害するものでない限り、宗教の自由に基づく行為として尊重しなければならないとしている（詳しくは、高柳「宗教の自由—神に対する義務と国家に対する義務との衝突」前掲135-144頁）。

290 第10章 政教分離と良心的兵役拒否

いう観点からみた場合、世俗的良心と宗教的良心の類型化にあたり、憲法上許容できないということを主張し、〈CO者は国家によって人を殺すことを要求されうるのか〉[34]、今日までこのことについて裁判所は答えていないと問題点を指摘したのであった。

人々は、一般的拒否者であれ選択的拒否者であれ、国家がまさにその存在のために戦っているというような不可避の利害関係が論証された場合以外は、兵役において殺人を行うことが誤った行動であると信じているとき、憲法上殺人を強要されてはならないと考えられうる。

ジェームス・マディソンは1789年6月[35]、人権宣言の草案を提出するにあたり、宗教的自由の保障と国教定立禁止の保障のためだけではなく、良心の十分にして平等な権利の保障を求めて、議会に次のようなことを要求した。「いかなる市民的権利も宗教的信仰を理由として侵害されてはならない。また、いかなる国教も樹立されてはならない。良心の完全で平等な権利は、いかなる方法であれ、いかなる理由によってであっても侵害されてはならない」。最終的には、修正一条の宗教条項から良心の権利は落されたが、しかし、そのことは、良心の自由を保障しないということではないであろう。

このことを裏づけるように、COの歴史は、立法・判例による「良心の自由」の拡大強化であった。シーガー・ケースは良心の自由の一層の強化に向けての第一歩であった。シーガー・テストを厳格に押しすすめて行けば、ジレット判決においても選択的兵役拒否を容認せざるをえなかったであろう。ジレット判決の論理は、シーガー・テストを覆すに十分説得力をもつものではなかったのである。この点、連邦地裁段階で、ワイザンスキー判事はシスン判決において、修正一条の宗教条項は「国教の樹立を規定し、信教上の自由な行為もしくは良心の自由な行為を侵す法律を制定してはならない」と読み替えることによって、選択的兵役拒否を要求しうるとしたのである。この修正一条の根底には良心の権利があるこ

---

34 Gillette v. U.S. 401 US 437（1971）. 28 Led 2d at p.189. U.S. v. Sisson, op cit, 907, 908. Note, Conscientious Objection, Colum. L. Rev. op cit, p.1431. 選択的兵役拒否について、憲法学の関心を超えて、むしろ政治理論にとって最も関心のあるテーマを提起しているとして、有意な検討を加えるのが、鈴木正彦「良心的兵役拒否権と平和的生存の権利」『リベラリズムと市民的不服従』（慶應義塾大学出版会、2008年）141頁以下である。

35 Redlich & Feinberg. op cit., at 889. 熊本信夫『アメリカにおける政教分離の原則』（北海道大学図書刊行会、1972年）193頁。

とをつとに指摘してきたのはダグラス判事、コンビッツ、レドリッヒ＆フェイン
バーグ等である[36]。

ダグラス判事は、良心の権利は特に特に修正一条の本文中に述べられていない
としても、保護を要求しうるに修正一条の核心をなすものであり、言論の権利と
同等な地位を占めていることを指摘したが、「良心の権利」をさらに高い価値とし
て承認するのはコンビッツである。その著『信教の自由と良心』[37]の結語におい
て、「良心に憲法上の承認を与えようとするケースは、連邦最高裁によって結社の
自由その他〈派生的諸権利〉の認められたケースよりは重要な意味をもつものと
さえなる。というのは、既に述べたように、良心は母胎でありかつ母胎となって
きたのであり、宗教はそれから派生するものでありかつ派生してきたものであ
る。今日、宗教に『生命と実体』とを与えるのは良心である」としたのである。

以上のような良心の権利の理解からするならば、CO 者の拒否が深く誠実にい
だかれており、そして政府が良心の権利を侵害しうるにたる不可避の利害関係
を論証しえない場合、CO 者に殺人を強要することほど、良心に致命的なダメー
ジを与える行為はないであろう。修正一条の良心の権利の承認は選択的兵役拒否
者の要求を憲法上許容するのである。そこにおいて人々は良心を宗教のテーブル
に引上げる必要がないので、もはや国教禁止条項と自由活動条項の論議は回避さ
れるであろう。

実際問題としては、拒否が真の良心の要求であるかどうかの判定の問題は残る
であろうが、しかし、判定において、一般的 CO 者を容認することと選択的 CO
者を容認することとの間に、程度の差をこえて、質の差があるのかどうか、問題
である。個人の良心の誠実な保持という観点から判定を行うなら、宗教に動機づ
けられた CO は容認され、誠実ではあるが選択的兵役拒否は容認しないという従
来の手続きに比べると、むしろ行政的不公正は少なくなるであろう。また、宮田
光雄の指摘にもあるように[38]、非良心的な兵役拒否者を容認しうる可能性は、良
心的権利を侵害する行政的不公正を避けるために支払うべき小さな代価というべ

36　本章では、レドリッヒ＆フェインバーグ、ダグラス判事、コンビッツの所説に多くの示唆を得
　　た。
37　Milton R. Konvitz, Religious Liberty and Conscience.（1968）M・R・コンビッツ『信教の自由
　　と良心』清水望・滝沢信彦共訳（成文堂、1973年）157頁。
38　宮田・前掲書214頁、奥平・前掲論文347頁、U.S. v. Sisson, op cit., p.909

292 第10章 政教分離と良心的兵役拒否

きであろう。

かくして政治的兵役拒否が良心に動機づけられている場合は、修正一条の根底にある良心の権利が保障の有力な根拠となる。それでは、十分に良心に動機づけられていない政治政策に対する見解に根拠をもっている場合、保障されないのであろうか。その場合、政府は兵役によって殺人を強要しうるのであろうか。

この点、政治的兵役拒否は修正５条の「生命の尊厳」によって保障されると考えられる。修正５条において、「何人も……正当な法の手続によらないで、生命、自由、財産を奪われることはない……」[39]と生命尊重の原則が定められている。生命の尊重は民主主義社会において基本的な価値であり奪うことのできない権利である。

ただ政治的拒否者の場合、一般的拒否者とはちがって、ナチスの体験を経た今日、戦争にかかわらないことがより大きな生命の破壊をもたらすと考えられる場合は、政治的拒否者をして戦争への参加を強いるということもありうるが、しかし、不道徳な戦争において殺人を行うことのためらいをもっている場合は、強制的な殺人を正当化する国家の利益は無視されなければならないのである。

さらに政治的拒否者が保護を求めうる別の根拠は修正13条の「意に反する苦役の禁止」条項である。修正13条第１節の「奴隷および本人の意に反する苦役は、犯罪に対する刑罰として、当事者が適法に宣告を受けた場合をのぞくほか、合衆国内またはその管轄に属するいずれの地にも存在してはならない」[40]との規定は、不可避の利害関係が欠けている場合、明らかに兵役において殺人を行うことを強制されるものではないということを保障している。というのは、人々に課される義務のうちで、強制的殺人を犯す義務より以上に意に反する苦役を考えることはむずかしいであろう。

5　結　語

ジレット判決を詳細に検討した滝沢信彦は、「人を殺すことは国法秩序の中で最も重い罪とされる。殺人者は、ある意味で社会的に抹殺され人格を否定される

39　宮沢編・前掲『世界憲法集第４版』52頁。
40　宮沢編・前掲『世界憲法集第４版』52頁。この根拠の詳細な論証は割愛せざるをえなかった。

といっても過言ではない。しかし戦時においては人を殺すことが法によって強制され、また平時でも人を殺す訓練が強要されることがある。我々は、かような国家の相反する二面がいかにして調整されうるのかという素朴な疑念を抱かざるをえない。この問題は、道徳的もしくは宗教的理由から戦争―特定の戦争であろうと ―への参加を良心的に拒否する者を徴募する権限が国家に認められうるか、というかたちで、考察の対象とされるであろう」[41]。「強制兵役義務は、個人の深い道徳と矛盾する最も強要的な義務でありかつ最も強い反対を惹起せしめるものである」[42]。「強制兵役は…良心と宗教の自由とに明らかに矛盾しており、特定の戦争に反対するにすぎない者には兵役免除を認めない徴兵法の兵役免除条項の不公正や違憲性のみならず、強制兵役制自体の合憲性―国によって市民一般が人を殺すように強制されるか―が問題とされよう」[43]として、特定の戦争拒否者の兵役免除の問題は、新たな背景の下で、強制兵役そのものの合憲性の問題を提起していると結論づけられたのであった。

　筆者は本章において、政治的拒否者は十分にアメリカ憲法上の保護をうけるということの論証を試みたのであったが、筆者も同様に、義務兵役制そのものの存立自体を問題にしなければならないと考える。先に引いた滝沢と結論の方向を同じくする。

　筆者のことばで言い直すと、結論部分のみの提示であるが、近代社会の生みだした徴兵制は二重の意味での人権侵害制度であるということである。それは国家が国民に殺人を強要することによって、また国民自身の死をも国家にささげることを強制することによって。人権尊重を基本原理とする民主主義国家・立憲主義国家が、たとえどのような名目であれ、このような人権侵害制度を維持してきたのは、まさに自己矛盾のあらわれである。

　すでに1917年のアーバー判決において[44]、その原告は、強制的な兵役義務が自由な政府と矛盾し、かつ個人の自由の憲法上の保障と矛盾しており違憲であるということを主張し、「軍隊の編成は戦時における市民の自発的な防衛義務の履行にまつという原則にそって徴兵権が制限されるべきであって当該法律を制定した

41　滝沢・前掲論文145頁。
42　滝沢・同上146頁。
43　滝沢・同上148頁。
44　Arver v. U.S. 245 US 366 (1918).

294　第10章　政教分離と良心的兵役拒否

連邦議会はその憲法上の権限を踰越している」としたのであった。このような立場から防衛を考えなければならないと思う。なぜなら自発的に武装した市民の方が、侵略にはともかく、防衛には絶対に強いことはベトナム戦争のベトナム人民の抵抗の例を引きあいにだすまでもなく、明らかであるからである。

　このような視点に立つならば、現代国家における義務兵役制および志願兵制の憲法論を正面にすえるべきであるが[45]、日本においては個人的反戦の原理であるCO思想は十分に定着した思想となっていないということを考慮して、COの検討とりわけその中で政治的兵役拒否者の憲法上の位置づけを検討してみた。

　日本においては、憲法は非武装国家を宣言しており、当然の結果、兵役義務規定を欠いている。それゆえ、憲法上、伝統的な意味での良心的兵役拒否者の問題は生じてこない。しかし、偏見をもってみないかぎりまぎれもない軍隊が存在している。この憲法上認知されていない軍隊にどのようにかかわるかは、国民的課題といえるであろう。日本においてCOを広い意味にとるなら、COの現代的発現としての良心的納税拒否・軍事費拒否の問題として、COを論ずる余地があるといえる。日本における良心的軍事費拒否の思想と運動は、タックス・ペイヤーの権利としての租税の民主的統制という課題を含んで、検討を要請しているように思える[46]。

45　日本において、志願兵制における〈良心〉にもとづく命令拒否の問題が論じられた場合がある。例えば、〈自衛隊員が宗教的な良心的反戦論の信条によって防衛命令を拒否しうるか〉。この問題につき、①良心を固定的・静態的にとらえる立場と②動態的にとらえる立場がある。①静態的にとらえる立場から「自衛隊員となったからには、法論理上国民としてもっている自己の良心的反戦論を自発的に放棄したことを意味し、良心的反戦権を自己に援用しうる地位をもっていない」という（大熊信行・前掲『兵役拒否の思想』56頁、結城光太郎「良心的反戦論と良心の自由」前掲80、81頁）。これに対して、②良心を動態的にとらえる立場は宮田光雄、古川純である。事実判断としての人間の良心はいつでも働きうるものであり、とくに良心的決定は、その現実の問題と直接的に対決することによってはじめて下されうるものであり、「良心の主張は同意による放棄という法的擬制で拒絶されるべきではない」とする（宮田・前掲『非武装国民抵抗の思想』200頁、古川・前掲論文29頁）。筆者は後者を妥当なものと考えている。

46　北野弘久「自治体の課税権と不均一課税」『現代憲法の基本問題』（早稲田大学出版会、1974年）250-252頁。

第11章　政教分離と信教の自由の相克
——「エホバの証人」剣道授業拒否事件と「イスラーム教」
スカーフ事件をめぐって——

1　問題の所在
2　信教の自由と政教分離の関係
3　信教の自由と政教分離の相克
　（1）「エホバの証人」剣道授業拒否事件
　（2）「イスラーム教」スカーフ事件

1　問題の所在

　筆者は、表題テーマにつき、以下のような事例が日本においても問題になりうると思い、問題の所在を示したことがある。本章では「エホバの証人」の剣道授業拒否事件と「イスラーム教徒」のスカーフ事件を手がかりとして、本テーマについて検討を行う[1]。

　［事例1］　原告は、神戸市立工業高等専門学校（高専）の生徒であり、同高専は一年次の体育実技において剣道授業を必修科目としていた。原告は「エホバの証人」という宗教の信者であり、自分の信仰上の理由（聖書による「戦いを学ばず」という教義）から剣道授業に参加できないとして、学校側にレポート提出等の代替的措置を求めた。学校側はこうした措置を認めると特定の宗教に恩恵を与えることになると考えて代替的措置をとらない方針を変えなかった。同高専の学則は、一科目でも不認定科目があると原級留置（留年）となると定めていたので、原告は原級留置処分を受けた。原告は次年度も剣道に参加しなかったため、同高専の学則により、二年連続して原級留置処分となり、その結果、退学処分となった。

　［事例2］　A市立小学校の教師 X は熱心なイスラーム教の信者であり、勤務

1　後藤光男「信教の自由と政教分離—エホバの証人剣道授業拒否事件とスカーフ事件」小林武＝後藤光男『ロースクール演習憲法』（法学書院、2011年）32頁。

296 第11章 政教分離と信教の自由の相克

中もイスラーム教のシンボルであるスカーフを着用していた。小学校の校長は、こうしたXの行動は特定の宗教活動の宣伝になると考え、教育基本法15条2項（「国及び地方公共団体が設置する学校は、特定の宗教のための宗教教育その他宗教的活動をしてはならない。」）および地方公務員法32条（「職員は、その職務を遂行するに当つて、法令、条例、地方公共団体の規則及び地方公共団体の機関の定める規程に従い、且つ、上司の職務上の命令に忠実に従わなければならない。」）に違反すると考えて、懲戒処分を行った。

　神戸市立高専事件では、学生が信仰上の理由から必修科目の剣道授業を拒否して代替的措置を求めた。また事例2に関連して、フランスの公立小学校ではイスラーム教徒の女生徒に学校内でスカーフの着用を認めるかどうかが問題となった。本事例では、生徒ではなく教師のスカーフの着用が問題となっている。

　両ケースとも信教の自由と政教分離が関わるものであり、両者の関係をどのように捉えるのか、両者の価値が衝突すると思われるような場合、どのように調整するのか、その整理が必要となる。

　神戸市立高専事件の校長（学校側）のような理解に立てば、宗教的自由の保障において信教の自由と政教分離はよきパートナーにはなりえないであろう。しかし、この場合は調整可能であり、学生に代替的措置をとって両原理の調整をする必要がある。

　後者のケースの場合において、事例では教師の信教の自由が問題となっているが、子どもがスカーフを着用して登校する場合にはどのようになるのか、信教の自由の価値を重くみるか、あるいは政教分離の価値を重視するかによって結論が異なってくる。本問はハード・ケースといえる。

（1）「エホバの証人」剣道授業拒否事件

　神戸市立高専事件最高裁判決（最判平成8・3・8民集50巻3号469頁）は、司法審査のあり方について、「高等専門学校の校長が学生に対し原級留置処分又は退学処分を行うかどうかの判断は、校長の合理的な教育的裁量にゆだねられるべきものであり、裁判所がその処分の適否を審査するに当たっては、校長と同一の立場に立って当該処分をすべきであったかどうか等について判断し、その結果と当該処分とを比較してその適否、軽重等を論ずべきものではなく、校長の裁量権の

行使としての処分が、全く事実の基礎を欠くか又は社会観念上著しく妥当を欠き、裁量権の範囲を超え又は裁量権を濫用してされたと認められる場合に限り、違法であると判断すべきものである」という。

同判決は、続けて、原級留置処分について次のように述べる。「退学処分は学生の身分をはく奪する重大な措置であり、学校教育法施行規則13条3項も4個の退学事由を限定的に定めていることからすると、当該学生を学外に排除することが教育上やむを得ないと認められる場合に限って退学処分を選択すべきであり、その要件の認定につき他の処分の選択に比較して特に慎重な配慮を要するものである。また、原級留置処分も、学生にその意に反して1年間にわたり既に履修した科目、種目を再履修することを余儀なくさせ、上級学年における授業を受ける時期を延期させ、卒業を遅らせる上、神戸高専においては、原級留置処分が2回連続してされることにより退学処分にもつながるものであるから、その学生に与える不利益の大きさに照らして、原級留置処分の決定に当たっても、同様に慎重な配慮が要求されるものというべきである」。

最高裁は、①剣道授業の履修が必須のものであるとまではいい難く、他の体育種目の履修などの代替的方法によってこれを行うことも性質上可能であること、②剣道実技への参加拒否の理由は、信仰の核心部分と密接に関係する真摯なものであったこと、③代替措置として、例えば、他の体育実技の履修、レポートの提出を求めた上で、その成果に応じた評価をすることができ、「その目的において宗教的意義を有し、特定の宗教を援助、助長、促進する効果を有するものとはいえず、他の宗教者、無宗教者に圧迫、干渉を加える効果があるとはいえないこと」などから考えると学校側の措置は、裁量権の範囲を超える違法なものであるとしている[2]。

2 　判断過程審査については、櫻井敬子・橋本博之共著『現代行政法2版』（有斐閣、2006年）102頁以下参照（櫻井執筆）。「裁判所が裁量処分の司法審査を行う場合に、裁量処分にいたる行政庁の判断過程に着目し、その合理性につき審査する方法をとるものがある。これを判断過程審査という」。本判決において、「学校長による代替措置の検討の過程で、考慮すべき事項の不考慮、事実評価の明白な合理性欠如があったことが審査されている」という。

298　第11章　政教分離と信教の自由の相克

2　信教の自由と政教分離の関係

　日本国憲法は信教の自由の保障について周到な規定をおいている。「信教の自由は、何人に対してもこれを保障する」(20条1項前段)、「何人も、宗教上の行為、祝典、儀式又は行事に参加することを強制されない」(20条2項)と定める。信教の自由を反面から保障するものとして政教分離の原則がある。信教の自由と政教分離は同一のコインの裏表の関係にある。「いかなる宗教団体も、国から特権を受け、又は政治上の権力を行使してはならない」(1項後段)、「国及びその機関は、宗教教育その他のいかなる宗教的活動もしてはならない」(3項)と定め、さらに、89条で「公金その他の公の財産は、宗教上の組織若しくは団体の使用、便益若しくは維持のため、……これを支出し、又はその利用に供してはならない」と財政面から政教分離を保障している。

　信教の自由の内容については、第一に、宗教的信仰の自由を意味する。信仰の自由とは、特定の宗教を信ずる自由、沈黙する自由、宗教を信じない自由が含まれる。第二に、宗教上の行為の自由を意味する。礼拝、祈祷、祝典、儀式、行事など、宗教上の儀式を行い、これらに参加する自由、あるいは、それらを行わず、参加を強制されない自由を含む。第三に、宗教上の集会、結社の自由を意味する。信仰を同じくする者が、宗教活動のために集会し、教会、教団など宗教上の団体を結成する自由をいう。第四に、宗教を布教する自由を意味する。自己の信ずる宗教を宣伝し、信者を獲得する自由、他の宗教を批判し、改宗をすすめる自由も含まれる。このように宗教の自由が保障されているが、宗教的行為が外形的表現となって現れる場合には市民法秩序との関係で一定の制約に服する。この信教の自由と政教分離の関係をどのように捉えるのか(両者の価値が衝突すると思われる場合どのように調整するのか)、政教分離の違憲審査基準として「目的効果」基準の整理・評価が必要となる。本書ですでに紹介・検討してきたが、国の行為が政教分離原則に違反するかどうかの判断基準として、津地鎮祭訴訟最高裁判決は目的効果基準を採用した(最大判昭和52年7月13日民集31巻4号533頁)。目的効果基準は、国に禁じられる宗教的活動であるかどうかの判定基準であり、憲法20条3項にいう宗教的活動とは、宗教とのかかわり合いをもつすべての行為をさすものではなく、「当該行為の目的が宗教的意義をもち、その効果が宗教に対する援助、

助長、促進又は圧迫、干渉になる」というような行為をいう、とするものである。

3　信教の自由と政教分離の相克

　事例1、2において重要論点となるのは、信教の自由と政教分離原則との関係をどのように理解するかである。前者が目的、後者が手段、あるいは、後者は前者の制度的保障であるという捉え方もあるが、これについては異論もあり、両者を同一のコインの裏表の関係として捉える見解も有力である。通常は、信教の自由と政教分離は宗教的自由のよきパートナーであるが、ケースにおいては両者が微妙な緊張関係をはらむ場合がでてくる。それが神戸市立高専事件における校長（学校側）の理解である。

（1）「エホバの証人」剣道授業拒否事件

　事例1において、校長は、エホバの証人という宗教を信仰している学生の剣道授業の拒否を認めると、宗教に恩恵を与えることになり、政教分離原則に抵触すると考えた。こうした事例においては、校長が寛容の精神をもって、エホバの証人である学生に代替的授業を与えて信教の自由を尊重することが必要となる。この措置が政教分離に反するというものではない。もっとも代替授業を行わないで単位を認定すれば、学生（の宗教）に恩恵を与えることになって政教分離に反するであろう。こうした事例は信教の自由と政教分離の価値の調整が可能である。

（2）「イスラーム教」スカーフ事件

　事例2は、フランスで問題となったスカーフ論争を素材とするものである。フランスの公立学校でイスラーム教徒の女生徒にスカーフの着用を認めるかどうかが問題となった。フランスでは、イスラーム教に従った服装は、憲法の定める政教分離原則とその下にある国家の宗教的中立性の原則により、公共の場所で宗教的宣伝をすることになるとして問題視されてきた[3]。フランス国民議会（下院）は、2004年2月10日、公立学校で宗教色の強いものの着用を禁止する法案を圧倒

3　松井茂記『LAW IN CONTEXT 憲法』（有斐閣、2010年）268頁。及び、斎藤一久「政教分離」法学教室2015年5月号（416号）39頁以下参照。

的多数で可決した。この措置について、フランス国内では「公共機関での政教分離を守る試み」として肯定的に受け止められている。しかし、国外で戸惑いも広がっているといわれている（朝日新聞2004年2月12日）。この法案は、宗教的所属を「これ見よがしに示す標章」として、イスラーム教のスカーフやベールのほか、ユダヤ教の帽子キッパ、十字架などを挙げている。この事例の場合は信教の自由と政教分離の価値が相克する難しい問題を提起している。どちらの価値を重要と考えるかによって結論が異なる[4]。

　阪口正二郎は、「スカーフを被るかどうかはファッションの問題ではない。それは優れて信仰ないしは宗教的アイデンティティにかかわる問題である。ムスリムがスカーフを被る行為をファッションの一種として理解することは、問題を見誤ると同時にムスリムのアイデンティティを無視することになる。」「スカーフを着用する多くの敬虔なムスリムにとってスカーフの着用は神に命じられた行為である。彼女たちにとってスカーフを被らないということは、…神の命に背くことであり、呪われた生を生きることになる」という[5]。

　本事例をめぐる憲法問題について、樋口陽一が、かつて『国法学─人権原論』（有斐閣、2004年）の中でかなり詳しく言及している。19世紀末から20世紀初めにかけてフランスで、カトリック教会と第三共和制政権との間で一連の闘争が、1905年の政教分離法（laïcité［ライシテ］法と呼ばれる）の成立によって決着する[6]。

　共和派政権は、公立学校の体系をつくりあげていた教会・修道会の教育機能を弱め、公教育の場から宗教色を排除する政策を強行することとなる。こうした歴史的背景の中で、信教の自由と政教分離が公教育の場であらためて正面からぶつかったのが、イスラーム女性のスカーフ着用事件である。「チャドル」事件ともいわれ、女生徒はスカーフを宗教上のシンボルとして使っており、目の部分以外をすべて蔽う服装（ブルカ）をしていたわけではない。

　2004年2月10日の法律では、信仰に基づいてスカーフを着用したいという信教の自由の要求を斥ける形で政教分離を優先した。厳格な政教分離の要請である。

4　女性のスカーフ着用については、イスラームという宗教にある規範に由来しているといわれる（内藤正典・阪口正二郎編著『神の法 vs. 人の法』（日本評論社、2007年）11頁以下参照）。
5　阪口・前掲37、38頁。
6　樋口陽一『国法学─人権原論』（有斐閣、2004年）149頁以下参照。

宗教を徹底して私事化し、私的空間において多様な信仰が認められるが、それを公的空間に持ち込むことを一切許さない。教師も生徒も公立学校という公共空間に宗教を持ち込むことを許さないとするものである。

この点について、阪口正二郎は「スカーフを規制する、固有で、フランスが自由で民主的な共和国であることに基づく正当化事由が二つ存在する」という。

①「第一の理由は、女性の平等の実現というものである。…イスラーム社会は女性の婚姻相手が家長である男性によって決定されるような家父長制社会である。スカーフは、女性を独り占めし縛りつけておきたいと考える家父長制に基づくイスラーム社会の女性抑圧のシンボルである。男女平等というリベラル・デモクラシーの価値にコミットした西欧社会において、そうした意味を有するスカーフは寛容の対象とされるべきではないと主張される」[7]。

②「ムスリムによるスカーフの着用を禁止する、固有で、しかもすぐれてフランスが自由で民主的な共和国であることに基づく、もう一つの理由が存在する。それが『ライシテ（laïcité）』と呼ばれる政教分離原則である。フランスやトルコにおいて公立学校におけるムスリムのスカーフ着用が禁じられる場合、常にその根拠として提示されるのは『政教分離』という、国家の中立性を体現する原則である。公立学校という公共空間において宗教シンボルであるスカーフの着用を認めることは、公共空間への宗教の侵入を認めることであり、それは国家の宗教的中立性を定めた政教分離原則に反するものであり、許されないとされる。他方でイスラーム社会には政教分離という観念自体が存在しない」と述べている[8]。

（ア）子どもの場合

フランスの子どものスカーフ着用を校内で禁止する措置は、信教の自由を不当に侵害するものではないのか、宗教に対して不寛容ではないのかが問題となる。子ども自身が自律的な意思でそれを着用している場合、それを無視することには正当化事由が必要であるし、スカーフ着用が子どもや社会にどのような弊害をもたらすのかの立証が求められるともいえる。日本の憲法学者は、信教の自由が目的で政教分離はその手段であると考える人が多いので、信教の自由が主張された

7　阪口・前掲39頁。
8　阪口・前掲42頁。

302　第11章　政教分離と信教の自由の相克

場合、政教分離で跳ね返すわけにはいかないし、裁判所もそうはしないであろうと指摘する見解もある[9]。

　先述の樋口陽一は、1992年11月2日、行政最高裁判所としてのコンセイユ・デタは、同種の事件で、校長による退学処分を取消し、かつ、「……宗教的、政治的または哲学的性質を持つ目立つしるしの着用」を一般的かつ絶対的に禁止していた校則を、無効とした。この見解は、一方のライシテの原則を、他方の信教の自由のために柔軟に解釈したといえる。この背景には、法的には、ヨーロッパ人権条約が、二つの対抗原理のうち、信教の自由を定め、政教分離を定めていないという事実が反映しているという。加えて、フランス社会での少数者の宗教に対する「相違への権利」の尊重という問題意識がある。ライシテ原則の内容の重点を、公共空間への立入り禁止から、宗教間の共存へと移動させることによって信教の自由との調整をはかるという微妙な均衡が維持されているというのである。

（イ）　教師の場合
（1）　教師の側の主張

　［事例2］のXの主張は、校内でスカーフの着用を断念することは、自己の信仰の自由を侵害する行動をとることを余儀なくされるのであるから、それを正当化するためには厳格な審査が必要であるということとなる[10]。

　1　第一に、本事例では、国・自治体、または内閣総理大臣、県知事、市長のような代表的公職にあるものではなく、憲法上の権利の享有主体である公務員の行為が問題となっている。第二に、憲法で政教分離が制定された際に念頭におかれていた国家神道ではなく、日本社会における少数派であるイスラームとのかかわりが問題となっている。この場合には、目的効果基準を厳格に適用すべきとする立場に立っても、その必要性は減少すると考えることができる。目的効果基準を適用しても、その目的は宗教的意義をもつとはいえず、その効果も援助、助長、促進とはならない、といえる。スカーフ着用の許容はイスラームを「特別に支援しており」、それが「特別のものであるとの印象を与えるものではない」。また、従来、十字架のペンダントの着用が禁止されていたという事実はないし、そ

9　阪口・前掲34頁、53頁、300頁参照。
10　なお、両者の主張について渡辺康行「イスラーム教徒の教師のスカーフ事件」木下智史・村田尚紀・渡辺康行編著『事例研究憲法第2版』（日本評論社、2013年）335頁以下参照。

れを理由として不利益処分がなされたこともない。

　2　さらに本事例では、当該地域社会における宗教的多様性を学校にも受け入れ、異なった考え方をする人と接触することによって、相互的な寛容の精神を習い覚える機会とすべきである。

　信教の自由と政教分離の関係において、自由が目的で分離が手段であるという考え方に立てば、信教の自由が優先されることになる。エホバの証人剣道授業事件最高裁判決（最大判平成8・3・8）、空知太神社事件最高裁判決（最大判平成22・1・20）、冨平神社事件最高裁判決（最大判平成22・1・20）を援用して、「政教分離原則の目的が本来信教の自由の保障にあるとして、自らの信教の自由の正当性を主張する」という考えかたである。さらに、こうした「公教育の場面での信教の自由と政教分離原則という二つの憲法上の原理の調整は、第一義的には行政ではなく立法者の責務であると考えられる」とされる[11]。

　なお、松井茂記は、政教分離原則が定められているアメリカではフランスのような理解はとられていない。最高裁判所は、政教分離原則は国が宗教と一切関わりを持ってはならないことを命じているのではなく、わが国の社会において相当と考えられる限度を超えた関わりを持つことを禁じたにすぎないとされており（津地鎮祭最高裁判決）、公務員が勤務時間に宗教的装飾物を着用したとしても、直ちにそれが政教分離原則に反するとは考えないのではないかと思われる。それゆえ、日本の最高裁判所はフランスのような国家の宗教的中立性までは要求しないのではないかと思われる、という[12]。

（2）　学校側（校長）の主張

　Xの宗教的シンボルの意味をもつスカーフの着用は個人の信教の自由によって保障される。しかし、他方で、公立学校に勤務するものとして政教分離が適用される。そこで、個人の信教の自由と政教分離をどのように調整するかが問題となる。

　Xのスカーフ着用を認めた場合、政教分離規定（憲法20条3項）、あるいは公教

11　井上武史・法学教室2016年7月号109頁。

12　松井茂記・前掲書273頁。

304 第11章 政教分離と信教の自由の相克

育の宗教的中立性の原則（教育基本法15条2項）を侵害するという主張、さらに、学生の消極的信教の自由（憲法20条1項）を侵害するという主張が考えられうる。さらに、フランス流に、政教分離を貫徹する公教育によって自立した市民を育成したいという公共の関心を援用することができるかもしれない[13]。

　1　小学校の校長の側から、教諭であるXがイスラーム女性のシンボルであるスカーフを着用して子どもの前で授業を行うことは、憲法20条3項が禁止する「宗教的活動」に該当し、違憲ということになろう。この点について、津地鎮祭最高裁判決の「目的効果基準」を適用して、公立学校の女性教師がイスラームのシンボルであるスカーフを着用すること、およびそれを学校が許容することは、特定の宗教の信仰の実践を認める目的を持つため、宗教的意義を有するといえる。一方、効果については、とくにイスラームに対する援助、助長、促進となる。公立学校という場所、教師という立場や成熟途上にある子どもとの日常的接触、そしてこれらが一般人にどのような影響を与えるかが問題となり、スカーフ着用の許容は一般人に対して「特定の宗教への関心を呼び起こすものである」ということになり、Xの行為は違憲と評価されるということになろう[14]。

　また、校内におけるスカーフの着用禁止は、Xの信教の自由の制約となるかも知れないが、それはXのイスラーム信仰を直接的に制約するものではなく、間接的な制約にとどまるから、行政の広い裁量を前提とした審査で足りる、とした主張も可能である[15]。

　2　Xがスカーフを着用して授業を行うとすれば、それは生徒の消極的信教の自由を不当に制約する。憲法20条1項前段は、宗教的教育を受けない自由を保障していると解される。教師がスカーフを着用したまま授業を行うと、批判的能力が十分でない年少の生徒に対して、大きな宗教的影響力を与える可能性がある。それを防止することには正当な目的があるといえる。

　また、生徒の親は、子どもに自己が信仰する宗教を教育する自由、あるいは宗教教育を受けさせない自由を有する[16]。芦部信喜は信教の自由の内容の1つとして、両親が子どもに自己の好む宗教を教育し自己の好む宗教学校に進学させる自

13　渡辺康行・前掲336頁。
14　渡辺康行・前掲336頁、井上武史・前掲109頁。
15　渡辺康行・前掲331頁。
16　芦部信喜『憲法学III 人権各論(1)［増補版］』（有斐閣、2000年）124頁。

由、および宗教的教育を受けまたは受けない自由も、信教の自由の保障から派生するという。ドイツ連邦共和国基本法は、「子どもの育成および教育は、両親の自然的権利」である（6条2項）という条項を受けて、「教育権者［両親］は、子どもを宗教教育に参加させることについて決定する権利を有する」（7条2項）という特別の規定を置いている。国際人権規約（自由権規約）18条（思想・良心および宗教の自由の保障）には、「この規約の締約国は、父母及び場合により決定保護者が、自己の信念に従つて児童の宗教的及び道徳的教育を確保する自由を有することを尊重することを約束する」という条項がある[17]。そのため、教師によるスカーフ着用は、親がもつ、子どもに宗教教育を受けさせない権利を不当に制約する[18]。

　イスラーム教徒の教師のスカーフ事件に関するドイツの判例・学説については渡辺康行が紹介しているところであるが、2002年の第3審の連邦行政裁判所が次のような判断を行っている[19]。

　「『イスラームのスカーフ』は一定の宗教的確信のシンボルである」。「教師が授業中スカーフを着用するということによって、生徒は授業中国家によって継続的かつ不可避的に、一定の宗教的確信の明白なシンボルと直面させられる」。

　「彼女が身につけている宗教的な信仰告白の目に見える標識が、彼女によって教えられた生徒に影響をもつかどうかは、確かに評価が難しい」。しかし、基礎・基幹学校の年齢の生徒にとって、ある教師のスカーフ着用によってシンボル化された信仰内容の効果は排除されえない[20]。

　「自己の宗教的な確信に従って行動するという教師の権利は、授業中は、生徒やその両親の競合する信仰の自由に対して後ろに下がっていなければならない」。両親が異議を唱えるまではスカーフ着用を許容することは、考慮されな

17　芦部信喜・前掲書126頁。
18　渡辺康行・前掲337頁。
19　渡辺康行「文化的多様性の時代における『公教育の中立性』」『国家と自由』（日本評論社、2003年）83頁以下。
20　なお、渡辺はこれに反対する学説としてベッケンフェルデに言及し、教師がスカーフ着用によって自分の宗教を明示することは、むしろ生徒たちが「他の確信への尊重や寛容および受容を相互の交際のなかで習い覚える道」である、と論じている。このような認識に立てば、当然、教師によるスカーフ着用は肯定されることになる、という（渡辺・前掲『国家と自由』89頁）。

い。「子供への影響可能性を開くことが既に、信仰の自由や親権を侵害している」[21]。

こうした理解に立てば、スカーフの着用は禁止されるということになる。教師には、まだ十分に自己決定ができない子どもの生成途上（成長過程）にあることに配慮して、公教育の場面においては、スカーフを着用することを抑制する自己規律が要請されるように思える。子ども自身が自由な信仰の選択、あるいは一切の信仰を選択しない自由を決定することができる条件整備をもって教師・国の義務とすべきであろう。国家は非宗教性を保つべきである。

子どもの選択に微妙な影響を与えるかも知れない教師の宗教的シンボルの着用は、子どもの思想・良心・宗教の自由を配慮した教師の自己規律、自己規制が行われるべきであると考える。子どもがイスラーム教徒になろうが、カトリック教徒になろうが、ユダヤ教徒になろうが、あるいは無信仰になろうが、はたまた無神論になろうが、それは国や親のあずかり知らぬことであろう。子ども自身の成長発達の過程において子ども自身が自律的に選択・獲得すべきことであり、子どもの自律権・人格権が全面的に開花できるような公正な条件を作りだすことをもって、親や教師や国の責務とすべきであろう。

それでは他の公務員の場合、どのようになるであろうか。「ムスリムのスカーフ着用が問題となるのは、公立学校の教員に限られない。裁判官や警察官のような、国民に対して直接公権力を行使している公務員の場合にはどうだろうか。あるいは私人間でのスカーフを着用することを理由として採用を拒否されたり、解雇されたりしたらどうであろうか」と渡辺康行は問い、次のように述べる。

ドイツでは、何人かの論者は、教師の場合は宗教的シンボルの着用も許されるが、警察官や裁判官のような場合は許されないのではないか、という方向で論を進めていた。これに対して、教師の場合は「公教育の中立性」を厳格に解したり、生徒の信教の自由への影響を懸念して、宗教的シンボルの着用は許されないが、そうでない他の公務員の場合は許されるという方向での思考も、論理的には成立可能である。

もっとも日本においては、政教分離の要請を重視して、公務員による宗教的シ

21　渡辺・前掲『国家と自由』83頁。

ンボル着用には厳格な扱いがなされるべきではあるだろう、と述べている。筆者は日本国憲法は厳格な政教分離を要請していると考える、しかし、フランス、ドイツなどにおけるスカーフ禁止の妥当性については、日本と文脈を異にするので慎重な考察が必要であるといえる[22]。

---

22 例えば、愛敬浩二「リベラル憲法学における『公共』」森英樹編『市民的公共圏形成の可能性』（日本評論社、2003年）58頁以下、阪口正二郎「リベラリズム憲法学の可能性とその課題」藤田宙靖・高橋和之編『憲法論集』（創文社、2004年）587頁以下参照。

本書で参考にした初出文献一覧（信教の自由と政教分離）

著書（共著を含む）

- 『国際化時代の人権（改訂版）』（成文堂、1999年）
- 『共生社会の参政権』（成文堂、1999年）
- 後藤光男＝猪股弘貴『憲法』編著（敬文堂、1999年）
- 小林武＝後藤光男『ロースクール演習憲法』共著（法学書院、2011年）
- 大橋憲広＝後藤光男＝関哲夫＝中谷崇『アソシエイト法学』共著（法律文化社、2016年）

論　文

- 「思想・良心の自由と選択的兵役拒否―アメリカにおける良心的戦争拒否論をめぐって―」早稲田大学大学院法研論集16号（1977年）
- 「戦争廃絶・軍備撤廃の平和思想研究」早稲田法学会誌第29巻（1979年）
- 「平和的生存権と抵抗権（1）」早稲田法学会誌第30巻（1980年）
- 「少数者の信教の自由と平和主義―アメリカにおいて良心的納税拒否が認められた判決について」社会科学研究第1巻第2号（中京大学社会科学研究所、1981年）
- 「政教分離原則の法的性格」早稲田大学大学院法研論集第25号（1982年）
- 「政教分離と信教の自由の原則―プェファ（L. Pfeffer）教授の所説を中心として―」早稲田法学会誌第33巻（1983年）
- 「住民訴訟の意義と機能」早稲田大学大学院法研論集第30号（1983年）
- 「政教分離原則違反と宗教上の人格権」時岡弘編『人権の憲法判例第4集』（成文堂、1984年）
- 「行政による政教分離原則の脱法行為」『長崎県立国際経済大学論集』第19巻第3号（1986年）
- 「宗教上の輸血拒否と子どもの人権」『科学と現実―早稲田大学社会科学部創設20周年記念特集号―』（早稲田大学社会科学部、1987年）
- 「日曜日授業と信教の自由―キリスト教徒日曜日訴訟―」時岡弘編『人権の憲法判例第5集』（成文堂、1987年）
- 「政教分離原則の脱法行為（1）」早稲田社会科学研究第34号（1987年）
- 「危機に立つ政教分離―岩手靖国訴訟判決を契機として―」早稲田社会科学研究第35号（1987年）
- 「政教分離原則の脱法行為（2）―自治体の違憲決議をめぐって―」早稲田社会科学研究第39号（1989年）
- 「政教分離原則の脱法行為（3）―自衛官合祀拒否訴訟をめぐって―」早稲田社会科学研

310　本書で参考にした初出文献一覧

究第40号（1990年）
・「私人相互間における信教の自由―自衛官合祀拒否訴訟が提起した問題点―」北野弘久教授還暦記念論文集『納税者の権利』（勁草書房、1991年）
・「アメリカにおける思想・良心の自由」樋口陽一・大須賀明編『日本国憲法資料集第3版』（三省堂、1993年）
・「宗教上の人格権」岩間昭道・戸波江二編『別冊法学セミナー司法試験シリーズ（第3版）憲法Ⅱ〔基本的人権〕』（日本評論社、1994年）
・「信教の自由」後藤光男・猪股弘貴編著『憲法』（敬文堂、1999年）
・「政教分離と象徴天皇制―納税者訴訟から考える」北野弘久先生古稀記念論文集刊行会編『納税者権利論の展開』（勁草書房、2001年）

受験新報・事例演習（法学書院・月刊誌）
・「信教の自由と政教分離―エホバの証人剣道授業拒否事件とスカーフ事件」2008年6月号『ロースクール演習憲法』（2011）収録
・「神社大祭奉賛会への市長の出席と政教分離」受験新報2009年12月号『ロースクール演習憲法』（2011年）収録
・「靖国神社及び国の関与と遺族の宗教的人格権」受験新報2011年2月号
・「神社に市所有地を無償提供する行為と政教分離」受験新報2012年4月号
・「イスラム教徒の個人情報収集と信教の自由」受験新報2016年8月号

参考文献一覧　*311*

参考文献一覧（邦文の引用文献のみ掲記）

〈ア〉

・愛敬浩二「リベラリズム憲法学における『公共』」森英樹編『市民的公共圏形成の可能性』（日本評論社、2003年）
・相沢久『現代国家における宗教と政治』（勁草書房、1966年）
・相沢久「現代日本における国家と宗教」上智法学論集24巻3号（1981年）
・芦部信喜『現代人権論』（有斐閣、1974年）
・芦部信喜『憲法Ⅱ人権（1）』（有斐閣、1978年）
・芦部信喜『憲法訴訟の現代的展開』（有斐閣、1981年）
・芦部信喜「自衛官合祀と政教分離原則」法学教室（有斐閣）1988年9月号
・芦部信喜ほか「［座談会］象徴天皇制の42年と今後の課題」ジュリスト933号（1989年）
・芦部信喜『憲法学Ⅲ人権各論（1）［増補版］』（有斐閣、2000年）
・芦部信喜（高橋和之補訂）『憲法［第6版］』（岩波書店、2015年）
・阿部照哉「良心の自由と反戦平和運動」田畑忍教授古稀記念論集『現代における平和と人権』（日本評論社、1972年）
・阿部知二『良心的兵役拒否の思想』（岩波新書、1969年）
・有賀弘「宗教の寛容―信仰の自由の思想史的背景―」東京大学社会科学研究所編『基本的人権5』（東京大学出版会、1969年）
・蟻川恒正「日本・国・憲法―思想の自由に鑑みて」公法研究59号（1997年）
・蟻川恒正『尊厳と身分―憲法的思惟と「日本」という問題』（岩波書店、2016年）
・有倉遼吉「護国神社への公金支出」『憲法と政治と社会』（日本評論社、1968年）
・有倉遼吉『憲法秩序の保障』（日本評論社、1969年）
・有倉遼吉「精神的自由権と私人相互関係」法学セミナー増刊『思想・信仰と現代』（1977年）
・有倉遼吉＝時岡弘『条解日本国憲法［改訂版］』（三省堂、1989年）
・安念潤司「信教の自由」樋口陽一編『権利の保障（1）講座憲法学（3）』（日本評論社、1994年）

〈イ〉

・井門富二夫ほか「［座談会］津地鎮祭最高裁判決をめぐって」ジュリスト648号（1979年）
・池田実「無差別大量殺人行為を行った団体の規制に関する法律に定める観察処分の合憲性」ジュリスト臨時増刊2002年6月10日号『平成13年度重要判例解説』（有斐閣）
・石川健治「精神的観念的基礎のない国家・公共は可能か？―津地鎮祭事件判決」駒村圭

吾編『テクストとしての判決─「近代」と「憲法」を読み解く』（有斐閣、2016年）
・石川健治『自由と特権の距離─カール・シュミット「制度体保障」論・再考［増補版］』
　　（日本評論社、2007年）
・石塚壮太郎＝藤本雅生「『神社は宗教ではない？』が示唆すること」山本龍彦・清水唯一
　　郎・出口雄一編『憲法判例からみる日本』（日本評論社、2016年）
・泉徳治「法曹実務にとっての近代立憲主義─政教分離　最高裁判例を読み直す─」判例
　　時報平成28年 5 月11日号（2287号）
・市川正人「教育と生徒の人権─剣道受講拒否事件」市川正人ほか編著『ケースメソッド
　　公法第 2 版』（日本評論社、2006年）
・伊藤公一「『親の教育権』の公法的考察」阪大法学92号（1974年）
・稲垣真美『兵役を拒否した日本人』（岩波新書、1972年）
・井上武史「大量殺人行為を行った団体の規制に関する法律に定める観察処分の合憲性」
　　ジュリスト増刊『平成13年度重要判例解説』1224号（有斐閣、2002年）
・井上武史「演習憲法　信教の自由と政教分離─スカーフ着用事件─」法学教室2016年 7
　　月号

　　　〈ウ〉

・鵜飼信成『新版憲法』（弘文堂、1968年）
・上田勝美「信教の自由の保障」龍谷法学14巻 4 号（1982年）
・上田勝美『新版憲法講義』（法律文化社、1996年）
・植松正「輸血拒否による患者の死」時の法令1171号（1983年）
・右崎正博「私人相互間における人権」杉原泰雄編『憲法学の基礎概念 II 』（勁草書房、
　　1983年）
・碓井光明「古都保存協力税をめぐって」法学教室1983年 6 月号
・内野正幸「公務員の憲法尊重擁護義務」法学セミナー1989年 8 月号
・浦部法穂「第20条〔信教の自由、国の宗教活動の禁止〕」『注釈日本国憲法上巻』（青林書
　　院、1984年）
・浦部法穂『憲法学教室 1 』（日本評論社、1988年）
・浦部法穂「政教分離規定の性格─『政教分離＝人権』説批判に答えて」奥平康弘編『高
　　柳信一先生古稀記念論集　現代憲法の諸相』（専修大学出版局、1992年）
・浦部法穂「『靖国問題』と裁判所の憲法感覚」芦部信喜先生古稀祝賀『現代立憲主義の展
　　開（上）』（有斐閣、1993年）
・浦部法穂『憲法学教室（第 3 版）』（日本評論社、2016年）

　　　〈エ〉

・榎透「アメリカにおける国教樹立禁止条項に関する違憲審査基準の展開」専修法学論集
　　107号（2009年）

・M・L・ベネディクト著　常本照樹訳『アメリカ憲法史』（北海道大学図書刊行会、1994年）

〈オ〉

・大石眞『憲法講義Ⅱ［第2版］』（有斐閣、2012年）
・大石眞「政教分離原則の再検討」『権利保障の諸相』（三省堂、2014年）
・大石義雄『憲法運用の実際』法律時報昭和36年12月15日臨時増刊号〔385号〕
・大熊信行『兵役拒否の思想』（第三文明社、1972年）
・大須賀明「憲法上の脱法行為」『憲法論』（敬文堂、1983年）
・大西芳雄『憲法要論』（有斐閣、1964年）
・沖浦和光『天皇の国・賤民の国─両極のタブー』（河出書房新社、2007年）
・大原康男編著『詳録・皇室をめぐる国会論議』（展転社、1997年）
・大屋雄裕「宗教の近代性とその責任─空知太神社判決」駒村圭吾編著『テクストとしての近代─「近代」と「憲法」を読み解く』（有斐閣、2016年）
・奥平康弘「Gillette v. U.S ─特定の戦争に参加することに反対の者は、良心的兵役免除は認められず、かく解しても兵役法は合憲である」『アメリカ法』（1972年2号）
・奥平康弘「基本的人権の主体と青少年」『条例研究叢書7巻』（学陽書房、1981年）
・奥平康弘「靖国神社『公式参拝』の考察─憲法を軽視する戦後政治の総決算か─」法学セミナー1985年10月号（370号）
・奥平康弘「天皇制を問いつづける意味」『憲法の眼』（悠々社、1998年）
・奥平康弘「『破防法問題』とは何であったのか─その法的構成」『憲法の眼』（悠々社、1998年）
・奥平康弘「政教分離の原則・信教の自由をめぐる憲法裁判」『憲法裁判の可能性』（岩波書店、1995年）
・奥平康弘『「萬世一系」の研究（上）（下）─「皇室典範的なるもの」への視座』（岩波現代文庫、2017年）
・オブライエン、デイヴィッド・M『政教分離の憲法政治学』大越康夫補著・訳（晃洋書房、1999年）

〈カ〉

・柏崎敏義「政教分離規定と社会的儀礼の関係」吉田善明先生古稀記念論集刊行委員会編『憲法諸相と改憲論』（敬文堂、2007年）
・片上孝洋『近代立憲主義による租税理論の再考』（成文堂、2014年）
・片山杜秀＝島薗進『近代天皇論─「神聖」か、「象徴」か』（集英社新書、2017年）
・カッツ、ウイルバー「信教の自由と政教分離」国際宗教ニュース8巻3号（1967年）
・金子昇平「税務条例と無効確認訴訟─奈良県文化観光税条例事件─」金子宏編『租税判例百選（第2版）』（有斐閣、1983年）
・神長勲『コンメンタール地方自治法』［杉村敏正・室井力編］（勁草書房、1979年）

314　　参考文献一覧

・鴨野幸雄「自治体違憲決議の法的根拠」『法と民主主義』1982年4月号
・川崎英明＝三島聡「団体規制法の違憲性─いわゆる『オウム対策法』の問題性」法律時報72巻3号（2000年3月号）

　　〈キ〉

・木内道祥「『エホバの証人』と輸血拒否─自己決定権の新しい局面」自由と正義34巻7号（1983年）
・清永敬次「寺院等を対象とする文化観光税条例の執行停止申立ての適否」『宗教判例百選』（有斐閣、1972年）
・北野弘久「自治体の課税権と不均一課税」『現代憲法の基本問題』（早稲田大学出版会、1974年）
・北野弘久『新財政法学・自治体財政権』（勁草書房、1977年）
・北野弘久「宗教法人への課税と政教分離問題」『ジュリスト増刊総合特集21号・現代人と宗教』（1980年）
・北野弘久『別冊ジュリスト憲法判例百選Ⅱ』芦部信喜編（有斐閣、1980年）
・北野弘久『憲法と地方財政権』（勁草書房、1980年）
・北野弘久『納税者の権利』（岩波新書、1981年）
・北野弘久『納税者基本権論の展開』（三省堂、1992年）
・北野弘久「平和憲法と納税者の権利─憲法保障装置としての納税者の権利」全国憲法研究会編『憲法問題8』（三省堂、1997年）
・北野弘久『税法学原論（4版)』（青林書院、1997年）

　　〈ク〉

・工藤達朗「天皇の『儀式』と政教分離」赤坂正浩ほか『ファーストステップ・憲法』（有斐閣、2005年）
・工藤庸子「1905年政教分離法」『近代ヨーロッパ宗教文化論─姦通小説・ナポレオン法典・政教分離』（東京大学出版会、2013年）
・熊本信夫『アメリカにおける政教分離の原則』（北海道大学図書刊行会、1972年）
・栗田佳泰「宗教の自由─いかなる場合であれば宗教上の理由に基づいて法的義務を免れることができるか？」大沢秀介＝大林啓吾編『アメリカ憲法問題と司法審査』（成文堂、2016年）

　　〈コ〉

・小泉洋一「総理大臣靖国神社参拝違憲訴訟」ジュリスト別冊『平成16年度重要判例解説』（2005年）
・後藤光男「思想・良心の自由と選択兵役拒否─アメリカにおける良心的戦争拒否論をめ

ぐって―」『法研論集16号』（早稲田大学大学院法学研究科、1977年）
・後藤光男「政教分離原則の法的性格」『法研論集25号』（早稲田大学大学院法学研究科、1982年）
・後藤光男「政教分離と信教の自由の原則」早稲田法学会誌33巻（1983年）
・後藤光男「政教分離原則違反と宗教上の人格権」時岡弘編『人権の憲法判例第４集』（成文堂、1984年）
・後藤光男「行政による政教分離原則の脱法行為」『長崎県立国際経済大学論集』19巻第３号（1986年）
・後藤光男「政教分離原則の脱法行為（１）（２）（３）」早稲田社会科学研究34号、39号、40号（1987年、1989年、1990年）
・後藤光男「宗教上の人格権」岩間昭道・戸波江二編『別冊法学セミナー司法試験シリーズ（第３版）憲法Ⅱ［基本的人権］』（日本評論社、1994年）
・後藤光男「政教分離と象徴天皇制―納税者訴訟から考える―」北野弘久先生古稀記念論文集刊行会編『納税者権利論の展開』（勁草書房、2001年）
・後藤光男「神社大祭奉賛会への市長の出席と政教分離」小林武＝後藤光男『ロースクール演習憲法』（法学書院、2011年）
・後藤光男「思想・良心・信教・政治的行為の自由」大橋憲広ほか『アソシエイト法学』（法律文化社、2016年）
・小島和司「奈良県文化観光税条例の合憲性」『ジュリスト臨時増刊昭和43年度重要判例解説』（有斐閣、1968年）
・古城利明「憲法改悪運動と自治体」『法と民主主義』1982年４月号
・小林孝輔「信教の自由と政教分離」法学セミナー増刊『思想・信仰と現代』（1977年）
・小林直樹「自衛官合祀違憲判決の考察」法学セミナー1979年６月号
・小林直樹『［新版］憲法講義（上）』（東京大学出版会、1980年）
・小林直樹「自衛官合祀最高裁判決の検討」法律時報（日本評論社）1988年９月号
・駒村圭吾「第20条［信教の自由］」長谷部恭男編『注釈日本国憲法（２）』（有斐閣、2017年）
・M. R. コンヴィッツ（Milton R . Konvitz, Religious Liberty and Conscience, A Constitutional Inquiry, 1968）、『信教の自由と良心』清水望・滝沢信彦共訳（成文堂、1973年）

〈サ〉

・斉藤一久「ドイツにおける多文化教育の一断面―イスラム教をめぐる問題を中心として」早稲田法学会誌第52巻（2002年）
・斉藤一久「ソフンデンフルク州の宗教代替教育（L-E-R）に関する和解」『ドイツ憲法判例Ⅱ』（信山社、2008年）
・斉藤一久「ドイツおける多文化社会と憲法」全国憲法研究会編『憲法問題23号』（2012年）
・斎藤憲司「戦後の靖国神社問題の推移」ジュリスト臨時増刊『靖国神社公式参拝』（1985年11月10日号）

316　参考文献一覧

・斉藤小百合「『国家と宗教』の周辺をめぐって」『憲法の現在』（信山社、2005年）
・斉藤小百合「宗教の『公共性』を考えなおす―「宗教の自由の系譜」からの宿題」樋口
　陽一＝中島徹＝長谷部恭男編『憲法の尊厳―奥平憲法学の継承と展開』（日本評論社、
　2017年）
・齊藤愛「初の女性最高裁判事―高橋久子」『憲法学からみた最高裁判所裁判官　70年の軌
　跡』（日本評論社、2017年）
・坂口安吾『堕落論』（角川文庫、1969年）
・阪口正二郎「リベラリズム憲法学の可能性とその課題」藤田宙靖・高橋和之編『憲法論
　集』（創文社、2004年）
・阪口正二郎「リベラル・デモクラシーにとってのスカーフ問題」内藤正典・阪口正二郎
　編著『神の法 vs. 人の法』（日本評論社、2007年）
・阪口正二郎「政教分離」杉原泰雄編『新版体系憲法事典』（青林書院、2008年）
・阪口正二郎「[信教の自由] 第20条」芹沢斉・市川正人・阪口正二郎編『新基本法コンメ
　ンタール憲法』（日本評論社、2011年）
・櫻井敬子＝橋本博之『現代行政法第2版』（有斐閣、2006年）
・笹川紀勝「良心的兵役拒否権―ボン基本法第4条第3項の構造と特質（1）（2）（3）」
　『北大法学論集』18巻1、2、3号（1967年、1968年）
・笹川紀勝「信教の自由」大須賀明ほか著『憲法講義2 基本的人権』（有斐閣、1979年）
・笹川紀勝「信教の自由と政教分離の関係」ジュリスト1982年7月15日号
・笹川紀勝「憲法と宗教」公法研究52号（1990年）
・佐々木高雄「トマスホッブスと暴君放伐論」法律時報1977年2月号
・佐々木弘通「即位の礼・大嘗祭と政教分離の原則」長谷部恭男ほか『憲法判例百選 I
　[第6版]』（有斐閣、2013年）
・佐々木弘通「憲法70年と政教分離原則」法学教室2017年5月号（440号）
・佐藤功「良心的反戦論者の問題」『憲法研究入門（中）』（日本評論社、1966年）
・佐藤幸治『憲法』（青林書院新社、1981年）
・佐藤幸治・樋口陽一ほか共著『注釈日本国憲法上巻』（青林書院新社、1984年）
・佐藤幸治「信教の自由と文化観光税条例」芦部信喜編『判例ハンドブック憲法 [第2
　版]』（日本評論社、1992年）
・佐藤幸治『日本国憲法論』（成文堂、2011年）

　　　〈シ〉

・ジェファソン「ヴァージニア信教自由法」『世界の名著33』（中央公論社、1970年）
・宍戸常寿『憲法解釈論の応用と展開 [第2版]』（日本評論社、2014年）
・清水望「信教の自由と政教分離原則―いわゆる「制度的保障」論をめぐって」『今日の靖
　国問題』（キリスト教図書出版社、1980年）
・初宿正典「良心的兵役拒否と平等原則」佐藤幸治＝初宿正典編『人権の現代的諸相』（有

斐閣、1990年）
・初宿正典「信教の自由」杉原泰雄編『新版体系憲法事典』（青林書院、2008年）

〈ス〉

・鈴木篤「輸血拒否死亡事件と患者の自己決定権」判例タイムズ555号（1985年）
・鈴木正彦「良心的兵役拒否権と平和的生存の権利―強制の正当化と自由の証―」『リベラ
　リズムと市民的不服従』（慶應義塾大学出版会、2008年）

〈セ〉

・芹沢斉「宗教的理由による学校授業欠席の自由」法学教室77号判例セレクト（1987年2
　月号）

〈タ〉

・高橋和之『立憲主義と日本国憲法第3版』（有斐閣、2013年）
・高原賢治「国民の憲法上の義務」『憲法講座2巻』（有斐閣、1963年）
・田中浩「ホッブス」『国家思想史（上）』（青木書店、1974年）
・田上穣治「宗教に関する憲法上の原則」『憲法講座2』（有斐閣、1963年）
・高柳信一「U.S. v. Seeger ―人格神信仰にもとづかない良心的戦争参加反対」『アメリカ
　法』（1966年2号）
・高柳信一「［信教の自由］第20条」有倉遼吉編『基本法コンメンタール憲法』（日本評論
　社、1970年）
・高柳信一「政教分離の原則」『福音と世界』1970年5月号・奥平康弘編『自由権・　文献
　選集日本国憲法6』所収（三省堂、1977年）
・高柳信一「宗教の自由―神に対する義務と国家に対する義務の衝突―」有倉遼吉教授還
　暦記念『体系・憲法判例研究II』（日本評論社、1974年）
・高柳信一「国家と宗教―津地鎮祭判決における目的効果論の検討」法学セミナー増刊
　『思想・信仰と現代』（1977年）
・高柳信一「津地鎮祭判決と政教分離」『文化評論』1977年10月号
・高柳信一「政教分離判例理論の思想」『鵜飼信成先生古稀記念　アメリカ憲法の現代的展
　開2　統治構造』（東京大学出版会、1978年）
・高柳信一＝大浜啓吉「［信教の自由］憲法20条」有倉遼吉・小林孝輔編『基本法コンメン
　タール「第3版」憲法』（日本評論社、1986年）
・高柳信一「日曜日授業と宗教の自由」専修法学論集43号（1986年）
・滝沢信彦「良心的兵役拒否における抵抗の原理」『徳山大学論叢』1巻1号（1971年）
・滝沢信彦「良心的兵役拒否における良心の問題」『徳山大学論叢』2号（1972年）
・滝沢信彦「合衆国における政教分離の原則」『今日の靖国問題』（キリスト教図書出版

318 参考文献一覧

社、1980年）
・滝沢信彦「『エホバの証人』輸血拒否事件」判例時報1201号（判例評論332号、1985年）
・滝沢信彦『信教の自由』（信山社、2000年）
・田近肇「政教分離」曽我部真裕ほか編『憲法論点教室』（日本評論社、2012年）
・田中伸尚「富山県立近代美術館事件」法学セミナー1999年1月号
・田中伸尚「政教分離から問う象徴天皇制10年」『世界』（岩波書店）2000年1月号
・田中伸尚『憲法を奪回する人びと』（岩波書店、2004年）
・種谷春洋「信教の自由」芦部信喜編『憲法Ⅱ人権（1）』大学双書（有斐閣、1978年）
・田畑忍『憲法学講義』（憲法研究所出版会、1964年）

　　　　〈チ〉

・千葉華月＝横野恵＝永水裕子「親による治療拒否・医療ネグレクト」『子どもの医療と生命倫理―資料で読む―第2版』（法政大学出版会、2012年）

　　　　〈ツ〉

・土屋清「政教分離訴訟における目的効果基準の廃棄に向けて」『憲法学の新たなパラダイムを求めて』（成文堂、2010年）
・常本照樹「治療拒否―自分の身体は自分のもの？」棟居快行ほか『基本的人権の事件簿第5版』（有斐閣、2015年）
・常本照樹「信教の自由・政教分離―信仰と法律の板ばさみ？」棟居快行ほか『基本的人権の事件簿第5版』（有斐閣、2015年）
・津山昭英「自衛官合祀訴訟―政教分離と宗教上の人格権」法学セミナー1981年11月号（321号）

　　　　〈テ〉

・デイビッド・M・オブライエン『政教分離の憲法政治学』大越康夫補著・訳（晃洋書房、1999年）

　　　　〈ト〉

・富樫貞夫「歴史の前での責任とは何か」『世界』（岩波書店）1988年8月号
・戸波江二「政教分離原則の法的性格」芦部信喜先生還暦記念論文集刊行会編『憲法訴訟と人権の理論』（有斐閣、1985年）
・戸波江二「丸刈り校則と自己決定の自由」法律時報1986年3月号
・戸波江二「キリスト教徒日曜日訴訟」判例時報1206号（1986年11月号）
・戸波江二「信教の自由と『宗教上の人格権』」法律のひろば1988年9月号
・トレルチ『ルネサンスと宗教改革』（岩波文庫、1959年）

〈ナ〉

・内藤正典＝阪口正二郎『神の法 vs. 人の法』（日本評論社、2007年）
・中島宏「フランスにおける『ブルカ禁止法』と『共和国』の課題」『憲法問題23号』
　（2012年）
・中平健吉『世に遣わされて―キリスト者の社会参与―』（新教出版社、1982年）
・中村睦男「未成年者と基本的人権」『憲法30講』（青林書院、1984年）
・中村睦男「精神的自由権」野中俊彦ほか著『憲法Ⅰ（第5版）』（有斐閣、2012年）

〈ニ〉

・新田光子「国家と宗教の分離」龍谷法学13巻3号（1980年）

〈ノ〉

・野坂泰司「『追悼』と『祀り』―憲法と靖国神社問題」ジュリスト122号（2002年）

〈ハ〉

・唄孝一「アメリカ判例法における輸血拒否」東京都立大学法学会誌18巻1・2合併号
　（1978年）
・橋本公亘『憲法［改訂版］』（青林書院新社、1976年）
・長谷部恭男「目的効果基準の『目的』」『続・Interactive 憲法』（有斐閣、2011年）
・長谷部恭男『憲法第6版』（新世社、2014年）
・長谷部恭男「大日本帝国憲法の制定―君主制原理の生成と展開」論究ジュリスト17号
　（2016年）
・長谷部恭男「日本国憲法における天皇制の姿」『憲法の尊厳―奥平憲法学の継承と展開』
　（日本評論社、2017年）
・畠山武道「京都市古都保存協力税について」ジュリスト1983年3月15日号（786号）
・林知更「政教分離原則の構造」高見勝利ほか『日本国憲法解釈の再検討』（有斐閣、2004年）
・林知史「古都保存協力税条例による神社仏閣課税」高橋和之編『新・判例ハンドブック
　憲法』（日本評論社、2012年）
・林知更「『国家教会法』と『宗教憲法』の間」『現代憲法学の位相』（岩波書店、2016年）
・原田尚彦「住民訴訟の意義と動向」法学セミナー1978年7月号

〈ヒ〉

・樋口陽一『自由と国家』（岩波新書、1989年）
・樋口陽一『憲法（改訂版）』（創文社、1998年）
・樋口陽一『個人と国家』（集英社新書、2000年）

320　参考文献一覧

・樋口陽一「宗教 V. 公共社会―政教分離と公教育」『国法学―人権原論』（有斐閣、2004年）
・樋口陽一「思想・信仰と教育―自分が自分でなくならないために」『6訂憲法入門』（勁
　草書房、2017年）
・平野武『靖国決議』『法と民主主義』1982年4月号
・平野武「信教の自由と古都保存協力税条例」芦部信喜＝高橋和之編『憲法判例百選 I
　（第2版）』（有斐閣、1988年）

　　　〈フ〉

・プェファ・L「自由と分離」『季刊・教会と国家』1960年2号
・藤井俊夫『憲法と人権 II』（成文堂、2008年）
・藤田宙靖『最高裁回想録』（有斐閣、2012年）
・藤本治「逆転した『信教の自由』」『世界』（岩波書店）1988年8月号
・古川純「良心的戦争拒否の意味するもの」『国家論研究』12号（論創社、1977年）

　　　〈ホ〉

・星野英一「自衛官合祀訴訟の民法上の諸問題」法学教室96号（1988年）
・星野安三郎『平和に生きる権利』（法律文化社、1974年）

　　　〈マ〉

・松井茂記「日曜日授業参観事件」法学教室1986年8月号
・松井茂記『日本国憲法［第3版］』（有斐閣、2007年）
・松井茂記「宗教的装飾物を身に付ける自由」「靖国神社と政教分離原則」『LAW IN CON-
　TEXT』（有斐閣、2010年）
・松下圭一『日本の自治・分権』（岩波新書、1996年）
・松下圭一『ロック「市民政府論」を読む』（岩波現代文庫、2014年）
・松本裕「無差別大量殺人行為を行った団体の規制に関する法律の概要」ジュリスト2000
　年3月15日号（1174号）

　　　〈ミ〉

・宮沢俊義『憲法 II［新版］』（有斐閣、1971年）
・宮沢俊義編『世界憲法集』（岩波文庫、1976年）
・宮沢俊義（芦部信喜補訂）『全訂日本国憲法第2版（全訂版）』（日本評論社、1978年）
・宮田光雄『非武装国民抵抗の思想』（1971年、岩波新書）
・宮田光雄＝高柳信一＝小池健治「精神的自由と政教分離―津地鎮祭違憲判決をめぐって
　―」法学セミナー1971年8月号（187号）
・宮田光雄『日本の政治宗教―天皇制とヤスクニ―』（朝日新聞社、1981年）

参考文献一覧　*321*

・宮田光雄『山上の説教から憲法 9 条へ』（新教出版社、2017年）
・光信一宏「宗教法人の解散命令と信教の自由―宗教法人オウム真理教解散命令事件」長谷部恭男ほか『憲法判例百選 I ［第 6 版］』（有斐閣、2013年）

　　　〈ム〉

・棟居快行「天皇教と政教分離―即位の礼・大嘗祭違憲訴訟 ―」法学セミナー1994年 9 月号（477号）
・棟居快行「政教分離と違憲国賠訴訟の論点」判例時報1389号（1991年 9 月11日号）
・室井力「東大寺を対象とする文化観光税条例」芦部信喜＝若原茂編『宗教判例百選（第 2 版）』（有斐閣、1991年）

　　　〈モ〉

・百地章「政教分離と信教の自由」公法研究52号（1990年）
・百地章「憲法と大嘗祭」佐藤幸治＝初宿正典編『人権の現代的諸相』（有斐閣、1990年）
・百地章「古都保存協力税条例と無効確認の訴え」芦部信喜＝若原茂編『宗教判例百選（第 2 版）』（有斐閣、1991年）
・諸根貞夫「『目的・効果基準』再検討に向けた一考察―アメリカの議論に触れて―」奥平康弘編『高柳信一先生古稀記念論集　現代憲法の諸相』（専修大学出版会、1992年）

　　　〈ヤ〉

・安西文雄「国家と宗教」全国憲法研究会編『憲法問題27』（三省堂、2016年）
・山下健次「制度的保障論覚書」立命館法学150〜154号（1980年）
・山下健次「人権と制度の保障の理論」小嶋和司編ジュリスト増刊『憲法の争点（新版）』（有斐閣、1985年）
・山田卓生「信教の自由―最近のアメリカにおける展開」『基本的人権 5 』（東京大学出版会、1969年）
・山田卓生「私事と自己決定・病気と治療」法学セミナー1980年 8 月号
・山田卓生「信仰上の輸血拒否と治療」ジュリスト843号（1983年）
・山元一「"空前"の『司法官僚』出身最高裁判官―泉徳治」『憲法学からみた最高裁判所裁判官　70年の軌跡』（日本評論社、2017年）

　　　〈ユ〉

・結城光太郎「良心的反戦論と良心の自由」『続憲法演習』（有斐閣、1967年）

　　　〈ヨ〉

・横田耕一「信教の自由の問題状況」Law School 46号（立花書房、1982年）

322　参考文献一覧

・横田耕一「信教の自由と政教分離原則―自衛官合祀違憲判決に関して―」判例タイムズ
　385号（1979年）
・横田耕一「『寛容』なき社会の『寛容』論」法学セミナー1988年8月号
・横田耕一＝江橋崇編『象徴天皇制の構造』（日本評論社、1990年）
・横田耕一『憲法と天皇制』（岩波新書、1990年）
・横田耕一「『国民統合』と象徴天皇制」『世界』（岩波書店）2000年1月号
・吉田善明「地方議会の『改憲』決議」『地方自治と住民の権利』（三省堂、1982年）

　　　〈リ〉

・ルネ・シモン［工藤庸子＝伊達聖伸訳］『政教分離を問いなおす』（青土社、2010年）

　　　〈ロ〉

・ロック（Locke John）『市民政府論』鵜飼信成訳（岩波文庫、1968年）
・ロック、ジョン J. Locke, A Letter concerning Toleration（1689）　生松敬三訳「ロッ
　ク・寛容についての書簡」世界の名著『ロック、ヒューム』（中央公論社、1968年）

　　　〈ワ〉

・渡辺康行「文化的多様性の時代における『公教育の中立性』の意味―イスラーム教徒の
　教師のスカーフ事件を中心として―」樋口陽一ほか編著『国家と自由』（日本評論社、
　2004年）
・渡辺康行「私人間における信教の自由―もう一つの『イスラームのスカーフ』事件が問
　いかけるもの」藤田宙晴・高橋和之編『樋口陽一先生古稀記念・憲法論集』（創文社、
　2004年）
・渡辺康行「イスラム教徒の教師の志願者に対するスカーフ着用を理由とする採用拒否」
　ドイツ憲法判例研究会編『ドイツの憲法判例Ⅲ』（信山社、2008年）
・渡辺康行「政教分離原則と信教の自由―『緊張関係』とその調整」ドイツ憲法判例研究
　会編『憲法の規範力と憲法裁判』（信山社、2013年）
・渡辺康行「イスラーム教徒の教師のスカーフ事件」木下智史ほか編著『事例研究憲法
　（第2版）』（日本評論社、2013年）
・渡辺康行「信教の自由と政教分離原則」渡辺康行ほか編『憲法Ⅰ基本権』（日本評論社、
　2016年）
・渡辺治「戦後憲法史のなかの天皇制」全国憲法研究会編『憲法問題Ⅰ』（三省堂、1990年）

〈判　　例〉

［最高裁判所］
・最大判昭和38・5・15刑集17巻4号302頁（線香護摩加持祈祷事件）
・最大判昭和45・6・24民集24巻6号625頁（八幡製鉄献金事件）
・最大判昭和48・12・12民集27巻11号1536頁（三菱樹脂事件）
・最大判昭和52・7・13民集31巻4号533頁（津地鎮祭事件）
・最大判昭和63・6・1民集42巻5号277頁（殉職自衛官合祀事件）
・最判平成4・11・16判例時報1441号57頁（大阪地蔵像事件）
・最判平成5・2・16民集47巻3号1687頁（箕面忠魂碑・慰霊祭事件）
・最判平成8・1・30民集50巻1号199頁、判例時報1555号2頁（オウム真理教解散命令事件）
・最判平成8・3・8民集50巻3号469頁（神戸市立高専剣道授業拒否事件）
・最大判平成9・4・2民集51巻4号1673頁、判例時報1601号47頁（愛媛玉串料事件）
・最判平成11・10・21判例時報1696号96頁（箕面補助金訴訟事件）
・最判平成12・2・29判例時報1710号99頁（エホバの証人輸血拒否事件）
・最判平成14・7・9判例時報1799号101頁（主基斎田抜穂の儀参列事件）
・最判平成14・7・11民集56巻6号1204頁、判例時報1799号99頁（鹿児島「大嘗祭」事件）
・最判平成16・6・23判例時報1940号122頁（内閣総理大臣靖国神社参拝事件）
・最判平成16・6・28判例時報1890号41頁（神奈川県知事「即位の礼・大嘗祭」訴訟事件）
・最大判平成22・1・20民集64巻1号1頁、判例時報2070号21頁（砂川政教分離（空知太神社）事件および冨平神社事件）
・最判平成22・7・22判例時報2087号26頁（白山比咩（ひめ）神社事件）

［高等裁判所］
・名古屋高判昭和46・5・14行裁例集22巻5号680頁（津地鎮祭事件）
・広島高判昭和57・6・1判例時報1046号3頁（殉職自衛官合祀事件）
・大阪高判昭和60年11月29日判例時報1178号48頁（京都市古都保存協力税条例事件）
・大阪高判昭和62・7・16行裁例集38巻6＝7号561頁、判例時報1237号3頁（箕面忠魂碑・慰霊祭事件）
・仙台高判平成3・1・10行裁例集42巻1号1頁、判例時報1370号3頁（岩手県靖国神社公式参拝要請決議事件）
・高松高判平成4・5・12行裁例集43巻5号717頁（愛媛玉串料事件）
・大阪高判平成4・7・30判例時報1434号38頁（内閣総理大臣靖国神社公式参拝訴訟事件）
・大坂高判平成6・7・20判例タイムズ870号113頁（箕面補助金訴訟事件）
・大阪高判平成7・3・9行裁例集46巻2・3号250頁（大坂「大嘗祭・即位の礼」事件）
・東京高裁平成7・12・19判例時報1548号26頁（オウム真理教解散命令事件）
・東京高判平成10・2・9判例タイムズ965号83頁（エホバの証人輸血拒否事件）

324　参考文献一覧

・福岡高判平成10・9・25判例時報1660号34頁（主基斎田抜穂の儀参列事件）
・福岡高判宮崎支部平成10・12・1判例地方自治188号51頁（鹿児島「大嘗祭」事件）

[**地方裁判所・簡易裁判所**]
・津地判昭和42・3・16判例時報483号28頁（津地鎮祭事件）
・奈良地判昭和43・7・17行裁集19巻7号1221号（奈良県文化観光税条例事件）
・大阪地神戸簡判昭和50・2・20判時768号3頁（牧会権事件）
・山口地判昭和54・3・22判例時報921号44頁（殉職自衛官合祀事件）
・大阪地判昭和57・3・24行裁例集33巻3号564頁（箕面忠魂碑事件）
・大阪地判昭和58・3・1判例時報1068号27頁（箕面市慰霊祭事件）
・京都地判昭和59・3・30行集35巻3号353頁（京都市古都保存協力税条例事件）
・東京地判昭和61・3・20判例時報1185号67頁（キリスト教徒日曜日訴訟事件）
・盛岡地判昭和62・3・5判例時報1223号30頁（岩手県靖国神社公式参拝要請決議事件）
・大阪地判昭和63・10・14判例時報1291号3頁（箕面補助金訴訟事件）
・松山地判平成元・3・17行裁例集40巻3号188頁（愛媛玉串料事件）
・鹿児島地判平成4・10・2判例時報1435号24頁（鹿児島「大嘗祭」事件）
・大阪地判平成4・11・24判例タイムズ812号56頁（大阪「即位の礼・大嘗祭」事件）
・大分地判平成6・6・30判例タイムズ878号144頁（主基斎田抜穂の儀参列事件）
・東京地裁決定平成7・10・30判例時報1544号43頁（オウム真理教解散命令事件）
・東京地判平成9・3・12判例タイムズ964号82頁（エホバの証人輸血拒否事件）
・東京地判平成9・3・24判例時報1673号3頁（東京都「即位の礼・大嘗祭」事件）
・東京地判平成13・6・13判例時報1755号3頁（宗教法人アレフ観察処分取消請求事件）
・福岡地判平成16・4・7判例時報1859号76頁（内閣総理大臣靖国神社参拝違憲訴訟事件）

[**アメリカ合衆国最高裁判所判例**]
・Reynolds v. United States（1878）98 U.S. 145（モルモン教徒一夫多妻事件）
・Arver v. U.S.（1918）245 US. 366（議会の徴兵権限）
・Cincinnati v. Verner（1930）281 U.S. 439
・Board of Education of Minersvill School v. Gobitis.（1940）310 U.S. 586（国旗敬礼拒否事件）
・West Virginia State Board of Education v. Barnette（1943）319 U.S. 624（国旗敬礼拒否事件）
・Prince v. Massachusetts,（1944）321 US 158（エホバの証人の児童雇用事件）
・United States v. Ballard（1944）322 U.S. 78
・Everson v. Board of Education,（1947）330 U.S. 1（子どもの通学に要したバス費用返還事件）
・Zorach v. Clauson,（1952），343 U.S. 306（公立学校における宗教教育のための自由時間制）
・McGowan v. Maryland,（1961）366 U.S. 420（公立学校における宗教教育のための自由時

間制）
- Engel v. Vitale, (1962) 370 U.S 421 （公立学校の教室における祈り事件）
- School district of Abington Township v. Shempp (1963) 374 U.S. 203 （公立学校の教室における聖書朗読唱和事件）
- Sherbert v. Verner, (1963) 374 U.S. 398
- Board of Education v. Allen, (1968) 392 U.S. 236
- United States v. Seeger (1965) 380 U.S. 163 （良心的兵役拒否事件）
- Board of Education v. Allen, (1968) 392 U.S. 236 （教会区学校の生徒への教科書無償貸与事件）
- Walz v. Tax Commission, (1970) 397 U.S. 664
- Welch v. U.S., (1970) 398 US 333 （良心的兵役拒否事件）
- Gillette v. U.S. (1971) 401 US 437 （良心的兵役拒否事件）
- Lemon v. Kurtzman (1971) 403 U.S. 602 （宗派学校の非宗教科目担当教師給与補助事件）
- Wisconsin v. Yoder (1972) 406 U.S. 205 （アーミッシュ派義務制高等教育拒否事件）
- Committee For Public Education v. Nyquist, (1973) 413 U.S. 756
- Meek v. Pittenger, (1975) 421 U.S. 349
- Employment Division v. Smith, (1990) 494 U.S. 872

著者紹介

後 藤 光 男 (ごとう みつお)

Mitsuo GOTOH

　1949年、広島県に生まれる。1967年、同志社香里高等学校、1971年、同志社大学法学部卒業、早稲田大学大学院法学研究科修士課程、同博士課程を経て、現在、早稲田大学社会科学部・大学院社会科学研究科教授。専攻、憲法・行政法・現代人権論。

　1992-93年、英国エセックス大学人権センター客員研究員 (University of Essex の Human Rights Centre Fellow)。2004-2007年、早稲田大学大学院法務研究科(ロースクール)兼坦。東京外国語大学、明治大学講師等兼任。

主要著書

『永住市民の人権』(単著、成文堂)

『国際化時代の人権 (改訂版)』(単著、成文堂)

『共生社会の参政権』(単著、成文堂)

『条解日本国憲法』有倉遼吉＝時岡弘編 (共著、三省堂)

『ロースクール演習憲法』(小林武教授との共著、法学書院)

『行政救済法論』(編著、成文堂)

『アソシエイト法学』(共著、法律文化社)

『トマス・ジェファソンと議会法』(監訳、成文堂)

『J・ルーベンフェルド　プライヴァシーの権利』(訳書、敬文堂)

政教分離の基礎理論
──人権としての政教分離──

2018年7月1日　初版第1刷発行

著　　者　　後　藤　光　男

発 行 者　　阿　部　成　一

〒162-0041　東京都新宿区早稲田鶴巻町514番地

発 行 所　　株式会社　成 文 堂

電話 03(3203)9201 (代)　Fax 03(3203)9206
http://www.seibundoh.co.jp

製版・印刷　藤原印刷　　　　　　製本　弘伸製本
©2018　M. Gotoh　　　Printed in Japan
☆乱丁・落丁本はおとりかえいたします☆
ISBN978-4-7923-0635-9　C3032　検印省略

定価(本体6500円＋税)